한국의
명언

김종권 편저

明文堂

머리말

이 책은 우리 선조들이 남긴 말씀 중에 값진 뜻을 지닌 것으로 여겨지는 것을 가려서 지금 세상을 살아가는 우리의 심성에 결부시켜 옛것을 거울삼아 오늘을 경계하며 앞길을 바로잡아 보자는 뜻으로 마련하였다.

내용은 우리나라 역대 선조들 가운데 374명의 말씀을 한 가지씩 골라서, 효도·충성·화목·입지·학습·수신·처세·근검·선정·호국·인덕·절의·예절·지략·용맹·안분·언어·준법의 18편으로 분류하고, 그 뜻과 아울러 언제 누가 어디서 어떤 경우에 이러한 말을 해서 어떤 보람을 나타냈는가를 살펴보며, 그 참뜻을 이해하고 올바른 얼을 찾아서 값진 삶의 자세를 가다듬어 보게 하였다.

그리고 선조들의 인물 선정은 말씀을 위주로 하여 역사와 문헌에 나오는 사실 중에서 인생의 실생활에 교훈이 될만한 것을 옛 신라·고구려·백제·통일신라·후삼국·고려·조선·구한국에 걸쳐 실었는데, 자료는 《삼국사기(三國史記)》·《고려사(高麗史)》·《조선왕조실록(朝鮮王朝實錄)》 등의 사서와 《고려인물지(高麗人物誌)》·《국조인물고(國朝人物考)》 등의 문헌과, 개인의 저서, 언행록, 문집 등을 주로 하였고, 가려 뽑는 것은 저자 나름의 주견에 따라 하였다.

저자는 이 책을 내면서 사람이 세상에 태어나서 주어진 분수에 따라 살다 가는데, 그 값진 삶의 가치를 인류의 역사나 문화유산으로 남기고 가는 사람이 그 얼마나 되는지 생각해 보았다. 그 많은 사람 가운데 후세까지 그 말이 오랫동안 사람의 입에 오르내리는 사람은 매우 적을 것이라 믿는다.

다시 말하면, 인류 역사를 통하여 수많은 사람 가운데서 어떤 사람은 백 년을 살았으면서도 그 후손에게조차 값있는 말 한마디나 본받을 행실 한 가지 남기지 못하고 간 사람이 있는가 하면, 어떤 사람은 60년을 살면서도 헤아릴 수 없을 만큼 많은 말, 값진 글과 책, 훌륭한 행적을 남겨 놓은 사람도 있고, 또 어떤 사람은 30년도 살지 못하고 세상을 떠났지만 그가 남긴 말이나 행동이 세상 사람을 영원히 감동 감화하게 하고 인류의 삶에 본보기가 되게 한 사람도 있다.

말은 인생의 뜻을 여닫게 만드는 열쇠이다. 말은 사상면으로는 선과 악을, 인륜면으로는 사랑과 미움을, 도덕면으로는 진실과 거짓을, 정치면으로는 안정과 혼란을, 행실면으로는 성공과 실패를, 경제면으로는 건설과 파괴를, 문화면으로는 창조와 침체를, 사회면으로는 질서와 문란을, 대외면으로는 전쟁과 평화를, 생활면으로는 행복과 불행을 결정하는 힘이 된다.

그런데 말은 참되고 미덥고 깨끗하고 바르고 부드럽고 사랑스러운 데서 값진 빛을 낸다. 예컨대 한마디의 참된 말은 사람의 마음을 감동하게 하여 그 생사를 가름하는 힘이 있는 것과 같다.

선조들의 참된 말과 글에는 국혼(國魂)을 불러일으키고 삶의 바른길을 열어주는 고귀한 얼이 깃들어 있다. 그 얼을 찾아서 마음가짐과 몸가짐을 다잡고 힘차게 살아가는 것이 올바른 도리다.

우리는 오랜 역사와 찬란한 문화를 자랑하는 한국 사람이다. 지금 국토가 양단되고 민족이 분열된 험난한 처지에서 그 어려움을 이겨내고 평화 통일의 성업을 완수해야 할 사명이 우리에게 있다. 이런 때일수록 선조들이 온갖 국난을 극복하고 국토와 민족과 문화를 지켜 우리에게 물려준 그 거룩한 얼을 이어받아 보다 자유롭고 평화롭고 잘 살 수 있는 나라를 이룩하여 자손만대에 계승 발전시켜야 한다.

요즘 우리나라에는 나를 알자, 우선 내 것을 알고 그 가운데서 좋은 근원을 찾아서 보다 슬기로운 힘을 기르고 잘살아보자는 소리가 높다. 이에 수반하여 젊은 학도들까지도 선조들의 문화유산 보존에 정성을 쏟는 한편, 귀중한 문헌과 한문 고전을 연구하는 기풍이 일어나고, 나아가서는 우리의 근본 체통과 아름다운 문화 전통을 이어받아야 한다는 기운이 크게 전개되고 있는데, 이는 실로 기쁜 일이다.

저자도 이런 흐름에 힘입어서 조그마한 뜻이라도 기울여 보겠다는 마음으로 선조들이 남긴 귀중한 문헌을 살피면서 뜻한 내용을 가려서 하나의 책으로 마련하고, 그 이름을 《한국의 명언》이라고 붙였는데, 실은 "우리의 명심보감"이라고 하였으면 어떨까 하는 생각도 해 보았다.

덧붙여 말하고 싶은 것은 한문 학습에 뜻을 두는 학생들도 그 원문을 읽고 이해할 수 있도록 글에 음과 토를 달고 쉽게 풀이하고, 뜻과 해설을 붙였는데, 학습에 조금이나마 도움이 되고, 선조들의 얼을 체득하는 데 보람이 되었으면 한다.

끝으로 이 책을 출판하는 데 물심양면으로 도와주신 출판사 사장님과 여러 벗에게 진정 고마운 뜻을 표하며, 아울러 이 책을 읽는 독자 여러분은 잘못된 점이 있으면 바로잡아 주고 많은 가르침이 있기를 바라는 마음 간절하다.

1985년 5월 15일 서울 설악정사(雪嶽精舍)에서
설악산인(雪嶽山人) 김종권(金鍾權) 씀

차 례

▶ 호국편護國篇　255

▶ 인덕편仁德篇　281

효도편
孝道篇

효도는 사람이 그 부모를 섬기는 착한 행실이다.

세상에는 부모 없는 사람이 없다. 사람은 천리에 따라 부모의 정기를 받고 세상에 태어나서 그 품에 안겨 자라고, 인생을 배우고, 지식을 익히고, 사람다운 마음가짐과 몸가짐을 갈고 닦으면서 살아간다.

그런데 사람이 한 사람으로 세상에 태어나서 사람답게 살 수 있게 되기까지 부모의 가르침과 인도를 받은 모든 은덕은 실로 크다. 그래서 사람은 효성을 다하여 부모의 은덕을 갚으려고 애쓴다. 효도는 모든 행실의 근원이고, 사람으로서 지켜야 할 떳떳한 도리이고, 세상을 착하게 살아가는 원동력이다.

그러므로 옛날부터 전하는 말에 세상에는 많은 죄악이 있지만 부모에게 효도하지 않는 죄악보다 큰 것이 없다고 하였다. 돌이켜보면 우리나라는 아득한 옛날부터 효도를 인생의 미덕으로 삼고 아름다운 전통을 이어 왔다. 그래서 오늘날에도 부모는 자녀에게 사랑과 정성을 쏟고, 자녀는 부모에게 지극한 효성을 다하는 미풍양속을 계승 발전시키고 있다.

1. 호동왕자(好童王子)

?~32. 고구려 3대 대무신왕의 아들. 차비(次妃) 소생으로 인물이 뛰어나고 지혜로워 왕의 총애를 받고, 좋은 지략으로 낙랑군을 쳐서 물리쳤으나 왕비의 참소로 자결하였다.

－

내가 만약 사실을 밝히면 곧 어머니의 죄악을 드러내어 부왕에게 근심을 끼쳐 드리게 되니, 어찌 효도하는 도리라 하겠는가?

我若釋之면 是는 賢母之惡하여 貽王之憂리니 可謂孝乎아?
아 약 석 지   시   현 모 지 악   이 왕 지 우   가 위 효 호

－ 삼국사기三國史記

【해설】이 말은 설령 어머니가 잘못했더라도 그 죄악을 드러내면 아버지의 근심거리를 만드는 것이니, 이런 행동이 효도하는 자식 된 도리겠느냐는 뜻이다.

부모의 근심 걱정을 없애 드리는 것이 효도라고 여기는 자식 된 마음가짐은 실로 지극한 효성이라 할 수 있다.

호동왕자가 낙랑국을 굴복시킨 뒤 신망이 두터워지자, 왕비는 차비 소생인 호동왕자가 태자가 될까 근심하여 왕에게 참소하였고, 왕은 그 말을 믿고 호동왕자를 처벌하려 하였다. 이때 호동왕자는 이 말을 남기고 칼을 물고 엎드려 죽었다.

대무신왕은 고구려를 융성시킨 위대한 임금이었으나 왕비의 참소를 믿고 훌륭한 호동왕자를 죽게 하였으니 잘못된 일이다. 호동왕자도 그 진실을 밝히지 않고 죽은 것은 자식 된 도리를 다한 일이라 할 수 없다. 진정한 효성은 부모의 잘못이라도 바로잡아 올바른 길로 가게 하는 것이다.

2. 김륜(金倫)

1277~1348. 고려 충숙왕·충혜왕·충목왕 때 현신. 도첨의참리 김
변(金䑓)의 아들. 충렬왕 때 원나라의 반적(叛賊) 합단(哈丹)이 침
범하자 14세의 나이로 가족을 이끌고 강화도에 피난시켰다. 문벌
로 벼슬하여 감찰시승으로 민원을 바르게 처결하고, 첨의평리·삼
사우사를 지내고, 충혜왕 때 조적(曺頔)의 난을 평정하여 벽상일등
공신과 추성찬리공신 언양군에 봉해졌다. 충목왕 때 찬성사·좌정
승을 지냈다.

신하가 임금에게, 아들이 어버이에게, 아내가 남편에게는 마
땅히 그 은혜와 의리를 다하여야 할 따름이다. 그 아버지가
억울하게 죄를 뒤집어썼는데, 그 아들이 되어 어찌 차마 구원하
지 않으랴?

臣之於君에 子之於父에 妻之於夫에 當盡其恩義耳라 其父被
신 지 어 군   자 지 어 부   처 지 어 부   당 진 기 은 의 이   기 부 피

罪인데 爲其子者하여 忍不救乎아?
죄   위 기 자 자   인 불 구 호

– 고려사高麗史

【해 설】 이 말은 충성과 효도와 사랑의 근본 도리와 그 실천의 중
요성을 주창한 것이다. 충혜왕이 원나라에 불려갈 때 모든 재신
(宰臣)이 그 뜻을 따르려 하자, 김륜이 신병을 무릅쓰고 달려 들
어가 소리 높여 그 불가함을 말한 내용의 머리말이다.
김륜은 모든 정사를 공정하게 처결하여 신임을 받았고, 나라에
대한 충성심이 굳건하였다. 그가 충렬왕을 모시고 원(元)나라에
가 있을 때 왕을 모시는 정성이 남달랐다. 충숙왕이 원나라에서
5년 동안 있을 때, 심왕(瀋王) 왕고(王暠)가 원나라 세력을 업

고 왕이 되려 하여 많은 사람이 심왕을 임금으로 삼자고 서명하였으나 그는 홀로 서명하지 않았다. 그들은, "중의를 어기다가 후회하게 되리라." 하니 김륜이 꾸짖기를, "신하가 되어 두 마음을 갖지 않는 것이 본분인데 후회가 무엇인가?"라고 하였다.

3. 이도(李祹)

1397~1450. 조선 제4대 임금 세종대왕. 재위 1418~1450. 자는 원정(元正), 시호는 장헌(莊憲). 태종 이방원(李芳遠)의 셋째 아들. 16세 때 충녕대군, 22세 때 왕세자로 책봉되고, 그해 즉위하여 33년 동안 왕권을 확립하였다. 내외 정사 정비와 국방 강화, 여러 문화를 일으켰다.

가정에서는 나라에 충성하고 어버이에게 효도하는 법도를 전승하도록 하고, 사회에서는 대대로 남에게 인자하고 공경하는 가풍을 지키도록 하라.

家傳忠孝하고 世守仁敬하라.
가 전 충 효   세 수 인 경

– 전의이씨가훈全義李氏家訓

【해설】 이 말은 가정에서는 충성과 효도의 법도를 전승하고, 사회에서는 대대로 인자와 공경의 가풍을 준수하라는 뜻으로, 세종대왕이 효자 이정간(李貞幹)에게 그 지극한 효성을 칭찬한 글이다.
전의 사람 이정간은 자는 고부(固夫), 시호는 효정(孝靖)이다. 그는 벼슬하여 강원도 관찰사를 지냈으나 늙은 어머니의 봉양을 위하여 벼슬을 그만두고 서원의 송천별장으로 물러나서 어머니를 섬겼다.

당시 어머니의 나이는 102세이고, 이정간은 80세였으나 어머니 곁을 잠시도 떠나지 않았고, 기쁜 얼굴로 새 새끼를 희롱하며 입에 맞는 음식을 대접하여 어머니를 즐겁게 해드렸다. 사람들은 이를 '노래의 놀음〔노래희老萊戲〕'이라고 하였다. 세종대왕은 그의 효성에 감동하여 친히 이 글을 지어 간판에 새겨 내리고, 자헌대부·중추원사 경으로 높이고, 아울러 궤(几)와 장(杖), 술을 내려 효성을 찬양하였다.

그 뒤로 전의 이씨는 이 말을 가훈으로 전승하게 되었다.

4. 김시습(金時習)

1435~1493. 조선 전기의 학자. 생육신의 한 사람. 자는 열경(悅卿), 호는 매월당(梅月堂). 강릉 사람 김일성(金日省)의 아들. 신동으로 이름났으나 세조가 왕위에 오르고 사육신의 참화가 일어나자 속세를 떠나 일생을 마쳤다. 저서로 매월당집(梅月堂集)·금오신화(金鰲新話) 등이 있다.

옛 성현이 사람의 다섯 가지 윤리를 펴서 아버지와 아들은 사랑이 있어야 한다는 덕목을 맨 먼저 놓고, 세상에 죄가 3천 가지가 있으나 효도하지 않는 것을 가장 중대한 죄로 삼았다.

帝敷五教하여 有親居先하고 罪列三千이나 不孝爲大니라.
제 부 오 교   유 친 거 선   죄 렬 삼 천   불 효 위 대

－ 국조인물고國朝人物考

【해설】이 말은 다섯 가지 윤리에서 어버이와 아들의 사랑이 먼 저이고, 잘못한 죄는 3천 가지 중에 불효가 가장 크다는 뜻이다. 김시습은 태어난 지 8개월 만에 글자를 알고, 3세에는 시를 짓고, 5세에는 대학(大學)과 중용(中庸)을 통하여 사람들이 신동이라고 하였다. 세종대왕은 그를 불러 시험한 다음 경탄하며 상을 내리고, 장차 훌륭한 사람이 되라고 격려하였다.

세조가 단종을 내몰고 왕위에 오르고, 이어 성삼문(成三問)·박팽년(朴彭年)·이개(李塏)·하위지(河緯地)·유응부(兪應孚)·유성원(柳誠源) 등이 단종 복위를 도모하다가 참형을 당하자, 남몰래 배를 타고 시신을 거두어 노량진 산으로 옮겨 묻었다. 그리고는 책을 모두 불태워 버리고 속세를 떠나 중이 되었는데, 이 때 나이 21세였다.

설악산 오세암으로 들어가서 호를 설잠(雪岑)·청한자(淸寒子)·동봉(東峰)·벽산(碧山)·췌세옹(贅世翁)·매월당(梅月堂) 등으로 부르고, 명산대천을 방랑하며 글을 지어 허무한 심정을 달랬다. 때로는 미친 사람처럼 서울 거리에 나타나 세상을 비웃으며 살다가 홍산 무량사에서 59세로 일생을 마쳤다.

5. 이자견(李自堅)

1453~1529. 조선 성종~중종 때 문신. 자는 자고(子固). 성주 사람 이주(李湊)의 아들. 성종 때 문과에 급제하고 부제학·강원 감사, 중종 때 경기 감사·한성 부윤·호조판서 등을 지냈다.

■

선조의 아름다운 업적이 없는데 이를 찬양하는 것은 속이는 일이고, 착한 일이 있는데 알지 못하는 것은 밝지 못한 일이고, 알면서도 전하지 않는 것은 사람답지 못한 일이다.

先祖無媺인데 而稱之는 誣也요 有善而不知는 不明也요 知而
선 조 무 미   이 칭 지   무 야   유 선 이 부 지   불 명 야   지 이

不傳은 不人也니라.
부 전   불 인 야

— 국조인물고國朝人物考

【해 설】이 말은 사람은 조상의 자취를 올바르게 알고 자손들에게 전승하여 잘 알게 해야 한다는 뜻이다.

이자견은 단종 때 나서 24세에 생원·진사시에 합격하고, 성종 때 32세에 문과에 급제하여 정언·지평·정랑·사간·지제교·직제학·부제학·대사간을 거쳐 강원 감사를 지냈다.

연산군 때 갑자사화로 함창에 유배되었다가 중종반정으로 다시 소환되어 부제학이 되었는데, 아우인 참찬 이자건(李自健)·주부 이자영(李自英)·참판 이자화(李自華)와 함께 80 노모를 받드는 효성이 지극하여 세상에 이름이 높았다. 왕은 그의 효성에 감동되어 경기 감사로 임명하여 어머니를 모시게 하였다. 이어 한성 부윤 겸 대사헌·호조판서를 지냈다.

학식과 덕행을 아울러 갖추었으며 청렴결백하였다. 특히 윤리를 존중하여 자손들에게 사람답게 살아야 한다고 훈계하였는데, 이 말도 그 훈계 중의 한 구절이다.

6. 정렴(鄭磏)

1506~1549. 조선 중종·명종 때 학자. 자는 사결(士潔), 호는 북창(北窓). 온양 사람 정순붕(鄭順朋)의 아들. 중종 때 사마시에 급제하고 포천현감을 지냈다. 음악·천문·의학에 뛰어났다.

부모를 섬기는 데는 효도와 공경을 근본으로 삼고, 처자를 대하는 데는 화목과 온순을 먼저 하도록 하고, 가정을 다스리는 데는 절약과 검소를 중요한 일로 삼고, 세상을 살아가는 데는 겸손과 사양에 힘쓰도록 하라.

事父母에는 以孝弟爲本하고 待妻子에는 以和順爲先하고 居家
사 부 모   이 효 제 위 본   대 처 자   이 화 순 위 선   거 가

에는 以節儉爲要하고 處世에는 以謙退爲務하라.
    이 절 검 위 요   처 세   이 겸 퇴 위 무

- 북창집北窓集

【해 설】 이 말은 가훈의 일부로 부모를 섬기고, 처자를 대하고, 가정을 다스리고, 세상을 살아가는 데는 효도와 공경, 화목과 온순, 절약과 검소, 겸손과 사양이 중요한 일이라는 뜻이다.

정렴은 또 높은 벼슬아치가 되어 비루하게 살려 하지 말고, 고귀한 집과 혼인하려 하지 말고, 세상이 어지러울 때는 농사에 힘쓰라고 권하였다.

그는 말하기를, "조상을 받드는 데 예법을 따르고, 자손들 중에 나쁜 사람을 사귀어 음탕한 짓을 하거나, 인륜 도덕을 망가뜨리는 사람이 있으면 재산을 나눠 주지 말라."고 하였다. 그리고 근사록(近思錄)과 소학(小學)은 인격 수양에 길잡이가 되니 잘 공부하라고 하였다.

7. 심강(沈鋼)

1514~1567. 조선 명종 때 문신. 자는 백유(伯柔), 시호는 익효(翼孝). 청송 사람으로 영의정을 지낸 심연원(沈連源)의 아들. 명종의 장인으로 청릉부원군에 봉해지고, 벼슬은 오위도총관·영돈령부사 겸 도총관을 지냈다.

나는 불민하여 선조의 위업을 추락시킬까 두려워하며 살아가
는데, 너희들도 또 스스로 잘 살아갈 도리를 생각하지 않고
우리 조상을 욕되게 하려느냐?

吾旣不敏하여 恐墜先業인데 汝又不思自立하고 忝我祖先耶아?
오 기 불 민　　　　공 추 선 업　　　여 우 불 사 자 립　　　첨 아 조 선 야

– 국조인물고國朝人物考

【해 설】 이 말은 자식 된 도리로서 조상의 위업을 조금도 잘못되
게 해서는 안 된다는 뜻이다.

심강은 명문거족의 자손으로서, 명종이 대군으로 있을 때 그의
딸을 아내로 맞았다가 즉위한 뒤에 부원군으로 책봉되고, 벼슬
하여 오위도총관이 되었다. 어버이에게 효성이 지극하고, 조상
을 받드는 정성이 지극하였다. 아울러 종친과 화목하였으며, 그
러한 가풍과 법도가 엄격하였다.

더구나 자제를 가르치는 법도는, 반드시 친히 글로 써서 가르치
고 힘써 배우고 삼가 실행에 옮기게 하였으며, 조금이라도 잘못
하는 일이 있으면 반드시 이 말로 깨우쳤다. 그래서 자제들은 모
두 행실이 단정하고 착하고 어질었다. 이러한 법도는 집안의 가
훈으로 전해 내려와 아름다운 가풍을 조성하였다.

8. 이황(李滉)

1501~1570. 조선 중기의 대학자. 자는 경호(景浩), 호는 퇴계(退
溪)·퇴도(退陶), 시호는 문순(文純). 진보 사람 이식(李埴)의 아
들. 중종 때 문과에 급제하고 교리·대사성·부제학·참판·예조판
서·대제학·판중추 겸 지경연 등을 지냈다. 성리학을 연구하여 성

학십도(聖學十圖)·자성록(自省錄)·송계원명이학통록(宋季元明理學通錄)·경서석의(經書釋義)·퇴계집(退溪集) 등을 남겼다.

—

효도는 모든 행실의 근원이 되는데, 한 가지 행실이라도 잘못하는 점이 있으면 효도는 참된 효도가 될 수 없다.

孝는 爲百行之源인데 一行有虧면 則孝는 不得爲純孝矣니라.
효   위백행지원   일행유휴   즉효   부득위순효의

– 해동속소학海東續小學

【해 설】 이 말은 사람의 모든 행실은 효도가 근원이 되는데, 한 가지 행동이라도 잘못하면 효도하는 사람이 될 수 없다는 뜻이다. 이황은 남다른 성품을 가지고 어려서부터 말과 웃음도 예에 벗어나지 않았다. 12세에 논어(論語)를 읽고 더욱 독서를 즐기고, 주역(周易)을 읽은 뒤에는 침식도 잊고 학문의 진리를 강구하였고, 23세 때 태학에 들어가서 공부하고, 문과에 급제한 뒤에는 벼슬하는 한편 성리학 연구에 힘을 기울였다.

선조의 부름을 받고 중요한 정사를 상소하였는데, 그 요점은 계통을 존중하여 인과 효를 온전하게 하고, 참소와 이간을 막아 양궁을 화합하고, 성학을 돈독히 하여 나라 다스림의 근본으로 삼고, 도덕을 밝혀 성실하게 몸가짐을 닦아 천리에 순응할 것을 역설하니 선조는, "경의 도덕은 옛 성현에 뿌리 박았다."라고 하였다. 그리고 성학십도를 병풍으로 만들어 좌우명으로 삼았다.

70세로 세상을 떠났는데 유언으로, "내가 죽으면 예장을 그만두고 다만 작은 돌에 퇴도만은진성이공지묘(退陶晚隱眞城李公之墓)라고 세우면 족하다."라고 하여 그 말대로 자손들은 지금까지 장례는 간소하게 하고 있다 한다.

9. 노진(盧禛)

1518~1578. 조선 선조 때 명신. 자는 자응(子膺), 호는 옥계(玉溪)·칙암(則庵), 시호는 문효(文孝). 풍주 사람으로 예조참판을 지낸 노숙동(盧叔仝)의 증손, 노우명(盧友明)의 아들. 명종 때 문과에 급제하고 대사간·대사헌 등을 거쳐 병조판서·이조판서 등을 지냈다. 저서로 문집이 있다.

효도와 공경은 위로는 사물의 이치를 연구하여 지식을 확실하게 하고, 아래로는 몸을 닦고 가정을 정제하고, 나라를 다스리고, 세상을 평화롭게 하는 도리이다.

孝悌는 上貫乎格致誠正하고 下徹乎修齊治平이니라.
효제   상관호격치성정   하철호수제치평

- 국조인물고國朝人物考

【해 설】 이 말은 어버이에게 효도하고 형을 공경하는 행실은, 마음을 바로잡고 뜻을 참되게 하고 사물의 진리를 연구하고 아는 것을 확실하게 하여, 몸을 닦고 가정을 정제하고 나라를 다스려야 세상이 태평하다는 뜻으로, 효도와 공경의 근본 도리를 자제들에게 훈계한 내용이다.

노진은 청렴결백한 관리로 시와 문장에도 뛰어났다.

이 말은 가학(家學)에 있는 글인데 그 내용은, "사람은 어버이에게 효도하고 형을 공경하라. 효도와 공경은 사람답게 되는 근본이다. 어버이를 섬김이 효성스러운 까닭으로 나라에 충성하게 되고, 형을 공경하는 까닭으로 어른에게 순종하게 되는 것이다. 어버이가 죽은 뒤에는 비록 효도하려 해도 누구에게 효도하며, 늙은 뒤에 공경하려 해도 누구에게 공경하랴?"는 것이다.

10. 심집(沈諿)

1569~1644. 조선 선조·인조 때 문신. 자는 자순(子順), 호는 남애(南崖), 시호는 효간(孝簡). 청송 사람으로 여주 목사를 지낸 심우정(沈友正)의 아들. 선조 때 문과에 급제하고 광해군 때 장령, 인조 때 예조참판·예조판서를 지냈다.

효도는 모든 행실의 근원이다. 소학 책에는 그 내용이 구비되어 있다., 잘 읽고 마음에 명심하고 힘써 몸가짐에 실행할 것이다.

孝者는 百行之源이라 小學之書엔 節目俱備니라 讀而存之하고
효 자   백 행 지 원   소 학 지 서   절 목 구 비   독 이 존 지

力行於身이니라.
역 행 어 신

— 국조인물고國朝人物考

【해 설】 이 말은 효도는 행실의 근본인데, 그 내용이 소학(小學)에 있으니 잘 읽고 잘 알아서 몸소 실행에 옮기라는 뜻이다.

심집은 7세 때 시를 지어 사람들을 놀라게 하였고, 과거에 급제하고 벼슬에 나아가서는 조정에서 바른말을 하는 사람으로 알려졌다. 광해군 때는 간관으로서 바른말을 하여 죄인을 구제하다가 좌천되었다. 폐모 사건이 일어났을 때 자취를 감추었다가 인조반정 때 다시 벼슬하고, 병자호란 때는 능봉군을 왕제, 자신을 대신이라 칭하며 호적(胡狄) 진영으로 들어가서 담판하는 고난을 겪었다.

어버이에게 효도하는 정성이 지극하였는데, 이는 어려서부터 늙을 때까지 한결같았다. 항상 자제들에게 어버이에게 효도하고 형제간에 우애하는 도리를 훈계하였다.

11. 천만리(千萬里)

17세기. 조선 선조 때 무관. 임진·정유왜란 때 명나라 장수로 와서 왜적을 물리치는 데 공을 세우고, 우리나라에 귀화하여 영양 천씨의 중시조가 되었다.

가정의 법도는 충성과 장렬과 효도를 근본으로 삼으라. 나라의 안위를 염려하여 집안일을 잊는 것을 충성이라 말하고, 외적의 침략을 이겨내고 국난을 극복하는 것을 장렬이라 말하고, 어버이를 위하여 정성을 다하는 것을 효도라고 말한다.

家憲은 忠壯孝하라 慮國亡家는 曰忠이요 勝敵克亂은 曰壯이요
가 헌   충 장 효   여 국 망 가   왈 충   승 적 극 란   왈 장

爲親至孝는 曰孝니라.
위 친 지 효   왈 효

– 천씨가훈千氏家訓

【해 설】이 말은 가훈으로 가정의 법도는 충성과 장렬과 효도를 근본으로 삼으라는 뜻이다.

천만리는 또 자녀들에게 훈계하기를, "가정을 다스리는 법도는 성실하고, 건전하고, 잘 배우고, 잘 실행하고, 정직하고, 화목하고, 인내하고, 근면하라. 모든 일을 참되고 진실하게 하고, 굳건하고 온전하고, 널리 공부하고, 착실히 실행하고, 일 처리를 정직히 하고 화목하고, 더러운 일도 참고 견디고 부지런하고 검소하게 살도록 하라."고 하였다.

그리고 천씨들이 지킬 가르침으로 천씨의 자손으로 태어난 것을 명심하고, 조상의 거룩한 넋을 받들어 항상 숭배하라고 하였다.

12. 안후열(安後說)

1632~?. 조선 숙종 때 학자. 자는 덕우(德雨), 호는 재곡(齋谷), 별호는 검남(劍南). 광주 사람으로 정랑 벼슬을 지낸 안헌규(安獻規)의 아들. 효종 때 문과에 급제하고 도승지를 지냈다. 저서로 문집과 규범선영(閨範選英)이 있다.

어버이의 나이가 백 살을 넘는다 하더라도 비유하면 한순간이니, 나중에 비록 잘 봉양하려 한들 뜻대로 되겠는가? 생각이 이에 미치면 오장이 불타는 것 같으리라. 다만 자손들이 나를 대하는 데 불효한 것만을 알고, 나 자신이 어버이를 받드는 정성이 박하여 소홀히 하고 근심스럽게 한 것을 모르면, 하늘은 반드시 그를 죽인다. 그래서 세상에 죄악이 3천 가지가 있는데 어버이에게 효도하지 않은 죄악을 으뜸으로 하였으니 가히 두렵지 않으랴?

親年이 必過百歲라도 譬喩一瞬이니 後雖欲奉養인들 其可得乎라? 念及乎此면 五內如灼이리라 徒知子孫待我之不孝하고 不知吾身奉親之誠薄하고 怠忽之하고 憂苦之면 天必殛之니라 五刑之屬이 三千이나 不孝爲首니 可不懼哉리오?

― 규범선영閨範選英

【해 설】 이 말은 어버이를 섬기는 것을 시간으로 따지면 잠깐이니, 나중에 뉘우치지 말고 살아계실 때 효성을 다하라는 뜻이다. 아울러 불효는 모든 죄악 중에서 가장 큰 죄임을 명심하라는 뜻

이다.

안후열은 명문 후손으로 효종 때 문과에 급제하여 검열을 지내고, 옥당에 올라 벼슬이 도승지에 이르렀다. 학문과 문장이 뛰어나 저서로 문집을 남기고, 18항목으로 된 가훈 책 규범선영을 지었는데, 여기 실린 것은 효도편 내용이다.

13. 김창흡(金昌翕)

1653~1722. 조선 숙종 때 학자. 자는 자익(子益), 호는 삼연(三淵), 시호는 문강(文康). 안동 사람으로 영의정을 지낸 김수항(金壽恒)의 아들. 벼슬에 뜻을 두지 않은 대학자로 저서에 삼연집(三淵集)이 있다.

충신을 구하려면 반드시 효자 가문에서 찾아야 한다. 그런데 효자라고 해서 반드시 충신이 되는 것은 아니고, 충신이라고 해서 반드시 효자가 되는 것은 아니다.

求忠臣이면 必於孝子之門이니라 孝不必忠이요 忠不必孝니라.
구 충 신   필 어 효 자 지 문   효 불 필 충   충 불 필 효

– 국조인물고國朝人物考

【해 설】 이 말은 충신과 효자의 참된 뜻을 설명하고, 나라를 위하여 목숨을 바칠 수 있는 인재는 효도하는 가문에서 찾아야 한다는 뜻으로, 벼슬하는 인재에 관하여 논한 내용이다.

김창흡은 거리낌 없는 성품으로 매이는 데가 없고, 큰 뜻을 품어 부귀와 영화 같은 것은 일절 마음에 두지 않았다. 명문에서 자라 인품이 고결하고 용모와 풍채가 수려하였다. 어버이에게 효성이 지극하고, 형제간에 우애 있게 지내고, 집안의 가르침을

지켜 학문과 덕행이 사람들의 본보기가 되었다. 아버지가 화를 입은 뒤로 벼슬에 뜻을 두지 않고 명산대천을 두루 다니며 자연을 벗 삼고, 특히 설악산에 영시암(永矢庵)을 짓고 오래 기거하였으며 시로써 인생의 감흥을 노래하였다.

학문은 유학의 새로운 기풍을 구명하고, 문장은 결백하고, 시는 심오하고, 유(儒)·불(佛)·도학(道學)에 통달하였다. 한마디 말이나 몸가짐 하나도 고명하고 장대하여 사람들이 세상에 드문 학자라고 칭하였다.

14. 임징하(任徵夏)

1687~1728. 조선 숙종 때 문신. 자는 성능(聖能), 호는 서재(西齋), 시호는 충헌(忠憲). 풍천 사람으로 집의를 지낸 임형(任泂)의 아들. 숙종 때 문과에 급제하고 사서·정랑을 지냈다. 저서로 서재집(西齋集)이 있다.

아버지와 아들이 나라에 충성하고 어버이에게 효도하는 일로 해서 죄를 지었으니, 비록 죽더라도 무슨 부끄러움이 있겠느냐? 나는 이를 결코 슬프게 생각하지 않으니 모름지기 염려하지 말라. 오직 자신의 몸 보전을 천금으로 여기고, 가문을 이어가는 것을 큰 의리로 삼는 것이 옳으리라. 아아, 위로 사당이 있으니 잘 지키도록 하고, 아래로 어린 아우가 있으니 잘 어루만져 가르치도록 하라.

父子各以忠孝得罪하니 雖死라도 何愧之有리오? 吾決不以此
부 자 각 이 충 효 득 죄   수 사   하 괴 지 유   오 결 불 이 차

爲傷이니 須勿爲慮하라 惟以自保千金이요 以持家門爲大義理
위 상   수 물 위 려   유 이 자 보 천 금   이 지 가 문 위 대 의 리

가 可也니라 嗚呼라 上有宗祀하니 須汝承守하고 下有幼弟하니
가 야　　오 호　　상 유 종 사　　수 여 승 수　　　하 유 유 제

須汝撫訓하라.
수 여 무 훈

– 서재집西齋集

【해설】 이 말은 옥중에서 아들에게 보낸 유계(遺誡)로, 부자가 충효로 죽는 것을 부끄럽게 생각하지 않으니 종사를 잘 받들고 어린 아우를 잘 기르라는 뜻이다. 그는 바른말로 왕에게 간하다가 30번이나 투옥되었고 마침내는 옥사하였다.

임징하의 상소문에는 다음과 같은 것도 있다. 첫째, 임금의 뜻을 넓혀 큰 근본을 세울 것. 둘째, 대궐의 법도를 엄격히 하여 간흉의 자취를 끊을 것. 셋째, 잘못된 일을 뿌리 뽑고 바르게 국시를 정할 것. 넷째, 속된 논쟁은 부숴 없애고 참된 정사를 행할 것. 다섯째, 사치하는 비용을 억제하여 나라의 재정을 펼 것. 여섯째, 수령을 잘 뽑아 가난한 백성을 보호할 것.

그의 언론은 엄정하고 주장은 명확하였으며, 매사에 의연하여 누구도 그 뜻을 빼앗을 수 없었다.

15. 전봉준(全琫準)

1853~1895. 조선 고종 때 동학 지도자. 별칭 녹두장군(綠豆將軍). 고부 사람. 탐관오리의 학정에 격분하여 동학란을 일으켰다가 사형되었다.

사람이 세상을 살아가는 데 가장 고귀한 점은 인륜이다. 임금과 신하, 어버이와 자식의 윤리는 사람이 지켜야 할 큰 인륜

이다. 임금이 어질고 신하가 충직하고, 어버이가 인자하고 자식이 효성스러워야 곧 가정과 나라가 발전해 다함없는 행복을 누릴 수 있다.

人之於世에 最貴者는 以其倫也니라 君臣父子는 人倫之大者
인 지 어 세   최 귀 자   이 기 윤 야   군 신 부 자   인 륜 지 대 자

니라 君仁臣直하고 父慈子孝然後에야 乃成家國하여 能建无疆
     군 인 신 직   부 자 자 효 연 후   내 성 가 국   능 건 무 강

之福이니라.
지 복

– 동학당 포고문東學黨布告文

【해 설】 이 말은 동학당 포고문의 첫머리로, 사람에게는 인륜이 중요하여 임금이 어질고 신하가 충직하고, 어버이가 인자하고 자식이 효성스러워야 나라가 융성한다는 뜻이다.

전봉준은 이 말에 이어, "우리 임금은 인자하고 효성스럽고, 총명하고 거룩하니, 어질고 착한 사람들이 잘 받들고 도우면 요순시대와 같은 선정을 볼 수 있을 것인데, 신하들이 그 벼슬자리를 훔치고, 임금의 총명을 가리고 아부를 일삼아 충직한 사람을 물리쳐서 안으로는 나랏일을 도울 만한 인재가 없어지고, 밖으로는 백성을 학대하는 탐관오리가 많아져서, 인심은 바뀌어 들어앉아도 즐길 수 없고, 나다녀도 몸을 보전할 계책이 없다. 이에 포악한 정사가 날로 심해지고, 악독한 소리가 서로 꼬리를 물고 일어나서 임금과 신하, 어버이와 자식의 윤리와 윗사람과 아랫사람의 질서가 어긋나고 무너졌다. 옛사람은 예절과 의리와 청렴과 수치가 몸에 잘 베풀어지지 않으면 망한다고 말했는데, 지금 우리나라의 형세는 옛날보다 더 심한 형편이다…."라고 하였다.

16. 지응현(池應鉉)

1867~1957. 조선 고종 때 학자. 자는 현숙, 호는 붕남(鵬南). 충주 사람 지영규의 아들. 효자로 유명하고, 자수성가하여 사회사업에 힘썼다. 저서로 붕남실기(鵬南實記)가 있다.

효도는 모든 행실의 근본이다. 사람으로서 어버이에게 효도하지 않는다면 그 밖의 행실은 물어볼 것이 못 된다. 설사 그가 다른 일을 다 잘하고 모든 일에 능통하다고 하더라도 남들은 그를 칭찬하지 않는다. 칭찬하지 않을 뿐만 아니라 그와 함께 세상에 살아가는 것을 부끄러워할 것이다.

孝也者는 百行之本이니라 人而不孝면 其餘는 不足問也니라
효야자　　　백행지본　　　인이불효　　기여　　부족문야

而設有他百善百能이라도 人不稱之리라 不惟不稱이요 恥與之
이 설유타백선백능　　　　인불칭지　　　불유불칭　　치여지

立於世니라.
립어세

– 붕남실기鵬南實記

【해 설】 이 말은 효도는 모든 행실의 근본이므로 불효자는 다른 일을 잘하고 능통하더라도 사람들은 그와 함께 살아가는 것을 부끄러워한다는 뜻으로, 가훈 중 효도에 관한 내용의 머리말이다.
지응현은 효자로 유명하며, 독학으로 학자가 되고, 자수성가하여 사회에 좋은 일을 많이 하고, 밝은 사회를 이룩하는 데 힘썼다. 선비 집안의 다섯 형제 중 셋째로 태어나 어려서부터 효성이 지극하였고, 10세 때 어머니를 잃고 장례를 치른 뒤에는 장사를 시작하였다. 온갖 고난을 겪으며 마침내는 어려운 집안을 일으켰다.

17. 허태희(許泰熙)

조선 후기의 학자. 자는 군명, 호는 유은, 또는 만송. 성품이 부드럽고, 절개가 곧고, 기개가 뛰어난 선비로 이름났다.

가정에서는 나라에 충성하고 부모에게 효도하는 법도를 전승하도록 하고, 사회에서는 대대로 청렴하고 결백한 가풍을 지키도록 하라.

家傳忠孝하고 世守淸白하라.
가 전 충 효　　세 수 청 백

– 해동윤강록海東倫綱錄

【해 설】 이 말은 가정의 법도와 세상을 살아가는 신조를 제시한 가훈으로, 나라에 충성하고 부모에게 효도하고, 몸가짐을 청렴하고 결백하게 하라는 뜻이다.

허태희는 또 말하기를, "몸가짐을 잘 닦아서 모든 일에 부지런하고 검소하게 살고, 형제간에는 우애하고, 친척 간에는 화목하라."고 하였고, "남을 접대할 때는 공손하고 삼가고, 아들딸을 가르칠 때는 옳고 바른 도리를 지키도록 하라." "일을 처리할 때는 반드시 공명정대하게 하고, 세상을 살아가는 데는 명예나 이익을 탐내지 말라." "인자하고 지혜롭고 참되고 미덥고 널리 배워 견문을 넓히고, 예의범절을 잘 지키도록 하라."고 가르쳤다.

충 성 편
忠 誠 篇

충성은 사람이 참된 뜻으로 나라를 위하는 정성을 말한다.

세상에 나라 없는 백성은 없다. 세상은 핏줄을 이은 겨레가 있고, 삶의 보금자리인 터전이 있고, 평화롭게 살 수 있게 마련하는 힘인 주권이 있다. 그래서 한 나라는 백성을 근본으로 삼고, 백성은 나라의 힘으로 행복한 삶을 누리고 있다.

그러므로 어느 나라 사람을 막론하고 백성은 나라의 융성을 위하여 나라를 사랑하고, 그에게 주어진 일에 성실하고, 분수에 만족하며 나라의 은덕에 보답하려고 힘쓴다.

돌이켜보면 우리의 전통적인 미덕은 아득한 옛날부터 나라에 충성하고 부모에게 효도하는 일을 가장 큰일로 삼아왔다. 특히 나라를 위하는 충성심은 남보다 뛰어나, 안으로는 복된 가정을 이룩하는 데 힘쓰면서도 언제든지 나라를 위해서는 목숨을 내놓을 수 있는 기풍을 길러 왔다.

부강한 나라를 이룩하는 백성이 평화롭게 살 수 있다는 생각은 우리 핏줄로 이어진 강인한 성품이다. 나라가 어떠한 난관에 처하더라도 이를 극복하는 마음은 곧 변치 않는 충성심이 있기 때문이다.

1. 눌최(訥催)

?~624. 신라 진평왕 때 장군. 사량부 사람 도비(都非)의 아들로
장군이 되었는데, 백제가 침범하자 봉잠성을 사수하다가 장렬하게
전사하였다.

—

따뜻한 봄 화창한 기운에는 초목이 번성하지만, 추운 겨울이
되면 홀로 소나무와 잣나무만이 시들지 않는다. 지금 외로운
성에 구원군이 없어 날로 위태로움이 더하니, 이때야말로 뜻있
는 인사와 의로운 사람들이 충절을 다하여 이름을 떨칠 때다.

陽春和氣엔 草木이 皆華나 至於歲寒이면 獨松柏이 後凋니라
양춘화기   초목   개화   지어세한   독송백   후조

今孤城無援하여 日益阽危하니 此誠志士義夫盡節하여 揚名之
금고성무원   일익점위   차성지사의부진절   양명지

秋니라.
추

— 삼국사기三國史記

【해 설】 이 말은 외로운 성에서 소나무와 잣나무 같은 절개로 외
적을 물리치겠다는 뜻으로, 외적의 침해를 당하였을 때 구원병도
없는 외로운 성을 지키는 결사적인 장병들의 심정을 엿볼 수 있
다.
눌최는 5군의 장병들이 구원을 포기하고 돌아간 뒤에 장병들에게
이 말을 남기고 끝까지 적과 싸우다가 장렬한 최후를 마쳤다.
따뜻한 봄에는 초목이 꽃피지만, 추운 겨울에는 소나무와 잣나
무만이 시들지 않는다는 말은 절개를 뜻하는 말로, 깊은 뜻이
담겨 있다.

2. 죽죽(竹竹)

?~642. 신라 선덕여왕 때 용사. 대야성 사람 학열(郝熱)의 아들로 백제의 침해를 막다가 장렬히 전사하였다.

우리 아버지가 내 이름을 죽죽이라고 지은 것은 나에게 추운 겨울에도 시들지 말고, 꺾어지더라도 굽혀져서는 안 된다는 뜻이니, 어찌 죽음을 두려워하여 살아서 항복하랴?

吾父名我以竹竹者는 使我歲寒不凋하고 可折而不可屈이니 豈
오 부 명 아 이 죽 죽 자　　사 아 세 한 부 조　　　가 절 이 불 가 굴　　　기

可畏死하여 而生降乎아?
가 외 사　　　이 생 항 호

– 삼국사기三國史記

【해 설】이 말은 대〔竹〕의 성품처럼 추운 겨울에도 시들지 않고 꺾어지더라도 굽히지 않고 절개를 지키겠다는 뜻이다.

죽죽은 대야성주 김품석(金品釋) 밑에서 나라를 위하여 충성을 다한 용사이다. 평소 그 이름처럼 절개를 지니고 살며 적을 무찌르는 싸움에 용감하였다. 백제가 쳐들어와서 대야성이 함락되어 성주인 품석 부부와 성안의 군민이 비참하게 죽을 때 끝까지 싸우다 죽었다.

그 뒤 태종무열왕이 백제를 멸망시킬 때 의자왕을 굴복시키고 지난날 대야성 싸움의 피맺힌 원한을 들어 당시의 한을 풀었다. 대야성주 김품석의 아내는 태종무열왕의 딸로 참혹하게 죽었다.

3. 김흠순(金欽純)

7세기. 신라 무열왕·문무왕 때 명장. 일명 흠춘(欽春)이라고도 한
다. 김서현(金舒玄)의 아들로 진평왕 때 화랑이 되어 형인 김유신
(金庾信)과 함께 삼국통일의 위업을 완수하는 데 큰 공을 세웠다.

—

신하가 되어서는 충성을 다하는 것만 같지 못하고, 아들이 되
어서는 효성을 다하는 것만 같지 못하다. 나라의 위태로움을
보고 목숨을 바치면 충성과 효성 둘 다 완전히 이루어질 것
이다.

爲臣莫若忠이요 爲子莫若孝니라 見危致命이면 忠孝兩全이니라.
위 신 막 약 충   위 자 막 약 효   견 위 치 명   충 효 양 전

– 삼국사기三國史記

【해 설】 이 말은 나라에 충성하고 어버이에게 효도하는 것이 사
람의 도리인데, 나라에 목숨을 바치면 충성하고 효도하는 도리
를 완수하는 것이라는 뜻이다.
신라가 백제를 멸망시킨 황산벌 전투에서 신라군은 백제의 계백
(階伯) 장군에게 패하여 더는 진격할 수 없는 곤경에 처하였다.
이때 김흠순은 아들 반굴(盤屈)에게 이 말로 훈계하니, 반굴은 아
버지의 뜻에 따라 적진으로 달려가서 장렬하게 전사하였다.
김흠순은 백제를 멸망시키는 데 큰 공을 세우고, 이어 고구려를
멸망시키고 삼국을 통일하는 데 큰 공을 세웠으며, 어진 재상으
로서 국태민안을 도모하는 데 힘썼다.

4. 구진천(仇珍川)

7세기. 신라 문무왕 때 유명한 노사(弩師). 신라의 천리노[활]를 만든 사람. 당나라에 가서 60보밖에 나가지 않는 활을 만들어 끝까지 그 비법을 지켰다.

■

나도 화살이 60보밖에 안 가는 까닭을 모르겠소. 아마도 재목이 바다를 건너올 때 그 습기를 받은 탓인지?

臣도 亦不能知其所以然이라 殆木過海에 爲濕氣所侵者歟아?
신   역불능지기소이연   태목과해   위습기소침자여

– 삼국사기三國史記

【해 설】 이 말은 화살이 멀리 안 나가는 까닭은 재목이 신라에서 바다를 건너올 때 습기를 받은 탓인지 모르겠다는 뜻이다.

당 고종은 신라의 천리노를 만드는 구진천을 초청하여 천리노를 만들라고 하였다. 그는 요청에 따라 활을 만들어 쏘니 30보밖에 나가지 않았다. 고종이 까닭을 물으니, 구진천은 재목이 신라 것이 아닌 까닭인가 여겨진다고 하자, 신라에서 재목을 가져왔다. 그는 그 재목으로 활을 만들었는데 이번에는 60보밖에 나가지 않았다. 이 말은 이때 고종이 까닭을 물은 데 대한 대답이다.

당 고종은 화를 내며 그를 죽이려 하였다. 구진천은, "천리노는 신라의 활이지 당나라의 활이 아니다."라고 대답하며 그 뜻을 굽히지 않았다. 당 고종은 그의 애국심에 감복하여 예의로 대하며 신라로 돌려보냈다.

5. 계백(階伯)

?~660. 백제 의자왕 때 명장. 나당(羅唐) 연합군이 쳐들어왔을 때 황산벌에서 싸우다가 전사하였다.

한 나라의 사람으로 신라와 당나라의 대군을 당하자니 나라의 존망을 알 수 없겠다. 아마도 내 처자는 적에게 잡혀 노비가 될 것이니, 그들이 살아서 욕을 당하는 것보다는 시원하게 죽는 것만 같지 못하리라.

以一國之人으로　當唐羅之大兵하니　國之存亡을　未可知也라
이 일 국 지 인　　　당 당 라 지 대 병　　　국 지 존 망　　　미 가 지 야

恐吾妻孥는　沒爲奴婢리니　與其生辱은　不如死快리라.
공 오 처 노　　　몰 위 노 비　　　여 기 생 욕　　　불 여 사 쾌

－ 삼국사기三國史記

【해 설】 이 말은 국가의 존망이 달린 싸움에 처자가 적에게 잡혀 노비가 되어 욕을 당하는 것보다 죽는 것이 낫다는 뜻으로, 깨끗한 마음으로 나라와 운명을 같이한 애국 충절이 의롭다.

백제의 멸망과 운명을 같이한 계백은 싸움터로 나가기에 앞서 처자를 모두 죽게 하여 장례를 마치고 출전하였는데, 애국의 결의는 우리 역사상 유례가 드물다.

5천 명 결사대로 신라 5만 군과 황산벌에서 싸울 때 신라의 어린 군사 관창(官昌)의 충성과 용맹을 가상히 여겨 살려 보낸 일은 인류애적 의협심으로 볼 수 있다.

마지막 남긴 말, "옛날 월나라 구천(句踐)은 5천 명 군사로 오나라 70만 대군을 쳐부쉈다. 이를 명심하고 싸우자."라는 외침은 실로 최후를 다짐하는 결의가 엿보인다.

6. 하공진(河拱辰)

?~1011. 고려 현종 때 무장. 진주 사람. 성종 때 압록강 구당사가
되고, 목종 때 중랑장을 거쳐 상서좌사낭중이 되었다. 현종 때 거
란주가 침입하자, 외교를 통해 적을 철수시켰다.

나는 고려의 신하로 감히 두 마음을 먹지 않는다. 죄가 있으면
천만 번 죽을지언정 살아서 거란을 섬기기를 원하지 않는다.

臣於本國으로 不敢有二心이라 罪當萬死언정 不願生事大朝니라.
신 어 본 국   불 감 유 이 심   죄 당 만 사   불 원 생 사 대 조

– 고려사高麗史

【해 설】 이 말은 죽어서 고려의 귀신이 될지언정 살아서 거란을
섬기지 않겠다는 뜻이다.

현종 때 거란주(성종)가 40만 대군으로 서경을 침범하자 나라에
서는 적에게 굴복하자는 의논이 있었다. 강감찬의 주장으로 왕은
복주로 피란하고, 하공진은 고영기(高英起)와 함께 적진으로 들
어가서 앞으로 왕의 친교와 자신이 볼모가 되는 조건으로 적군
을 철수시켰다.

그는 거란으로 들어가서 겉으로는 그 뜻을 따르는 척하면서 속
으로는 고국으로 돌아올 계획을 꾸미다가 그 일이 알려졌다. 거
란주는 친히 국문하였는데, 그는 죽음을 결심하고 이 말을 하며
뜻을 굽히지 않았다. 두 번 세 번 달래려 해도 듣지 않자 거란
주는 마침내 그를 참혹하게 죽이고 미친 듯이 간까지 꺼내어 먹
었다.

7. 정서(鄭叙)

12세기. 고려 인종·의종 때 문신. 호는 과정(瓜亭). 동래 사람 지추밀원사 정항(鄭沆)의 아들. 벼슬하여 내시낭중을 지냈다. 아내는 인종의 왕비 동생으로 인종의 총애가 두터웠다. 의종이 임금이 된 뒤에 간신들의 모함으로 동래로 가서 오랫동안 왕의 부름을 기다리며 유명한 노래 정과정곡(鄭瓜亭曲)을 남겼다.

내 임을 그리워하여 울며 살아가니, 저 봄 동산에서 슬피 우는 두견새와 같네. 옳으니 그르니 하는 말을 묻지도 마소서. 다만 지는 달과 샛별만이 알고 있으리라.

憶君無日不霑衣니　政似春山蜀子規라　爲是爲非人莫問하오
억 군 무 일 부 점 의　　정 사 춘 산 촉 자 규　　위 시 위 비 인 막 문

只應殘月曉星知리라.
지 응 잔 월 효 성 지

– 고려사高麗史

【해 설】 이 노래는 임금을 그리워하며 자신은 잘못이 없다는 뜻이다.

의종 5년(1151) 5월에 왕식(王軾) 등이 정서의 잘못을 논하며 처벌하자고 들고 일어났다. 왕은 그들의 뜻을 받아들여 그를 고향인 동래로 귀양 보냈다. 이때 왕은 말하기를, "오늘 가게 하는 것은 조정의 의논에 어쩔 수 없이 보내는 것이니 오래지 않아 반드시 불러 돌아오게 할 것이다."라고 하였다.

정서는 왕의 말을 믿고 1년, 2년, 3년 기다렸으나, 여러 해를 넘겨도 부르지 않자, 이런 임금을 그리워하는 뜻과 아울러 자신의 억울한 사정을 노래하였다.

8. 최기우(崔奇遇)

12세기. 고려 인종 때 문신. 숙종 때 과거에 급제하여 청주사록에 임명되었다. 예종 때 정언·사간·기거사인을 거쳐 서해도 안찰사가 되었다. 인종 때 이자겸(李資謙)의 전권을 막는 데 힘써 귀양 갔다가 소환되어 부낭중이 되었다.

우리 임금께서 시종 베푸시는 은덕을 네 눈으로 보았으리라. 그 은혜를 만분의 1도 갚지 못하고 죽는 것은 운명이다. 너는 내 뜻을 욕되게 하지 말라.

吾君終始之惠를 惟汝目見이리라 吾未得報萬一은 命也라 汝
오 군 종 시 지 혜   유 여 목 견   오 미 득 보 만 일   명 야   여

無忝吾志하라.
무 첨 오 지

－고려사高麗史

【해 설】 이 말은 죽을 때 아들에게 남긴 유훈으로, 나라에 충성하라는 뜻으로 한 말이다.

최기우는 타고난 자질이 남달리 뛰어나고 키가 7척으로, 젊어서부터 문장이 뛰어났으나 기개를 믿고 일할 때는 녹록하게 남의 뜻을 따르기를 좋아하지 않았다.

바른말을 잘하였는데, 예종 때 이자량(李資諒)을 장수로 삼아 동북부로 출정하게 하자, "자량은 왕후의 숙부이므로 만일 잘못을 저질러도 처벌하지 못할 것이라"고 글을 올려 반대하였다.

인종이 즉위하여 이자겸이 정권을 좌우하자, "폐하께서 마땅히 선정을 베풀어 민심을 안정시켜야 하는데, 간사한 무리를 가까이하고 학사 대부를 멀리하시니 이는 신의 바람에 어긋나는 것이

오니, 원하건대 늘 편전에 나와 유신들을 만나보며 태조의 유훈을 따라 나라를 다스리소서."라고 말하였다.

나중에 이자겸에게 화를 입어 고성으로 귀양 갔다가 그가 패한 뒤에 소환되어 왕을 도와 선정을 폈으며 병으로 죽었다.

청렴하고 근면한 사람으로 알려졌다.

9. 김지대(金之岱)

1190~1266. 고려 고종 때 문관. 청도 사람으로 풍자가 뛰어나고 큰 뜻을 지녔으며 문장에 능통하였다. 고종 때 조충(趙沖)의 추천으로 벼슬에 나아가 청렴하고 유능한 관리로 이름나고, 원종 때 정당문학·이부상서를 거쳐 수태부·중서시랑평장사로 치사하였다.

나라의 환란은 백성의 환란이요, 어버이의 근심은 자식의 근심이다. 어버이를 대신하여 나라의 은혜를 갚는다면 충성과 효도 두 가지 모두 이룰 수 있으리라.

國患은 臣之患이요 親憂는 子所憂니라 代親如報國이면 忠孝
국 환   신 지 환   친 우   자 소 우   대 친 여 보 국   충 효
可雙修니라.
가 쌍 수

– 고려사高麗史

【해 설】 이 말은 백성은 나라에 충성하고 자식은 어버이에게 효도하는 것이 근본 도리라는 뜻이다.

김지대는 고종 4년(1217), 거란적을 칠 때 아버지를 대신하여 강동 전투에 출정하였다. 이때 군사들은 모두 방패에 기이한 짐승 그림을 그렸는데, 김지대는 유독 이 시를 써 가지고 있었다.

이것을 본 도원수 조충은 놀라고 기특하게 여겨 그를 불러 중요한 임무를 맡겼다. 그리고 다음 해 조충은 지공거가 되자 김지대를 맨 먼저 발탁하였다.

처음에 전주 사록으로 나가서 불쌍한 사람들을 구제하고 강호들의 횡포를 억제하여 훌륭한 관리로 칭송되고, 차츰 벼슬이 높아졌다. 전라도 안찰사가 되었을 때는 권신 최이(崔怡)의 아들 최만전(崔萬全, 최항崔沆)의 행패를 없애 백성들의 신뢰를 받았다. 그 뒤 몽고군의 침해를 막는 데 공을 세우고, 원종 때는 어진 정사를 펴는 데 공헌하였다.

10. 허유전(許有全)

14세기. 고려 충숙왕 때 문신. 처음 이름은 허안(許安). 김해 사람으로 원종 때 급제하여 충렬왕 때 감찰시사·밀직사사를 거쳐 수첨의찬성사가 되고 가락군에 봉해졌다.

사람은 모두 한 번 죽는 법인데, 어찌 아내가 병들고 자신이 늙었다고 해서 임금을 잊고 스스로 편안히 있으리오?

人皆有一死인데 豈以妻病身老로 忘吾君하고 而自逸乎리오.
인 개 유 일 사   기 이 처 병 신 로   망 오 군   이 자 일 호

— 고려사高麗史

【해 설】 이 말은 자신에게 어떤 고난이 있더라도 살아 있는 한 임금을 위하는 일은 변치 않아야 한다는 뜻이다.

허유전은 충숙왕이 즉위하자 정승으로 임명되고 가락군으로 봉해졌다. 그런데 원나라에서 충선왕을 토번으로 유배시키자 민지(閔漬) 등과 함께 원나라로 가서 소환을 청하였다. 이때 그의

나이 81세이고, 아내도 병으로 죽게 되었으므로 이를 만류하니, 그는 이 말을 남기고 아들 허영(許英)에게 어머니 병을 시중들 것을 부탁하고 떠났다. 그러나 그의 아내는 그가 떠난 지 9일 만에 세상을 떠나 사람들이 탄식하였다.

원나라에 반 년 동안 있으면서 충선왕을 고국으로 돌아가게 하려고 애썼으나, 심양왕 무리의 방해로 뜻을 이루지 못하고 돌아왔다.

성품이 곧고 임금을 사랑하는 충성심이 대단한 사람으로 유명하다.

11. 이제현(李齊賢)

1287~1367. 고려 후기의 명신·학자. 자는 중사(仲思), 호는 익재(益齋)·역옹(櫟翁), 시호는 문충(文忠). 검교시중을 지낸 이진(李瑱)의 아들. 충렬왕 때 과거에 급제하고 충숙왕 때 정당문학·삼사사를 지내고, 충목왕 때 계림부원군, 공민왕 때 우정승·문하시중을 지냈다. 저서에 익재집(益齋集)·익재난고(益齋亂藁)·역옹패설(櫟翁稗說) 등이 있다.

왕업을 창건하여 그 전통을 이어나가게 한 임금은 그 식견이 원대하고 그 생각하는 것이 깊어서 후세 사람들이 따를 수 없다.

創業垂統之主는 其見遠하고 其慮深하여 非後世所及也니라.
창 업 수 통 지 주   기 견 원   기 려 심   비 후 세 소 급 야

– 고려사高麗史

【해설】 이 말은 한 나라를 세운 임금은 후세 사람들이 생각할 수 없는 뛰어난 식견을 가졌다는 뜻이다.

이제현은 15세에 성균시에 장원급제하고, 또 병과에 급제한 수재로 특히 경전에 남달리 통달하므로 아버지는, "하늘이 우리 가문을 돌보심인가?"라고까지 말하였다. 충선왕·충숙왕 때는 이름이 원나라에까지 널리 알려졌다.

충선왕이 일찍이 이제현에게 묻기를, "태조 때 거란이 낙타를 선물로 보내왔는데 이를 다리 밑에 매어두고 먹이를 주지 않아 굶어 죽게 하였다. 낙타는 중국에서 나지 않아도 그들이 이를 잘 길렀는데, 임금은 수십 마리 낙타를 가져도 백성에게는 폐가 되지 않고, 또 받지 않으면 그만일 텐데 왜 받아서 굶어 죽게 한 것인가?"라고 하자, 이제현이 이렇게 대답하였다.

이어서, "태조께서 그렇게 한 까닭은 장차 오랑캐의 흉계를 꺾으려 하고, 아울러 후세에 사치스러운 마음을 막으려 한 것이오니, 전하께서는 이러한 뜻을 삼가 생각하시고, 힘써 실행하여 그 뜻을 체득하소서."라고 하였다.

충선왕이 원나라에 불려갔을 때 최성지(崔誠之)와 함께 원나라 조정에 명문을 보내어 그들을 감동하게 하였다.

12. 박순(朴淳)

?~1402. 고려 말·조선 초의 충신. 음성 사람 박문길(朴文吉)의 아들. 고려 우왕 때 도평의사사지인을 지냈고, 태종 때 판중추부사로 함흥차사가 되어 갔다가 죽었다.

신하가 그 임금을 위하여 죽는 것은 그 직책일 따름이요, 옷을 입고 밥을 먹는 것도 임금의 덕인데, 어려운 일에 임하여 구차하게 죽음을 면하려는 태도는 신이 부끄러워하는 바입니다.

臣爲君死는 乃其職爾요 衣君食君인데 臨亂苟免은 臣所恥也
신 위 군 사   내 기 직 이   의 군 식 군   임 란 구 면   신 소 치 야
니이다.

- 국조인물고國朝人物考

【해 설】 이 말은 임금을 위하여 죽는 것은 신하 된 직책인데 나라가 어려울 때 죽음을 면하려는 몸가짐은 부끄러운 일이라는 뜻으로, 함흥차사를 자청할 때 한 충성된 말이다.

박순은 이성계(李成桂)와 우의가 깊었다. 고려 우왕이 요동정벌군을 일으켰을 때, 이성계 등과 함께 출정하였다가 위화도회군을 도모하였고, 고려를 무너뜨리고 조선을 세우는 데 공헌하여 벼슬하였다. 조선 건국 초에 왕자의 난이 일어나고 태조 이성계가 함흥으로 자리를 옮겨 나라는 어지러워졌다. 그리하여 함흥차사로 간 사람은 모두 죽임을 당하였다.

이때 박순은 태종에게 자청하여 함흥차사로 가서 태조 이성계에게 환도할 뜻을 갖게 하고 돌아오다 용흥강에서 애석한 죽임을 당하였다. 그가 죽었다는 소식을 듣고 부인 임씨도 자결하여 나라에서는 그 집에 충신 열녀문을 세웠다.

기개와 도량이 뛰어나고 지조가 굳고 절개와 의리가 건전하고 충성심이 대단하고 실천력이 강하였다.

13. 박팽년(朴彭年)

1417~1456. 조선 세종~세조 때 학자·충신. 사육신의 한 사람. 자는 인수(仁叟), 호는 취금헌(醉琴軒), 시호는 충정(忠正). 순천 사람 박중림(朴仲林)의 아들. 세종 때 문과에 급제하고 집현전 학사, 단종 때 충청도 관찰사를 지냈다. 저서로 취금헌 천자문(醉琴軒千

字文)이 있다.

━

나는 곧 상왕(단종)의 신하인데 어찌 나리의 신하가 되리오?

我是上王臣인데 豈爲進賜臣也리오?
아 시 상 왕 신 기 위 진 사 신 야

– 국조인물고國朝人物考 · 장릉지莊陵誌

【해설】이 말은 죽어도 변치 않는 절개를 나타낸 말로, 단종의 신하로서 임금 자리를 빼앗은 세조의 신하는 될 수 없다는 뜻이다.
박팽년은 과거에 급제하여 집현전 학사로 세종을 도와 여러 가지 편찬 사업에 힘썼고, 문종과 단종을 섬겨 충성을 다하였다.
수양대군(세조)이 단종을 내몰고 왕위를 빼앗자 경회루 연못에 몸을 던져 죽으려 하였다. 이때 성삼문(成三問)은 이를 만류하여 뒤에 상왕(단종) 복위를 도모할 것을 약속하였다.
충청도 관찰사로 있다가 내직으로 들어와 형조참판이 되었을 때 상왕 복위를 도모하는 이른바 사육신의 변고가 일어나 사형에 처하게 되었는데, 이 말은 세조의 심한 고문에도 그 지조를 굽히지 않고 한 말이다.
세조는 그의 재능을 사랑하여 회유하려고 하였으나, 그는 웃으며 세조를 '나리'라고 칭하였다. 세조는 그 입을 찢으며, "너는 이미 나에게 신이라 하였는데 지금 나리라니…."라고 하자, 그는 충청 감사로 있을 때도 신이라 칭하지 않은 사실을 말하며 끝내 뜻을 굽히지 않고 죽었다.

14. 성삼문(成三問)

1418~1456. 조선 단종 때 충신·학자. 사육신의 한 사람. 자는 근보(謹甫), 호는 매죽헌(梅竹軒), 시호는 충문(忠文). 창녕 사람으로 도총관을 지낸 성승(成勝)의 아들. 세종 때 문과에 급제하고 집현전 학사, 단종 때 예방승지를 지냈다. 세조가 왕위에 오르자 단종 복위를 도모하다가 처형되었다.

내가 상왕의 복위를 도모한 까닭은 하늘에 두 해가 없고, 백성에게 두 임금이 없기 때문이다.

三問이 爲此者는 天無二日하고 民無二王故也니라.
삼 문   위 차 자   천 무 이 일   민 무 이 왕 고 야

– 장릉지莊陵誌

【해 설】 이 말은 충신은 두 임금을 섬기지 않는다는 충절로 단종 복위를 도모하였다는 뜻으로, 세조의 친국(親鞫, 중죄인을 임금이 직접 국문함)에 대답한 일부이다.

성삼문은 세종 때 집현전 학사로, 박팽년(朴彭年)·신숙주(申叔舟)·최항(崔恒)·이개(李塏) 등과 함께 왕의 총애를 받으며 정사를 보필하였다. 세조가 단종을 내쫓고 왕위에 오르자 예방승지로 국새를 안고 통곡하였으며, 그다음 해 아버지 성승과 박팽년·이개·하위지(河緯地)·유성원(柳誠源)·유응부(兪應孚) 등과 단종 복위를 도모하다가 잡혀서 처참한 형을 받고 죽었다.

그는, "옛 임금(단종)을 복위시키려 했을 뿐입니다. 천하에 누가 그 임금을 사랑하지 않겠습니까? 내 마음은 온 나라 백성들이 다 알고 있는데 어찌 배반하였단 말입니까? 나리는 평소 주공(周公)을 인용하여 맹세했는데 주공이 이런 일이 있었습니까? 내

가 상왕의 복위를….”이라 하고, 이어 사형장으로 끌려갔다. 그
는 사형장에서도 태연히 시 한 수를 읊었다.

“북소리는 둥둥둥 사람의 목숨을 재촉하는데, 해는 벌써 기울어
져 서산을 넘으려 하는구나. 황천으로 가는 길엔 나그네 집도 없
다는데, 오늘 밤은 어느 곳 누구 집에서 자고 가나.”

15. 유응부(兪應孚)

?~1456. 조선 전기의 학자·충신. 사육신의 한 사람. 자는 신지(信
之), 호는 벽량(碧梁), 시호는 충목(忠穆). 기계 사람. 무과에 급제
하고 첨지중추원사·평안도 절제사·동지중추원사 등을 지냈다.

잘 드는 칼로 족하를 죽이고 상왕을 다시 세우려다가 불행히
간사한 사람들 때문에 발각되어 실패하였다.

欲以一尺劍으로 廢足下하고 復故主라가 不幸爲奸人所發이라.
욕 이 일 척 검   폐 족 하   복 고 주   불 행 위 간 인 소 발

– 국조인물고國朝人物考

【해설】 이 말은 세조를 죽이고 단종을 복위시키려 도모하다가 김
질(金礩)의 고발로 실패하였다는 뜻으로, 세조의 친국에 대답한
일부이다.

유응부는 의로운 장수로 지혜와 인자와 용맹이 뛰어났다. 세조
가 단종을 내몰고 왕위에 오를 때 동지중추원사로 정2품 벼슬에
있었다. 성삼문·박팽년·이개·하위지·유성원 등과 함께 세조를
죽이고 단종을 복위시키려다가 사실이 발각되어 처참하게 처형되
었다.

학문이 뛰어났고, 절개와 의리가 굳건한 사람으로 알려졌으며, 기

골과 인품이 건장하고 활쏘기와 칼 쓰기 등 무예가 뛰어났다. 어버이에게 효성이 지극하였고, 청렴결백하여 청백한 관리로 유명하였는데, 죽은 뒤에 집에는 당장 먹고 살 식량도 없었다.

16. 유호인(俞好仁)

1445~1494. 조선 성종 때 학자. 자는 극기(克己), 호는 임계(林溪)·뇌계(㵢溪). 고령 사람 유음(俞蔭)의 아들. 성종 때 문과에 급제하고 합천 군수를 지냈다.

─

군자는 반드시 임금을 속이지 않는다. 네가 만약 벼슬을 한다면 마땅히 내 말을 생각하라.

君子는 要須不欺君이니라 汝若得一命이면 當思我言하라.
군 자　　요 수 불 기 군　　　여 약 득 일 명　　　당 사 아 언

- 국조인물고國朝人物考

【해 설】 이 말은 나라에 충성하는 근본이 임금을 속이지 않는 행실에서 시작된다는 뜻으로, 임종 때 아들에게 말한 유언이다.

유호인은 세종 때 나서 세조 때 생원시에 합격하고, 김종직(金宗直)에게 학업을 닦고 성종 초에 문과에 급제하고 벼슬하였으나 벼슬에 뜻이 없어 합천 군수만 지냈다.

덕망이 있어 나라에 충성하고, 어버이에게 효성이 지극하였고, 청렴결백하고 검소하며 모든 일에 침착하고 신중하고 간결하고 엄정하였다. 시를 잘 짓고 문장이 뛰어나고 고결하며 글씨를 잘 써서 세상에서는 인품과 시문과 필력이 훌륭하다고 하였다.

그가 지은 시에, "북쪽을 바라보니 임금과 신하가 떨어져 있고, 남쪽에 와서 어머니와 아들이 함께 있네."라는 시구가 있는데, 성

종은 이를 보고 감탄하였다.

17. 조헌(趙憲)

1544~1592. 조선 선조 때 학자·의병장. 자는 여식(汝式), 호는
중봉(重峯), 시호는 문열(文烈). 백천 사람 조응지(趙應祉)의 아들.
명종 때 문과에 급제하고, 선조 때 통진·보은 현감·공주 제독 등
을 지냈다. 저서에 중봉동환봉사(重峯東還封事)가 있다.

오늘은 다만 한번 죽음이 있을 따름이니, 죽고 살고 나아가고
물러가는 하나하나의 동작에는 의리라는 글자의 뜻에 부끄러
움이 없도록 하라.

今日엔 只有一死니 死生進退에는 無愧義字하라.
금 일　　지 유 일 사　　　사 생 진 퇴　　　무 괴 의 자

― 선조실록宣祖實錄·국조인물고國朝人物考

【해 설】 이 말은 외적을 무찌르고 나라를 지키는 결전에 임하는
사람의 마음가짐과 행동은 오직 의리를 존중해야 할 따름이라는
뜻으로, 금산의 결전에 앞서 결사적으로 전쟁에 임하는 7백 의
사들에게 명령한 의로운 말이다.

조헌은 임진왜란이 일어나기 전 왜국 사신이 입궐하자, 옥천에서
백의를 입고 달려와서 대전 앞에 엎드려, "오늘의 안위와 성패는
눈앞에 있으니 오직 왜국 사신을 목 베어야 합니다."라고 청하
였다.

왜란이 일어나자 의병을 거느리고 적을 무찌르러 일어났고, 금
산 싸움에서 영규대사(靈圭大師)와 7백 의사와 함께 왜적과 결
전을 벌이다가 장렬히 전사하였다.

18. 이순신(李舜臣)

1545~1598. 조선 선조 때 명장. 자는 여해(汝諧), 시호는 충무(忠武). 덕수 사람으로 영중추부사를 지낸 이변(李邊)의 후손. 선조 때 무과에 급제하고 만호·첨사·군수를 거쳐 수군절도사·수군통제사를 지냈다.

＿

왜적이 감히 바로 호남으로 달려들지 못하는 것은 우리 해군이 그 길목을 막고 있는 까닭입니다. 전선은 비록 적으나 미천한 신하가 죽지 않는 한 왜적은 반드시 감히 우리를 얕보지 못할 것입니다.

敵이 不敢直突兩湖者는 以舟師之扼其路也니이다 戰船雖寡나
적　　불감직돌량호자　　　　이주사지액기로야　　　　　전선수과

微臣이 不死면 則敵은 必不敢侮我矣리이다.
미신　　불사　　즉적　　필불감모아의

－ 국조인물고國朝人物考

【해설】 이 말은 왜적이 아무리 많은 군사로 침략하더라도 자신이 길목을 막고 있으면 감히 얕보지 못할 것이라는 뜻이다.

이순신은 왜적의 침해를 물리치고 조국을 수호한 명장이다. 그는 학식도 많았으나 무예에 뛰어나서 무과에 급제하여 무관이 되었다. 만호 등 미관말직을 지내다가 47세 때 전라좌도 수군절도사가 되었고, 임진왜란 때 삼도 수군통제사가 되어 왜적을 막고 국난을 이겨냈다.

왜란이 일어날 것을 예측하여 거북선을 만들고 군비를 강화하고 군사를 훈련하여, 싸움마다 적을 무찔러 왜적들은 그의 이름만 들어도 떨었다. 옥포·당포·한산도대첩 등 세계대전 사상 드문

승전사를 남겼다.

그러나 안으로 당파싸움과 밖으로 왜적의 모함으로 억울하게 하옥되었다가 풀려나 백의종군하게 되고, 원균(元均)의 패전으로 다시 수군을 맡았으나 당시 수군은 보잘것없었다. 그래서 조정에서는 해전을 그만두고 육지에서 막으라고 명하였는데, 그는 끝내 해전을 시도하며 이 말을 하였다.

해군의 세력을 복구하고, 노량에서 왜적을 무찌르다가 장렬히 전사하였다.

19. 김상용(金尙容)

1561~1637. 조선 인조 때 문신. 자는 경택(景擇), 호는 선원(仙源)·풍계(楓溪), 시호는 문충(文忠). 안동 사람으로 돈녕부도정을 지낸 김극효(金克孝)의 아들. 선조 때 문과에 급제하고 승지·목사, 광해군 때 대사헌·형조판서, 인조 때 우의정을 지냈다.

주상이 호적의 포위를 당하여 그 안위를 모르고, 종묘사직과 원손이 강화도에 있는데, 만일 불행한 일이 있으면 죽을 따름이다. 어찌 삶을 도모하랴?

主上이 在圍中하여 安危不可知요 宗社元孫이 皆在此인데 萬
주 상   재 위 중   안 위 불 가 지   종 사 원 손   개 재 차   만

一不幸이면 有死而已라 安所偸生이리오?
일 불 행   유 사 이 이   안 소 투 생

– 국조인물고國朝人物考

【해 설】 김상용은 성품이 온후하고 겸손하고 신중하며 인품이 부드럽고 덕망이 있어 군자다웠다.

그는 독서를 즐기고 산수를 좋아하고 명화와 고적을 애호하였으며, 화초를 가꾸고 자연을 즐기고 글씨를 잘 썼다. 선조 때 사마시를 거쳐 문과에 급제하고 대사간으로 있을 때 왕에게, 간언을 듣지 않고 궁궐 법도가 엄격하지 않은 것을 강력히 간하여 사람들을 감탄케 하였다. 그러나 왕의 뜻을 거슬러 정주·상주 목사로 있다가 물러났다.

인조 때 병자호란이 일어나자 종묘사직을 받들고 강화도로 피난하였는데, 호적들은 국토를 짓밟고 마침내는 남한산성을 포위하고 강화도로 쳐들어와 도성이 함락되려 하였다. 그는 난을 피하자는 권고를 듣지 않고 이 말을 한 다음 모든 사람을 물러나게 하고, 손자 김수전과 하인 한 사람과 함께 화약고에 불을 지르고 폭발하여 죽었는데 시신도 찾지 못하였다.

순국하기 전 마지막으로 남긴 글에, "달 저문 강 언덕에 오랑캐들이 밀려 들어왔는데, 신의 힘으로는 어찌할 방도가 없어서 죽습니다."라고 하였다. 아우인 김상헌(金尙憲)도 문장과 절의가 뛰어났으며, 사위 장유(張維)도 문장과 공훈이 뛰어났다.

20. 윤신지(尹新之)

1582~1657. 조선 인조 때 명신. 자는 중우(仲又), 호는 연초재(燕超齋), 시호는 문목(文穆). 해평 사람으로 영의정을 지낸 윤방(尹昉)의 아들. 15세에 선조의 딸 정혜옹주와 결혼하여 해숭위에 봉해졌다.

신하로서 나아가 나라의 어려움을 구하지 않으면 그 의리가 어떻게 되랴? 그대들은 싫으면 다 가거라. 나는 혼자라도 달려가서 성을 지키리라.

人臣으로 不赴難이면 其義何哉리오 公等은 皆去하라 吾當獨赴
하리라.

- 국조인물고國朝人物考

【해 설】 이 말은 국난을 극복하기 위하여 혼자라도 몸을 나라에
바치겠다는 뜻이다.

윤신지는 사람됨이 총명하고 글이 훌륭하고 좋은 벗을 많이 사
귀었으나, 이름을 드러내지 않고 오로지 몸과 마음을 닦는 데 힘
쓰면서 군자답게 지냈다.

인조는 그 인품을 중히 여겨 능묘의 큰일이 있을 때마다 이를 감
독하게 하였으며, 정1품 자리에 올려 지위가 재상과 같았다. 병
자호란 때 어명을 받고 늙고 병든 재상들과 함께 강화도로 들어
가게 되었는데, 종묘사직을 지키고 있던 아버지는 그를 소모대
장으로 죽진에 있게 하였다. 그러나 아군이 갑진에서 패하고 적
이 강화부 성으로 가까이 오자, 군사를 이끌고 달려나가 죽기를
각오하고 성을 지키려 하였다.

이때 사람들이 만류하자 그는 꾸짖으며 이 말을 한 다음, 홀로
말을 달려 나아가다가 적을 만나 어쩔 수 없게 되자 몸을 언덕으
로 내던졌다.

21. 민영환(閔泳煥)

1861~1905. 조선 고종 때 충신. 자는 문약(文若), 호는 계정(桂
庭), 시호는 충정(忠正). 여흥 사람으로 호조판서를 지낸 민겸호
(閔謙鎬)의 아들. 고종 때 문과에 급제하고 외부·학부·탁지부 대
신을 지냈고, 시종무관장으로 있을 때 한일협약(을사보호조약)이

맺어지자 이를 반대하다가 뜻을 이루지 못하고 자결하였다.

―

아아, 나라의 부끄러움과 백성의 욕됨이 이 지경에 이르렀으니 우리 백성들은 장차 생존경쟁하는 가운데서 죽어 없어지겠다. 대체로 살기를 바라는 사람은 반드시 죽고, 죽기를 기약하는 사람은 살 수 있는데, 여러분은 어찌 이를 헤아리지 못하는가?

嗚呼라 國恥民辱이 乃至於此하니 我人民이 將且殄滅於生存
오호　　　국치민욕　　　내지어차　　　　아인민　　　장차진멸어생존

競爭之中矣하리라 夫要生者는 必死하고 其死者는 得生인데 諸
경쟁지중의　　　　부요생자　　필사　　　기사자　　득생　　　제

公은 豈不諒此아?
공　　기불량차

― 민충정공유서閔忠正公遺書

【해설】 이 말은 민영환의 유서로, 일본의 침해로 국권의 일부를 빼앗기는 치욕을 당하였는데, 이를 막지 못하였으니 죽음으로써 항거하겠다는 뜻이다.

그는 이어 말하기를, "영환은 다만 한번 죽음으로써 나라의 은덕에 보답하고, 우리 2천만 동포 형제에게 사과하려 한다. 영환은 죽더라도 죽지 않고, 기어이 여러분을 저승에서 도울 것이니, 행여 우리 동포 형제들은 더욱더 기운을 내어 뜻과 기운을 굳건하게 하고, 학문에 힘쓰고 마음을 결합하고 힘을 다하여 우리나라의 자주독립을 회복한다면 죽은 사람이라도 마땅히 어두운 가운데서도 기뻐할 것이다. 아아, 조금도 희망을 잃지 말라."라고 하였다.

화 목 편
和 睦 篇

화목은 사람들이 뜻이 맞아서 서로 정답게 즐기며 살아가는 것을 말한다.

사람의 마음은 같지 않아서 뜻이 맞기란 어려운 일이다. 한 집안만 하더라도 예외는 아니다. 사람은 서로 화합하는 데에서 큰 힘이 이루어진다. 화목한 가정에 복이 온다고 말하지만 실로 화목하게 살기란 쉬운 일이 아니다. 부부가 사랑과 믿음으로 결합되고, 부모와 자녀 간에 자애와 공경으로 가득 차고, 형제자매간에 우애가 넘치고, 친척 간에 친목의 분위기가 조성되어야만 뜻하는 대로 복되게 살 수 있을 것이다.

그런데 사람이 세상을 살아가자면 즐거운 일만 이어지는 것은 아니다. 슬픈 일도 있고 궂은일도 있으며 혼자서는 해 낼 수 없는 어려운 일도 있고 괴로운 일도 있다. 이렇게 어려운 처지에 놓였을 때 자기 일처럼 보살펴 줄 사람은 가까운 가족과 친척이다.

그러므로 평소 화목한 정을 나누며, 서로 돕고 살아야 언제 어디서 어떤 일이 있더라도 힘을 모아 이겨나갈 수 있을 것이다.

1. 김맹(金孟)

1410~1483. 조선 세종~성종 때 문신. 자는 자진(子進). 김해 사
람 처사 김극일(金克一)의 아들. 세종 때 문과에 급제하고 사헌부
집의를 지냈다.

말과 행실을 삼가고, 신용과 의리를 성실하게 하고, 삼가 사
사로운 원한을 남에게 두지 말라. 남이 혹시 원망하더라도 너
는 부드러운 얼굴로 대할 것이지 같은 모양으로 대하지 말라.

謹言行하고 篤信義하고 愼勿置私怨於人하라 人或怨詈면 汝報
근 언 행   독 신 의   신 물 치 사 원 어 인   인 혹 원 리   여 보

以和顔이요 無相猶也니라.
이 화 안   무 상 유 야

- 국조인물고國朝人物考

【해 설】 이 말은 말과 행실을 삼가고 신의를 존중하여 남과 원한
을 맺지 말고 화목하라는 뜻으로, 세 아들에게 늘 훈계한 가르
침이다.

김맹의 집안은 이러한 법도가 일관하여 전승되고 사람들의 본보
기가 되었다. 그는 학문과 덕행을 잘 닦아서 진사를 거쳐 문과
에 급제하고 세종부터 성종에 이르기까지 다섯 임금을 섬겼는데,
별일 없이 평범한 관리로 지냈다. 이는 그의 성품이 남과 의가 충
돌하지 않게 처신하고, 또 높은 벼슬을 바라지 않고 자신의 본
분과 맡은 일에 충실한 때문이었다.

청렴하여 집안은 가난해도 마음 편히 지냈고, 다섯 형제와 화목
을 도모하였다.

2. 이행(李荇)

1478~1534. 조선 중종 때 재상. 자는 택지(擇之), 호는 용재(容齋)·청학도인(靑鶴道人). 덕수 사람으로 사간을 지낸 이의무(李宜茂)의 아들. 연산군 때 문과에 급제하고 중종 때 대사헌·대제학·좌의정 등을 지냈다. 저서에 용재집(容齋集)이 있다.

사림이 각각 붕당을 세워 다투는 것은 국가의 복된 일이 아니니, 이는 다음 세대에 나라가 망하는 까닭이 될 것이다.

士林이 各樹朋黨은 非國家之福이니 此는 來朝所以亡也니라.
사 림   각 수 붕 당   비 국 가 지 복   차   내 조 소 이 망 야

– 국조인물고國朝人物考

【해 설】 이 말은 학문하는 선비가 붕당을 만들어 서로 다투는 일은 나라의 복된 일이 아니고 나라를 망하게 하는 근원이 되니, 당파싸움을 하지 말아야 한다는 뜻이다.

이행은 총명한 사람으로서 어려서부터 밤낮을 가리지 않고 공부하여 18세 소년의 몸으로 문과에 급제하여 세상을 놀라게 하였다. 홍문관 응교가 되었을 때, 연산군이 어머니 윤비 사건을 들어 전조의 문신을 모두 죽이고 추숭 문제를 일으키자 반대하다가 유배되어 죽을 고비를 여러 번 겪었다.

중종반정으로 소환되어 대사간·대사헌을 지냈으나, 무고로 벼슬을 버리고 은거하였다. 기묘사화 이후 벼슬하여 대제학·우의정·좌의정을 지냈으나 함종으로 유배되어 병으로 죽었다.

그는 일생을 사화와 당쟁 속에서 시달렸다. 그래서 자손들에게 이 말을 남겨 붕당에 관여하여 당파싸움하는 일은 나라를 망치는 근원이 된다고 경계하였다.

3. 주세붕(周世鵬)

1495~1554. 조선 중종 때 학자. 자는 경유(景游), 호는 신재(愼齋). 상주 사람. 중종 때 문과에 급제하고 풍기 군수·황해 감사를 지냈다. 저서로 무릉잡고(武陵雜稿)·죽계지(竹溪誌)·해동명신언행록(海東名臣言行錄) 등이 있다.

땅의 줄기가 기름지게 어울리면 풀이 나서 반드시 무성하고, 한 집안이 화목하면 복이 생겨 반드시 번성한다.

土脈이 和沃하면 則生草하여 必茂하고 一家가 和睦이면 則生福
토 맥   화 옥   즉 생 초   필 무   일 가   화 목   즉 생 복

하여 必盛이니라.
    필 성

- 해동속소학海東續小學

【해설】이 말은 땅이 기름져야 풀이 잘 자라고, 집안이 화목해야 복이 온다는 뜻으로, 민생 안정을 위한 가르침이다. 주세붕이 평소에 말하고 실천한 생활신조 중 하나이다.

주세붕은 어릴 때부터 효성이 지극하여 효아라고 불렸다. 과거에 급제한 뒤 곤양 군수가 되어 어머니를 효성으로 봉양하고, 돌아가신 뒤에는 3년 동안 무덤 곁에 초막을 짓고 정성껏 모셨다. 풍기 군수로 있을 때 백운동에 안향(安珦)의 사당을 세워 백운동서원(소수서원)이라 이름하고, 많은 경적을 간직하고 학자를 두어 우리나라 최초의 서원을 만들었다. 제학·도승지·호조참판을 거쳐 황해도 관찰사를 지냈는데, 이때 해주에 문헌공 최충(崔沖)의 사당을 세워 수양서원(문헌서원)이라 하였다.

경연 성균관사로 있다가 세상을 떠났는데 청백리로 이름 높았고, 학문을 일으키고 윤리와 도덕을 존중하여 민생을 안정시키

는 데 힘썼다.

4. 임제(林悌)

1549~1587. 조선 선조 때 학자. 자는 자순(子順), 호는 풍강(楓江)·백호(白湖)·벽산(碧山)·소치(嘯癡)·겸재(謙齋) 등. 나주 사람으로 절도사를 지낸 임진(林晉)의 아들. 선조 때 대과에 급제하고 예조정랑을 지냈다.

당파를 만들어 싸우는 무리는 사람의 얼굴을 하고 귀신처럼 날뛰는 무리일 따름이니 화가 또한 다다를 것이다.

彼特人面으로 而鬼跳耳니 禍且及矣리라.
피 특 인 면　　이 귀 도 이　　화 차 급 의

- 국조인물고國朝人物考

【해 설】 이 말은 당파를 만들어 싸우는 무리는 겉은 사람이나 속은 귀신같은 무리로, 앞으로 불행한 일이 있을 것이라는 뜻이다. 임제는 타고난 재능이 남다르고, 성품이 호탕하고, 학문이 뛰어났는데, 특히 시와 문장이 뛰어났다. 선조 9년에 생원, 진사과에 급제하고 그다음에 대과에 급제하여 벼슬길에 올랐는데 모든 일이 대범하였다.
당시 선비들 가운데 동인이니 서인이니 당파를 만들어 상대를 공격하며 당파싸움을 일삼자, 그 무리와 사귀지 않고 부당함을 비평하였다. 이 말도 그들을 지칭하여 비판한 일부이다. 그리하여 벼슬길에서 물러나 명산대천을 주유하면서 자연을 벗 삼았다.
일찍이 속리산으로 들어가서 대곡 성운(成運)에게 배웠는데, 성운은 임제를 여느 제자와 달리 보았다. 39세로 세상을 떠났는데

많은 시와 문장을 남겼고, 사림에서도 많은 일화를 남겨 특별한
인물로 회자되었다.

5. 정곤수(鄭崑壽)

1538~1602. 조선 선조 때 명신. 자는 여인(汝仁), 호는 백곡(栢
谷) · 경음(慶陰) · 조은(朝隱), 시호는 충익(忠翼). 청주 사람으로 대
호군을 지낸 정승문(鄭承門)의 아들. 선조 때 진사에 합격하고 이
어 문과에 급제, 의정부 좌찬성을 지냈다.

먼 친족들에게 내가 비록 아주 가깝게 지내지는 않았으나, 우
리 선조들로부터 본다면 같은 자손이니 어찌 감히 소홀히 하
여 선조의 사랑을 상하게 하고, 우리가 조상을 존경하는 본심
을 저버리랴?

使疎黨遠族으로 在我雖不甚切近이라도 自我先世而視之면 同
사 소 당 원 족   재 아 수 불 심 절 근   자 아 선 세 이 시 지   동

一子孫이니 吾豈敢忽略하여 以傷先祖之慈하고 而負我尊祖之
일 자 손   오 기 감 홀 략   이 상 선 조 지 자   이 부 아 존 조 지

本心哉리오?
본 심 재

– 국조인물고國朝人物考

【해설】 이 말은 먼 친족을 소홀히 대접하면 조상을 숭상하는 본
뜻을 상하고 저버리게 된다는 뜻으로, 자손들에게 일가친척과
화목해야 할 도리를 설명한 내용이다.
정곤수는 어진 성품을 지녀 공주 목사 · 상주 목사 · 강원 관찰사
같은 목민관으로 있을 때 부드럽고 너그러운 마음으로 백성을
다스렸다. 임진왜란 때는 지돈녕부사로 명나라에 구원병을 청하

여서 국난을 평정하는 데 힘쓰는 등 공로가 컸다. 그리하여 1등
공신호를 받기도 하였다.

6. 홍이상(洪履祥)

1549~1615. 조선 선조 때 명신. 자는 원례(元禮), 호는 모당(慕堂). 풍산 사람 홍수(洪修)의 아들. 선조 때 문과에 장원급제하고 임진왜란 때 병조참의를 지냈다. 대사성·대사헌·대사간·부제학·개성 유수 등을 지냈다.

나 자신의 출세는 조상의 은덕이다. 너희는 벗을 가려서 사귀
어 놀고, 말을 삼가 절대로 의론을 좋아하고 당파를 만들어 출
세하려 하지 말라.

吾身之榮達은 惟祖先積德之致니라 汝等은 擇交遊하고 愼言
오신지영달　　유조선적덕지치　　여등　　택교유　　신언

語하여 切勿以好議論하고 植私黨하여 爲取名媒進之路也니라.
어　　절물이호의론　　식사당　　위취명매진지로야

－ 국조인물고國朝人物考

【해 설】 이 말은 평소 자제들에게 훈계한 말로 벗을 가려 사귀
고, 말을 삼가고 당파를 만들어 출세하려 하지 말라는 뜻이다.
홍이상은 총명하고 학문이 뛰어나서 장원급제한 사람으로 문제
가 되는 일을 싫어하였고, 당파를 만들어 상대를 논평하며 자기
주장을 관철하여 권세를 잡고 영달을 꾀하는 것을 꺼렸다. 그래
서 조정에 문제 되는 일이나 학자들 간에 다투는 일을 화해시키
는 데 힘써 오해를 받기도 하였다. 영남의 문경호(文景虎)가 성
혼(成渾)을 배척하는 사건을 화해시키려다가 안동 부사로 좌천

되었다.

개성 유수를 마지막으로 벼슬에서 물러나 송추의 강가에 집을 짓고 자연을 벗 삼아 친척 등과 화목하게 살았는데, 광해군의 실정으로 나라가 어지러워지는 것을 통탄하다가 세상을 떠났다.

7. 황종해(黃宗海)

1579~1642. 조선 인조 때 학자. 자는 대진(大進), 호는 후천(朽淺). 회덕 사람 황덕휴(黃德休)의 아들. 벼슬하지 않고 학문을 즐겼다. 저서로 후천집(朽淺集)이 있다.

친척은 곧 조종의 혈맥이다. 친척을 사랑하지 않으면 곧 조종을 사랑하지 않는 것이다. 문중 사람들은 각각 이 뜻을 체득하고 한결같이 화목을 으뜸으로 하라.

親戚은 乃祖宗之血脈也니라 不愛親戚이면 則是는 不愛祖宗
친 척   내 조 종 지 혈 맥 야   불 애 친 척   즉 시   불 애 조 종

也니라 門中은 各體此意하여 一以和睦爲主하라.
야   문 중   각 체 차 의   일 이 화 목 위 주

– 후천집朽淺集

【해설】이 말은 친척은 같은 핏줄을 이어받았으므로 서로 사랑하고 화목해야 한다는 뜻으로, 친척들이 지켜야 할 규약을 말한 내용이다.

황종해는 성품이 매우 효성스러웠고 어려서부터 열심히 학업을 익히고 착한 덕행을 닦았다. 아버지가 세상을 떠나자 장례를 마친 다음 무덤 곁에 초막을 짓고 3년 동안 거친 음식과 물을 마시며 나물과 실과도 먹지 않고 정성껏 그 명복을 빌었다.

광해군이 실정하자 유학자 1천여 명과 함께 상소문을 올려 시정을 촉구하고, 왕이 어머니 인목대비를 서궁에 유폐하자 인륜의 도가 끊어졌다고 한탄하며 과거도 보지 않고 벼슬에 뜻을 두지 않았다.

인조반정 후에 참봉·동몽교관으로 임명되었으나 나아가지 않았고, 많은 학자를 길러내었다.

8. 인평대군(麟坪大君)

1622~1658. 조선 인조의 셋째아들. 이름은 요(㴭), 자는 용함(用涵), 호는 송계(松溪), 시호는 충경(忠敬). 봉림대군 효종의 아우. 병자호란 후 청나라에 볼모로 잡혀갔다 왔으며, 여러 차례 청나라에 사신으로 다녀왔다. 학식이 많고 시조에도 능하였다. 저서로 송계집(松溪集)·연행록(燕行錄)·산행록(山行錄)이 있다.

사람이 세상을 살아가는데 임금에게 충성하고 어버이에게 효도하고, 형제간에 우애하고 붕우 간에 미더우며, 마음이 스스로 속이지 않고, 행실이 의롭지 않은 것이 없으면 죽어도 또한 무엇이 한스러우랴?

人生於世에 忠於君하고 孝於親하고 於兄弟友하고 於朋友信하
인 생 어 세   충 어 군   효 어 친   어 형 제 우   어 붕 우 신

며 心不自欺하고 行無不義면 則死亦何憾이리오?
　 심 부 자 기   행 무 불 의   즉 사 역 하 감

– 국조인물고國朝人物考

【해 설】 이 말은 사람이 사람답게 사는 가치는 나라에 충성하고 어버이에게 효도하고, 형제간에 우애하고 붕우 간에 미더우며, 양심에 거짓이 없고 행동이 의로워야 한다는 뜻으로, 죽기 하루

전에 가족에게 남긴 말이다.

인평대군은 이 말을 할 때 정신을 가다듬었으나 울면서 말하였고, 이어 타이르듯이 악한 일은 작아도 하지 말고, 착한 일은 작아도 하라고 하였다. 또한 청나라에 사신으로 갔을 때의 괴로웠던 심정과, 금강산의 아름다운 자연을 본 느낌과, 명승지를 찾던 감회도 술회하였다.

37세의 짧은 일생을 국난의 도가니에서 살았으며, 청나라에 볼모로 갔을 때의 괴로운 심정과 심양에 세 번, 연경에 아홉 번 오가던 심정을 시조로 노래하였다. 인품이 뛰어나고 학식이 뛰어나 제자백가서에도 능통하였다.

특히 형제간에 우애가 있었으며, 친척들과 화목을 도모하여 왕실을 비롯한 모든 사람의 경애를 받았다.

9. 최흥원(崔興遠)

1705~1786. 조선 영조·정조 때 학자. 자는 태초(太初), 호는 백불암(百弗庵). 경주 사람. 정조 때 학행이 높아 장악주부로 천거되고, 효자로 정문이 세워졌다.

부모 형제간에는 삼가 착한 일만 하라고 조르지 말고, 종족간에는 원한이나 노여운 마음을 가져서는 안 되고, 오직 서로 사랑하고 화목한 것을 으뜸으로 삼으라.

骨肉之間엔 愼勿責善하고 宗族之間엔 不可持怨怒하고 惟以
골 육 지 간   신 물 책 선   종 족 지 간   불 가 지 원 노   유 이

親愛敦睦을 爲主니라.
친 애 돈 목   위 주

－ 백불암가훈百弗庵家訓

【해 설】 이 말은 가훈의 첫머리에 있는 가르침으로, 가족과 친척 간에는 원한이나 노여움을 갖지 말고 사랑과 화목을 으뜸으로 삼아야 한다는 뜻이다.

최홍원은 또 훈계하기를, "친척 중에 가난한 사람이 있으면 힘껏 도와주고, 친구와 사귈 때 착한 일을 하라고 권장하고, 또 나에게 충고하는 말을 잘 듣고, 다른 사람을 가엾게 여기는 마음으로 잘 다스리고, 부모는 정성껏 봉양하고, 가풍으로 전승되는 예의범절을 잘 지키고, 학문은 효경(孝經)·소학(小學)·사서(四書)를 차례로 공부하라."라고 하였다.

또 말하기를, "자손들이 잘못하는 일이 있으면 꾸짖기만 하지 말고, 너그러운 마음으로 잘 타일러 고치게 한다면 듣는 사람은 감복하여 순종할 것이다."라고 하였다.

10. 최옥(崔鋈)

1762~1840. 조선 정조·순조 때 학자. 자는 자성, 호는 근암(近庵). 경주 사람으로 동학의 창시자인 수운 최제우(崔濟愚)의 아버지. 저서로 근암유고(近庵遺稿)가 있다.

사람들은 오직 부인 말만 듣고서 형제간에 틈이 생기고 친척 간에 사이가 나빠지는 일이 많다. 만약 일상생활을 통하여 형제간에 우애하는 정이 착실하고, 친척 간에 화목한 정이 두터우면, 부인이 평소에 보고 들은 것으로 비록 말이 많더라도 어찌 서로 틈이 생기게 하겠는가?

今之人은 唯婦言是聽하여 間於兄弟하고 疏於親戚者가 比比
금 지 인   유 부 언 시 청   간 어 형 제   소 어 친 척 자   비 비

有之라 若使平居日用之間에 友愛之情篤하고 親睦之意厚면
유지 약사평거일용지간 우애지정독 친목지의후

則婦人之素所聞見으로 雖有饒舌이라도 亦能間之哉리오?
즉부인지소소문견 수유요설 역능간지재

— 근암유고近庵遺稿

【해 설】 이 말은 가훈의 하나로 형제간의 우애나 친척 간의 화목
은 부녀자의 말이 많은 데서 비롯되는 것이 많으니, 이에 유념하
여 평소 형제는 우애를 진실하게 하고, 친척과는 화목을 돈독히
하라는 뜻이다.

최옥은 가훈을 통하여 부모는 자녀가 어릴 때 바른 것을 잘 가
르쳐야 한다, 자녀는 공부할 나이가 되면 잡된 생각을 버리고
학업에 전념하라, 조상을 정성껏 받들라, 남의 인격을 존중하여
접대하라, 집안사람이 화평하도록 힘쓰라, 아랫사람의 괴로움을
잘 보살피라, 집안을 법도 있게 다스려라, 재물을 낭비하지 말
고 검소하게 살라, 독서에 힘써 재능을 기르라, 자신의 인격 수
양에 힘쓰라, 미신을 믿지 말라고 가르쳤다.

11. 남진원(南鎭元)

1847~?. 조선 후기 고종 때 학자. 자는 주응, 호는 용주(蓉洲),
또는 수석재. 영양 사람. 헌종 때 나서 고종 때 벼슬하였다. 저서
로 용주유고(蓉洲遺稿)가 있다.

부모에게 효도하고, 나라에 충성하고, 형제간에 우애하고, 아
내를 사랑하고, 제사에 충실하고, 벗과 미덥고, 종족과 화목
하라. 종족은 비록 갈래가 멀고 가까운 차례가 있더라도 그

선조는 하나이다. 그렇다면 갈래가 멀고 가까움으로 해서 정의가 후하고 박함을 비교하거나, 의리가 가볍고 무거움을 가려서는 안 된다. 사람이 종족의 근원이 있는 것은 비유하면 벌레에 많은 발이 있는 것과 같아서 죽음에 이르러서도 넘어지지 않고, 수레바퀴처럼 서로 의지해서 좋은 일이나 나쁜 일이나 반드시 서로 돕고, 근심스러운 일이나 즐거운 일이나 함께 겪을 것이다. 비록 나누어진 다른 갈래라 하더라도 대하는 것을 한집안 사람처럼 도울 것이니, 이런 것이 종족을 돈독히 하고 화목하게 하는 올바른 도리이다.

孝父母하고 忠君主하고 友兄弟하고 刑家室하고 誠祭祀하고 信
효부모   충군주   우형제   형가실   성제사   신

朋友하고 敦宗族하라 宗族은 雖有系序之遠近이라도 其先은 一
봉우   돈종족   종족   수유계서지원근   기선   일

也니라 然則不可以系之遠近으로 情較於厚薄하고 義分於輕重
야   연즉불가이계지원근   정교어후박   의분어경중

者也니라 人之有宗族을 譬之면 若虫之有百足하여 至死而不
자야   인지유종족   비지   약충지유백족   지사이불

僵者也하고 尤當輔車相依하여 吉凶焉必助하고 憂樂焉與共이
강자야   우당보거상의   길흉언필조   우락언여공

라 雖使分支異脈이라도 處之猶扶服同堂之內者리니 此敦睦之
   수사분지이맥   처지유부복동당지내자   차돈목지

道也니라.
도 야

- 용주유고蓉洲遺稿

【해설】 어버이에게 효도하고, 나라에 충성하고, 형제간에 우애하고, 부부간에 사랑하고, 조상을 잘 받들고, 벗과 믿음으로 사귀고, 종족과 화목해야 사람답게 살 수 있다는 뜻이다.

12. 정석민(鄭碩敏)

?~?. 조선 후기의 학자. 자는 찬원, 호는 금포.

———

일가친척과 화목하도록 힘쓰되 항상 너그럽게 용서하는 마음
을 근본으로 삼으라. 흉년을 당하였을 때는 가지고 있는 곡식
을 풀어 굶주리는 사람들을 구제해서 살 수 있도록 마련해야
고을 사람들이 서로서로 공경하게 될 것이다.

敦睦宗族하되 寬恕爲本하라 每當歉歲엔 散穀放恤이라야 鄕黨
돈 목 종 족   관 서 위 본   매 당 겸 세   산 곡 방 휼   향 당

欽敬하리라.
흠 경

– 해동윤강록海東倫綱錄

【해 설】 이 말은 가훈 내용의 일부로 일가친척과 화목하고, 어려
울 때 서로 구제하라는 뜻이다.
정석민은 또 훈계하기를, "어버이를 섬기는 데 정성을 다하고,
형제간에 우애를 돈독히 하라. 그러면 온 집안에 화목한 기운이
잘 융합될 것이다. 항상 자기 자신의 마음가짐과 몸가짐을 바로
잡은 다음에 남을 대접하도록 하고, 늘 뜻을 확실하게 세우고서
학업에 힘쓰도록 하라."라고 가르쳤다.

13. 박길화(朴吉和)

1871~1951. 조선 후기의 학자. 자는 문숙, 호는 송은(松隱). 동학
군으로 활약하고, 3·1독립운동에 참가하여 투옥되었다. 출옥 후

에 학교를 창설하여 청소년 교육에 힘썼다. 저서에 송은선생유고 (松隱先生遺稿)가 있다.

집안이 화목하면 비록 끼니를 잇기 어려운 형편이라도 오히려 충분한 즐거움이 있을 것이고, 나라에 세금을 일찍 납부하고 나면 비록 주머니에 돈이 남아 있지 않더라도 자연 진정한 즐거움이 있을 것이다. 한 그릇 죽이나 한 그릇 밥도 내가 먹는 것이 쉽지 않다는 것을 생각하고, 반 토막 실이나 반쪽 옷감을 만드는 힘이 어렵다는 것을 항상 생각하라. 그릇이 질박하고 깨끗하면 질그릇이라도 금이나 옥으로 만든 그릇보다 낫고, 음식이 간소하고 정결하면 채소라도 진귀한 반찬보다 낫다. 뜻밖의 재물을 탐내지 말고, 정도에 지나친 술을 마시지 말라. 딸을 시집보낼 때는 어진 사위를 가릴 것이지 많은 재물을 구하지 말고, 며느리를 취할 때는 정숙한 여자를 구할 것이지 많은 재산을 가지고 올 것을 헤아리지 말라. 아름다운 여자를 보고서 음란한 마음을 일으키면 그 보복이 아내에게 돌아올 것이고, 원한을 숨기고서 가만히 활을 쏘면 그 앙화가 자손에게 미칠 것이다.

家門和順이면 雖饔飧不繼라도 猶有餘歡하고 國課早完이면 雖
가 문 화 순　　　수 옹 손 불 계　　　유 유 여 환　　　국 과 조 완　　수

囊槖無餘라도 自有眞樂이니라 一粥一飯도 當思來處之未易하
낭 탁 무 여　　　자 유 진 락　　　일 죽 일 반　　당 사 래 처 지 미 이

고 半絲半縷라도 恒念致力之惟艱이니라 器具質而潔이면 瓦陶
반 사 반 루　　　항 념 치 력 지 유 간　　　기 구 질 이 결　　와 도

라도 勝於金玉이요 飮食約而精이면 園蔬라도 愈於珍饌이니라
승 어 금 옥　　　음 식 약 이 정　　　원 소　　　유 어 진 찬

勿貪意外之財하고 勿欲過量之酒하라 嫁女엔 擇賢婿하고 無索
물 탐 의 외 지 재　　　물 욕 과 량 지 주　　　가 녀　택 현 서　　무 색

重聘하고 娶婦엔 求淑女하고 勿計厚奩하라 見色而起淫心이면
중 빙　　　취 부　　구 숙 녀　　　물 계 후 렴　　　견 색 이 기 음 심

報在妻妾이요 慝怨而暗箭이면 禍延子孫이니라.
보 재 처 첩　　　특 원 이 암 전　　　화 연 자 손

– 송은선생유고松隱先生遺稿

【해 설】 이 말은 송은선생유고 가훈 중에서 일상생활에 명심할
점 몇 가지를 가린 것으로, 인생의 참된 가치는 사소한 일이라
도 사리를 깨닫고 바르게 실천하는 것이 중요하다는 뜻이다.

입지편
立志篇

입지는 뜻을 세운다는 말로, 인생의 이상을 값지게 세우고 거기에 다져진 힘을 다하여 실천하는 것이다.

사람이 세상을 살아가는 데 가장 중요한 일이 뜻을 어떻게 세우고 사느냐에 있다고 한다. 뜻이 바르고 착하고 굳건하면 보람된 인생을 누릴 수 있다고 한다. 그래서 세상 사람을 감동하게 하여 큰일을 한 사람이나, 훌륭한 자취를 남긴 사람은 반드시 남다른 뜻을 세우고 온갖 정성을 기울이며 그 뜻한 일을 실천하는 데 힘썼다.

그러므로 사람이 세상에 나서 사람답게 살다 가려면 뜻을 세우고 힘을 쏟아 이를 실천하며 보람있게 삶을 누려야 할 것이다.

뜻은 인생의 꿈이요, 꿈은 인생의 열쇠다. 보다 잘살아보겠다는 꿈, 곧 그 이상은 삶의 보람을 약속한다. 목표가 뚜렷한 인생은 어떤 역경에도 흔들리지 않는다.

같은 나무, 같은 꽃, 같은 열매라도 가꾸는 사람의 꿈과 정성과 노력에 따라 그 결실이 달라질 것이다.

1. 이차돈(異次頓)

503~527. 신라 법흥왕 때 명승. 이름은 처도(處道) 또는 염촉(猒髑). 조부는 습보갈문왕(習寶葛文王)의 아들. 법흥왕 때 불교 전파를 위하여 순교하여 이적을 남겼다.

대체로 비상한 사람이 있은 다음에야 비상한 일이 있습니다. 요컨대 불교는 그 진리가 깊다 하오니 아마도 믿지 않으면 안 됩니다.

夫有非常之人然後에야 有非常事이니이다 今聞佛敎는 淵奧라 하오니 恐不可不信이니이다.

– 삼국사기三國史記

【해 설】 이 말은 불교를 백성들에게 모두 믿게 하자면 비상한 결단이 필요하다는 뜻이다.

이차돈은 불교를 전파하려고 의도적으로 순교하였다. 우리나라는 고금을 통하여 종교를 위하여 순교한 일이 많다. 그런데 이차돈이 불교를 믿게 하려고 순교한 예는 실로 거룩한 희생이었다. 당시 고구려나 백제에서는 불교로 인하여 문화가 크게 발달하였으나 신라만은 불교가 공인되지 않았고, 문화도 그들보다 뒤떨어졌다. 그래서 법흥왕은 불교를 공인하려 하였으나 군신의 반대로 뜻을 이루지 못하였다.

이 사실을 알고 있는 이차돈은 자신의 희생으로 법흥왕의 뜻을 관철하려고 자진하여 처형당하여 기적을 나타내고, 군신을 감동시켜 불교를 공인하게 되었다.

2. 김대세(金大世)

?~587. 신라 진평왕 때 사람. 내물왕의 7세손. 이찬 벼슬을 지낸 김동대의 아들. 어려서부터 진취적인 기상을 가지고 해외 진출을 도모하였다.

이 신라의 산곡 간에서 일생을 마친다면 어찌 연못 안의 물고기나 조롱 안에 든 새가 넓은 바다나 큰 산에서 편하게 살 수 있는 것을 모르는 것과 다르겠는가?

在此新羅山谷之間하여 以終一生이면 則何異池魚籠鳥가 不
재 차 신 라 산 곡 지 간   이 종 일 생   즉 하 이 지 어 롱 조   부

知滄海之浩大며 山林之寬閑乎아?
지 창 해 지 호 대   산 림 지 관 한 호

― 삼국사기三國史記

【해 설】 이 말은 신라의 산곡에서 한평생 사는 것은 연못의 물고기나 조롱 안의 새와 같다는 뜻으로, 한정된 곳에서 구차하게 사는 것보다는 큰 이상을 가지고 넓은 세상으로 나아가 잘살아 보겠다는 진취적 기상이 담겨 있다.

김대세는 이러한 생각을 품고 뜻을 같이하는 벗 구칠과 함께 배를 타고 넓은 바다로 떠났다. 그러나 그들은 기록에는 없으므로 어떻게 되었는지 알 길이 없다. 아마도 그들은 뜻한 대로 어느 곳엔가 이상향을 마련하여 값진 삶의 자취를 남겼으리라.

3. 평강공주(平岡公主)

6세기. 고구려 25대 평원왕의 딸.

 ▬

한 말의 곡식이라도 찧어 먹을 수 있으면 오히려 족하고, 한 자의 베라도 꿰매어 입을 수 있으면 오히려 족하다. 실로 부부는 한마음 한뜻이면 되지, 하필이면 부귀영화를 앞세우리오?

一斗粟도 猶加舂이요 一尺布도 猶可縫이라 則苟爲同心이요
일 두 속   유 가 용   일 척 포   유 가 봉   즉 구 위 동 심

何必富貴然後에 可共乎리오?
하 필 부 귀 연 후   가 공 호

－ 삼국사기三國史記

【해 설】이 말은 결혼조건으로 부귀를 앞세울 것이 아니라, 먹고 입고 살 수 있는 능력과 한마음으로 어울리는 것이 중요하다는 뜻이다.

평강공주는 뜻을 굽히지 않고 귀한 신분과 부귀영화를 헌신짝 버리듯 하고, 평민 중에도 바보라 불리는 온달(溫達)을 찾아가서 결혼한 것으로 유명하다. 또 그를 만백성의 존경을 받는 명장이 되게 하였다.

평강공주는 어릴 때 잘 울어 아버지 평원왕은, "너는 잘 울어 내 귀를 시끄럽게 하니 자라서 사대부 아내는 되지 못하겠다. 마땅히 바보 온달에게 시집보내야겠다."라고 늘 되풀이하여 말하였다. 공주가 16세가 되었을 때 왕은 상부 고씨에게 공주를 시집보내려 하였다.

그러자 공주는 말하기를, "아버님께서는 늘 너는 바보 온달에게 시집보내겠다고 하셨는데 무슨 까닭으로 다른 말을 하십니까? 신

분이 낮은 사람도 한번 언약한 말을 지키지 않는 일이 없는데, 하물며 지존으로서 어찌 그럴 수 있겠습니까?"라고 하였다.

마침내 공주는 부왕의 곁을 떠나 온달을 찾아가서 이 말을 하고, 정화수 한 그릇을 떠놓고 결혼식을 올리고 부부가 되었다.

4. 온달(溫達)

?~590. 고구려 평원왕 때 명장. 평강공주의 뜻으로 부마가 되고 공주의 도움으로 명장이 되어 나라를 지키는 데 공을 세웠다.

내 이번 길에 계립현과 죽령 서쪽 땅을 우리에게 돌아오게 하지 못하면 나도 돌아오지 않겠다.

雞立峴과 竹嶺已西를 不歸於我면 則不返也라.
계 립 현   죽 령 이 서   불 귀 어 아   즉 불 반 야

– 삼국사기三國史記

【해 설】 이 말은 적에게 빼앗긴 땅을 회복시키지 못하면 그곳에서 죽겠다는 뜻이다.

나라를 위해서 목숨을 바치는 것을 충성이라고 한다면, 온달은 충성스러운 명장이다. 세상에서 바보 온달로 불리던 그가 평강공주의 뜻으로 부부가 되고, 공주의 내조로 유명한 장수가 되고, 왕의 사위가 되었다.

군사를 거느리고 나가 중국의 침해를 물리쳐 국토를 지키고, 신라에게 빼앗긴 땅을 회복하려 하였으나 뜻을 이루지 못하고 전사하였다. 이 말은 당시 출전에 임하여 한 말로 그는 끝내 뜻을 굽히지 않았다.

온달은 나라를 사랑하는 마음이 강하였다. 그는 출전에 앞서 왕

에게 말하기를, "신라는 우리나라의 영토인 한수 이북 땅을 갈라서 군현으로 만들어 우리 백성을 원통하게 만들었고, 그들은 지금도 부모 나라인 조국을 잊지 못하고 있습니다. 원하옵건대 대왕께서 신을 어리석다 하지 않으시고 군사를 내어주시면 한번 가서 반드시 우리 땅을 돌려오겠습니다."라고 하였고, 왕은 이를 허락하였다.

5. 원광법사(圓光法師)

?~630. 신라 진평왕 때 명승. 속성은 박씨 또는 설씨라고 한다. 25세 때 진(陳)나라에 유학하여 불경을 연구하였는데, 특히 열반경에 통달하였다. 귀국 후에 불경을 널리 펴고 귀산(貴山)·추항(箒項)에게 화랑도 세속오계(世俗五戒)를 가르쳤다.

임금을 섬기되 충성으로써 하고, 어버이를 섬기되 효도로써 하고, 벗을 사귀되 믿음으로써 하고, 싸움에 임하여 물러서지 말고, 산 것을 죽이는 데는 가림이 있어야 한다.

事君以忠하고 事親以孝하고 交友以信하고 臨戰無退하고 殺生
사 군 이 충   사 친 이 효   교 우 이 신   임 전 무 퇴   살 생

有擇이니라.
유 택

– 삼국사기三國史記

【해설】 이 말은 화랑도 정신으로서 나라에 충성하고, 어버이에게 효도하고, 벗에게 미덥고, 싸움에는 승리하고, 살생에는 의롭게 하라는 뜻이다.

원광법사는 인생의 가치관을 묻는 젊은이들에게 이 다섯 가지 생활신조를 가르쳐 주었다. 그리하여 이 이념은 화랑도 정신뿐

아니라 도의생활의 덕목으로 굳어지고, 나아가서는 전통적인 윤리관과 생활신조로 발전되었다. 그런데 원광법사가 화랑들에게 이 다섯 가지 계명을 가르쳐 줄 때 살생유택의 뜻을 되묻자, "이는 살생을 할 때를 가리고, 대상을 가리고, 정도를 넘어 지나친 살생을 해서는 안 된다는 뜻이다."라고 일러주었다.

사람이 살아가는 데 명심해야 할 계명은 많지만 이 화랑도 세속오계는 예나 지금이나 명심해야 할 좌우명이다.

6. 원효대사(元曉大師)

617~686. 신라 진평왕·신문왕 때 명승. 속성은 설씨(薛氏), 이름은 서당(誓幢), 호는 화정(和淨), 시호는 원효. 내마를 지낸 담날(談捺)의 아들이며 설총(薛聰)의 아버지. 신라 불교를 발전시키는 데 공이 컸다. 저서로 법화경종요(法華經宗要)·금강삼매경론(金剛三昧經論) 등이 있다.

누가 자루가 없는 도끼를 빌려주면 나는 하늘에 받칠 기둥을 찍으리라.

誰許沒柯斧면 我斫支天柱하리라.
수 허 몰 가 부   아 작 지 천 주

– 삼국유사三國遺事

【해 설】 이 말은 도끼를 손에 쥐어 주면 하늘을 받칠 기둥감을 다듬겠다는 뜻이다. 즉 불가인 자신에게 속세와 인연을 맺어주면 큰 인물을 생산하겠다는 비유이다.

원효대사가 어느 날 거리로 달려 나와서 큰 소리로 이런 노래를 부르며 돌아다녔다. 사람들은 그 뜻을 몰랐는데, 태종무열왕이

이 말을 듣고, "대사가 귀한 부인을 맞아 어진 아들을 낳고 싶어
하는구나. 나라에 이런 일이 있으면 이보다 이로운 일이 있으랴."
라고 말하였다.

이때 요석공주(瑤石公主)가 과부로 있었으므로 사람을 시켜 대
사를 모셔오게 하였다. 그리하여 원효대사와 요석공주 사이에서
위대한 학자인 설총이 태어났다.

7. 자장율사(慈藏律師)

7세기. 신라 선덕여왕·태종무열왕 때 명승. 속성은 김씨(金氏), 이
름은 선종(善宗). 소판을 지낸 김무림(金茂林)의 아들. 당나라에
유학하여 불도를 닦고 돌아와서 분황사 주지·대국통이 되어 많은
절을 짓고 불교를 융성시켰다. 유저 몇 가지가 있다.

내 차라리 하루 동안 계율을 지키다가 죽을지언정, 백년 동안
계율을 깨뜨리고서 살기를 원하지 않는다.

吾寧一日持戒而死언정 不願百年破戒而生이니라.
오 녕 일 일 지 계 이 사　　　불 원 백 년 파 계 이 생

– 삼국유사三國遺事

【해설】이 말은 불교를 믿는 사람으로 그 계율을 지키면서 하루
를 살지언정, 계율을 어기며 백년 살기를 원치 않는다는 뜻이다.
자장율사는 신라의 귀족으로 태어나서 불교를 믿으며 이러한 뜻
을 세우고 당나라로 가서 불교를 연구하고 돌아와 선덕여왕의
뜻을 받들어 설악산 한계사, 오대산 월정사, 태백산 정명사, 강
릉 수다사, 양산 통도사 등과 그 밖에 많은 절과 탑을 세우고
불교 문화를 크게 융성시켰다.

또 당시 중국의 발전된 문물을 받아들여 우리 고유문화에 융합하는 데 공헌하였으며, 불교 예술을 계발하는 데도 공헌하였다. 그리고 많은 일화도 남겼는데, 불교 문화 유적과 아울러 전승되고 있다.

8. 이맹전(李孟專)

1392~1480. 조선 전기의 학자. 생육신의 한 사람. 자는 백순(伯純), 호는 경은(耕隱). 성주 사람으로 병조판서를 지낸 이심지(李審之)의 아들. 세종 때 문과에 급제하고 정언·거창 현감을 지냈다.

눈이 어두워지려고 하니 소경이 되고 귀마저 멀려고 하니 귀머거리가 되는구나. 보고 듣는 것이 잘 통하지 않으니 어리석은 사람과 똑같아지는구나.

眼欲昏昏耳欲聾이요 見聞無敏與痴同이라.
안 욕 혼 혼 이 욕 롱   견 문 무 민 여 치 동

– 국조인물고國朝人物考

【해 설】 이 말은 험난한 세상을 보지도 않고, 어지러운 일을 듣지 않겠다고 뜻을 정하니 그대로 된다는 뜻이다.

이맹전은 명문 출신으로 세종 때 사간원 정언·소격서령을 지내다가 외직으로 나가서 거창 현감으로 있으면서 목민관으로 선정을 베푸는 데 힘쓰고 청렴결백한 관리로 유명하였다.

단종 때 수양대군이 권세를 잡고 시국이 어지러워지자 벼슬을 버리고 고향으로 돌아가서 눈멀고 귀먹었다고 핑계하고 밖으로 나다니지 않았다.

이 말은 나라에서 여러 번 불러도 병을 빙자하고 나가지 않으면

서 평소에 자주 한 말로, 아들딸까지도 아버지가 눈멀고 귀먹은 줄로만 알았다. 다만 옛 벗인 김숙자(金淑滋)와 김종직(金宗直)과는 뜻이 통하여 마음속에 있는 말을 주고받았다.

89세로 세상을 떠났는데, 가족들도 운명하기 전에야 비로소 눈이 멀지 않고 귀먹지 않은 사실을 알았다. 죽을 때까지 초하룻날에는 멀리 북쪽을 향하여 절하며 옛 임금을 추모하였다.

9. 서거정(徐居正)

1420~1488. 조선 전기의 학자. 자는 강중(剛中), 호는 사가정(四佳亭), 시호는 문충(文忠). 대구 사람으로 목사를 지낸 서미성(徐彌性)의 아들. 세종 때 문과에 급제하고 대제학·육조판서·좌찬성에 이르고 성종 때 공신호를 받고 달성군에 봉해졌다. 저서로 사가집(四佳集)이 있으며, 동국통감(東國通鑑)·동문선(東文選)·동국여지승람(東國輿地勝覽) 등 편찬에 참여하였다.

＿＿＿

성인은 광란하는 것을 생각하는 일이 없고, 광인은 성스러운 일 하는 생각을 억누른다. 성인과 광인의 기틀은 이런 마음가짐이 있고 없는 데 달렸다.

惟聖罔念作狂이요　惟狂克念作聖이라　聖狂之機는　在於此心
유 성 망 념 작 광　　　　유 광 극 념 작 성　　　　성 광 지 기　　　재 어 차 심

之存亡이니라.
지 존 망

－국조인물고國朝人物考

【해설】 이 말은 성인은 사람답지 못한 짓을 생각하지 않고, 광인은 성스러운 일 같은 것은 생각하지 않는다는 뜻이다.

서거정이 홍문관 대제학으로 있을 때 세조가 성균관에 행차하여

시강관의 정치 강론을 들었는데, 이 말을 하여 임금이 나라를 다스리는 데 있어 마음가짐의 중요성을 논하였다.

어려서부터 뛰어나게 지혜로워 6세 때는 책을 읽고 글귀를 지어 신동으로 이름났다. 또한 효성이 지극하였는데, 일찍 과거에 급제하고 수양대군의 종사관으로 중국으로 가는 도중, 압록강을 건너 파사보에서 잘 때 일이다.

그의 어머니가 위독하다는 유서가 이르렀는데, 수양대군은 날이 밝으면 알려주려 하였다. 그런데 서거정은 밤중에 일어나 앉아서 슬피 울고 있었다. 동료들이 까닭을 물으니, "내 달의 변괴를 꿈꿨다. 대체로 달은 어머니의 형상인데, 나는 늙으신 어머니가 있는데 꿈의 징조가 상서롭지 않아서 슬퍼한다."라고 말하였다. 수양대군이 이 말을 듣고 감탄하기를, "그 효성이 하늘을 감동시켰구나."라 말하고 곧 그를 불러 임금의 교서를 주며 돌아가게 하였는데, 압록강을 건너 어머니의 부고를 받았다.

10. 엄흥도(嚴興道)

조선 세조 때 지사. 단종 때 영월 호장으로 단종이 노산군으로 강등되고 참형되자, 죽음을 무릅쓰고 그 시신을 장사지냈다.

착한 일을 하고 벌을 받는 일은 내 마음속으로 즐겁게 여기는 것이다.

爲善受罰은 吾所甘心이니라.
위 선 수 벌　　오 소 감 심

- 금계필담錦溪筆談

【해 설】 이 말은 남들이 못하는 좋은 일을 하다가 벌을 받아도 후회하지 않는다는 뜻이다.

엄홍도는 단종이 임금 자리에서 물러나고 영월로 쫓겨나서 온갖 괴로움을 겪을 때 충성을 다하였다.

왕이 죽임을 당하여 시체가 버려지는 날 다른 사람들은 모두 두려워하여 감히 시체를 거두어 묻는 사람이 없었다. 그는 관과 수의를 갖추어 스스로 장사지낼 곳을 가린 다음, 제물을 마련해 후하게 장사를 지냈다.

이때 친척들은 그런 일을 하다가는 장차 큰 화가 미칠 것을 염려하여 만류하였으나, 그는 이 말을 남기고 왕을 매장한 다음 무덤을 만들었는데, 이것이 장릉이다.

11. 조광조(趙光祖)

1482~1519. 조선 중종 때 학자. 자는 효직(孝直), 호는 정암(靜菴). 시호는 문정(文正). 한양 사람으로 감찰을 지낸 조원강(趙元綱)의 아들. 중종 때 알성시에 급제하고 대사헌을 지냈다.

공부하는 사람이 뜻을 세우는 데 비록 성현이 될 것을 기약하여도 지나친 것은 아니다. 남을 대하는 데 이르러서는 늘 그 장점을 취하고 힘써 남을 너그럽게 용서하는 아량을 넓히는 것이 옳다. 사람은 자신에 대하여는 스스로 후하고 남을 책망하는 데에는 야박하니 이를 몸소 체득하지 않아서는 안 된다.

學者立志에 雖以聖賢自期라도 未爲過也니라 至於待人엔 則
학 자 입 지　수 이 성 현 자 기　　미 위 과 야　　지 어 대 인　　즉

每取其長하고 而務廣容人之量이 加也니라 躬自厚하고 而薄
매 취 기 장   이 무 광 용 인 지 량   가 야   궁 자 후   이 박

責於人이니 不可不體認이니라.
책 어 인   불 가 불 체 인

- 정암문집靜菴文集

【해설】 이 말은 학자는 훌륭한 사람이 될 것을 뜻하여 항상 남의 장점을 취하고 너그러운 아량을 기르라는 뜻으로, 평소 학자가 남을 대하는 도리를 말한 것이다.

조광조는 김종직(金宗直)의 학통을 이어받은 사람의 영수로서 벼슬한 다음 뜻을 같이하는 사람들과 혁신정치를 하다가 반대파의 무고로 능주에 유배되어 사약을 받고 참사하였다.

마지막으로 남긴 말 중에서 사약을 가지고 온 금부도사에게는, "임금을 사랑하기를 어버이를 사랑하는 것같이 하고, 나랏일 근심하기를 집안일 근심하는 것같이 하라. 밝은 햇빛이 저 땅 밑까지 임하였으니 밝고 밝게 내 마음을 비춰 주리라."라고 하였다. 또 자기가 데리고 있던 사람들에게는, "내가 죽은 다음에는 관도 가볍고 얇게 만드는 것이 좋겠다. 결코 무겁고 두껍게 하지 말라. 그 까닭은 멀리 가는 길에 돌아가기가 어렵겠고, 자주 보자고 하면 열어보아야 할 것이니 관 뚜껑까지 변을 당할까 염려되기 때문이다."라고 하였다.

묵고 있던 집주인에게는, "내 그대의 집에 몸을 의지하고 있으면서 그 고마운 뜻을 갚으려 하였는데 마침내 갚지도 못하고 말았다. 그보다는 도리어 그대에게 흉측한 변고를 보여주고 그대 집까지 더럽게 만들어 놓겠으니 이야말로 한스럽기 그지없구나."라고 하였다.

12. 김정국(金正國)

1485~1541. 조선 중종 때 학자. 자는 국필(國弼), 호는 사재(思齋), 시호는 문목(文穆). 의성 사람 김연(金璉)의 아들, 모재 김안국(金安國)의 아우. 중종 때 문과에 급제하고 관찰사·형조참의를 지냈으나, 기묘사화로 물러나서 고양에 은거하였다. 저서로 성리대전절요(性理大全節要)·기묘당적(己卯黨籍)·촌가구급방(村家救急方) 등이 있다.

마음에 어떤 생각이 일어나면 그 깃들일 곳을 생각하고, 깃들이면 살펴볼 것을 생각하고, 살펴보면 좋고 나쁜 것을 생각하고, 좋고 나쁜 것을 알면 바르게 가려 할 것을 생각하라.

心發所之하고 所之면 思省察하고 省察이면 思善惡하고 善惡이
심 발 소 지   소 지   사 성 찰   성 찰   사 선 악   선 악

면 思揀擇하라.
  사 간 택

– 국조인물고國朝人物考·사재집思齋集

【해 설】 이 말은 마음에 일어나는 생각을 잘 살펴 좋고 나쁜 것을 가려 실행하라는 뜻이다.

김정국은 옛 선비들의 격언 중에서 공부하는 사람이 지켜야 할 24조항을 만들었는데 이 말은 그 일부이다. 그는 학생들에게, 첫째 일상생활에는 일찍 일어나서 방안을 정돈하고 조용히 앉아서 책 읽고 생각하고 사리를 분별 체득하여 실행할 것, 둘째 마음가짐은 항상 착하고 악한 것을 분별하여 착한 덕을 쌓을 것, 셋째 행동은 방종하지 말고 다투지 말고 잘못하지 말고 미덥고 성실할 것을 말하였다.

13. 이연경(李延慶)

1484~1548. 조선 중종 때 학자. 자는 장길(長吉), 호는 탄수(灘
叟). 경주 사람으로 충청도사를 지낸 이수원(李守元)의 아들. 중종
때 현량과에 오르고 사헌부 지평·교리를 지냈다.

공부하는 사람은 반드시 어지러운 생각을 깨끗이 씻어버리고
마음 바탕을 맑고 밝게 한 다음에야 거의 공부하는 데 빠른
길로 들어가서, 소인이나 금수가 사는 곳으로 달려가는 것을
면할 수 있을 것이다.

學者는 須洗去塵雜하고 使心地淸明然後에야 庶可得入道蹊
徑하여 而免趨於小人禽獸之域矣니라.

- 국조인물고國朝人物考

【해 설】 이 말은 공부하는 사람은 반드시 잡된 생각을 버리고 깨
끗한 마음을 가지고 이에 힘써야 군자답게 될 수 있다는 뜻으
로, 사서를 공부하는 학생들을 위한 가르침이다.

이연경은 타고난 자질이 고상하고, 학문이 깊고 식견이 뛰어나고,
기거동작이 법도에 맞으며, 인륜을 중히 여기고, 형제간에 우애
가 두터우며, 남들과 화목하여 무슨 일이든 흉금을 터놓고 의논
하고 시원하게 처리하였다.

교리로 있을 때 나라를 태평성대로 만들기 위해서는 조광조(趙
光祖)를 중용해야 한다고 주장하였다. 그런데 조광조가 사화로
화를 입게 되자 그도 명단에 올랐으나 중종은 그의 이름을 지우
며, "나는 그 사람됨을 안다. 처벌하지 말고 직책이나 바꾸라."라

고 하였다. 그는 벼슬을 버리고 고향으로 돌아가서 은거하였다.

14. 장유(張維)

1587~1638. 조선 선조·인조 때 명신. 자는 지국(持國), 호는 계곡(谿谷), 시호는 문충(文忠). 덕수 사람으로 병조판서를 지낸 장운익(張雲翼)의 아들. 광해군 때 문과에 급제하여 이조판서·대제학·우의정을 거쳐 영의정을 지냈다. 저서로 문집 60권이 있다.

세상을 잘 다스리는 도리는 그에 대한 뜻을 세운 다음에야 그를 위하는 일이 마련되고, 그 일이 마련된 다음에야 그 보람이 있게 되는 것이다.

天下之道는 有其志然後에야 有其事하고 有其事然後에야 有
천 하 지 도   유 기 지 연 후   유 기 사   유 기 사 연 후   유

其效니라.
기 효

- 국조인물고國朝人物考

【해 설】 이 말은 세상일이란 올바른 뜻을 세우고 성실하게 실천해야 좋은 보람을 얻게 된다는 뜻이다.

장유는 천품이 정수하고 풍채가 뛰어났으며, 어려서부터 학문을 좋아하여 경사자집은 물론 천문·지리·의술·병서류에 이르기까지 능통하였으며 문장에도 뛰어났다. 13세 때 아버지를 여의고, 20세에 사마시에 합격하고, 24세에 문과에 급제하였다.

인조반정에 가담하여, 예조·이조정랑을 거쳐 대사간이 되었고, 이괄(李适)의 난 때 공으로 신풍군에 봉해졌고, 정묘호란 때 이조판서 겸 대제학이 되고, 병자호란 때 예조판서를 거쳐 우의정이 되었다.

이 말은 그가 대사간으로 있을 때 이괄의 난을 겪어 나라가 어지럽고 민생이 안정되지 않자, 상소문을 올려 임금에게 정사를 바로잡고 민생을 안정시켜야 한다고 역설한 것이다. 이때 그는 중국 역대의 사실을 예로 들어 나라 다스리는 도리나 뜻을 세우고 일을 실천할 도리를 간곡히 말하여, 인조에게 새로운 정사를 베풀 계기를 마련하였다.

15. 정온(鄭蘊)

1569~1641. 조선 인조 때 명신. 자는 휘원(輝遠), 호는 동계(桐溪), 시호는 문간(文簡). 초계 사람 정유명(鄭惟明)의 아들. 광해군 때 별과에 급제하고 정언·사간, 인조 때 이조참의·참판을 지냈다.

공부하는 사람은 마땅히 뜻을 작게 가지고 담력은 크게 하여 한 몸을 튼튼하게 발붙이도록 할 것이다.

學者는 當以心小膽大하여 爲一身立脚地니라.
학 자　　당 이 심 소 담 대　　위 일 신 립 각 지

― 국조인물고國朝人物考

【해설】 이 말은 학자는 뜻은 작게, 담력은 크게 가져야 몸이 튼튼하게 자리 잡게 된다는 뜻이다.

정온은 체격이 남달리 뛰어나서 보는 사람마다 크게 되겠다고 말하였다. 선조 때 별시에 3등으로 급제하고 사간원 정언이 되었으나, 바른말로 왕의 뜻을 거슬러 경성 판관으로 좌천되었다.

광해군 때 장악첨정이 되었을 때 영창대군(永昌大君)의 옥사가 일어나자, "8세 동자가 어찌 역모하는 것을 알랴?" 하고, 영창대군을 강화도에 가뒀다가 강화유수 정항(鄭沆)에게 죽임을 당하자, 조정에 항의하여 그를 처형하라고 강경한 말로 상소하였다. 이때 광해군은 그를 죽이라고 진노하였으나 이원익(李元翼) 등의 간언으로 대정으로 귀양 가서 10년을 지냈다.

인조반정으로 소환되어 헌납이 되었다가 사간이 되었고, 갑자년 이괄(李适)의 난 때는 이조참의로 난을 수습하는 데 힘썼고, 정묘호란 때는 호적과 화친해서는 안 된다고 주장하였다.

병자호란 때는 이조참판으로 남한산성에서 왕을 모셨고, 이어 호적과의 화친을 반대하였다. 이때 호적과 화친을 맺게 되자 그는 대성통곡하며 자리에 똑바로 누워 칼을 뽑아 배를 찔러 자결하려 하였다. 그런데 시종들이 발견하고 칼을 뽑아 피가 솟아오르고 오랫동안 기절하였다. 왕은 이 말을 듣고 급히 내의를 보내어 치료하여 살려내었다.

정온은 소생한 다음에, "내 무슨 면목으로 나라의 은덕에 보답하고 처자를 대하랴." 하고 곧 덕유산으로 들어가 초막을 짓고 살다가 여생을 마쳤다.

16. 김익희(金益熙)

1610~1656. 조선 인조 때 명신. 자는 중문(仲文), 호는 창주(滄洲), 시호는 문정(文貞). 광주 사람으로 참판을 지낸 김반(金槃)의 아들. 인조 때 문과에 급제하고, 승지를 지내고, 효종 때 강원 감사·대제학·대사헌·이조판서 등을 지냈다.

세상의 모든 일은 천 가지 만 가지로 변화하므로 그 처리는 오로지 임금의 한결같은 마음에 근본 되지 않음이 없어야지, 남의 말로 이리저리 흔들려서는 안 된다.

天下之事는 千變萬化니 無一不本於人主之一心이요 不可以
천 하 지 사　　천 변 만 화　　무 일 불 본 어 인 주 지 일 심　　　　불 가 이

聲音外貌而已니라.
성 음 외 모 이 이

– 국조인물고國朝人物考

【해 설】 이 말은 세상일은 천태만상이므로 자신의 확고부동한 신념에서 처결해야지 남의 말에 따라 이리저리 흔들려서는 안 된다는 뜻으로, 효종 때 청나라에 대응하는 북벌정책에 왕이 확고한 의지를 가질 것을 진언한 말이다.

김익희는 대학자인 사계 김장생(金長生)의 손자로 명문에서 자라 학문이 뛰어났고, 의지와 지조가 굳건하였으며, 18세에 진사시를, 24세에 문과에 급제하고 한림원에 들어가 옥당의 벼슬아치로 바른말로 이름을 떨쳤다. 병자호란으로 국난을 극복할 때는 남한산성에서 독전어사로 활약하고 척화의 뜻을 굽히지 않았다. 강원 감사로 나아갔을 때는 목민관으로 착한 일을 권하고 악한 일을 징계하며 민생 안정을 도모하였고, 노산군의 묘(장릉)를 수축하는 등 민심을 수습하며 선정을 베풀었다.

17. 윤이지(尹履之)

1579~1668. 조선 현종 때 문신. 자는 중소(仲素), 호는 추봉(秋峯), 시호는 정효(靖孝). 해평 사람으로 영의정 윤방(尹昉)의 아들. 광해군 때 문과에 급제하고 관찰사·병조참의·경기 감사·형조판서·판돈령부사를 지냈다.

임금이 강하고 큰마음을 마음가짐으로 삼고, 씩씩하고 힘찬 뜻을 의지로 삼으면 군사의 기율이 저절로 엄숙하게 되고, 나

라의 세력이 절로 굳건할 것입니다.

上以剛大爲心하고 以奮勵爲志면 軍律이 自肅하고 國勢가 自
상 이 강 대 위 심　　　이 분 려 위 지　　군 율　　자 숙　　국 세　　자

固矣니라.
고 의

- 국조인물고國朝人物考

【해 설】 이 말은 국난을 당하였을 때 임금이 강대한 마음과 분발
하는 뜻을 펴면 군사의 기율은 엄숙해지고 나라의 형세도 굳건
해진다는 뜻으로, 호란을 극복할 때 왕에게 진언한 내용이다.
윤이지는 명문대가에서 자랐고, 위풍이 당당하며 학식과 덕망이
뛰어나고, 성품이 강직하고 의지가 굳건하였다.
광해군 때 폐모론이 일어나자 아버지와 함께 이에 항의하였고,
인조반정 후에 사간으로 있으면서 정사를 공정하고 청렴결백하
게 하였다. 여주 목사·충청 관찰사로 있을 때는 목민관으로 모
범 행정을 하여 명망이 전국적으로 높았다. 정묘·병자호란 때
는 총융부사로 적을 막는 데 힘썼다.
전라·강원·경기·함경 감사 등도 지냈는데 정사를 다스리는 데
간결하면서도 엄격하였고, 스스로 기강을 엄수하고, 민생을 안
정시켜 목민관으로서 모범이 되었다. 한성 판윤과 형조판서를
세 번이나 지냈고, 90세에 이르러서도 판돈령부사로 정사를 보
살폈다.

18. 이홍연(李弘淵)

1604~1683. 조선 숙종 때 문신. 자는 정백(靜伯), 호는 삼죽(三
竹). 한산 사람으로 대사간 이덕수(李德洙)의 아들. 인조 때 문과
에 급제하고 사간을 지냈다. 효종 때 좌승지·황해 감사·대사간·

참의 · 참판 · 공조판서 · 좌참찬을 지냈다.

━━

일은 큰 것 작은 것 할 것 없이 뜻을 세우기를 먼저 하라. 또
착하냐 착하지 않으냐는 나에게 달려 있으나, 아느냐 모르느
냐는 남에게 달려 있으니, 마땅히 그 일을 잘 닦는 것은 나에
게 달려 있을 따름이다.

事無大小이 立志爲先이니라 且善不善은 在我나 知不知는 在
사 무 대 소　　입 지 위 선　　　　차 선 불 선　　재 아　　지 부 지　　　　재

人이니 當修其在我者而已니라.
인　　　당 수 기 재 아 자 이 이

－ 국조인물고國朝人物考

【해 설】 이 말은 일하는 데는 뜻을 세우는 것이 중요한데, 착한
점과 착하지 않은 점은 자신에게 달렸으나 이를 알고 모르는 것
은 남에게 달렸으니 무엇보다 몸가짐을 잘 닦아야 한다는 뜻으
로, 평소 자제들을 경계한 말이다.
이홍연은 자제들에게, "남의 비방을 대처하는 방도는 스스로 자
신을 잘 반성하는 데 달려 있다."라고도 가르쳤다.
어려서부터 학문을 즐겨 문예가 뛰어나서 21세 때 생원시에 합
격하고 인조 때 문과에 급제하였고, 사간으로 임금이 바른 정사
를 펴도록 힘썼다. 효종 때 좌승지로 있다가 황해 감사가 되었
는데, 호란 때 피폐된 모든 시설을 수축하고 그릇된 폐단을 바
로잡는 데 힘쓰는 한편, 민심을 수습하고 어진 정사를 폈다.
대사간이 되어 내정의 문란한 폐단을 바로잡는 데 힘쓰고 예조 ·
병조 · 형조 참의 · 도승지 등을 지냈다. 한때 회양 · 서천 군수 등
을 지내다가 다시 들어와 형조참판 · 도승지 등을 지냈고, 숙종
때 대사간 중추부사 · 공조판서를 거쳐 좌참찬이 되었다.
70세부터 기로로 국정에 참여하여 정사를 돕다가 79세로 세상

을 떠났다.

19. 안창호(安昌浩)

1878~1938. 독립운동가. 호는 도산(島山). 독립협회 운동을 일으키고, 한일협약이 체결되자 신민회를 조직하여 독립운동을 전개하였다. 대성·오산학교를 설립하여 애국의 힘을 기르고 흥사단을 조직하여 활약하였다. 3·1독립운동이 일어난 후 상해 임시정부에서 독립운동을 전개하다가 뜻을 이루지 못하고 세상을 떠났다.

모든 일을 참되고 실속있도록 힘써 실행하라.

務實力行하라.
무 실 역 행

– 도산명훈島山名訓

【해 설】 이 말은 1908년 청년학우회를 조직하고, 민족 계몽을 위하여 주창한 말로, 모든 일을 참되고 실속 있도록 힘써 실행하라는 뜻이다.

안창호는 또 말하기를, "큰일이든 작은 일이든 하는 일에 정성을 기울여 최선을 다하라." 하였고, "어떤 신령이 무심중에 갑자기 나타나서 나에게 너는 무엇을 하느냐고 물을 때 나는 어떤 일을 하고 있다고 서슴지 않고 대답할 수 있게 하라."고도 하였다.

또 말하기를. "진리는 반드시 따르는 사람이 있고, 정의는 반드시 이기는 날이 있다."라고 하였다.

20. 김구(金九)

1876~1949. 독립운동가·정치가. 초명은 창수(昌洙), 호는 백범(白凡). 조선 후기에 동학군에 참가하고, 일제 침략에 항거하다 투옥되고, 3·1독립운동 후 상해로 망명하여 대한민국 임시정부를 수립하고 내무총장·주석으로 독립운동을 전개하였다. 해방 후에 귀국하여 민주의원 총리·한독당 당수로 남북통일에 전력하다가 뜻을 이루지 못하고 비명으로 세상을 떠났다. 저서로 백범일지(白凡逸志)가 있다.

⬛

네 소원이 무엇이냐 하고 하느님이 물으시면 나는 서슴지 않고, "내 소원은 대한 독립이오." 하고 대답할 것이다. 그다음 소원은 무엇이냐 하면 나는 또, "우리나라의 독립이오." 할 것이고, 또 그다음 소원이 무엇이냐 하는 세 번째 물음에도 나는 더욱 소리 높여서, "나의 소원은 우리나라 대한의 완전 자주독립이오."라고 대답할 것이다.

동포 여러분! 나 김구의 소원은 이것 하나밖에는 없다. 내 과거 70 평생 늘 이 소원을 위하여 살아왔고, 현재에도 이 소원 때문에 살고 있고, 미래에도 나는 이 소원을 달성하려고 살 것이다.

– 백범명언白凡名言

【해 설】 이 말은 김구의 소원은 대한 독립, 우리나라의 독립, 우리나라 대한의 완전한 자주독립이라는 뜻이다.

학 습 편
學 習 篇

학습은 배우고 익히는 일이다.

사람이 세상을 살아가자면 글을 배우고 익혀서 사물의 진리를 바르게 알고, 그 옳고 그른 점을 분별하여 보람 있는 행동으로 옮겨야 한다.

사람은 누구나 행복하게 살려는 이상을 가지고 실천하려고 힘쓴다. 이에 중요한 점이 알고 행하는 것으로, 아는 일은 배우고 익히는 것이다. 실제로 어떤 일이든 알고 하는 것과 모르고 하는 일은 결과가 다르다. 세상만사는 알고 할 때 더 좋은 보람을 느낄 수 있다.

요즘 세상은 매우 빠르게 발전하고 있다. 이렇게 발전하는 세상에서 남보다 좀 더 배우고 익혀서 힘을 길러야만 남에게 뒤떨어지지 않고 적응할 능력을 기르게 된다. 그러므로 어떠한 일이든 잘 배우고 익혀야 한다.

배우고 익히는 일에는 정해진 것이 없다. 어린 시절부터의 학업도 그렇고, 자라서 보고 듣고 생각하는 일도 그러하다. 곧 아는 것이 힘이다.

1. 강희맹(姜希孟)

1424~1483. 조선 전기의 명신. 자는 경순(景醇), 호는 사숙재(私淑齋), 시호는 문량(文良). 진주 사람 강석덕(姜碩德)의 아들. 세종 때 문과에 급제하고 형조·이조판서·좌찬성을 지냈다. 저서로 금양잡록(衿陽雜錄)·사숙재집(私淑齋集)이 있다.

어버이가 아들딸을 대하는 관계는 농부가 좋은 곡식을 대하는 것과 같다. 농부가 곡식을 잘 길러서 좋은 결과를 얻지 못하면 마침내 굶주리는 환난을 당하게 되고, 어버이가 아들딸을 잘 가르쳐 훌륭한 인재를 만들지 못하면 마침내 외롭고 위험한 재화를 불러오게 될 것이다.

父之於子는 猶農夫之於嘉穀이라 養穀不成이면 終罹我餒之
부 지 어 자   유 농 부 지 어 가 곡   양 곡 불 성   종 리 아 뇌 지

患이요 敎子無成이면 竟致孤危之禍니라.
환   교 자 무 성   경 치 고 위 지 화

– 사숙재집私淑齋集

【해 설】 이 말은 어버이가 자녀를 기르는 도리는 농부가 곡식을 잘 기르는 것처럼 하라는 뜻으로, 평소 자녀교육에 관하여 한 말이다.

강희맹은 또, "농부가 땅을 푸석푸석하게 잘 갈고 김을 잘 매어 기름진 옥토를 만드는 법은, 어버이가 자녀를 잘 가르치고 훈계하고 인도하여 모든 일에 성실하게 힘쓰는 것과 같으니 어찌 잠시라도 이런 뜻을 게을리하겠는가?"라고 말하였다.

성품이 총명하고 학문을 즐겨 경사에 밝고 문장이 뛰어나고 글씨를 잘 썼다. 18세에 생원시에 합격하고 세종 때 문과에 장원

급제하고 예조·형조·병조·이조판서 등을 지냈고 예종 때는 내정을 수습하여 공신호를 받았고, 벼슬이 좌찬성에 이르렀다.

2. 이자(李耔)

1480~1533. 조선 중종 때 문신. 자는 차야(次野), 호는 음애(陰崖). 한산 사람으로 대사간을 지낸 이예견(李禮堅)의 아들. 연산군 때 문과에 장원급제하고 우참찬을 지냈다. 저서로 음애집(陰崖集)이 있다.

━━

사람이 한 가지 버릇을 많이 익히면 자연히 그런 행동을 하게 되는데, 어찌 나쁜 버릇을 배우겠는가?

若人積習이면 成自然인데 焉可學也리오?
약 인 적 습   성 자 연   언 가 학 야

— 국조인물고國朝人物考

【해설】이 말은 사람이 나쁜 버릇을 익히면 자연히 그런 행동을 하게 되는데 어찌 이런 버릇을 배우겠느냐는 뜻으로, 남의 물건을 훔치는 버릇을 경계한 말이다.

이자는 타고난 성품이 고결하고 인정이 많고 도량이 넓었다. 남을 접대하는 것이 부드러우면서도 엄정하고 일 처리하는 것이 간명하고 공정하였다.

부모 섬기는 효성이 극진하고 형제간의 우애가 두터웠으며, 조상을 받드는 정성도 지극하였다. 가정의 법도를 엄격한 가풍으로 만들어 어린아이들도 예의범절과 질서를 지켜 가족들 사이에도 손님을 대하듯 하는 긍지를 지니게 하였고, 나쁜 버릇을 조금도 익히지 못하게 하였다.

3. 서경덕(徐敬德)

1489~1546. 조선 중종 때 학자. 자는 가구(可久), 호는 화담(花潭), 시호는 문강(文康). 당성 사람 서호번(徐好蕃)의 아들. 벼슬에 뜻을 두지 않고 학문 연구에 종사하며 많은 학자를 길러냈다.

만약 바르게 앉아서 공부하지 않으면 생각이 통일되지 않고, 생각이 통일되지 않으면 사물의 진리를 바르게 구명할 수 없다.

若不危坐면 思慮不一하고 思慮不一이면 不能窮格이니라.
약 불 위 좌   사 려 불 일   사 려 불 일   불 능 궁 격

– 해동속소학海東續小學

【해 설】 이 말은 학문하는 방법은 바르게 앉아서 정신을 집중하고 사리를 구명해야 그 진리를 터득할 수 있다는 뜻으로, 학문하는 태도를 말한 내용이다.

서경덕은 성품이 총명하고 굳건하고 의지가 곧아서 의로운 일이 아니면 조금도 굴하지 않고 즐기지도 않았고, 어려서부터 어른을 공경하고 가르치는 말을 잘 지켜 매사를 잘못됨이 없게 실행하였다.

18세에 대학(大學)을 읽어 사물의 진리를 궁구하여 아는 것을 확실하게 한다는 뜻을 이해한 다음 본격적으로 학문의 진리를 구명하였다. 심지어 천지 만물의 이름을 써서 벽에 붙여 놓고 하나하나 그 이치를 밝히기까지 하였다. 20세 때는 밤낮으로 추위와 더위를 무릅쓰고 방에 바르게 앉아서 6년 동안 학구에 몰두하여 사서삼경과 성리학의 진리에 통달하였다.

학식과 덕망이 뛰어났으나 벼슬에 뜻을 두지 않고 오직 학문 연

구를 즐기고 제자를 교육하는 데 힘썼다. 산림에 은거하면서도 나라의 정사가 잘못되면 바른말을 하여 세간의 경종을 울렸고, 중종과 인종이 세상을 떠났을 때 상복 문제 같은 것을 바로잡기도 하였다.

4. 황준량(黃俊良)

1517~1563. 조선 명종 때 학자. 자는 중거(仲擧), 호는 금계(錦溪). 평해 사람 황치(黃觶)의 아들. 중종 때 문과에 급제하고 명종 때 성주 목사를 지냈다.

책을 읽고 공부하는 것은 마음을 다스리고 기운을 기르는 것을 근본으로 하는 것이지, 어찌 책 읽는 것으로 해서 병이 생기는 까닭이 되랴?

讀書爲學은 本以治心養氣요 安有因讀書로 而致生病之理리
독 서 위 학   본 이 치 심 양 기   안 유 인 독 서   이 치 생 병 지 리
오?

- 국조인물고國朝人物考

【해 설】 이 말은 독서는 공부하여 마음을 다스리고 기운을 기르는 근본이 되는데 왜 근심스러운 까닭이 되게 하겠느냐는 뜻으로, 백성의 힘을 기르기 위하여 독서를 권장한 내용이다.

황준량은 사람됨이 지혜롭고 총명하고 인품과 학문이 뛰어나 칭송을 받았는데, 어려서는 신동이라는 소문까지 났다.

의지가 굳고 절개를 지켜 법도에 어긋나는 일은 조금도 용납하지 않았다. 그래서 사헌부 지평으로 있을 때는 부당한 요구를 듣지 않아 모함을 당하여 좌천까지 된 일도 있었다.

외직으로 나아가 신녕 현감·단양 군수를 지냈고, 성주 목사로 있을 때, 목민관으로 민생의 안정을 도모하고 학문을 일으키는 데 힘썼다. 평소 자연을 사랑하여 시를 읊고 노래하였다.

5. 오건(吳健)

1521~1574. 조선 선조 때 학자. 자는 자강(子强), 호는 덕계(德溪). 함양 사람 오세기(吳世紀)의 아들. 명조 때 문과에 급제하고 홍문관 전한이 되었으나 벼슬을 버리고 덕계로 돌아가 자연과 독서로 일생을 마쳤다.

━

학문하는 데 반드시 지켜야 할 도리는 다른 것이 아니라 참된 진리를 궁구하여 몸과 마음을 순수하게 유지함으로써 덕성을 함양할 따름이다.

學問之道는 無他라 窮理居敬而已니라.
학 문 지 도   무 타   궁 리 거 경 이 이

– 국조인물고國朝人物考

【해설】 이 말은 학문하는 근본 도리는 진리를 궁구하여 덕성을 함양하는 데 있다는 뜻이다.

오건은 홍문관 전한으로 경연에서 임금을 모실 때 이 말을 하고 그 뜻을 설명하여 말하기를, "혹은 책을 읽어 의리를 밝히고, 혹은 고금의 인물을 논하여 그 옳고 그른 점을 가리고, 혹은 사물에 접하여 그 마땅함을 헤아리는 것은 진리를 궁구하는 일이요, 말이나 행실이 똑똑하고 그 마음을 다잡아서 한 가지 일이라도 잘못됨이 없도록 하는 것은 몸과 마음을 깨끗하게 가다듬어 덕성을 함양하는 것이다."라고 하였다.

6. 조언수(趙彦秀)

1497~1574. 조선 선조 때 명신. 자는 백고(伯高), 호는 신선당(信善堂), 시호는 정간(貞簡). 양주 사람 조방좌(趙邦佐)의 아들. 중종 때 문과에 급제하고 이조참판, 명종 때 한성 판윤·형조판서를 지냈다.

―

글다운 글은 마땅히 경학에 근본을 두어야 한다. 실로 그 근본이 없으면 글이 비록 잘 되었다 하더라도 무엇에 쓰랴?

爲文은 當本於經學이니라 苟無其本이면 文雖工이라도 何用이
위 문   당 본 어 경 학   구 무 기 본   문 수 공   하 용
리오?

― 국조인물고國朝人物考

【해 설】이 말은 글다운 글은 성현이 남긴 경학에 근본을 두어야 글답다는 뜻으로, 문장의 가치를 말한 내용이다.

조언수는 타고난 자질이 너그럽고 진실하고 침착하고 자중하였다. 남들과 사귀어 놀기를 좋아하지 않았고, 다만 동갑인 화담 서경덕(徐敬德)과 정답게 지냈다. 생활 태도가 매우 검소하고 청렴 결백하여 40여 년 동안 벼슬이 육경에 이르렀으나, 집은 물려받은 한 칸 집에서 살고, 땅은 한 자리도 사지 않았다.

학문과 문장이 뛰어났으며, 항상 자신의 분수에 만족하여, "낡은 집 한 채도 내 몸을 마치는 데 족하다."라며 청백한 지조를 사람들에게 본보였다.

7. 홍담(洪曇)

1509~1576. 조선 명종·선조 때 문신. 자는 태허(太虛), 시호는
정효(貞孝). 남양 사람 홍언광(洪彦光)의 아들. 중종 때 문과에 급
제하여 좌랑, 선조 때 좌참찬·예조판서를 지냈다.

집에 들어오면 효도하고, 밖에 나가면 공경하며, 삼가 말하고
살펴 실행하는 것은 곧 공부하기 위한 까닭인데 어찌 힘쓰지
않으리오?

入孝出悌하며 愼言顧行은 乃所以爲學이니 不勉乎아?
입 효 출 제   신 언 고 행   내 소 이 위 학   불 면 호

– 국조인물고國朝人物考

【해 설】 이 말은 어버이에게 효도하고 어른을 공경하고 삼가 말
하고 살펴 실행하는 데 힘쓰라는 뜻이다.
홍담은 성품이 강직하고 뜻이 굳고 실천력이 확고하여 누구의 일
이라도 거리낌 없이 그 잘잘못을 바르게 말하였다.
벼슬길로 나아가서는 한마음 한뜻으로 나라에 충성하였으며, 집
안에서는 어버이에게 효성을 다하고, 우애와 화목을 도모하며, 학
문 연구에 골몰하였다. 생활 태도가 검소하고 근면하고 성실하고
청렴결백하고 공사에 태도가 분명하였다.

8. 이이(李珥)

1536~1584. 조선 명종·선조 때 학자. 자는 숙헌(叔獻), 호는 율
곡(栗谷), 시호는 문성(文成). 덕수 사람 이원수(李元秀)의 아들.

명종 때 문과에 장원급제하고 대사헌·우찬성·병조·이조판서 등
을 지냈다. 저서로 율곡전서(栗谷全書)가 있다.

＿

공부하는 사람은 반드시 참된 마음으로 학문하는 길로 향할
것이고, 세상의 잡된 일로 그 뜻을 어지럽히지 않고서 공부해
야 그 기초가 잡힐 것이다.

學者는 必誠心向道하고 不以世俗雜事로 亂其志하고 然後에
학 자　　필 성 심 향 도　　　불 이 세 속 잡 사　　난 기 지　　　연 후

爲學이라야 有基址니라.
위 학　　　유 기 지

－ 율곡전서栗谷全書

【해 설】 공부하는 사람은 세상의 잡된 일에 뜻을 두지 말고 오직
참된 마음과 몸가짐으로 학문에 힘써야 그 기초가 잡힌다는 뜻
으로, 격몽요결(擊蒙要訣) 중 올바른 몸가짐을 논한 내용의 주제
가 되는 말이다.

이이는 조선 중기의 대학자로 우리 민족 문화 발전과 도의 정신
앙양에 크게 공헌한 선현이다.

학식과 덕망이 뛰어나 8세 때 이미 학문에 통달하여 화석정을 두
고 지은 시는 지금까지 명시로 회자하고 있으니, 그의 학문한 실
상을 엿볼 수 있다. 한 예로 과거 볼 때마다 장원급제하여 아홉
번 장원한 사람이라고 칭송하였다고 한다. 어릴 때 어머니 신사
임당(申師任堂)의 가정교육으로 위대한 인물이 되었는데, 59세로
일생을 마쳤다.

여러 벼슬을 하면서 성리학 연구와 후학 계도에 힘썼고, 한편
당파의 화해와 조정에 진력하였으며, 왜적 침해에 대한 방비책
을 역설하여 국방 강화에도 힘썼다.

9. 성혼(成渾)

1535~1598. 조선 선조 때 학자. 자는 호원(浩原), 호는 묵암(默庵), 별호 우계(牛溪), 시호는 문간(文簡). 창녕 사람 성수침(成守琛)의 아들. 학식과 덕망으로 경연을 맡았다가 이조참의·참판·좌찬성을 지냈다. 사단칠정(四端七情) 이기설(理氣說)을 주창하고 사칠속편(四七續編)을 완성하였다.

▬

학문하는 데는 반드시 효도·공경·충성·신의를 근본으로 삼고, 겸손·사양을 바탕으로 삼고, 침잠·독실을 공력으로 삼을 것이다.

下學은 必以孝悌忠信爲本하고 謙遜拙訥爲質하고 沈潛篤實爲
하 학   필 이 효 제 충 신 위 본   겸 손 졸 눌 위 질   침 잠 독 실 위

工이니라.
공

– 국조인물고國朝人物考

【해 설】 학업을 닦는 사람의 마음가짐과 몸가짐을 세 가지 면으로 가르친 말로, 곧 효도하는 마음과 겸손한 태도와 성실한 노력이 중요하다는 뜻이다. 이 말은 파평의 우계에서 학당을 열고 많은 학자를 길러낼 때 은봉 안방준(安邦俊)에게 공부하는 데 명심할 점을 가르친 내용이다.

안방준은 인조 때 유명한 학자로 사우감계록(師友鑑戒錄) 등 많은 저서를 남기고 공조참의를 지냈는데, 성혼의 이 교훈을 평생 좌우명으로 삼아 지켰다고 한다.

성혼은 우리나라의 유명한 학자를 많이 길러낸 학자이다. 17세에 감시 초시 시험에 합격하였으나 병으로 복시를 못 보게 되자 과거를 포기하고 성리학 연구에 힘썼다. 율곡 이이(李珥)와 사

단칠정 이기설을 토론하고 새로운 학설을 주창하였다.

나라에서는 그의 학식과 덕망을 기려 여러 번 벼슬을 주고 불렀으나 나아가지 않았으나, 임진왜란 후에는 좌찬성 겸 비국당상을 지냈다.

10. 김우옹(金宇顒)

1540~1603. 조선 선조 때 명신. 자는 숙부(肅夫), 호는 동강(東岡), 시호는 문정(文貞). 의성 사람 김희삼(金希參)의 아들. 명종 때 문과에 급제하고 대사성·대사헌을 지냈다. 저서에 동강집(東岡集)·속자치통감강목(續資治通鑑綱目)이 있다.

학문을 닦는 데 중요한 일은 뜻을 정하고, 학문을 강독하고, 몸가짐을 삼가고, 사리사욕을 억제하고, 군자를 가까이하고, 소인을 멀리하는 것이다.

爲學之要는 定志하고 講學하고 敬身하고 克己하고 親君子하고
위 학 지 요   정 지   강 학   경 신   극 기   친 군 자

遠小人이니라.
원 소 인

– 국조인물고國朝人物考

【해 설】 학문을 하는 데 경계할 점 여섯 가지〔정지·강학·경신·극기·친군자·원소인〕를 들었다. 이 말은 왕의 분부를 받들고 학업을 닦는 데 여섯 가지 경계할 점을 진언한 것으로, 왕은 이를 보고 크게 기뻐하였다.

김우옹은 남명 조식(曺植)에게서 글을 배우고 퇴계 이황(李滉)에게 의심된 점을 질문하는 등 학업에 힘썼다.

벼슬한 다음에도 학문 연구에 힘쓰고, 왕에게 선정을 베푸는 데 중요한 것이 인재 등용에 있음을 역설하였다. 또 선비들에게 항상 경계하기를, "덕망을 갖추고 학업을 닦되, 그때그때의 실정에 알맞게 해야 한다."라고 하였다.

한강 정구(鄭逑)와 같은 고향으로 가깝게 지냈고, 성리학 연구에도 뜻을 같이하였다. 그런데 동인이었으므로 선조 때 정여립(鄭汝立) 옥사에 연좌되어 회령에 유배되었다가 임진왜란이 일어나자 풀려나 부호군으로 활약하고, 병조참판·한성좌윤이 되고 차츰 벼슬이 높아졌다.

11. 조목(趙穆)

1524~1606. 조선 선조 때 학자. 자는 사경(士敬), 호는 월천(月川). 횡성 사람 조대춘(趙大春)의 아들. 명종 때 생원시에 합격하고 선조 때 공조참의를 지냈다. 퇴계 이황(李滉)의 제자로 문장이 뛰어나고, 저서에 월천집(月川集)·곤지잡록(困知雜錄)이 있다.

소학은 곧 모든 경전의 중요한 내용을 모아놓은 책이니 진실로 이 책을 능통하게 익혀야 한다. 사람을 거룩하게 만드는 근본 바탕은 여기에 있는 것이다.

小學은 乃諸經之機括이니 苟能通透是書니라 作聖根基는 在
此矣니라.

– 국조인물고國朝人物考

【해설】 소학은 모든 경전의 중요한 내용을 모은 것이므로 이를 충분히 익히면 훌륭한 사람의 근본이 잡힌다는 뜻으로, 소학이

중요하다는 것을 학자들에게 일러준 내용이다.

조목은 도학(道學)이 뛰어난 인물로, 전국의 석학이 그를 영수로 받들었다. 성품이 근엄하고 매사에 성실하여 언제나 일찍 일어나서 의관을 정제하여 사당에 참배하고, 독서를 시작하면 침식을 잊었다. 경사자집의 어떠한 책도 읽지 않은 것이 없었으며, 책에 있는 성현의 훈화를 가려내어 곤지잡록을 만들었다.

12. 조익(趙翼)

1579~1655. 조선 효종 때 문신. 자는 비경(飛卿), 호는 포저(浦渚), 시호는 문효(文孝). 풍양 사람 조영중(趙瑩中)의 아들. 선조 때 문관에 급제하고 효종 때 좌의정을 지냈다. 저서에 포저집(浦渚集)이 있다.

학문하는 데 매우 중요한 것은 힘써 사사로운 욕망을 모두 버리고, 천지의 도리를 깨끗하고 온전하게 하는 것이다.

爲學只要는 做私欲盡去하고 天地純全이니라.
위 학 지 요   주 사 욕 진 거   천 지 순 전

– 국조인물고國朝人物考

【해 설】 공부하는 데 중요한 점은 사리사욕을 버리고 천리에 순응하여 최선을 다하는 데 있다는 뜻이다.

조익은 어려서부터 다른 아이들과 달랐다. 5세 때 글을 짓고, 자라면서 경사자집을 통달하고 음률·서화·병법·점술 같은 것에 능통하였다. 성리학을 전공하여 옛 성현을 본받고, 효성이 지극하고 예절에 밝았다.

50여 년 동안 벼슬하며 좌의정까지 지냈으나 집이나 전지 같은

것도 마련하지 않고, 오직 나라에 충성하고 나랏일을 근심하여
모든 정성을 다하였다.

왕에게 나라 다스리고 백성 구제하는 방도를 여러 면으로 제의
하였고, 임금은 덕을 닦는 일이 중요하고, 어진 인재를 등용하
고, 법도를 바로잡고 모든 일을 너그럽게 다스려야 한다고 역설
하였다.

13. 이후(李垕)

1611~1668. 조선 인조~현종 때 문관. 자는 자중(子重), 호는 남
곡(南谷). 종실 봉래군 이형윤(李炯胤)의 아들. 인조 때 문과에 급
제하고 고을 원을 지냈다.

책 읽을 때는 반드시 한 글자 한 어구를 맑고 깨끗하게 읽어
되는대로 지나치지 않아야 한다. 그런 다음에야 가히 글에 따
라 뜻을 찾을 수 있을 것이다.

讀書는 必須精白一字一句하여 不可放過니라 然後에야 可以
독서   필수정백일자일구   불가방과   연후   가이

因文求意니라.
인문구의

– 국조인물고國朝人物考

【해 설】 글을 읽을 때는 한 글자 한 어구를 맑고 깨끗하게 읽어
야지 그 뜻을 알게 된다는 뜻으로, 인조 때 세자가(효종) 글공부
하는 자리에서 글을 되는대로 읽자 이를 바로잡아 한 말이다.

이후는 종실 출신으로 학문과 덕행을 닦아서 23세 때 생원시에
급제하고, 34세 때 문과에 급제하고 한림원·사간원·사헌부 등

에서 간관을 지냈다. 외직으로 나가서 은진·금성·광주·홍주 등
고을 원을 지내며 목민관으로 선정을 베푸는 데 힘썼다.

일 처리를 공정히 하는 데 힘쓰고, 의롭지 않은 일에 대하여는
조금도 용납하지 않았으며, 청나라의 포악한 간섭 같은 것에 절
대로 굽히지 않았다. 간관을 구호하는 일로 온성으로 유배되었
으나 태연자약하였고, 그곳에서 찾아오는 많은 선비에게 학문을
가르쳐 명성을 떨쳤다.

명분 없는 재물은 탐하지 않아 집안이 매우 가난하였다. 그가 죽
은 뒤 부인 권씨는 자녀에게 경계하기를, "우리 집은 본래 가난
하게 살았다. 어찌 요행으로 재물을 구하랴."라고 청빈한 삶을 가
르쳤다.

14. 권시(權諰)

1604~1672. 조선 효종~현종 때 학자. 자는 사성(思誠), 호는 탄
옹(炭翁). 안동 사람으로 좌랑을 지낸 권득기(權得己)의 아들. 저
서로 탄옹집(炭翁集)이 있다.

학문하는 도리는 다름 아닌 다만 마음속에 털끝만큼이라도 거
짓된 일이 없어야 한다.

學問之道는 無他라 只心에 要無一毫虛僞事니라.
학 문 지 도　　무 타　　지 심　　요 무 일 호 허 위 사

– 국조인물고國朝人物考

【해 설】글을 배우고 잘 익히는 방법은 조금도 거짓된 마음가짐
이 없어야 한다는 뜻으로, 학문을 연구하는 방법에 관한 말이다.
권시는 타고난 성품이 총명하고 지혜로워 학문과 덕행이 남보다

뛰어나서 사람들은 그를 공자의 제자인 안자(顔子)에 비유하였다. 20세 때 나라에 이름을 떨쳐 대군의 스승으로 천거되었으나 나아가지 않았다.

인조가 세상을 떠나고 효종이 즉위하여 그를 불러 벼슬을 내리려 하였으나, 대궐 문밖에 엎드려 울면서 벼슬하지 않고 학문 연구에 종사할 것을 진정하고 돌아갔다. 현종 때 한성부 우윤에 임명되었으나 얼마 안 되어 사퇴하고 집으로 돌아와서 오로지 학문 연구에만 전념하였다.

일생 학문은 진실해야 한다고 주장하였으며, 몸가짐과 마음가짐과 말과 행동이 참된 진리에서 벗어나지 않았다고 한다.

수신편
修身篇

수신은 악을 물리치고 선을 북돋으며 몸과 마음을 잘 닦는 일이다. 사람이 사람답게 살려면 몸과 마음을 잘 닦지 않으면 안 된다. 그런데 그 근본이 되는 일은 건강한 몸과 올바른 마음가짐을 가지고, 많은 지식과 훌륭한 덕망을 기르고 착한 일을 해서 남들과 잘 사는 일이다.

그러자면 우선 마음가짐을 바로잡고, 뜻을 참되게 하고, 사물의 진리를 잘 구명하여 아는 것을 확실하게 하면서 몸을 닦고, 집안을 바르게 하고, 나라를 잘 다스리고, 세상을 평화롭게 하도록 힘써야 한다.

사람의 몸가짐은 고귀한 삶의 행동으로, 아름다운 말과 착한 행실과 올바른 처사가 실현되는 것이다. 그러므로 어떤 행동도 인생의 값진 삶의 실현임을 깨닫고, 언제 어디서 어떤 일을 하든 항상 마음을 가다듬고 올바르게 행동해야 한다.

그러므로 비록 사소한 일이라도 보고, 듣고, 말하고, 행동하는 것은 착한 행실의 본보기가 되어야 한다.

사람은 몸가짐을 잘 닦아야 그 보람이 아름답고, 어질고, 지혜롭고, 힘차고, 의롭고, 참되고, 미더운 행동으로 나타날 것이다.

1. 백고(伯固)

89~179. 고구려 8대 신대왕. 재위 165~179. 이름이 백고로 백구
(伯句)라고도 한다. 태조왕, 차대왕의 아우로 용모가 뛰어나고 성
품이 어질고 너그러웠다.

━

화와 복은 출입하는 문이 따로 없고 오직 사람이 불러들이니,
마땅히 충성과 의리를 마음속에 두고 예의 바른 행실로써 자
신의 욕망을 이겨내어, 위로는 임금의 덕망과 함께하고 아래
로는 민심을 얻어야 부귀가 몸에서 떠나지 않고 불행과 어지
러운 일이 일어나지 않는다.

禍福은 無門이요 惟人所召니 宜以忠義存心하고 禮讓克己하고
화복　　무문　　　유인소소　　　의이충의존심　　　예양극기

上同王德하고 下得民心하여 然後에야 富貴가 不離於身하고
상동왕덕　　　하득민심　　　연후　　　부귀　　불리어신

禍亂이 不作矣니라.
화란　　부작의

― 삼국사기三國史記

【해 설】 화와 복은 사람의 행실에 따라 좌우됨을 명심하여 분수
를 지켜 맡은 일에 성실하라는 뜻으로, 태조왕 때 형인 수성(遂
成)이 정권을 잡고 실정하는 것을 충고한 내용이다.
백고는 형이 나랏일을 맡은 책임자로서 정사와 민생을 보살피기
보다 날마다 사냥을 일삼자 지극한 정성으로 간하였다. 형은 그
말을 받아들이지 않고 형 태조왕으로부터 강제로 임금 자리를 물
려받고 즉위하였는데 그가 곧 차대왕이다.
이때 백고는 형의 횡포무도를 피하여 있었으나 차대왕이 명림답
부(明臨答夫)에게 시해되자 임금으로 추대되었다.

2. 검군(劍君)

?~628. 신라 진평왕 때 화랑. 대사 구문(仇文)의 아들. 사량궁의
사인으로 있다가 의롭게 죽었다.

———

나는 근화랑의 낭도가 되어 화랑도의 뜨락에서 행실을 닦았
으니, 실로 의롭지 않은 재물이면 비록 천금의 이로움이라도
마음이 흔들리지 않는다.

僕은 編名於近郎之徒하여 修行於風月之庭이니 苟非其義면
복　　편명어근랑지도　　　　수행어풍월지정　　　　구비기의

雖千金之利라도 不動心焉이니라.
수천금지리　　　　부동심언

– 삼국사기三國史記

【해 설】 화랑의 낭도로 수련한 몸이므로, 의롭지 않은 재물은 천
만금이라도 욕심내지 않는다는 뜻이다.

당시 흉년들어 먹을 것이 없으므로 백성들은 굶주림을 견디지 못
하여 자식까지 팔아먹을 지경이었다. 사량궁 벼슬아치들은 국고
에서 곡식을 훔쳐내어 나누어 가졌는데, 검군은 홀로 이 말을 하
며 거절하였다.

그러자 다른 사람들은 잘못을 은폐하려고 검군을 독살하려 하였
다. 검군은 그들의 음모를 알면서도 알리지 않고 그들이 권하는
독주를 마시고 죽었다. 그때 어떤 사람은 그 죽음에 대하여, "검
군은 죽을 데가 아닌 데서 죽었으니 귀한 생명을 기러기 털보다
가볍게 여긴 사람이다."라고 말하였다.

3. 강수(强首)

7세기. 신라 태종무열왕 때 학자. 중원소경 사량 사람으로 내마 벼슬을 지낸 석체(昔諦)의 아들. 사찬으로 교육과 국학 발전에 공헌하였다.

∎

집이 가난하고 신분이 천한 것은 부끄러워할 것이 아니고, 올바른 진리를 배워서도 실행하지 않는 것이 실로 부끄러운 일이다.

貧且賤은 非所羞也요 學道而不行之가 誠所羞也니라.
빈 차 천   비 소 수 야   학 도 이 불 행 지   성 소 수 야

– 삼국사기三國史記

【해 설】 세상을 살아가는 데 부끄러운 일은 가난하고 천한 것이 아니고, 진리를 배우고도 실천하지 않는 것이라는 뜻이다.
강수는 모든 경전에 능통하고 학식과 문장이 뛰어나서 당시 외교문서는 모두 그의 손을 거쳤다. 태종무열왕이 그의 머리뼈가 뒤로 튀어나온 것을 보고 강수 선생이라고 말한 것을 계기로 강수라고 이름하였다고 한다.

4. 김흠운(金歆運)

?~655. 신라 태종무열왕 때 무관. 일명 흠운(欽運). 내물왕의 8대손으로, 달복(達福)의 아들. 낭당대감으로 고구려·백제의 연합군을 막다가 전사하였다.

∎

대장부로 태어나서 몸을 나라에 바치기로 허락하였으면 남들이 알아주든 몰라주든 상관할 것 없다. 어찌 감히 명예를 구하리오?

大丈夫가 旣以身許國이면 人知之與不知는 一也라 豈敢求名
대 장 부   기 이 신 허 국   인 지 지 여 부 지   일 야   기 감 구 명

乎아?
호

- 삼국사기三國史記

【해 설】 대장부가 나라에 몸을 바치기로 작정하였으면 명예 같은 것은 구해서는 안 된다는 뜻이다.

김흠운은 화랑 문노(文努)의 낭도로서 화랑정신으로 심신을 계발하였다. 옳다고 여기는 일에는 뜻을 굽히지 않고 과감히 실천하였다. 나라를 위하여 충성을 바치는 일도 그러하였고, 남들이 알아주든 몰라주든 옳은 일을 실천하는 것이 충성이고 의리이고, 용맹이고 절개라고 여기고 처신하였다.

자신에게 명예로운 일이라고 해서 하고, 공로가 없다고 해서 하지 않는 것과 같은 행동은 하지 않았다.

5. 최승로(崔承老)

927~989. 고려 전기의 명신. 태조~성종에 이르기까지 6대 임금을 섬기고, 성종 때 수문하시중을 지냈다.

정사에는 잘 다스리는 것과 잘못 다스리는 것이 있고, 세상일에는 착한 일과 악한 일이 있으니 그 시작하고 끝맺는 것을 삼가지 않으면 위태롭고 어지러운 데 이른다.

政有理荒이요 事有善惡이니 多不愼終如始면 至於危亂이니라.
정유리황　　사유선악　　다불신종여시　　지어위란

- 고려사高麗史

【해 설】 임금에게 어진 정사를 펴야 한다고 깨우친 글 가운데 일부로, 나라를 다스리고 일을 처결하는 데 명심할 점은 모든 일에 삼가야 함을 말한 것이다.

최승로는 성품이 총명하고 민첩하고 글을 좋아하고 글을 잘 지었다. 12세 때 태조 왕건(王建)에게 불려가서 논어(論語)를 잘 읽어 상을 받고 원봉성 학사가 되었다.

성종 때 수상으로서 모든 문물제도를 확립하는 데 큰 공을 세웠다. 왕에게 어진 정사를 펴는 데 중요한 시무28조(時務二十八條)를 적어 올렸는데, 내용은 역대 임금의 정사에 관한 선악과 득실을 자세히 분석하여 잘 알고 어진 정사를 하게 한 글이다.

6. 김심언(金審言)

?~1018. 고려 현종 때 문관. 영광 사람. 성종 때 과거에 급제하고 기거사인으로 왕의 선정을 마련하는 데 힘썼다. 현종 때 예조상서·내사시랑평장사·서경 유수 등을 지냈으며 내치와 외정에 공을 세웠다.

벼슬하는 사람의 행실에는 여섯 가지 바른 행실과, 여섯 가지 바르지 못한 행실이 있다. 이 여섯 가지 바른 행실을 행하면 영화롭지만, 여섯 가지 바르지 못한 행실을 범하면 욕된다.

人臣之行엔 有六正六邪니라 行六正이면 則榮하고 犯六邪면
인신지행　　유륙정륙사　　행륙정　　즉영　　범륙사

則<ruby>辱<rt>욕</rt></ruby>이니라.
_{즉 욕}

- 고려사高麗史

【해 설】 여섯 가지 바른 행실을 하는 사람이란 성스러운 사람〔聖臣〕, 착한 사람〔良臣〕, 충성된 사람〔忠臣〕, 지혜로운 사람〔智臣〕, 곧은 사람〔貞臣〕, 강직한 사람〔直臣〕을 말한다. 바르지 못한 행실을 하는 사람이란 놀고먹는 사람〔具臣〕, 아첨하는 사람〔諛臣〕, 간사한 사람〔姦臣〕, 참언하는 사람〔讒臣〕, 해치는 사람〔賊臣〕, 나라를 망치는 사람〔亡國之臣〕을 말한다.

이 말은 김심언이 기거로 있을 때 성종에게 어진 정사를 펴는 데 관해 상소한 일부이다.

상시를 지낸 최섬(崔暹)에게서 글을 배웠는데, 어느 날 최섬이 그에게 글을 가르치다가 잠시 눈을 감았는데, 꿈에 김심언의 머리 위에서 불길이 치솟더니, 하늘 높이 올라가는 것을 보고 깜짝 놀라 깬 일이 있었다. 이로부터 그를 더욱 귀애하고 마침내는 사위로 삼았다.

7. 이규보(李奎報)

1168~1241. 고려 고종 때 문신. 자는 춘경(春卿), 호는 백운거사(白雲居士). 황려현 사람으로 호부시랑을 지낸 이윤수(李允綏)의 아들. 명종 때 진사시에 합격하고, 신종 때 동경 반란이 일어나자 병마녹사로 종군하였다. 정언 · 제고 · 사간 등을 거쳐 고종 때 참지정사 · 문하시랑평장사로 퇴임하였다. 저서로 백운소설(白雲小說) · 동국이상국집(東國李相國集)이 있다.

내 비록 나약한 사람이지만 나라의 어려움을 피하는 것은 장부답지 못한 것으로 안다.

予雖怯懦나 避國難은 非夫也니라.
여 수 겁 나   피 국 난   비 부 야

– 고려사高麗史

【해 설】 국난을 피하는 것은 장부답지 못한 행동이라는 뜻이다.
이규보는 우리나라 국문학 사상 중요한 자취를 남겼다. 9세 때
글을 잘 지어 기동(奇童), 즉 기이한 아이라고 이름이 났고, 경
전과 역사와 제자백가서에 능통하였으며, 특히 한번 본 글은 반
드시 기억하고 있었으므로 기발한 재사로 이름이 났다.
과거는 보지 않고, 학식과 덕망이 뛰어난 강좌칠현(江左七賢)의
시회에 출입하였다.
신종 2년(1199), 동경에서 민란이 일어나 이를 토벌할 때 벼슬
하지 않은 사람 중에서 기록관을 뽑으려 하였으나 응하는 사람
이 없었다. 그때 이규보는 이 말을 하며 나라의 어려운 일을 구
하러 나섰다.
최충헌(崔忠獻)이 모정기(茅亭記)를 짓게 하고, 그 글을 본 뒤
부터 문장가로 이름이 났다. 고종 때 벼슬과 함께 문명도 크게
떨치게 되었다.

8. 김수강(金守剛)

13세기. 고려 고종 때 문관. 시어사·중서사인을 지냈다. 성품이
정결하고 만물에 능통하고 지조가 굳건하였다. 몽고가 침입하자
사신으로 가서 몽고 임금을 설득시켜 적군을 돌아가게 하였다.

사냥꾼에게 쫓긴 짐승이 굴로 들어갔는데 활을 들고 그 앞을

지키면 곤란한 짐승이 어떻게 나오겠는가? 또 얼음과 눈으로 뒤덮여 땅이 얼어붙으면 초목이 싹틀 수 있겠는가?

獵人逐獸가 入窟穴인데 持弓矢하고 當其前이면 獸何從而出이
엽 인 축 수   입 굴 혈   지 궁 시   당 기 전   수 하 종 이 출

리오 又如氷雪慘烈하여 地脈이 閉塞이면 草木이 其能生乎아?
     우 여 빙 설 참 렬   지 맥   폐 색   초 목   기 능 생 호

– 고려사高麗史

【해설】 이 말은 막다른 지경에 이르면 최후의 수단을 도모한다는 뜻이다.

김수강이 시어사로 있을 때 몽고가 침입하여 나라가 어려운 처지에 놓이자 서울을 강화도로 옮겼다. 그런데 몽고에서는 사신을 보내어 옛 서울로 돌아오라고 독촉이 심하였다. 왕은 김수강을 몽고로 보내어 군사를 파하고 돌아가라고 청하게 하였으나 몽고는 듣지 않았다.

그때 김수강은 이 말을 하여 몽고 임금의 마음을 움직이게 하였다. 몽고 임금은, "그대는 실로 사신답구나. 내 마땅히 두 나라의 선린을 맺을 것이다."라며 사신으로 서지를 파견하여 군사를 돌리게 하였다.

그 뒤 몽고는 다시 군사를 일으켜 침입하였으나 왕은 김수강을 보내어 그 군사를 파하게 하였다. 유능한 외교관이었으나 큰 벼슬을 받지 못하고 죽자, 사람들은 이를 애석해하였다.

9. 정습인(鄭習仁)

14세기. 고려 공민왕 때 문신. 자는 현숙(顯叔). 초계 사람. 뜻과 기운이 있어 바른말을 과감하게 하였다. 공민왕 때 과거에 급제하고 성균관 학관이 되었다가 영주·양주·밀성 등 고을 원을 지냈다.

우왕 때 전교령, 공양왕 때 우산기상시를 지냈다.

───

괴이하구나, 나쁜 나무 밑에서는 쉬지 않고, 도적 샘이라면 마시지도 않는 것은 그 이름을 꺼리기 때문인데, 어찌 외연한 그 모습이 한 고을 사람의 눈여겨보는바 되는 것을 믿지 말라는 말로써 표시하랴?

異哉라 惡木不息하고 盜泉不飮은 惡其名也인데 烏有巍然其
이 재   악 목 불 식   도 천 불 음   오 기 명 야   오 유 외 연 기

形이 爲一邑所瞻視를 而以無信表之者랴?
형   위 일 읍 소 첨 시   이 이 무 신 표 지 자

– 고려사高麗史

【해 설】 청렴결백한 지조를 지키는 사람은 나쁜 것을 가까이하지 않는다는 뜻이다.

악목불식(惡木不息), 도천불음(盜泉不飮)은 모두 청렴한 지조를 뜻하는 말로, 나쁜 나무 그늘에서는 아무리 덥더라도 쉬지 않고, 도적 샘물은 아무리 목이 말라도 마시지 않는다는 말이다. 두 가지 모두 불의를 매우 미워한다는 뜻이다.

정습인이 영주 고을에 원으로 부임하였을 때 고을 관리가 옛날부터 내려오는 고사를 들어 재앙을 없애는 그림〔소재도消災圖〕에 향불을 피우고 빌 것을 청하였다. 그는 미신을 없애야 한다며 그것을 철거하게 하였다.

또 영주 고을에 탑이 있는데, 이름이 '믿지 말라〔無信〕'였다. 이 말은 그 탑을 두고 한 말인데, 그는 이렇게 말하고 날짜를 정하여 헐어버리고, 그 자재를 가지고 객관을 수리하게 하였다.

10. 민제(閔霽)

1339~1408. 조선 전기의 문신. 자는 중회(仲晦), 호는 어은(漁隱), 시호는 문도(文度). 여흥 사람으로 여흥군이 된 민변(閔忭)의 아들, 태종의 장인. 고려 공민왕 때 문과에 급제하고 예조판서·한양부윤을 지냈고, 태종 때 여흥부원군이 되었다.

―

너희들은 교만한 마음과 그런 행동으로 가득하다. 이를 고치지 않으면 반드시 패망할 것이다.

汝等은 驕盈이라 不悛이면 必敗리라.
여등　교영　　부전　　필패

― 국조인물고國朝人物考

【해 설】 교만한 사람은 반드시 패망한다는 뜻으로, 민제가 아들 민무구(閔無咎)와 민무질(閔無疾) 등에게 훈계한 말이다.

민제는 어려서부터 총명이 뛰어나서 모든 책은 한번 보면 곧 기억하고 역사학은 더욱 뛰어났다. 학식과 덕망은 훌륭한 인품을 갖추어 한 가지 말이나 한 가지 행동이 사람다운 예의범절의 본보기가 되었다. 조선이 건국된 뒤 경제육전을 편찬하고, 나라의 크고 작은 일의 법도를 제정하고, 서울의 설계와 건설과 문묘의 건립 등 중요한 일이 모두 그의 감독으로 이루어졌다.

태종의 장인으로 신분이 존귀하고 벼슬도 높았으나 부귀영화를 누리려 하지 않았고, 한가할 때면 바둑을 즐기고 시문을 평론하였다.

그가 가장 근심하는 일은 자손들의 몸가짐이었다. 그래서 항상 아들들을 모아놓고 이를 경계하였다. 그가 걱정한 것처럼 나중에 무구와 무휼, 무회(無悔)는 모두 나라에 죄를 짓고 유배되었다가 죽었다.

11. 정수충(鄭守忠)

1401~1469. 조선 세조 때 공신. 자는 경부(敬夫), 시호는 문절(文節). 하동 사람 정제(鄭提)의 아들. 세종 때 문과에 급제하고 성균관 사예, 세조 때 공신호를 받고 하동군에 봉해지고 좌찬성을 지냈다.

—

인자하려면 부유하지 않고, 부유하려면 인자하지 않다. 부유하다는 한 글자는 나는 탐내지 않는 것이니, 너희들은 마땅히 이를 경계하라.

爲仁不富하고 爲富不仁이니라 富之一字는 吾所不欲이니 汝輩
위 인 불 부   위 부 불 인   부 지 일 자   오 소 불 욕   여 배
는 當以此爲戒하라.
  당 이 차 위 계

– 세조실록世祖實錄 · 국조인물고國朝人物考

【해 설】 인자한 사람은 부유하게 사는 것을 탐내지 않으니 이를 경계하라는 뜻으로, 아들들에게 항상 훈계한 내용이다.

정수충은 생활이 청렴결백하고 정직하여 재산에 관해서는 조금도 괘념하지 않았다. 기쁨이나 노여움이나 감정을 나타내지 않고 바르지 않은 말은 입 밖에 내지 않았으며, 자신에게 권세를 아부하고 부당한 청탁과 같은 것은 전혀 발 붙지 못하게 하였고, 공명정대하였다.

장단에 두어 칸 초가집을 가지고 비바람을 가리지 못하는 형편이었으나 태연히 즐겼으며, 친척들이 추위와 굶주림에 시달리거나 혼사에 어려움을 겪으면 힘껏 도와주었다.

12. 한명회(韓明澮)

1415~1487. 조선 세조·성종 때 재상. 자는 자준(子濬), 호는 압
구정(狎鷗亭), 시호는 충성(忠成). 청주 사람 한상질(韓尙質)의 손
자. 수양대군을 도와 공신이 되고, 이어 부승지·이조·병조판서·
우의정·영의정 등을 지냈다.

밝은 덕이 지극하나 사람은 처음엔 부지런하다가도 끝에 가
서 게을러지는 것이 보통 인정이니, 원컨대 끝을 삼가기를 처
음같이 할 것이다.

聖明至矣나 始勤終怠가 人情之常이니 願愼終如始하라.
성 명 지 의   시 근 종 태   인 정 지 상   원 신 종 여 시

- 국조인물고國朝人物考

【해 설】 이 말은 사람이 하는 일은 처음에는 부지런하다가도 끝
마무리를 잘못하는 것이 보통이니 끝맺음을 처음같이 하라는 뜻
으로, 한명회가 병들어 죽게 되었을 때 성종이 내의를 보내어
치료하고 승지를 보내 위로하였을 때 왕에게 올린 유언이다.
한명회는 성품이 너그럽고 도량이 깊고, 사소한 일에 구애되지
않고, 뜻한 일은 확고하게 이루되 중의를 모아 화평하는 데 힘썼
다. 그는 7개월 만에 태어나고, 어려서 어버이를 잃고 스스로 학
문을 닦고, 권람(權擥)과 벗 삼아 수양대군을 도와 계유정난을
일으켜 공신이 되었다.
이시애(李施愛)가 반란을 일으켰을 때 신숙주(申叔舟)와 역모한
다는 혐의를 입고 한때 하옥되었으나 유언비어임이 밝혀져 풀려
났다.
예종 때 승정원에서 서정을 처결하였고, 다시 영의정이 되어 내

외 정사를 보살폈다. 성종 때는 사재를 내놓아 성균관에 장서각을 짓고 많은 경적을 박아 그곳에 간직하였다.

한강 변에 압구정을 짓고, 노년을 강호에서 한가롭게 보내려고도 하였으나, 세조 때부터 성종 때까지 벼슬하고 73세로 생애를 마쳤다.

13. 홍귀달(洪貴達)

1438~1504. 조선 세조~연산군 때 문신. 자는 겸선(兼善), 호는 허백당(虛白堂), 시호는 문광(文匡). 세조 때 문과에 급제하고 이조판서 · 좌참찬을 지냈고, 연산군 때 경기 감사로 있다가 갑자사화로 사사되었다.

내 함창의 농부 출신으로 출세하여 벼슬이 재상에 이르렀는데, 성공한 것도 내 힘이고, 실패한 것도 나 때문이니 무엇을 한탄하겠는가?

我是咸昌一田卒로 致位宰相인데 成亦自我요 敗亦自我니 亦
아 시 함 창 일 전 졸   치 위 재 상   성 역 자 아   패 역 자 아   역

復何恨이리오?
부 하 한

– 국조인물고國朝人物考

【해 설】 사람이 출세하여 높은 벼슬을 하다가 잘못되어 귀양 가는 것도 자신의 행동에 달렸으니 한탄할 것이 못 된다는 뜻으로, 경원으로 유배되어 가족들과 헤어질 때 남긴 말이다.

홍귀달은 부림 사람으로 대대로 함창에서 농사짓고 살았다. 그는 총명하여 학문에 힘썼으나 가난하여 남의 책을 빌려 공부하

였다. 세조 때 문과에 3등으로 급제하였고, 이시애(李施愛)의 반란을 평정하는 데 공을 세우고 중용되어 도승지·이조참판·대사성·대제학·호조판서·좌참찬 등을 지냈다. 그러나 연산군 무오년에 상소 문제로 좌천되어 경기 감사가 되고, 갑자사화 때 경원으로 유배되었는데, 단천에 이르렀을 때 사약을 받고 죽었다. 평소 독서를 즐겨 학식이 넓고 문장이 뛰어나 많은 비갈(碑碣, 비석에 새기는 글)을 지었으며, 시문도 뛰어나 명나라 사신들을 감탄케 하였다.

청백하게 생활하여 띳집 정자에서도 편안한 마음으로 삶을 즐겼다.

14. 이심원(李深源)

1454~1504. 조선 성종 때 학자. 종친 주계군으로 태종의 아들인 효령대군의 증손. 자는 백연(伯淵), 호는 성광(醒狂)·묵재(默齋). 성종 때 종친과시에 1등으로 뽑혔다. 연산군 때 갑자사화에 연루되어 두 아들과 함께 죽었다.

사람은 첫째로 사람됨의 근본 바탕을 배워야 하고, 둘째로 공허한 것을 숭상해야 하고, 셋째로 온갖 욕심을 막아야 하고, 넷째로 맡은 일을 부지런히 해야 하고, 다섯째로 모든 학문을 널리 해야 하고, 여섯째로 친척들과 화목하게 지내야 한다.

一은 學體하고 二는 尙虛하고 三은 窒慾하고 四는 勤職하고 五는 博學하고 六은 睦族하라.

- 가재사실록嘉齋事實錄

【해 설】 이 말은 아들을 훈계한 것으로, 사람은 그 바탕을 배우고, 없는 것을 숭상하고, 물욕을 억제하고, 매사에 부지런하고, 널리 배우고, 친척들과 화목해야 사람답게 된다는 뜻이다.

이심원은 타고난 성품이 총명하고 학문이 정통하고 의술에도 능하였다. 또한 모든 사리를 식별하는 것도 남달랐으며, 미신이나 불사 같은 것은 좋아하지 않았다.

나라의 정사에도 뜻을 두어 25세가 될 때까지 다섯 번이나 왕에게 글을 올려 선정에 관하여 논하였다. 성종 때는 임사홍(任士洪) 부자의 잘못을 간하여 말하기를, "그는 나라를 망가뜨릴 사람으로 조정에서 용납해서는 안 됩니다. 전하께서 이 말을 듣지 않으신다면 반드시 나라가 잘못될 것입니다. 신은 죄를 짓더라도 하늘에 계시는 선조의 신령에 저버리는 일이 없을 것입니다. 사홍은 신의 고모부입니다. 아버지가 이 말을 들으면 신이 나라를 위하여 어버이를 저버린다고 놀랄 것이오나 신은 이를 민망하게 여길 따름입니다."라며 통곡하고 나오니, 성종은 그 진정을 깨닫고 임사홍을 멀리 귀양 보냈다.

연산군이 정사를 어지럽혀 갑자사화가 일어났을 때, 임사홍의 무고로 두 아들과 함께 화를 입어 죽임을 당하였다.

15. 성몽정(成夢井)

1471~1517. 조선 중종 때 명신. 자는 응경(應卿), 호는 장암(場巖), 시호는 양경(襄景). 창녕 사람으로 교리를 지낸 성담년(成聃年)의 아들. 연산군 때 문과에 급제하고 전시에 뽑혀 대사헌·도승지·한성 판윤·예조참판 등을 지냈고, 하산군에 봉해졌다.

효도는 처자를 너무 사랑하는 데서 쇠약해지고, 벼슬은 환관이 되는 데서 게을러지고, 병환은 조금 나았다고 여기는 데서 더해지고, 재화는 교만하고 방자하게 되는 데서 생기는 것이다. 마음을 깨끗이 하고, 욕심을 적게 하고, 정신을 기쁘게 가지고, 성품을 잘 기르고, 상쾌한 일을 잘 인내하고, 괴팍한 일을 부끄러워하라.

孝衰於妻子하고 官怠於宦成하고 病加於小愈하고 禍生於驕
효 쇠 어 처 자   관 태 어 환 성   병 가 어 소 유   화 생 어 교

盈이니라 淸心하고 寡慾하고 怡神하고 養性하고 忍快하고 恥愎
영   청 심   과 욕   이 신   양 성   인 쾌   치 팍

하라.

– 양경공자경문襄景公自警文

【해 설】 이 말은 가훈에 실린 자경문으로, 효도하고, 벼슬하고, 병들고, 불행할 때 자신의 마음가짐과 몸가짐에 경계할 점을 들어 항상 자신을 반성하게 하고, 이를 위하여 마음을 깨끗이, 욕심을 적게, 정신을 기쁘게 하며, 성품을 잘 길러 잘못된 일을 하지 말라는 뜻이다.

16. 이언적(李彦迪)

1491~1553. 조선 중종 때 학자. 자는 복고(復古), 호는 회재(晦齋), 시호는 문원(文元). 여주 사람 이번(李蕃)의 아들. 중종 때 문과에 급제하고 직제학·전주 부윤·예조판서·우찬성을 지냈다. 저서에 회재집(晦齋集)이 있다.

나는 날마다 세 번 나 자신의 몸가짐을 반성한다. 하늘을 섬기는 일에 극진하지 않았는가? 임금과 어버이를 위하는 데

정성을 다하지 않았는가? 몸가짐을 다잡는 데 바르지 않았는가?

吾日三省吾身이라 事天에 未有盡歟아 爲君親에 未有誠歟아
오 일 삼 성 오 신   사 천   미 유 진 여   위 군 친   미 유 성 여

持身에 未有正歟아?
지 신   미 유 정 여

- 해동속소학海東續小學

【해 설】 일상생활에 하늘을 공경하고 어버이에게 효성을 다하고, 몸가짐을 바로잡는 데 힘썼는가를 날마다 반성한다는 뜻으로, 몸을 닦아 사람답게 살려는 뜻에서 마련한 말이다.

이언적은 학식과 덕망이 높고 의지가 굳건하고 충직하여 바른말은 서슴지 않고 하였다. 일찍 아버지를 잃었으나, 형제간에 우애가 깊었고, 친척과 화목하고, 조상을 정성껏 받들고, 모든 일에 성실하였다. 전주 부윤으로 있을 때는 선정을 베풀어 고을이 잘 다스려지고 민생을 안정시켜 뒷날 송덕비까지 세워졌다.

임금에게 정사에 관한 열 가지 일을 상소하기를, "집안을 엄격히 다스리고, 나라의 근본을 배양하고, 조정의 기강을 바로잡고, 공사를 구별하고, 천리에 순응하고, 인심을 바로잡고, 바른말하는 길을 넓히고, 사리사욕을 경계하고, 국방을 강화하고, 모든 일을 잘 살펴서 해야 한다."라고 역설하였다.

자신의 몸가짐을 경계하는 글 다섯 가지, 곧 하늘을 공경하고, 마음을 잘 기르고, 몸을 공경하고, 허물을 고치고, 뜻을 돈독히 한다는 내용을 지어 평생의 좌우명으로 삼았다.

17. 기대승(奇大升)

1527~1572. 조선 선조 때 학자. 자는 명언(明彦), 호는 고봉(高峯), 시호는 문헌(文憲). 행주 사람 기진(奇進)의 아들. 명종 때 문과에 급제하고 선조 때 대사성·대사간을 지냈다. 저서에 논사록(論思錄)·고봉집(高峯集)이 있다.

조심스럽게 옛 성현의 얼굴을 대하는 태도로써 진리를 의논한다면 나 또한 부끄러움이 없겠다.

以凛凛若接承古聖賢顔面으로 有所尙論이면 則吾亦無愧리라.
이 름 름 약 접 승 고 성 현 안 면   유 소 상 론   즉 오 역 무 괴

– 국조인물고國朝人物考

【해설】옛 성현을 대하듯이 학문을 한다면 부끄럽지 않다는 뜻이다.

기대승은 공조참의·대사간으로 임명되었으나 모두 사양하고 고향으로 돌아가다가 천안에 이르렀을 때 갑자기 종기 병이 나고 태인에 이르러서는 매우 심하였다. 사돈인 김점(金漸)이 소식을 듣고 와서 문병하였다. 그는 말하기를, "사람이 죽고 사는 것은 생명이므로 괘념할 것이 못 됩니다. 다만 성현의 학문에 뜻을 두었으나 본래의 뜻대로 공부하지 못하였으므로…." 하고는 이 말을 하였다.

이어서, "또한 하는 일이 옛사람에게 미치지 못하니 이를 원망할 따름이오. 그러나 하늘이 연수를 주어 자연 속에서 학자들과 놀고 학문도 강구하게 되었으니 다행일 따름인데, 병이 이미 이 지경에 이르렀으니 어찌하리오."라고 하였다.

죽기 전에 아들 효증(孝曾)을 돌아보고 말하기를, "너는 성품이

경박하니 항상 뜻을 가다듬어서 행동하면 나는 근심이 없겠다."
하고 숨을 거두었다.

18. 박응남(朴應男)

1527~1572. 조선 선조 때 문신. 자는 유중(柔仲), 호는 남일(南
逸) 또는 퇴암(退庵), 시호는 문정(文貞). 반남 사람으로 사간을 지
낸 박소(朴紹)의 아들. 명종 때 급제하고 대사헌·참의·참판 등을
지냈다.

옛사람 중에는 한 손으로 하늘을 떠받드는 사람도 있었고, 한
마디 말로 백만 대군을 물리치는 사람도 있었는데, 이는 곧
내 정성스러움이 어떠하냐에 달려 있을 따름이다.

古人엔 有隻手擎天者하고 有片言卻百萬兵者인데 是顧吾誠
고 인   유 척 수 경 천 자   유 편 언 각 백 만 병 자   시 고 오 성

如何耳니라.
여 하 이

– 국조인물고國朝人物考

【해 설】 세상에 뛰어난 일을 한 사람은 성실함이 어떠하냐에 달
려 있다는 뜻으로, 나라의 어려운 일을 극복하는 데 유의할 점
을 말하여 성실하게 살라고 타이른 말이다.
박응남은 인품이 뛰어나고 기상이 강직하였으며 의논이 공명정
대하였다. 삼사에 있으면서 어떤 어려운 일도 피하지 않았으며,
일 처리에 있어서 공과 사를 분명히 하여 잘하고 잘못한 것을
거침없이 가렸다. 명종이 세상을 떠나고 선조가 어린 나이로 임
금이 되자, 승지로 있으면서 나라의 어려운 일을 거침없이 알려
바르게 처결하였고, 옳지 않은 일을 하는 관리가 있으면 사정없

이 바로잡게 하였다. 그래서 선조 초기의 정사는 그의 힘이 컸다는 말을 남겼다.

그는 앞으로 당쟁이 일어날 것을 경계하고, 또 임진왜란이 일어날 것을 예견하여, "나라의 내외 정세를 보면 오래지 않아 큰 난리가 일어날 것인데, 나는 이미 늙었으니 그것을 볼 수 없겠다."라고 말하였다.

19. 이지함(李之菡)

1517~1578. 조선 명종·선조 때 학자. 자는 형중(馨仲), 호는 토정(土亭), 시호는 문강(文康). 한산 사람으로 현령을 지낸 이치(李穉)의 아들. 명종 때 추천되어 포천·아산 현감을 지냈다.

여색에 빠지지 않도록 경계하라. 남자가 이에 엄정하지 않으면 그 밖의 행실은 족히 볼 만한 것이 없다.

戒女色하라 此而不嚴이면 餘無足觀也니라.
계 여 색   차 이 불 엄   여 무 족 관 야

– 국조인물고國朝人物考

【해 설】 남자의 사람답지 못한 점은 여색에 빠지는 것이니 이를 경계하라는 뜻이다.

이지함은 우리나라의 역사적 인물로, 대학자·대술가·대기인으로 회자되는 인물이다. 어려서 어버이를 잃고, 형 이지번(李之蕃)과 화담 서경덕(徐敬德)에게 글을 배웠다. 기이한 행동을 많이 하여 입고 있는 옷을 찢어 걸인에게 나누어 주기도 하고, 1년 동안 밤낮으로 쉬지 않고 글을 읽어 사람들을 놀라게도 하였다.

경사자집에 능통하고, 붓을 들고 글을 쓰기 시작하면 명문·명시가 마치 샘물이 솟아 흐르듯 이어졌다.

빈손으로 농사를 시작하여 수천 석의 곡식을 거두어 가난한 사람들에게 나눠주기도 하고, 혹은 명산대천을 비호같이 주유하며 기적을 남기기도 하고, 수십 일 동안 밥을 먹지 않고 살기도 하는 등 듣는 사람들을 감탄하게 하였다. 특히 잡술과 예언에 뛰어나 사람의 앞일을 환하게 알았으니, 토정비결(土亭秘訣)도 그 한 예이다.

선조 때 대신을 지낸 이산해(李山海)의 숙부로 그에게 글을 가르쳤다. 평소 자손에게 사람답게 살라고 훈계하였는데, 이 말도 그 중요한 가르침이다.

20. 이제신(李濟臣)

1536~1583. 조선 선조 때 문신. 자는 몽응(夢應), 호는 청강(淸江). 전의 사람으로 병마사를 지낸 이문성(李文誠)의 아들. 명종 때 문과에 급제하고 진주 목사·함경도 병마절도사 등을 지냈다. 저서로 청강집(淸江集)이 있다.

공부하는 사람으로서 부귀와 영달을 바라는 마음이 있는 것은 도리어 배우지 않는 것만 같지 못하고, 자녀의 혼사를 구하는 데는 오직 그 가정의 법도가 어떠한지를 볼 따름이다.

學者而有富貴利達之心은 反不如不學之爲愈요 爲子女求婚
학 자 이 유 부 귀 이 달 지 심   반 불 여 불 학 지 위 유   위 자 녀 구 혼

엔 惟視家法如何耳니라.
　　유 시 가 법 여 하 이

－ 국조인물고國朝人物考

【해 설】 학업은 부귀영화를 위해서는 안 되고, 자녀 결혼은 그 집안 법도를 보고 결정하라는 뜻으로, 평소 집안에서 자녀를 훈계한 말이다.

이제신은 타고난 자질이 총명하여 7세 때 글을 지어 사람들을 놀라게 하였고, 명종 때 사마시를 거쳐 문과에 급제하였다. 정사에 엄정하여 진주 목사로 있을 때는 지방 거족들이 조그만 폐단도 저지르지 않도록 민생을 안정시켰으나 사임하고 고향으로 돌아가서 은거하였다. 뒤에 복직하여 강계 부사·함경도 병마절도사를 지냈다.

여진족 이탕개(尼湯介)가 쳐들어와서 경원을 비롯한 변방을 소란하게 하자 온성 부사 신립(申砬)과 부령 부사 장의현(張義賢) 등에게 그들의 소굴을 소탕하게 하였다. 그러나 처음 경원에서 패전한 책임을 물어 의주 인산진으로 귀양 갔다가 그곳에서 죽었다.

자녀 교육에 특히 유념하여, "너희들은 재물 보기를 거름처럼 생각하라."라고 하는 등 재물에 욕심을 갖지 말라고 경계하였고, 청렴결백한 태도로 살 것을 자주 타일렀다.

21. 양사언(楊士彦)

1517~1584. 조선 명종·선조 때 문관. 자는 응빙(應聘), 호는 봉래(蓬萊)·해객(海客). 청주 사람으로 주부를 지낸 양희수(楊希洙)의 아들. 명종 때 문과에 급제하고 여러 고을 목민관을 지냈다.

우리는 몰래 황금을 선물로 가져온 사람에게, "하늘이 알고, 신이 알고, 내가 알고, 네가 안다."라고 그 잘못을 타일러 돌려보내 어른의 후예로서 우리 조상의 거룩한 뜻을 욕되게 해서는 안 된다.

吾四知金後로 不可忝吾祖니라.
오 사 지 금 후   불 가 첨 오 조

– 국조인물고國朝人物考

【해 설】 몰래 선물을 바치려는 선비에게 세상에 비밀이 없다고 그 잘못을 타일러 깨닫게 한 청렴결백한 관리의 후예로서, 조상의 뜻을 욕되게 해서는 안 된다는 뜻이다. 이 말은 조상 양진(楊震)이 왕밀(王密)에게 훈계한 사실을 명심하여 청렴한 생활신조로 삼으라고 자손에게 한 가르침이다.

양사언은 조상인 중국 학자 양진의 청렴결백한 뜻을 긍지와 자부심으로 여겨 우리나라의 유명한 목민관의 행적을 남겼다.

그는 세상에 드문 수재로서 모든 학문에 능통하고, 글씨를 잘 쓰고, 식견이 고매하고, 몸가짐이 청렴결백하고, 효도와 우애가 뛰어나고, 성품이 너그러웠다. 40년 동안 유명한 여덟 고을 수령으로 선정을 펴서 명망이 높았고, 처자를 위하여 한 푼도 재산을 모으지 않았다.

금강산 만폭동 동굴 입구에 "봉래풍악원화동천(蓬萊楓岳元化洞天)" 글자의 뛰어난 필적과 아울러 설악산 와선대·비선대와 명산대천의 암벽에 많은 필적을 남겼다.

22. 이덕형(李德馨)

1561~1613. 조선 중기의 명신. 자는 명보(明甫), 호는 한음(漢陰), 시호는 문익(文翼). 광주 사람으로 지중추부사를 지낸 이민성(李民聖)의 아들. 선조 때 문과에 급제하고 대사성·예조참판·대제학·좌의정·영의정을 지냈다.

검소한 사람은 스스로 절약을 일삼는 까닭에 항상 여유가 있어 남을 도와줄 수 있으나, 사치하는 사람은 씀씀이가 큰 까닭으로 항상 모자라서 남에게 인색하다.

儉者는 自奉節이라 故로 常有餘하여 而能施나 奢者는 自奉厚라 故로 常不足하여 而反吝이니라.

- 해동속소학海東續小學

【해 설】 사람이 검소하게 살면 늘 여유가 있어서 남을 도와줄 수 있지만, 사치하면 늘 모자라서 남에게 인색하다는 뜻이다.

이덕형은 남달리 총명하고 순후하고 의연하여 어려서부터 문예에 뛰어나서 봉래 양사언(楊士彦)은 어린 그를 스승이라고까지 불렀다. 학식과 덕행이 성숙하여 20세 때 문과에 급제하고 이항복(李恒福)·이정립(李廷立) 등과 함께 수재로서 사람들의 입에 오르내렸다.

이조정랑으로 일본에 사신으로 갔을 때 특별한 존경을 받았고, 31세에는 이조참판으로 대제학을 겸임하여 실력을 발휘하였고, 임진왜란 때는 내정과 외교에 비상한 공헌을 하였다.

광해군 때 인목대비를 폐하려는 논란이 일어나자 이를 반대하다가 뜻을 이루지 못하고 벼슬에서 물러나 용진으로 돌아갔다.

23. 노경임(盧景任)

1569~1620. 조선 선조 때 학자. 자는 홍중(弘仲), 호는 경암(敬菴). 안강 사람으로 진사를 지낸 노수성(盧守誠)의 아들. 선조 때 문과에 급제하고 사헌부 지평·예조정랑을 지냈다.

숨이 비록 붙어 있더라도 악한 행실을 많이 하여 남들이 모두 천대하고 미워하면 개돼지만 같지 못하니 어찌 살아 있다 할 수 있고, 숨이 비록 끊어졌더라도 착한 행실을 많이 하여 남들이 모두 존경하고 믿으면 영원히 그 빛이 없어지지 않을 것이니 어찌 죽었다고 하랴?

氣息雖存이라도 積惡於身하여 人皆賤惡면 則犬豕之不若이니
기 식 수 존   적 악 어 신   인 개 천 오   즉 견 시 지 불 약

何生之有하고 氣息雖絶이라도 積德於身하여 人皆尊信이면 則
하 생 지 유   기 식 수 절   적 덕 어 신   인 개 존 신   즉

萬世而不泯이니 何事之有리오?
만 세 이 불 민   하 사 지 유

- 사생설死生說

【해 설】 인생의 생사 가치는 착한 일을 했느냐 악한 일을 했느냐에 따라 분별한다는 뜻이다.

노경임은 여헌 장현광(張顯光)에게 글을 배우고 학업과 덕망을 닦아 문과에 급제하고 사헌부 지평이 되었다가, 강원도 어사로 갔을 때 삼척 부사 홍인걸(洪仁傑)이 마음대로 포로를 죽이므로 이를 바로잡았다. 예조정랑으로 체찰사 이원익(李元翼)의 막하로 있을 때 그를 도와 모든 일을 바르게 잘 처결하여 신망을 얻었다.

그런데 정인홍(鄭仁弘)은 그 무리에게 그를 모함하게 하여 벼슬에서 물러나 낙동강 상류에 집을 짓고 학문 연마에만 힘썼다. 이때 서애 유성룡(柳成龍)은 아들 진(袗)에게 말하기를, "내 평생 많은 사람을 보았으나 충직하고 순후하고 신중하고 신의가 있는 사람은 이 사람 같은 사람은 없으니 너는 마땅히 그를 스승 삼아라."라고 하였다.

대인관계에 대하여 말하기를, "남이 나에게 거만하더라도 내가

너그럽게 용납하면 거만한 사람도 공손해지고, 남이 나에게 박대하더라도 내가 잘 용납하여 대접하면 박한 사람도 후해지고, 남이 나를 노하게 하더라도 내가 잘 용납하여 너그럽게 참고 삼가 말하면 남이 반드시 감복할 것이다."라고 하였다.

24. 박찬(朴璨)

1556~1618. 조선 선조·광해군 때 학자. 자는 경집(敬執), 호는 동곽자(東郭子)·우촌(牛村). 반남 사람 박주(朴澍)의 아들. 학문이 뛰어나 사마시에 뽑혔으나 벼슬은 직장에 그쳤다.

───

간소한 것은 번거로운 것을 절제하기 위함이고, 고요한 것은 움직이는 것을 절제하기 위함이다.

簡以制煩이요 靜以制動이니라.
간 이 제 번   정 이 제 동

– 국조인물고國朝人物考

【해설】 번거로운 것을 간소하게, 움직이는 것을 고요하게 절제하라는 뜻이다.

박찬은 어려서부터 독서를 즐겨 소년 시절에 이미 성현이 저술한 책과 제자백가서를 통달하고, 16세에는 그 글씨가 명필로 이름이 났다. 20세 때 우계 성혼(成渾)을 찾아 학문을 닦고, 선조 때는 증광사마에 뽑혔다. 임진왜란 때 철원으로 피하여 부모상을 당하였는데, 스스로 무덤을 파서 장사지내고 정성껏 명복을 빌며 추모하였다.

10여 년 동안 과거를 보다가 뜻을 이루지 못하고 수원으로 돌아와서 독서를 즐기며 벼슬한 뜻을 버렸다가 온녕 참봉이 되고,

이어 봉사와 직장으로 있다가 벼슬을 버리고 돌아갔다.

평소 주자서와 이퇴계(李退溪)가 엮은 책을 손에서 놓지 않았고, 항상 집안의 법도를 바로잡고 자녀교육에 힘썼다.

사람들이 빈궁한 생활에 대하여 말하면, "청백한 생활은 우리 집안의 신조이다."라고 하였고 또 자제들에게, "일가친척이 화목하게 사는 우리 집안의 가풍을 명심하여 욕된 일을 저지르지 말라."고 훈계하는 글을 남겼다.

25. 유진(柳袗)

1582~1635. 조선 광해군·인조 때 학자. 자는 계화(季華), 호는 수암(修巖). 풍산 사람으로 영의정을 지낸 유성룡(柳成龍)의 아들. 광해군 때 사마시에 합격하고 정랑·지평을 지냈다.

고요히 앉아서 하루 종일 지내기는 쉽지만, 지조를 다잡아서 한 시각을 지내기는 어렵다.

靜坐終日易나 操存一刻難이라.
정 좌 종 일 이   조 존 일 각 난

－해동속소학海東續小學

【해 설】아무 생각 없이 하루를 보내기는 쉬운 일이지만 큰 뜻을 다잡아서는 잠시 있기 어렵다는 뜻으로, 유진은 이 좌우명을 항상 마음가짐과 몸가짐으로 삼아 모든 일 처리를 순리대로 하는 데 힘썼다.

유진은 명가 출신으로 아버지의 엄격한 훈도로 학문과 덕망을 갖추었다. 사마시에 장원으로 합격하고 다섯 고을의 수령을 거쳐 지평에 이르렀다. 광해군 때 해서 지방에서 옥사가 일어나 무고를 입고 하옥되어 5개월 만에 풀려났으나 조금도 남을 원망하지 않았다.

인조 때 봉화 현감으로 기용되자 목민관으로서 선정을 펴서 민심을 얻었다. 형조정랑으로 있을 때는 판서를 도와 형옥을 바르게 다스리게 하였다. 모든 일을 신중하게 처리하고 누가 어떤 말을 해도 침착하게 다스렸다.

어느 때는 여러 사람이 모인 자리에서 한 사람이 유성룡에 관하여 헐뜯는 말을 하였으나 못 들은 척하고 그 자리를 피하였다. 말을 한 사람은 그가 유성룡의 아들임을 알고는 다급히 뒤따라가 잘못을 사과하였으나 유진은, "만약 대인이 죄가 있으면 그 자제인들 덮어둘 수 있겠는가?"라며 태연하였다.

26. 강덕준(姜德俊)

1607~1668. 조선 중기의 학자. 자는 여득·무숙(懋叔), 호는 우곡(愚谷). 진주 사람. 벼슬하지 않았고, 저서에 우곡선생훈자격언(愚谷先生訓子格言)이 있다.

착한 행실을 보고 잘 옮기면 틀림없이 세상의 착한 일을 다 할 수 있게 되고, 잘못하는 행실이 있을 때 잘 고치면 잘못하는 일이 없게 된다. 남에게 이로운 것이 이보다 큰 것이 없다. 무릇 사람이 잘못하고 잘 고치면 잘못이 없는 데로 돌아가지만, 고치지 않으면 그 잘못은 드디어 크게 되어 장차 고치지 못하게 된다.

見善能遷이면 則可以盡天下之善이요 有過能改면 則無過矣
견 선 능 천   즉 가 이 진 천 하 지 선   유 과 능 개   즉 무 과 의

니라 益於人者는 莫大於是니라 凡人이 過而能改면 則復於無
　　익어인자　　막대어시　　범인　　과이능개　　즉복어무

過언만 惟不改면 則其過遂成하여 而將不及改矣니라.
過　　유불개　　즉기과수성　　　이장불급개의

— 우곡선생훈자격언愚谷先生訓子格言

【해설】 사람이 착한 일을 보고 잘 본받아 옮기면 세상에 착한 일을 다 할 수 있게 되고, 잘못을 잘 고치면 잘못이 없는 사람이 된다는 뜻이다.

강덕준은 우곡선생훈자격언이란 자녀 훈계하는 가훈 책을 냈는데, 책머리 내용을 살펴보면 다음과 같다.

군자는 사물의 이치를 궁구하여 아는 것을 확실하게 하고, 뜻을 참되게 하고, 마음을 바르게 하고, 그 몸을 잘 닦고, 집안을 정제하고, 나라를 잘 다스리고, 천하를 평화롭게 해야 한다. 이 전제하에 뜻을 세우라, 몸가짐을 조심하라, 사물의 진리를 잘 연구하여 아는 것을 확실하게 하라, 거짓 없이 참되고 진실하라, 기질을 바로잡으라, 의지와 기개를 기르라, 마음을 바로잡으라, 몸가짐을 다잡으라, 어질고 너그러운 도량을 가져라, 잘못을 고치고 착하게 살라, 인정을 후하게 베풀라, 집안을 바로잡으라, 효도하라, 아내를 사랑하라, 자녀를 잘 가르쳐라, 형제는 우애하라, 질서를 지키라, 친척과 화목하라, 이웃을 사랑하라 등을 제목으로 세우고 설명하였다.

27. 성여신(成汝信)

1546~1632. 조선 선조·인조 때 학자. 자는 공실(公實), 호는 부사(浮查). 창녕 사람. 학문이 뛰어났으나 벼슬하지 않고 은거하였다.

말할 때는 실행할 것을 돌아보고, 실행할 때는 말할 것을 돌아보라. 낮에는 하는 일이 있어야 하고, 밤에는 터득하는 것이 있어야 하고, 잘 때는 길러지는 것이 있어야 하고, 쉴 때는 가지는 것이 있어야 한다. 어버이에게 효도하고, 어른을 공경하고, 벗에게 미더워야 한다.

言顧行하고 行顧言하라 晝有爲하고 宵有得하고 瞬有養하고 息
언 고 행   행 고 언   주 유 위   소 유 득   순 유 양   식

有存이니라 孝於親하고 弟於長하고 信於友하라.
유 존   효 어 친   제 어 장   신 어 우

– 부사자경문浮査自警文

【해 설】 두 가지 돌아볼 점과, 네 가지 있어야 할 점과, 세 가지 남에게 행할 점을 스스로 경계할 일로 삼았다. 말할 때는 실행을, 실행할 때는 말할 것을 돌아보고, 낮에는 할 일을, 밤에는 깨달을 일을, 잘 때는 기를 일을, 쉴 때는 가질 것이 있어야 하고, 어버이에게는 효도하고, 어른에게는 공경하고, 벗에게는 미더워야 한다는 말이다.

28. 박태상(朴泰尙)

1636~1696. 조선 숙종 때 문신. 자는 사행(士行), 호는 만휴당(萬休堂), 시호는 문효(文孝). 반남 사람으로 우승지를 지낸 박세견(朴世堅)의 아들. 현종 때 문과에 급제하고 대사헌·평안도 관찰사, 숙종 때 이조판서를 지냈다.

사람이 참되고 진실하지 않으면 모든 일을 뜻대로 할 수가

없다.

人無誠이면 萬事不可做니라.
인 무 성　　　만 사 불 가 주

— 국조인물고國朝人物考

【해 설】 사람은 참되고 진실해야 무슨 일이든지 할 수 있다는 뜻으로, 박태상의 좌우명이라 할 수 있다.

박태상은 인품이 근엄하고 굳건하고 성실한 사람으로, 맡은 일은 어떤 어려움이 있어도 바르게 처결하였으며 특히 목민관으로서의 치적이 높았다.

평안도 관찰사로 있을 때는 다섯 달도 안 되어 민심을 수습하고 선정을 펴서 명성을 떨쳤다. 병조·예조·공조참판 등을 거쳐 강릉 부사로 나갔을 때는 오랫동안 미결로 있던 송사를 모두 깨끗이 처결하고, 간사하고 포악한 무리도 어질게 다스려 백성들이 그 선정에 감복하여 3년 동안 나라에 명성을 떨쳤다.

대제학을 거쳐 이조판서가 되어서는 인재를 공명정대하게 등용하고 민생을 안정시키는 데 성심을 다하여 공을 세웠다. 이러한 공적은 그의 인간성에서 나온 것이다.

29. 김창협(金昌協)

1651~1708. 조선 숙종 때 학자. 자는 중화(仲和), 호는 농암(農巖), 시호는 문간(文簡). 안동 사람으로 영의정을 지낸 김수항(金壽恒)의 아들. 숙종 때 문과에 장원급제하고 사간·동부승지·대사성·청풍 부사 등을 지냈다. 저서로 농암집(農巖集)이 있다.

책은 자세히 읽지 않아서는 안 되고, 진리는 충분히 강구하지 않아서는 안 되고, 마음가짐은 공평하지 않아서는 안 되고, 일하는 것은 굳이 기약하기만 해서는 안 되고, 일 처리는 지략만 써서는 안 된다.

書不可不細讀하고 理不可不熟講하고 處心不可不公平하고 作
서 불 가 불 세 독   이 불 가 불 숙 강   처 심 불 가 불 공 평   작

事不可以固必하고 應物不可以用智니라.
사 불 가 이 고 필   응 물 불 가 이 용 지

- 농암집農巖集

【해 설】 독서는 세밀하게 하고, 진리는 잘 강구하고, 마음은 공평하게 하고, 일은 원만하게 하고, 처사는 진실하게 하라는 뜻으로, 학문하고 일상생활을 하는 데 특히 유념할 점을 들어 말한 내용이다.

김창협은 명문 출신으로 학식과 덕망이 뛰어나 과거에 장원급제하고, 홍문관 교리·사헌부 집의·사간원 대사간·승정원 동부승지·성균관 대사성을 거쳐 청풍 부사를 지내며 그 전도가 유망하였다. 그러나 영의정으로 있던 아버지 김수항이 진도로 귀양가서 참화를 당하자, 영구를 받들고 돌아와 장례를 마치고는 어머니를 모시고 영평으로 들어가서 나오지 않았다.

아버지의 억울한 한이 풀리고 호조참의가 제수되었으나 나가지 않고, 대제학·예조판서로 불렀으나 끝내 나가지 않고, 의리와 절개를 굳게 지키고, 후학을 기르고 학문하는 것을 즐겼다.

30. 권상하(權尙夏)

1641~1721. 조선 숙종 때 학자. 자는 치도(致道), 호는 수암(遂菴), 시호는 문순(文純). 안동 사람으로 집의를 지낸 권격(權格)의 아들. 벼슬에 뜻을 두지 않아 우상으로 임명하였으나 사양하고 학

자로서 종신하였다.

세상일은 하나라도 임금이 한마음으로 마음을 다스리는 법도
에 달려 있지 않음이 없다. 또 이런 도리는 곧다는 글자에 근
본 된다.

天下事는 無一不人主一心으로 治心之法이니라 又本於直字니라.
천 하 사　　무 일 불 인 주 일 심　　　치 심 지 법　　　우 본 어 직 자

- 국조인물고國朝人物考

【해 설】 나라를 잘 다스려 민생을 안정시키고 국부 민강을 도모
하는 데 중요한 점은, 위정자가 마음을 잘 다스려 바른 정사를
도모하는 데 달렸다는 뜻이다.

권상하는 21세 때 진사시에 합격하고 학문 연구에 힘쓰며, 벼슬
에 뜻을 두지 않고 오직 우암 송시열(宋時烈)의 학설을 따르고,
주자학을 연구하여 심오한 학리를 구명하였다. 학식과 덕망이 높
았으므로 나라에서 이조참의 · 이조참판 · 대사헌 · 우의정 · 좌의정
등 벼슬을 내렸으나 모두 사양하였다.

숙종이 43년 동안 나라를 다스리다가 병이 들어 온양 온천으로
행차하여 한수재에서 요양하며 우의정 벼슬을 내렸으나 사양하
여 받들지 않고 괴산 촌사에서 글을 올려 대죄하였다. 왕은 따
뜻한 말로 위로하며 이를 허락하고 평복으로 오라고 하였다. 그
는 마지못해 행궁 때 호가하는 법도에 따라 융복으로 왕을 찾아
뵈니, 왕은 크게 기뻐하며 그를 맞아 치안책을 물었다. 그는 옆
자리에서 이 말로 말문을 열었다.

31. 이서(李漵)

1662~?. 조선 효종 때 학자·명필. 자는 징지(徵之), 호는 옥동
(玉洞)·옥금산인(玉琴散人). 여주 사람으로 대사헌을 지낸 이하진
(李夏鎭)의 아들. 학문이 넓고, 덕망이 높고 글씨를 잘 썼다. 세칭
홍도(弘道)선생이라 불렀다. 저서로 홍도선생유고(弘道先生遺稿)
가 있다.

―――

간사하고 망령될 때는 이겨 누를 것을 생각하고, 방탕한 데로
흐를 때는 거두어 다잡을 것을 생각하고, 게을러질 때는 바로
잡을 것을 생각하고, 자유롭지 않을 때는 풀어놓을 것을 생각
하고, 들뜨고 조급할 때는 장중할 것을 생각하고, 마음이 상
할 때는 부드러운 것을 생각하고, 경박할 때는 신중할 것을
생각하고, 거칠 때는 정밀할 것을 생각하고, 각박할 때는 너
그러울 것을 생각하고, 나약할 때는 씩씩할 것을 생각하라.

邪妄時에는 思克制하고 流放時에는 思收斂하고 怠惰時에는 思
提醒하고 拘牽時에는 思解釋하고 浮躁時에는 思莊靜하고 傷
念時에는 思和緩하고 輕淺時에는 思沈重하고 荒雜時에는 思
精約하고 苛刻時에는 思忠厚하고 懦弱時에는 思強毅하라.

― 홍도선생유고弘道先生遺稿

【해 설】 이 말은 가훈으로 마음가짐과 몸가짐을 경계하라는 뜻이
다.
이서는 이 훈계에 이어, 인색해질 때는 공평한 것을 생각하고, 교
만할 때는 공손할 것을 생각하고, 들뜰 때는 참된 것을 생각하

고, 거짓될 때는 정직할 것을 생각하고, 말할 때는 삼갈 것을
생각하고, 노여울 때는 화순할 것을 생각하고, 거칠 때는 세밀
할 것을 생각하고, 좁을 때는 넓힐 것을 생각하고, 자랑할 때는
겸손할 것을 생각하고, 잘못을 말할 때는 캐내지 말 것을 생각
하고, 남의 좋은 일을 드러낼 때는 살펴 삼갈 것을 생각하고, 속
일 마음이 생길 때는 참될 것을 생각하라고 가르쳤다.

32. 유최기(兪最基)

1689~1768. 조선 영조 때 문신·학자. 자는 양보(良甫), 호는 무
수옹(無愁翁)·자락헌(自樂軒), 시호는 정간(貞簡). 기계 사람으로
목사를 지낸 유명건(兪命健)의 아들. 경종 때 문과에 급제하고 영
조 때 대사성·우찬성 등을 지냈다.

아버지로서 아들딸을 사랑하는 마음이 어찌 지극하지 않으
랴? 사랑이 지극하면 근심도 깊으므로 이 여섯 가지 하지 말라
는 가르침을 써 준다. 아아, 세상일이란 높고 먼 데 매어 행
하기 어려운 일이면 비록 아버지 명령이라도 지켜 받들기가
어렵고, 아주 가까운 데 매어 행하기 쉬운 일이면 비록 가르
치고 훈계하지 않는다고 소홀하게 할 수 있겠는가? 빈둥빈둥
놀며 잡된 놀음을 하지 말라. 남의 부족한 점을 말하지 말라.
거짓말이나 간사한 말로 남을 속이지 말라. 야박한 행동이나
나쁜 일을 하지 말라. 남을 이기기를 좋아하는 마음을 내지
말라. 생명을 해치는 버릇을 기르지 말라.

父而愛子之心이 何所不至리오 而愛之至면 有憂之深하여 玆
부이애자지심   하소부지   이애지지   유우지심   자

以六勿書給이니라 噫라 若係高遠하여 難行之事면 則雖父命이
이 륙 물 서 급   희   약 계 고 원   난 행 지 사   즉 수 부 명

라도 難於遵奉하고 而切近易行之事면 則雖無敎訓이라도 其可
     난 어 준 봉   이 절 근 이 행 지 사   즉 수 무 교 훈   기 가

忽諸리오 勿浪遊雜戲하고 勿說人短處하고 勿慢語詭譎하고 勿
홀 저   물 랑 유 잡 희   물 설 인 단 처   물 만 어 궤 휼   물

行薄惡事하고 勿出好勝心하고 勿爲傷生習하라.
행 박 악 사   물 출 호 승 심   물 위 상 생 습

- 정간공가훈貞簡公家訓

【해 설】어버이로서 자녀의 복된 삶을 훈계하는 가르침으로 잡된
놀음을 하지 말고, 남의 단점을 말하지 말고, 거짓말로 속이지 말
고, 야박한 일을 하지 말고, 남을 이기기 좋아하지 말고, 생명을
상해하지 말라는 뜻이다.

유최기는 성품이 공평하고, 정직한 선비로 사람들의 존경을 받
아 당대의 명사와 사귀었으며, 특히 학문과 시문에 뛰어나 수십
권의 책을 냈다.

평소 대의에 입각하여 몸가짐을 삼가고 당시 팽배한 당파싸움을
평정하는 일에 심혈을 기울였다.

33. 이금(李昑)

1694~1776. 조선 21대 영조. 재위 1724~1776. 자는 광숙(光
叔), 호는 양성헌(養性軒). 숙종의 둘째 아들. 경종 때 세제로 책봉
되었다가 즉위하여 52년 동안 임금 자리에 있으면서 여러 면으로
많은 치적을 남겼다.

재물을 아껴 쓰는 것은 곧 백성을 사랑하는 근본이고, 백성을
사랑하는 것은 곧 나라를 사랑하는 근본이다.

節用은 卽愛民之本이요 愛民은 卽愛國之本이니라.
절 용   즉 애 민 지 본   애 민   즉 애 국 지 본

- 어제조훈御製祖訓

【해 설】 모든 재물을 아껴 쓰는 것이 백성을 잘살게 만들어 나라를 사랑하는 근본이 된다는 뜻이다.

영조는 즉위한 뒤에 어진 인재를 등용하고 탕평책(蕩平策)을 써서 당파싸움을 조정하고, 농업을 장려하여 민생을 안정시키고, 세금을 공평하게 하여 민심을 수습하고, 군기를 바로잡아 국방을 강화하고, 학자를 우대하여 문화를 발전시키고, 인쇄술을 개량하여 많은 서적을 출판하는 등 여러 업적을 남겼다. 그러나 아들 사도세자(思悼世子)를 참살하는 불미스러운 일을 하였다.

그 뒤 어린 세손(정조)을 귀여워하며 수시로 왕도를 가르쳤는데, 이 말도 어제조훈이란 책에 실린 교훈이다. 어제조훈은 세손이 12세 되었을 때, 장차 임금이 명심하고 지켜야 할 10가지 내용 중 다섯 가지 권하는 말의 한 가지인데, 그중 네 번째 교훈인 절약과 검소를 권하는 내용이다.

34. 정홍규(鄭弘規)

1753~1836. 조선 순조 때 학자. 자는 사건(士建), 호는 운와(雲窩). 광주 사람 정광훈(鄭光勳)의 아들. 학문과 문장이 능하였으나 벼슬하지 않고, 후학의 교도와 저술에 힘썼다. 저서로 운와유고(雲窩遺稿)가 있다.

몸가짐을 닦는 일은 말을 충직하고 미덥게 하라. 자기의 도리를 다하는 것을 충성이라 하고, 거짓 없는 진실을 믿음이라고

한다. 충성은 나라에 충성하는 행실뿐만 아니라 남을 위하여
옳은 일을 도모하는 데 내 마음을 다하는 것도 또한 충성이
라 하고, 신의는 벗에게 미덥게 하는 행실뿐만 아니라 남과 약
속한 일을 말대로 실천하는 것도 또한 신의라고 한다. 그렇다
면 충성과 신의가 남에게 행하는 의리는 그 뜻이 큰 것이다.

修身은 言忠信하라 盡己之謂忠이요 以實之謂信이니라 非但忠
수신　　언충신　　진기지위충　　　　이실지위신　　　　비단충

於君이요 爲人謀事에 而盡吾之心도 亦謂之忠이요 非獨信於
어군　　위인모사　　이진오지심　　역위지충　　　비독신어

友요 與人有約을 而踐吾之言도 亦謂之信이니라 然則 忠信
우　　여인유약　　이천오지언　　역위지신　　　연즉　충신

之於人也는 其義大矣哉니라.
지어인야　　기의대의재

　　　　　　　　　　　　　　　　　　　　　－ 운와유고雲窩遺稿

【해 설】 운와유고 36편의 훈계 중 수신에 관한 가르침으로, 말
을 참되게 하고 미덥게 하는 것이 몸가짐을 닦는 데 중요하다는
뜻이다.
정홍규는 또 몸가짐을 닦는 데 중요한 점은 행실을 돈독히 하고
삼가라고 하였다. 일마다 성실하고 착실하게 하고, 말 따라 공
경하고 삼가며 자기 할 도리를 다한다면 어찌 어려움이 있겠느냐
고 가르쳤다.

35. 정약용(丁若鏞)

1762~1836. 조선 정조·순조 때 대학자. 자는 미용(美鏞)·송보
(頌甫), 호는 다산(茶山)·여유당(與猶堂), 시호는 문도(文度). 나
주 사람으로 진주 목사를 지낸 정재원(丁載遠)의 아들. 정조 때 문
과에 급제하고 부승지·형조참의를 지냈다. 순조 원년, 신유사옥

이 일어나 강진으로 귀양 가 있는 18년간 많은 저서를 남겼는데, 경세유표(經世遺表)·목민심서(牧民心書)·여유당전서(與猶堂全書) 등이 있다.

■

선악을 가려 몸을 수양하라. 몸가짐을 닦는 일은 부모에게 효도하고, 형제간에 우애하는 것을 근본으로 삼으라. 효도하고 공경하라. 효도하고 공경하는 일은 어질고 착한 일을 실행하는 근본이 된다. 근면하고 검소하라. 부지런하고 검소한 것은 좋은 밭보다도 나아 한평생 필요한 대로 써도 다함이 없다.

修身하라 修身은 以孝友爲本이니라 孝悌하라 孝悌는 爲行仁
수 신　　수 신　　이 효 우 위 본　　　　효 제　　효 제　　위 행 인

之本이니라 勤儉하라 勤儉二字는 勝於良全美土라 一生需用
지 본　　근 검　　근 검 이 자　　승 어 양 전 미 토　　일 생 수 용

不盡이니라.
부 진

－ 정다산전서丁茶山全書

【해 설】 이 말은 가훈에서 수신과 효제와 근검에 관한 가르침으로, 몸을 닦는 데는 효도와 우애가 근본이 되고, 효도와 공경은 착한 일의 근본이 되고, 근면과 검소는 큰 자산이라는 뜻이다.
정약용은 학식과 문필이 뛰어나서 높은 벼슬에 오를 수 있었으나 천주교를 믿는다는 죄로 온 집안이 화를 입고 강진으로 귀양 가서 18년간 고생하였다. 그동안 정치·경제·법률·역사·지리·의학 등 모든 학문을 연구하였다.
그는 가훈을 통하여 재물 씀씀이를 조심하라, 양심을 지니고 살라, 당파를 조심하라, 모든 일에 성실하라, 비밀을 지키라, 몸가짐을 삼가라, 집안을 잘 보전하라, 책을 지을 때 조심하라는 등 여러 가지 생활 덕목을 들고 그 내용을 훈계하였다.

36. 강종열(姜宗說)

?~?. 조선 후기의 학자. 호는 수졸재(守拙齋). 저서로 수졸재가훈
(守拙齋家訓)이 있다.

공부하는 사람으로 드나드는 일을 자주 하지 말라. 그러면 학
업이 반드시 거칠어진다. 벗과 놀 때 마구 희롱하지 말라. 그
러면 틈이 반드시 싹튼다. 밥을 먹을 때 너무 배부르게 먹지
말라. 그러면 기운이 반드시 게을러진다. 술을 마실 때 정도
를 넘지 말라. 그러면 병이 반드시 생긴다. 손님이 오면 늦게
나가 맞지 말라. 그러면 정이 반드시 멀어진다. 남이 준다고
경솔하게 받지 말라. 그러면 뉘우치는 일이 반드시 많아진다.
관청의 정사를 망령되게 논의하지 말라. 그러면 근심스러운 일
이 반드시 이른다. 남의 잘못을 남에게 이야기하지 말라. 그
러면 욕된 일이 반드시 다다른다.

出入毋頻數하라 業必荒이니라 交遊毋弄狎하라 釁必萌이니라
출 입 무 빈 삭　　　 업 필 황　　　 교 유 무 롱 압　　　 흔 필 맹

喫飯毋充腹하라 氣必惰니라 飮酒毋過重하라 病必作이니라 客
끽 반 무 충 복　　 기 필 타　　 음 주 무 과 중　　 병 필 작　　 객

來毋遲出하라 情必疎니라 人與毋輕取하라 悔必多니라 官政
래 무 지 출　 정 필 소　　 인 여 무 경 취　　 회 필 다　　 관 정

毋妄議하라 患必至니라 人過毋傳說하라 辱必至니라.
무 망 의　　 환 필 지　　 인 과 무 전 설　 욕 필 지

－수졸재가훈守拙齋家訓

【해 설】 일상생활에서 긴요한 여덟 가지 몸가짐과 사물을 접하는
방도를 말하여, 몸을 닦고, 일에 임하고, 남을 대하는 데 경계하
고 삼가라는 뜻이다.

강종열은 이 말을 통하여 여덟 가지 반드시 되는 일〔八必〕과 아울러 여덟 가지 마땅히 할 일〔八當〕을 가훈으로 들었는데 제목만 들면 다음과 같다.

글을 읽을 때 헛된 소리를 내지 말고 마땅히 음을 바르게 분별하라. 글을 논할 때 희롱하는 이야기를 하지 말고 마땅히 참뜻을 찾으라. 말할 때는 높고 급한 말을 하지 말고 마땅히 부드럽고 온화하게 하라. 걸음걸이는 산만하고 방자하게 하지 말고 마땅히 침착하고 조용하게 하라. 기쁜 일을 만나도 가볍게 행동하지 말고 마땅히 먼 앞일을 생각하라. 노여움을 갑자기 나타내지 말고 마땅히 찬찬히 살펴서 하라. 일을 의논할 때 자기 뜻만 고집하지 말고 마땅히 여러 사람의 의견을 따르라. 어떤 일도 특별나게 하지 말고 마땅히 세상의 풍속을 따르라.

처세편
處世篇

처세는 사람이 세상을 살아가는 일이다.

사람은 나서 죽을 때까지 세상에서 산다. 그런데 세상은 남과 더불어 살고, 모든 삼라만상과 접하며 살아야 한다. 내가 나서 자란 집이 있고, 마을이 있고, 이웃이 있고, 나라가 있으며, 내가 하는 일이 있고, 남과 함께 살아가는 데 관련된 여러 가지 법도가 있다.

이렇게 복잡한 세상을 어떻게 살아가는 것이 보람 있을까? 그것은 사람들의 생활신조에 따라 다르겠지만, 보편적으로 말한다면, 인자한 성품을 닦고, 너그러운 마음을 기르고, 성실하고 정직하고 미더운 태도로, 모든 일에 부지런히 활동하고 검소하게 생활하며, 남들과 다정하게 사귀고 화목하게 지내며, 힘든 일은 서로 돕고 어려운 사람을 구제하며, 주어진 일에 만족하고 분수에 맞게 살아가는 일일 것이다.

세상일은 쉬운 일과 어려운 일, 깨끗한 일과 어지러운 일, 기쁜 일과 슬픈 일, 큰일과 작은 일, 이로운 일과 해로운 일, 착한 일과 악한 일 등 각양각색이다. 이런 일들을 잘할 수 있는 근본은 집안이나 사회나 마찬가지로 착하게 살아가는 데 있다.

1. 물계자(勿稽子)

3세기. 신라 내해왕 때 충신. 서민 출신의 무인으로 가락국을 구원하기 위하여 포상의 싸움과 갈화성 싸움에 공이 컸으나, 나라에서 알아주지 않자 산으로 들어가서 나오지 않았다.

신하 된 도리는 위태로운 일을 당하면 목숨을 바치고, 어려운 일에 다다르면 몸을 잊는다고 한다. 전날의 포상 싸움과 갈화 싸움은 실로 위태롭고 어려웠다. 나는 목숨을 바치고 몸을 잊고 싸웠으나 남에게 알려질 수 없었으니, 장차 무슨 면목으로 세상에 나다니랴?

爲臣之道는 見危則致命하고 臨難則忘身이니라 前日浦上竭火
위신지도   견위즉치명   임난즉망신   전일포상갈화

之役은 可謂危且難矣니라 而不能以致命忘身聞於人이니 將
지역   가위위차난의   이불능이치명망신문어인   장

何面目으로 以出市朝乎아?
하면목   이출시조호

– 삼국사기三國史記

【해 설】 나라가 위태롭고 어려울 때 몸을 바치는 것이 지사의 도리이나, 큰 공을 세우고도 알려지지 않는데 어찌 세상에 나서겠는가라는 뜻이다.

옛 지사들은 남들이 알든 모르든 자신이 옳다고 여기는 일은 신명을 내던졌으나, 물계자는 큰 공을 세웠는데도 나라에서 알아주지 않는 일은 부끄러운 일이라, 어떻게 얼굴을 들고 남을 대하겠느냐며 산속으로 숨고 다시 세상에 나오지 않았다.

나라의 정사가 바른 세상 같으면 백성 한 사람의 잘잘못도 잘 가려져 떳떳하게 살 수 있는 방도가 마련되고, 그런 인재가 숨

는 일이 없을 것이다.

2. 을파소(乙巴素)

?~203. 고구려 고국천왕 때 명재상. 농부의 신분으로 나라의 수
상이 되고, 선정을 베풀어 나라를 태평하게 하였다.

때를 만나지 못하면 숨고, 때를 만나면 벼슬하는 것이 선비의
떳떳한 도리이다. 지금 임금은 나를 후하게 대접하는데 내 어
찌 또 숨어 살 것을 생각하랴.

不逢時則隱하고 逢時則仕가 士之常也니라 今上은 待我以厚
불 봉 시 즉 은   봉 시 즉 사   사 지 상 야   금 상   대 아 이 후

意인데 其可復念舊隱乎아?
의   기 가 부 념 구 은 호

– 삼국사기三國史記

【해 설】 학식과 덕망을 닦은 선비는 때가 오면 나와 일하고, 때
를 만나지 못하면 숨는 것이 떳떳한 도리라는 뜻이다.
고구려 왕실이 외척의 발호로 내정이 부패하고 백성이 불안과
공포로 원망이 쌓였을 때, 고국천왕은 나라의 정사를 혁신하려
고 널리 인재를 구하였다. 그때 안류(晏留)의 추천으로 농토에 묻
혀 살던 을파소가 등용되었는데, 그는 벼슬길로 나오면서 이 말
을 하였다.
을파소는 국정을 맡아 정사를 바로잡고, 상벌을 공평하게 하며
온갖 정성을 기울여 선정을 베풀었다. 이에 나라는 부강하게 되
고 민생은 안정되어 유명한 재상으로 이름을 남겼다.

3. 권수평(權守平)

?~1250. 고려 고종 때 문신. 용모가 아름답고 성품이 순후하고
정직하여 청렴한 사람으로 유명하다. 처음에 대정으로 벼슬하여
고종 때 추밀원 부사까지 지냈다.

———

남의 재앙을 틈타서 그 밭을 갈아먹은 것도 오히려 의롭지
않은 일로 여길까 두려운데, 이제 돌아왔는데 어찌 차마 그대
로 먹으리오?

乘人之災하여 食其田도 猶恐不義인데 今旣還인데 尙忍食耶리
승 인 지 재　　　식 기 전　　유 공 불 의　　　금 기 환　　　상 인 식 야
오?

－ 고려사高麗史

【해 설】 남의 땅을 갈아먹었으면 조세는 내는 것이 바른 처사라
는 뜻이다.

권수평은 대정으로 있을 때 매우 가난하게 살았다. 낭중으로 있
던 복장한(卜章漢)이 죄도 없이 귀양 가서 그의 땅이 묵게 되자,
얼굴도 모르는 복장한의 밭을 갈아먹으며 전조(田租, 논밭에 대
한 조세)까지 물었다.

복장한이 돌아오자 권수평은 그를 찾아가서 사연을 말하고 전조
를 낸 장부를 주니, 복장한이 말하였다. "내가 귀양살이할 때 그
밭을 그대가 갈아먹지 않았더라도 어찌 남이 갈아먹지 않았으리
오? 그대가 나를 가엾게 여겨 밭을 돌려주면 족하지 어찌 전조
까지 주오?" 그러자 권수평은 이 말을 하며 그 장부를 주었다. 복
장한이 받지 않고 문을 닫고 들어가자, 그는 장부를 돌에 매어
그 집에 던져 주고 돌아왔다.

당시 사람들은 이 일에 감탄하며 말하기를, "지금 서로 빼앗아 가지는 풍습이 심한데 이 같은 사람을 보게 될 줄은 생각하지 못하였다."라고 하였다.

4. 서릉(徐稜)

?~?. 고려 고종 때 효자. 자는 대방, 시호는 절효(節孝). 이천 사람으로 서희(徐熙) 장군의 7대손. 학문과 문장이 뛰어났다. 저서로 절효공실기(節孝公實記)를 남겼다.

나라에 충성하고 어버이에게 효도하고 부부간에 사랑하고, 사람으로서 지켜야 할 다섯 가지 윤리[부자유친·군신유의·부부유별·장유유서·붕우유신]를 존중하고, 아랫사람을 너그럽게 거느리고, 윗사람을 예의 바르게 섬기고, 장례에는 슬픔을 다하고, 제례에는 공경을 다하고, 마음가짐을 공정하게 하고, 일 처리를 올바르게 하고, 자녀를 바르게 가르치고, 남을 인자하게 대접하라.

扶植三綱하고 惇敍五倫하고 寬以御下하고 禮以事上하고 臨
喪致哀하고 當祭致敬하고 持心以公하고 處事以義하고 敎子
以正하고 待人以恕하라.

― 절효공실기節孝公實記

【해 설】 사람으로서 지켜야 할 근본 행실인 윤리를 존중하고, 예절과 의리를 지키고, 마음을 공정하게, 일을 의롭게 하고, 자녀 교육을 바르게 하고, 남을 인자하게 대접하라는 뜻이다.

서릉은 효자로 고려사(高麗史)에는 다음과 같은 일이 실려 있다. 그는 학문이 뛰어났으나 어머니를 봉양하기 위하여 벼슬도 하지 않았다. 그런데 어머니 목에 등창이 나서 의원을 청하니 의원은 진찰한 다음 말하였다. "만약 산 개구리를 얻지 못하면 낫기 어렵겠다." 때는 추운 겨울이라 산 개구리를 얻을 수가 없었다. 그는 어머니의 병은 낫지 못하겠구나 하고 슬피 우니 의원은, "비록 산 개구리가 없더라도 다른 약을 배합하여 써 보자."라며 약을 지어 주므로 그는 나무 밑에서 약을 달였다. 그런데 갑자기 무언가 나무 위에서 가마 속으로 떨어졌는데, 바로 산 개구리였다. 의원이 말하기를, "그대의 효성에 하늘이 감동하여 하늘에서 내려주었으니 그대 어머니 병은 반드시 나을 것이다." 하고 약에 배합하여 어머니에게 먹이니 과연 병이 나았다. 그 후 효자로 칭송되었다.

가훈 거가10훈(居家十訓)을 지어 자손에게 전하였는데, 이 말은 그 가훈의 제목이다.

5. 이곡(李穀)

1298~1351. 고려 후기의 학자. 자는 중보(仲父), 호는 가정(稼亭), 시호는 문효(文孝). 이자성(李自成)의 아들이며, 이색(李穡)의 아버지. 원나라 과거에 급제하여 한림국사원 검열관이 되어 중국 학자들과 사귀고, 정당문학을 거쳐 한산군에 봉해졌다. 문장이 능숙하고 오묘하여 사람들을 놀라게 하였다. 이제현(李齊賢)과 함께 편년강목(編年綱目)을 중수하여 충렬·충선·충숙 3왕조의 실록을 편찬하였다.

나라의 안전과 위험과 백성의 이로움과 괴로움과 사군자의 나아감과 물러감이 모두 여러 재상의 행실에서 나타난다. 대체로 군자가 나오면 나라가 안정되고, 군자가 물러나면 백성이 괴로워진다. 이는 예나 지금이나 떳떳한 이치이다.

社稷安危와 人民利福과 士君子之進退가 皆出於諸公이니라 夫
사직안위   인민리복   사군자지진퇴   개출어제공   부

進君子면 則社稷安하고 退君子면 則人民病이니라 此는 古今
진군자   즉사직안   퇴군자   즉인민병   차   고금

之常理也니라.
지상리야

- 고려사高麗史

【해 설】 이 말은 나라의 안위와 백성의 복리가 어진 인재의 진퇴에 달려 있다는 뜻이다.

이곡은 충혜왕 말년에 정사가 어지러워져 관작이 남발되어 노비도 고관대작이 되는 것을 보고 개탄하여 이 사실을 시로 표현한 일도 있었다. 충목왕이 즉위하자 당시의 재상들에게 글을 보내 말하기를, "우리나라가 나라답지 못한 지가 오래되어 풍속이 무너지고 정사가 문란하여, 백성이 편히 살지 못하고 도탄에 빠진 것과 같다. 다행히 새 임금(충목왕)이 즉위하여 나라로 돌아오니 백성들의 바람은 큰 가뭄에 단비를 바라는 것과 같다. 그런데 새 임금은 춘추가 성하고 겸손하고 과묵하여 나라의 정사를 여러 재상에게 물을 것이니…." 하고 이 말을 하여 재상들에게 우선 훌륭한 인재를 등용하여 어진 정사를 펴게 하라고 예를 들어 자세히 권고하였다.

6. 이달충(李達衷)

?~1385. 고려 공민왕 때 문신·학자. 첨의참리를 지낸 이천(李蒨)

의 아들. 충숙왕 때 과거에 급제하여 공민왕 때 호부상서 · 밀직제
학을 지냈다.

이 아드님은 실로 남다른 사람이니 그대의 힘이 미칠 바 못 된
다. 그대의 가업은 이 아드님이 반드시 크게 이루어 나가리라.

此子는 誠異人이니 非公所及이리라 公之家業은 此子가 必能
차 자　　성 이 인　　　비 공 소 급　　　공 지 가 업　　　차 자　　필 능

大之리라.
대 지

– 고려사高麗史

【해설】 이 사람이 가업을 대성한다는 뜻으로, 곧 이성계(李成
桂)의 뛰어난 인품을 예언한 말이다.

이달충은 성품이 강직하여 불의에 꺾이지 않고 사물을 보고 판
단하는 능력이 뛰어났다. 일찍이 동북면도순무사로 갔다가 돌아
올 때 이자춘(李子春, 환조)이 들까지 나와서 그를 전송하는 데
아들인 이성계(태조)가 모시고 나왔다. 그때 이자춘이 술을 부어
올리자 이달충은 선 채로 받아 마셨는데, 이성계가 술을 부어
올리자 땅에 무릎을 꿇고 앉아서 받아 마셨다. 이를 보고 놀란 이
자춘이 그 까닭을 묻자 이달충은 이 말을 남기고, 이어 뒷날 자
신의 자손들도 보살펴 달라고 부탁하였다.

그는 불의는 그냥 덮어두지 않아, 당시 권세를 잡고 정권을 농
락하던 신돈(辛旽)의 행패를 묵과하지 않았다. 신돈에게, "사람
들은 그대가 주색에 빠졌다고들 말한다."라고 충고하기도 하였
고, 신돈이 죽자 시를 지어 말하기를, "괴상망측한 짓을 잘하는
늙은 들여우가, 어찌 손이 있어 활시위를 당길 줄 알겠느냐? 위
엄은 범을 빌었으나 곰을 겁내었고, 아첨은 남자가 되어 부녀자
가 따랐도다. 개와 매는 더욱 꺼리고, 닭과 말은 무슨 죄가 있

었겠나. 네가 죽을 때 언덕에 머리 둔다고 하니, 성동의 길가에서 너를 보겠구나."라고 여우에 비유하여 꾸짖었다.

7. 정도전(鄭道傳)

?~1398. 고려 말·조선 초의 정치가·학자. 자는 종지(宗之), 호는 삼봉(三峰), 시호는 문헌(文憲). 고려 말 형부상서를 지낸 정운경(鄭云敬)의 아들. 공민왕 때 진사시에 급제하고 우왕 때 대사성에 이르렀다. 위화도회군 후 조준(趙浚)과 함께 우왕·창왕을 폐위하고 공양왕을 세웠다가, 고려를 무너뜨리고 이성계(李成桂)를 세워 조선 개국공신이 되었으나 이방원(李芳遠)의 손에 죽었다. 저서에 삼봉집(三峰集)이 있다.

우리나라는 사람 쓰는 법도가 크게 무너져서 교양하려 하면 사도가 밝지 않고, 선거하려 하면 사사로움으로 공변됨을 덮고, 전주하려 하면 어진 사람과 어리석은 사람이 섞여 나오고, 고과하려 하면 청알이 번성하고, 출척하려 하면 뇌물이 공행한다.

本朝는 用人之法이 大毁하여 欲教養이면 則師道不明하고 欲
본 조　용인지법　대훼　욕교양　즉사도불명　욕

選擧면 則以私蔽公하고 欲銓注면 則賢愚雜進하고 欲考課면
선거　즉이사폐공　욕전주　즉현우잡진　욕고과

則請謁煩盛하고 欲黜陟이면 則賄賂公行이라.
즉청알번성　욕출척　즉회뢰공행

－고려사高麗史

【해 설】 관리 등용의 다섯 가지 방법인 교양·선거·전주·고과·출척의 폐해를 설명한 것으로, 고려 마지막 임금인 공양왕의 인재 등용에 대한 물음에 대답한 내용이다.

정도전은 서두에서, "당나라에 사람을 쓰는 다섯 가지 조목이 있는데, 첫째는 교양으로써 그 재덕을 닦게 하고, 둘째로 선거로써 그 뛰어남을 뽑고, 셋째는 전주로써 그 알맞은 임무를 맡게 하고, 넷째로 고과로써 그 공과를 살피고, 다섯째로 출척으로써 그 징계와 권면을 보이는 것"이라고 설명하며 당시의 실정을 말하였다.

8. 강회백(姜淮伯)

1357~1402. 고려 후기의 명신. 자는 백보(伯父), 호는 통정(通亭). 진주 사람으로 문하찬성사를 지낸 강시(姜蓍)의 아들. 우왕 때 문과에 급제하고 밀직사사 겸 이조판서와 대사헌을 지냈다.

━

좋은 일과 나쁜 일은 밖으로부터 오는 것이 아니요, 재화와 행복은 오직 사람이 부르는 것인데, 어찌 불교를 빙자하고 술수를 믿어서 복됨과 이로움을 바랄 까닭이 있으리오?

吉凶은 非自外至요 禍福은 惟人所召인데 安有憑佛教하고 信
술 수 비자외지 화복 유인소소 안유빙불교 신

術數하여 以冀福利之理乎아?
술 수 이 기 복 리 지 리 호

－ 고려사高麗史

【해 설】 길흉화복은 사람 자신의 처신에서 조성되는 것이지 어떤 신앙에서 이루어지는 것이 아니라는 뜻이다.

강회백은 공양왕이 즉위하자 밀직사사 겸 이조판서가 되었는데 이 말은 그때 상소한 내용의 첫머다. 그는 이어 말하기를, "불교의 도는 청정과 과욕을 제일 중요한 의리로 삼는데, 만약 백성의 힘을 곤궁하게 하여 부처를 만들고 탑을 만든다면 도리어 죄 될 따름입니다. 요즘 연복사를 짓는 역사로 백성이 파산하고 할 일을 잊고 있으니 이는 어진 정사의 근본을 상하는 것입니다."라고 하였다.

또 서울을 남경으로 옮기는 문제에 관하여 말하기를, "하늘은 임금을 사랑하시니 마땅히 두려워하고, 백성과 날마다 삼가며 몸가짐을 살피고, 씀씀이를 절약하고 과세와 염출을 가볍게 하면, 위로는 하늘의 견책에 보답하고, 아래로는 백성의 마음을 위로할 것입니다. 어찌 꼭 한양으로 도읍을 옮기려 하여 농민을 휘몰아 집 짓는 역사에 제공하고, 재물을 징발하고 농사 때를 잃게 하여 나라의 근본을 흔들고 화기를 상하리까?"라고 하였다.

9. 길재(吉再)

1353~1419. 고려 말·조선 초의 학자. 자는 재보(再父), 호는 야은(冶隱)·금오산인(金烏山人), 시호는 충절(忠節). 선산 사람. 이색(李穡)·정몽주(鄭夢周)·권근(權近)의 문하에서 성리학을 공부하였다. 우왕 때 과거에 급제하고 성균관 학정·박사로 많은 제자를 교육하였다. 문하주서가 되었으나 노모 봉양을 구실로 벼슬을 버리고 고향으로 돌아왔다. 조선이 세워진 뒤 친교가 있던 이방원(李芳遠, 태종)이 불렀으나 나아가지 않고 절개를 지켰다.

신이 듣건대 여자는 두 남편이 없고, 신하는 두 임금이 없다고 하오니 고향으로 돌아가게 하여 신이 두 나라 임금을 섬기지 않으려는 뜻을 이루게 하소서.

臣聞女無二夫하고　臣無二主라하니　乞放歸田里하여　以遂不事
신 문 녀 무 이 부　　　신 무 이 주　　　　걸 방 귀 전 리　　　이 수 불 사

二姓之志하소서.
이 성 지 지

– 고려인물지高麗人物誌

【해설】 고려에 벼슬하던 사람이 조선에 벼슬하여 그 충절을 바꿀 수 없다는 뜻이다.

길재는 어렸을 때 청빈한 집안에서 자랐으나 힘써 공부하며 스승을 찾아 멀고 험한 길을 꺼리지 않았는데, 한때 이방원과도 학업을 닦았다.

고려가 망하고 조선이 세워진 뒤, 정종 때 이방원은 동궁으로 있으면서 길재를 생각하고 서연관과 더불어 말하기를, "길재는 강직한 사람이다. 내 일찍이 그와 함께 공부하였으나 만나지 못한 지 오래되었다."라고 하였다. 전가식(田可植)은 길재와 같은 고향 사람으로 마침 시강으로 있다가, "길재가 집에 있으면서 어머니에 대한 효행이 지극하다."라고 알렸다. 이에 곧 태상박사 벼슬을 내려 불렀는데, 이 말은 그 부름에 답한 말이다.

이 답을 받은 정종과 동궁(태종)은 그 충성심에 감탄하여 집으로 돌아가서 살게 하고 밭을 내렸는데, 길재는 밭에 모두 대나무를 심었다. 뒤에 세종은 그 말을 듣고 아들인 길사순(吉師舜)을 불러 벼슬을 내렸다.

10. 허조(許稠)

1369~1439. 조선 세종 때 대신. 자는 중통(仲通), 호는 경암(敬菴), 시호는 문경(文敬). 하양 사람으로 판도판서(版圖判書)를 지낸 허귀룡(許貴龍)의 아들. 고려 공양왕 때 과거에 급제하고, 조선 세종 때 예조판서·이조판서·좌의정을 지냈다.

한 마을에도 오히려 아름다운 사람이 있는데 우리나라의 많
은 사람으로서 어찌 그런 사람이 없으리오. 혹 비록 가짜가 있
다 하더라도 좋은 풍속을 힘써 권장하지 않겠는가?

一里에도　尙有美人인데　我國以衆으로　豈無其人耶리오　間雖
일 리　　　상 유 미 인　　　아 국 이 중　　　기 무 기 인 야　　　간 수

有假라도　不已勵俗乎아?
유 가　　　불 이 려 속 호

– 세종실록世宗實錄 · 국조인물고國朝人物考

【해 설】 나라의 미풍양속을 권장하자면 어진 인재를 찾아 많이
등용해야 한다는 뜻이다.

허조는 태종의 총애를 받고 세종의 신임을 받아 이조판서가 되
어 인사 전형을 맡게 되자, 전국에서 명신과 충신의 자제들로서
효자와 순손(順孫, 조부모를 잘 받들어 모시는 손자)으로 이름난 인
재를 찾아서 모두 등용하였다. 그때 이러한 처사에 관하여 제의
하는 사람이, "진짜로 효자와 순손이 이같이 많은가?"라고 말하
자, 그는 이 말을 하였다. 그리고 이어, "이러한 정책이 뒷날 아
름다운 풍속을 이루어서 진짜로 효자와 순손이 많이 배출될지
알겠는가?"라고 하였다.

어진 인재를 찾는 데 있어서 친척이라도 거리낌 없이 등용하고,
어질지 않은 사람이라면 어떤 사람이라도 등용하지 않아서 사람
들이 공명정대한 처사를 신임하였다.

학문이 뛰어나고, 언행이 바르고 처사가 성실하였으며, 형 허주
(許周)를 부모처럼 공경하고, 친척과 화목하고, 벗과 미더웠으
며, 검소하여 옷은 몸을 가리면 족하고, 밥은 배를 채우면 족하
게 여겨 청렴결백하였다.

11. 노숙동(盧叔仝)

1403~1463. 조선 전기의 문관·학자. 자는 화중(和仲), 호는 송재(松齋). 풍천 사람 노언(盧焉)의 아들. 대사헌·호조·형조·예조 참판을 지냈다. 치평요람(治平要覽) 편찬에 참여하였다.

━━

성실하고, 신애하고, 청렴하고, 공정하고, 근면하고, 간소하고, 화목하고, 인혜로워라.

誠信廉公하고 勤簡和惠하라.
성 신 렴 공　　근 간 화 혜

– 국조인물고國朝人物考

【해 설】 인생의 생활신조를 여덟 글자로 경계한 가르침이다.
성실은 바르고 참되고 망령됨 없는 것을 뜻하고, 미더움은 사물의 이치에 어긋남이 없다는 뜻이고, 청렴은 욕심을 내어 마음대로 하지 않는 것을 뜻하고, 공정은 자신의 사사로운 욕망을 물리치고 바르게 처신하는 것을 뜻하고, 근면은 모든 일에 부지런하여 게으름이 없다는 뜻이고, 간명은 모든 일을 간결히 처리하여 어지러움이 없다는 뜻이고, 화목은 남을 대함이 온순하여 사이좋게 어울린다는 뜻이고, 인혜는 인자한 마음으로 남에게 사랑을 베푼다는 뜻이다.
노숙동은 이 말을 가훈으로 삼아 자손을 경계하였는데, 성실하면 자신의 양심을 속이는 일이 없고, 미더우면 남을 속이지 않고, 청렴하면 탐욕이 없고, 공정하면 사사로움에 치우치지 않고, 근면하면 모든 일에 부지런하고, 간명하면 매사에 깨끗하고, 화목하면 남과 잘 사귀고, 인혜하면 사랑으로 충만하다고 가르쳤다.
그는 이 가훈을 정함으로써 10대에 걸쳐 대대로 나름대로의 가훈을 마련하여 유명한 풍천노씨가학십도(豊川盧氏家學十圖)가 마련되었다.

12. 강희안(姜希顔)

1418~1464. 조선 세종 때 명신. 자는 경우(景愚), 호는 인재(仁齋). 진주 사람 강석덕(姜碩德)의 아들. 세종 때 문과에 급제하고 집현전 직제학으로 훈민정음 창제에 공헌하였다.

궁핍과 통달은 모두 한계가 있는 것이니, 이를 구하여도 뜻대로 안 되면 그만두는 것을 피하지 않을 것이다.

窮達은 皆有分限이니 求之不得이면 辭之不避니라.
궁 달　개 유 분 한　　구 지 부 득　　사 지 불 피

– 국조인물고國朝人物考

【해 설】 막히고 통하는 일은 한계가 있으니 하려는 일이 뜻대로 안 될 때는 그만두라는 뜻으로, 강희안은 일을 처리할 때 문제되는 행동을 하지 않았는데, 이 말은 그런 까닭을 밝힌 말이다. 그는 사람됨이 뛰어나고 학식과 덕망을 갖추어 명망이 높았다. 특히 시를 잘 짓고 글씨를 잘 쓰고, 그림도 잘 그렸다. 시는 아름다운 자연과 깨끗한 인생을 노래하는 데 뛰어났으며, 글씨는 전서에 능하였고, 그림은 우아한 필치를 구사하여 세상을 놀라게 하였으나 스스로 간직하며 남에게 보이지 않았다. 혹 청하는 사람이 있으면, "글씨나 그림은 전하는 예능인데 이를 후세에 전하면 마침내 이름을 욕되게 할 따름이다."라고 하며 들어 주지 않았다.
정인지(鄭麟趾) · 성삼문(成三問) · 박팽년(朴彭年) · 신숙주(申叔舟)

등과 세종대왕을 도와 훈민정음을 창제하였다. 성삼문 등이 단
종 복위 사건으로 화를 입을 때 연좌되었으나 화를 면하였다.

13. 노분(盧昐)

15세기. 조선 세조 때 학자. 자는 언승(彦升), 호는 졸존재(拙存
齋). 풍천 사람 노숙동(盧叔仝)의 아들. 세조 때 문과에 급제하고,
병조정랑·예문춘추관 교리를 지냈다.

순결한 마음 하나로 잡된 생각에 빠지지 않게 하고, 밝은 덕
성으로 신령스러운 뜻을 받아들이라. 사람의 마음은 방탕하기
쉽고, 위험한 행동은 안전하기 어렵다. 불을 타오르게 하면 그
열이 뜨거워지고, 얼음을 얼게 하면 그 기운이 차가워지는 법
이다. 어두운 방 안에서도 속이지 말고 경계하고 삼가라. 하
느님은 항상 곁에 있고, 귀신의 눈은 번개처럼 빠르게 살피는
것이니 어찌 참되고 진실하지 않으랴? 사람은 항상 예의 바
른 행실을 표준으로 삼아서 겉마음이나 속마음이나 아울러
깨끗하게 하고, 조그마한 뜻을 나타냄에도 반드시 삼갈 것이
다. 사람의 태도와 기운이 사사로운 데로 흐르게 되면 탐욕을
일으키게 되니, 선비들에게 귀중한 것은 이러한 탐욕을 힘써
물리치고 막을 것이다. 마음을 매우 깨끗하게 지녀 더럽고 흐
린 데 물들지 말고, 맑고 또 맑아 티 하나 없게 하여 그 가문
의 깨끗한 체통을 대대로 잇고 그 뜻을 전승할 것이다.

純一不雜하고 稟厥虛靈하라 惟心易蕩하고 危動難安이라 焦火
순 일 부 잡   품 궐 허 령   유 심 이 탕   위 동 난 안   초 화

其熱이면 凝水甚寒이라 暗室不欺하고 兢兢戰戰하라 上帝左右
기 열   응 수 심 한   암 실 불 기   긍 긍 전 전   상 제 좌 우

하고 神目如電이니 曷不懍懍리오. 禮以爲準하여 表裏交淸하고
　　　신목여전　　　　갈부조조　　　　예이위준　　　　표리교청

顯微必愼이니라 形氣之私면 發爲貪慾이니 所貴乎儒는 力袪
현미필신　　　　형기지사　　발위탐욕　　　소귀호유　　　역거

痛窒이니라 方寸虛淨하여 不染汚濁하고 澄澈無瑕하여 以世基
통질　　　　방촌허정　　　불염오탁　　　형철무하　　　이세기

家하고 單專眞訣하라.
가　　　단전진결

- 풍천노씨가학豊川盧氏家學

【해 설】 풍천노씨가훈 중 노분의 청렴과 신중에 관한 교훈이다.

14. 이변(李邊)

1391~1473. 조선 세종~세조 때 문신. 시호는 정정(貞靖). 덕수 사
람으로 사재시 판사를 지낸 이공진(李公晉)의 아들. 세종 때 문과
에 급제하고 형조판서 · 대제학 · 영중추부사를 지냈다.

남을 속이지 말라. 나는 평생 일찍이 남을 속이지 않았다. 벼
슬길에 들어선 날부터 끝마치는 날까지 한 번도 거짓말 한 일
이 없었다.

不欺人하라 吾平生에 未嘗欺人이니라 自入社以來로 一無爲
불기인　　　오평생　　미상기인　　　　자입사이래　　일무위
이라.

- 국조인물고國朝人物考

【해 설】 이 말은 나라에 벼슬한 사람은 남을 속이거나 거짓말해
서는 안 된다는 뜻이다.
이변은 성품이 청렴결백하고 정직한 사람이었다. 특히 청백하고

검소하고 정직하여 어떤 관장도 그 바른 뜻을 꺾지 못하였다.

이조참의로 인재 전형의 일을 맡았을 때 일이다. 어느 날 외관이 신선한 물고기와 좋은 고기를 바쳤는데, 이를 받지 않고 몹시 꾸짖으며 인사는 공정해야 한다는 교훈을 남겼다. 이 말은 그때 말한 내용이다.

당시 학자 김종직(金宗直)은, "신의가 그 말과 같았다. 그의 덕은 진실로 정직하고 성실하고 공경스럽다."라고 칭찬하였다.

중국어와 이문(吏文)에 능통하여 중국 사람도 학식을 칭송하였는데, 저서와 훈계와 세상의 평론과 일화가 전하지 않아서 행적을 알 수 없고, 가승도 전하지 않아서 이런 사실도 성종실록(成宗實錄)과 여지승람(輿地勝覽) 같은 데서 가려 썼다고 하였다.

15. 심회(沈澮)

1418~1493. 조선 전기의 문신. 자는 청보(淸甫), 시호는 공숙(恭肅). 청송 사람으로 영의정을 지낸 심온(沈溫)의 아들. 문종 때 벼슬하여 세조 때 영의정, 예종 때 국정을 바로잡은 공으로 청송군에 봉해지고, 성종 때 청송부원군으로 고쳐 봉해졌다.

큰일을 의논하거나 크게 의심나는 일을 결단할 때는 반드시 바른 진리에 따라 어긋난 논란이 없도록 하라. 여기서 학문의 힘이 장성될 것이다.

議大事하고 決大疑엔 必據正詣理하여 武依違之論하라 次基
의 대 사   결 대 의   필 거 정 예 리   무 의 위 지 론   차 기

學問之力이 爲多矣니라.
학 문 지 력   위 다 의

– 국조인물고國朝人物考

【해 설】 이 말은 모든 일은 바르게 다스리는 데서 학문하는 힘도 커진다는 뜻으로, 평소 자제를 경계한 말이다. 대학(大學)과 중용(中庸)의 내용을 들어 자제를 엄정하게 훈도하며, 자신도 솔선수범하였다.

심회는 명문 출신으로 세종대왕의 비 소헌왕후의 동생이다. 인품이 뛰어나고 과묵하고 관후하며 침착하여 학업에 힘썼다. 세종 때 형 심준(沈濬)과 아우 심결(沈決)의 일로 해서 오랫동안 등용되지 못하다가, 문종 때 돈녕부 주부가 되고 차츰 벼슬이 높아져서 세조 때는 영의정이 되었다.

사람됨이 엄정하여 오랫동안 벼슬하면서도 모든 일을 정당하게 다스리는 데 힘쓰고, 공과 사를 엄연하게 가려 처신하였다.

16. 손순효(孫舜孝)

1427~1497. 조선 성종 때 문신. 자는 경보(敬甫), 호는 물재(勿齋)·칠휴거사(七休居士), 시호는 문정(文貞). 평해 사람 손밀(孫密)의 아들. 단종 때 문과에 급제하고 성종 때 대사헌·좌찬성·판중추부사를 지냈다.

남을 책망하는 마음으로써 자기를 책망하고, 자기를 사랑하는 마음으로써 남을 사랑하면, 충실하고 너그러운 도리가 극진할 것이다.

以責人之心으로 責己하고 以愛己之心으로 愛人이면 忠恕之
이 책 인 지 심   책 기   이 애 기 지 심   애 인   충 서 지

道가 盡矣니라.
도   진 의

- 국조인물고國朝人物考

【해 설】 이 말은 남의 잘못은 너그럽게 용서하고, 자기의 잘못은 엄격하게 책망하라는 뜻이다.

손순효는 어려서부터 힘써 학업을 닦아 학문에 능통하였고, 특히 성리학을 깊이 연구하여 조예가 깊었으며 문장과 그림도 능하였다.

성종은 자주 그를 불러 학문을 강론하였다. 어느 날 경연에서 학관들이 경사의 강의를 마친 뒤 그에게 중용과 대학과 주역과 시경을 강의하게 하니, 모든 학과를 거침없이 강론하였다. 이때 그는 위정자가 밝아야 재신들이 어질지, 위정자가 좀스러우면 재신들이 게을러지고, 그러면 만사가 다 게을러진다고 하였다. 왕은 기꺼이 받아들이고 이어 '충서(忠恕)의 도'를 논하라 하므로 그는 이에 관하여 강론한 다음 결론으로 이 말을 하였다.

이날 강론은 밤중까지 논란되었으며 왕은 그에게 옷 한 벌을 하사하였다.

17. 김굉필(金宏弼)

1454~1504. 조선 전기의 학자. 자는 대유(大猷), 호는 한훤당(寒暄堂) 또는 사옹(簑翁), 시호는 문경(文敬). 서흥 사람으로 사용 벼슬을 지낸 김유(金紐)의 아들, 김종직(金宗直)의 제자. 벼슬은 사헌부 감찰·형조정랑을 지냈다. 연산군 때 무오사화에 연루되어 귀양 갔다가 죽었다. 저서로 가범(家範)·경현록(景賢錄)이 있다.

너희들은 마음에 남을 공경하고 두려워하는 뜻을 가지고 감히 게을리하는 일이 없도록 하라. 남들이 혹 나를 비방하는 일이 있더라도 절대로 서로 남의 나쁜 점을 드러내어 말하지 말라. 이는 마치 피를 물고 남에게 뿜으려 하면 먼저 그 입을 더럽히는 것과 같으니 마땅히 이를 경계하라.

爾等은 心存敬畏하고 無敢懈怠하라 人或議己라도 切勿相較言
이등   심존경외   무감해태   인혹의기   절물상교언

人之惡하라 如含血噴人이면 先汚其口리니 宜以此爲戒하라.
인지악   여함혈분인   선오기구   의이차위계

- 가범家範 · 해동속소학海東續小學

【해 설】 이 말은 자제들에게 평소에 남의 인격을 존중하는 마음
가짐을 가지고, 남들이 혹 비방하는 일이 있더라도 맞서서 나쁜
점을 드러내어 다투지 말라는 뜻이다.

김굉필은 대학자인 김종직에게 소학(小學)을 공부하고, 그 훈계
에 따라 손에서 소학을 놓지 않다가 30세가 넘어서 육경을 탐독
하여 모든 학문에 능통하고, 아울러 훌륭한 덕성과 인격을 갖추
었다.

동방 유학자의 자질을 갖추는 데 힘쓰면서 부모에게 효도하고, 내
외를 분별하고, 어른과 어린이의 질서를 확립하고, 분수에 따라
맡은 일에 충실할 것을 말한 가범을 마련하고, 사대부 몸가짐의
본보기를 일삼았다.

오래 벼슬하지 않았으나 형조정랑으로 있을 때는 옥사와 송사를
공명정대하게 다스려서 사람들을 감탄하게 하였고, 많은 학자가
문하에 모여들어 공부하였다. 제자로 조광조(趙光祖) · 김정국(金
正國) · 이장곤(李長坤) 등이 있다.

18. 상진(尙震)

1493~1564. 조선 명종 때 대신. 자는 기부(起夫), 호는 범허재(泛
虛齋), 시호는 성안(成安). 목천 사람 상보(尙甫)의 아들. 중종 때
문과에 급제하여 부제학 · 형조판서, 명종 때 영의정을 지냈다.

가벼운 것은 마땅히 무거운 것으로 바로잡고, 급한 것은 마땅
히 느린 것으로 바로잡고, 치우치는 것은 마땅히 너그러운 것
으로 바로잡고, 떠들썩한 것은 마땅히 고요한 것으로 바로잡
고, 사나운 것은 마땅히 부드러운 것으로 바로잡고, 거친 것
은 마땅히 세밀한 것으로 바로잡으라.

輕當矯之以重하고 急當矯之以緩하고 偏當矯之以寬하고 躁當
경 당 교 지 이 중　　　급 당 교 지 이 완　　　편 당 교 지 이 관　　　조 당

矯之以靜하고 暴當矯之以和하고 麤當矯之以細하라.
교 지 이 정　　　포 당 교 지 이 화　　　추 당 교 지 이 세

– 국조인물고國朝人物考

【해 설】 이 말은 신중하고, 침착하고, 너그럽고, 고요하고, 부드
럽고, 세밀하게 처신하라는 뜻으로, 스스로 자신을 경계하는 자
경문의 일부다.

상진은 어려서 부모를 잃고 고아가 되어 매부인 성몽정(成夢井)
의 가르침을 받으며 자랐는데, 어려서는 공부를 게을리하다가 뜻
을 세워 학업에 힘썼다.

모든 일을 공명정대하게 처리하여 어느 쪽으로도 치우침이 없었
고, 청렴결백하였으며, 어진 덕성과 관대한 도량으로 사람들을 대
하여 누구나 그 처사를 믿고 따랐다.

충성이 지극하였고, 공명을 탐내지 않았으며, 항상 스스로 몸가
짐을 닦는 데 힘썼다.

19. 민기(閔箕)

1504~1568. 조선 명종 때 문신. 자는 경열(景說), 호는 관물재(觀
物齋), 시호는 문경(文景). 중종 때 문과에 급제하고, 대사간·대사

헌·이조참판, 명종 때 이조판서·우참찬·우의정을 지냈다.

———

완전한 사람을 어찌 얻기가 쉬우리오? 인재를 구할 때는 그 단점을 버리고 장점을 취하는 것이 옳다.

全人을 豈易得이리오 舍短取長이 可也니라.
전 인　　기 이 득　　사 단 취 장　　가 야

– 국조인물고國朝人物考

【해 설】 이 말은 인재를 구하기는 쉽지 않으니 단점을 버리고 장점을 취함이 옳다는 뜻이다.

민기는 타고난 자질이 뛰어나고 도량이 넓고 매사에 신중하였다. 다급한 일을 당하여도 놀라는 기색이 없고, 기쁨과 노여움을 얼굴에 나타내지 않았으며, 좋은 일을 보아도 지나치게 칭찬하는 일이 없고, 좋지 않은 일을 보아도 너그럽게 용납하였다.

사람들이 남의 단점을 들어 공박하는 일이 있으면 이 말을 하여 사람 보는 태도를 깨닫게 하였다.

계획과 생각하는 것이 매우 깊고 원대하고 의표가 뛰어났으나, 재주나 학식을 감추어 남들이 알아주기를 바라지 않았다.

20. 백인걸(白仁傑)

1497~1579. 조선 명종·선조 때 문신. 자는 사위(士偉), 호는 휴암(休菴), 시호는 충숙(忠肅). 수원 사람으로 왕자사부를 지낸 백익견(白益堅)의 아들. 사마시를 거쳐 성균에 있다가 선조 때 대사간·공조참판·대사헌·참찬 등을 지냈다.

———

어떤 일에 임해서도 어렵겠다고 거절하는 행동은 나는 하지 않았다.

臨事에 辭難은 吾不爲也니라.
임 사 　사 난 　오 불 위 야

- 국조인물고國朝人物考

【해설】이 말은 어떤 일을 하더라도 성실하게 하는 것이 선비다운 태도라는 뜻이다.

백인걸은 조광조(趙光祖)의 제자로서 학업에 열중하였으나, 중종 때 기묘사화로 스승과 동지를 잃자 금강산으로 들어갔다. 그 뒤 돌아와서 사마시에 급제하고 여러 벼슬을 지냈다.

청렴결백하고 매사에 공명정대하여 권신들의 잘못을 논하다가 뜻을 이루지 못하고 사임하였다. 뒤에 참찬으로 등용되어 동서 당쟁의 부당성을 논하고, 국방과 군비 강화를 주창하였다.

인종이 세상을 떠나고 명종이 즉위하자 문정대비가 수렴청정하게 되어, 윤원형(尹元衡)에게 윤임(尹任)·유관(柳灌)·유인숙(柳仁淑)을 죄로 다스리려 하였다. 정신(鼎臣, 삼정승)들은 두려워 감히 바른말하지 못하였으나, 그는 이 말을 하고 이어, "국가의 정사는 마땅히 공명정대하게 처리하여야 한다. 이 세 사람을 죄 주자는 것은 정신들의 뜻이 아니다."라고 하였다. 그러나 이 일로 문정대비의 미움을 받아 벼슬에서 물러났다.

21. 심충겸(沈忠謙)

1545~1594. 조선 선조 때 문신. 자는 공직(公直), 호는 사양당(四養堂), 시호는 충익(忠翼). 호성공신 청림군으로 봉해졌다. 청송 사람 심강(沈鋼)의 아들. 명종 때 사마시를 거쳐 선조 때 친시에 장

원급제하고 호조참판·병조판서를 지냈다.

━

사람이 나라에 몸을 맡겨 벼슬할 때는, 나라의 위급 존망의
처지에 따라 의롭게 행동할 것을 생각해야지, 몸에 근심 없이
편안을 생각하는 것은 생각 밖의 일이어야 한다.

人臣委質職엔 思其危急存亡義同이요 休戚寧恤은 其他니라.
인 신 위 질 직   사 기 위 급 존 망 의 동   휴 척 영 휼   기 타

– 국조인물고國朝人物考

【해 설】 이 말은 죽기를 각오하고 몸을 나라에 맡긴 벼슬아치는
어떤 어려움과 괴로움도 이겨내야 한다는 뜻이다.

심충겸은 타고난 인품이 의연하고 도량이 넓고 컸으며, 학식과 덕
망을 아울러 갖추어 모든 일을 성실하고 공정하게 처리하였다.

임진왜란 때는 병조참판 겸 비변사제조가 되어 선조를 모시고 평
양으로 갔다. 여기서 왜적을 피하여 함경도 경성으로 가자는 의
논이 일어났는데, 그는 병조판서 이항복(李恒福)과 의주로 피할
것을 청하였다.

그 뒤에 호조·병조참판 겸 세자 우빈객으로 임명되어 모든 일을
보살피고 군사와 군량을 관리하는 데 신명을 바쳤다. 이때 어떤
사람이, "옛날부터 몸을 세무에 맡긴 사람치고 화를 입지 않은 사
람이 드문데 왜 그다지 스스로 괴로움을 겪고 있는지?" 하고 걱
정하자, 그는 이 말을 하여 굳은 충절을 맹세하였다.

병조판서로 임명되었으나 얼마 안 되어 병으로 죽었다.

22. 이원익(李元翼)

1547~1634. 조선 선조~인조 때 재상. 자는 공려(公勵), 호는 오리(梧里), 시호는 문충(文忠). 전주 사람 함천군 이억재(李億載)의 아들, 태종의 아들 익녕군 이치(李袳)의 4세손. 선조 때 문과에 급제하고 대사헌·우상·좌상이 되고, 광해군·인조 때 영의정을 지냈다.

▨

세상에 태어나서 함께 살다 죽어서 함께 묻히는 것은 천리라, 인정인들 어찌 아름다운 뜻이 아니리오? 이러면 영원히 함께 있으리니 장사는 한 언덕에 묻는 것이 좋겠다.

生而同居하고 沒而同宅은 求之天理라 人情이 豈非美意리오
생 이 동 거   몰 이 동 택   구 지 천 리   인 정   기 비 미 의

是後百世之遠이리니 皆葬一隴이 可也니라.
시 후 백 세 지 원   개 장 일 롱   가 야

– 국조인물고國朝人物考

【해 설】 인생은 한 핏줄로 세상에 태어나면 살아서는 함께 살고 죽어서는 함께 묻히는 것이 천리이므로, 인정으로 마땅히 따르는 것이 옳다는 뜻이다.

이원익은 어려서 총명하고 인품이 뛰어났으며, 즐겨 책을 읽고 식견이 넓으며, 의지가 굳건하였으며 시문에 능하였다.

18세에 진사시에 합격하고 23세에 문과에 급제하였는데, 남들과 사귀어 노는 것을 즐기지 않고 일없이 집안에서 나다니지 않았으나 유성룡(柳成龍)은 그가 인재임을 알고 존경하였다. 청백한 사람으로 이름 높았다.

이 말은 선조가 세상을 떠나서 장례를 의논할 때 한 말이다. 이 때 장지를 건원릉(태조릉) 곁으로 정하였는데, 술사는 태조 묘에

가까이 묻는 것은 불길하다고 하여 의견이 분분하였다. 그는 중국 역대 왕릉의 실례를 들며 뜻을 굽히지 않았다. 광해군이 나라를 잘못 다스리자 그는 어머니(인목대비)를 모시고, 동기와 화목하고, 여색을 막고, 토목공사를 경계하라는 등 강력히 간하다가 홍천으로 귀양 갔다. 인조반정으로 다시 영의정으로 부름을 받아 정사를 바로잡는 데 힘썼다.

23. 유대칭(兪大僻)

1565~1634. 조선 인조 때 학자. 자는 경선(景宣), 호는 관원(灌園). 기계 사람 유함(兪涵)의 아들. 선조 때 사마시에 급제하고 인조 때 군자감 첨정을 지냈다. 저서로 관원유고(灌園遺稿)가 있다.

장중하고 공경하면 날로 굳건하게 되고, 안일하고 방자하면 날로 탐이 많아진다. 이 가르침을 군자는 몸을 지키는 방도로 삼는다. 학업은 지조보다 먼저 할 것이 없고, 경계는 마음이 게을러지는 것보다 절실한 것이 없다.

莊敬日彊하고 安肆日偸니라 此는 君子守身之有道也니라 學
장 경 일 강   안 사 일 투   차   군 자 수 신 지 유 도 야   학

은 莫先於志操요 戒는 莫切於心懈니라.
  막 선 어 지 조   계   막 절 어 심 해

— 관원유고灌園遺稿

【해 설】 이 말은 군자다운 의로운 행실을 지키는 도리를 경계한 말로, 장중하고 공경하면 날로 굳건해지지만 안일하고 방자하면 날로 탐욕에 물든다는 뜻이다.
유대칭은 이 말에 이어, 마음을 가라앉혀 옳은 도리를 체득하고,

엄격히 자신의 몸가짐을 바로잡는 데 힘쓰면 날로 굳건한 보람을 이룰 수 있으나, 집안에 혼자 있으면서 몸가짐을 게을리하고, 스스로 자신을 내던지고 앞길을 돌보지 않는다면 날로 탐욕에 물들지 않을 수 없을 것이라고 경계하였다.

또 군자답게 힘쓰고 경계할 점은 삼가 올바른 행실에 달려 있다고 말하였다.

24. 김수흥(金壽興)

1626~1690. 조선 숙종 때 학자·재상. 자는 기지(起之), 호는 퇴우당(退憂堂), 시호는 문익(文翼). 안동 사람으로 중추부사를 지낸 김광찬(金光燦)의 아들, 영의정 김수항(金壽恒)의 형. 효종 때 문과에 급제하고 여러 요직을 거쳐 현종 때 영의정, 숙종 때 영중추부사를 지냈다. 저서로 퇴우당집(退憂堂集)이 있다.

지금은 마땅히 사람 살리는 일을 급한 일로 삼고, 곡식 소비하는 일을 작은 일로 삼아야 한다.

今當以活人을 爲急務하고 失穀을 爲細事니라.
금 당 이 활 인   위 급 무   실 곡   위 세 사

— 국조인물고國朝人物考

【해설】 이 말은 흉년이 들면 백성 살리는 일을 급한 일로 삼고, 곡식을 풀어 쓰는 일은 작은 일로 삼아야 한다는 뜻이다.

김수흥은 청음 김상헌(金尙憲)의 손자로 명문에서 생장하여 인품과 학식과 덕행이 뛰어났다.

대사간으로 있을 때 현종에게 국정의 폐단에 관한 여덟 가지 시정책을 올린, "정사를 보살피는 일이 점차 게을러지고, 바른말로

간하는 것을 받아들이는 일이 점차 게을러지고, 백성들의 생활력이 점차 곤란해지고, 인재들의 등용이 점차 없어지고, 나라의 기강이 점차 문란해지고, 사회풍습이 점차 퇴폐해진다."는 등 내용은 사람의 마음을 감동하게 하였다.

강화 유수로 있을 때도 왕에게 아홉 가지 민폐를 들어 시정을 주창하고, 이어 호조판서로 있을 때 나라에 큰 흉년이 들자, 이 말을 하여 무엇보다 먼저 백성을 살리는 일이 급하다고 주창하였다.

25. 남용익(南龍翼)

1628~1692. 조선 숙종 때 학자. 자는 운경(雲卿), 호는 호곡(壺谷), 시호는 문헌(文憲). 의령 사람으로 부사를 지낸 남득명(南得明)의 아들. 인조 때 문과에 급제하고, 효종 때 좌참찬, 현종 때 이조판서, 숙종 때 예조판서·이조판서를 지냈다.

사람이 살고 죽는 것은 붓끝에 달려 있는데, 살려야 될 사람을 죽게 하면 재앙이 반드시 이를 것이다.

人之生死는 懸於筆端인데 使可生而死면 殃必至矣니라.
인 지 생 사　　현 어 필 단　　사 가 생 이 사　　앙 필 지 의

－ 국조인물고國朝人物考

【해 설】이 말은 사람의 생사가 붓끝에 달렸을 때 그릇된 말로 집권자를 움직여 살릴 사람을 죽게 만들면 앙화를 받는다는 뜻으로, 간관으로 있을 때 벼슬아치들을 경계한 말이다.

남용익은 21세 때 정시에 급제하고, 효종 때 오랫동안 사간원·사헌부·홍문관 등에서 크게 활약하였는데, 일본 통신사로 가다 태풍을 만났을 때 사람들의 마음을 안정시켜 감탄케 하였다.

약관에 과거에 급제하고 벼슬하여 인품과 문망을 세상에 떨쳤다. 그러나 몸가짐을 닦는 데 힘써 한마디 말이나 한 가지 일에도 신중하여 40년 동안 잘못한 일이 없어 사람들이 감복하였다.

숙종이 왕자의 호를 정하려 공경(公卿, 삼공과 구경) 여러 신하를 모으고 의논할 때, "왕자가 탄생한 지 몇 달도 안 되는데 호를 정하는 것은 이릅니다."라며 홀로 반대하였다. 그 뒤 인현왕후가 물러나고, 명천으로 귀양 갔다가 그곳에서 65세로 세상을 떠났다.

26. 홍만종(洪萬宗)

17세기. 조선 효종 때 학자. 자는 우해(宇海), 호는 현묵자(玄默子). 풍천 사람으로 학문과 문장이 뛰어나 많은 책을 저술하였다. 저서로 순오지(旬五志)·역대총목(歷代總目)·시화총림(詩話叢林)·소화시평(小華詩評) 등이 있다.

마음가짐을 공정하게 하고, 몸가짐을 청렴하게 하고, 나라에 충성하고, 어른 섬기기를 공손하게 하고, 사물 대하기를 미덥게 하고, 하인 대하기를 너그럽게 하고, 일 처리를 삼갈 것이다. 이것이 벼슬하는 사람의 일곱 가지 중요한 일이다.

正以處心하고 廉以律己하고 忠以事君하고 恭以事長하고 信以
정 이 처 심   염 이 율 기   충 이 사 군   공 이 사 장   신 이

接物하고 寬以待下하고 敬以處事하라 此는 居官之七要也니라.
접 물   관 이 대 하   경 이 처 사   차   거 관 지 칠 요 야

— 순오지旬五志

【해설】 이 말은 벼슬하는 사람의 일곱 가지 중요한 점을 든 것

으로, 마음가짐과 몸가짐을 공정하고, 청렴하고, 충직하고, 공손하고, 신임하고, 관대하고, 신중하라는 뜻이다.

홍만종은 몸가짐을 닦는 방법 아홉 가지를 들어 말하기를, "첫째 효도하고 순종하라. 둘째 좋은 위장을 보전하라. 셋째 남을 사랑하고 불쌍히 여기는 마음을 가져라. 넷째 온화하고 부드러워라. 다섯째 익숙하고 성실하라. 여섯째 올바른 도리를 지키라. 일곱째 충직하라. 여덟째 남몰래 착한 일을 많이 하라. 아홉째 모든 일을 알맞게 처리하라."라고 하였다.

순오지를 15일 동안에 썼다고 하여 그 뜻으로 책 이름을 붙였다고 하니, 이 한 가지만 보아도 그의 박학을 엿볼 수 있다.

27. 윤증(尹拯)

1629~1714. 조선 숙종 때 학자. 자는 자인(子仁), 호는 명재(明齋), 시호는 문성(文成). 파평 사람 윤선거(尹宣擧)의 아들. 학문과 덕행이 뛰어났으나 벼슬하지 않고 후진을 가르치는 데 힘썼다. 소론의 영수로 저서에 명재집(明齋集)이 있다.

벼슬하는 사람은 백성을 사랑하고, 나라와 사회를 위하여 힘써 일하고, 청렴결백하고 검소하고 깨끗하고, 몸가짐을 잘 단속하고, 부지런하고 삼가고, 법도를 잘 지킬 것이다.

居官者는 愛民하고 奉公하고 淸簡하고 律身하고 勤謹하고 守法이니라.

― 명재집가계明齋集家誡

【해설】 이 말은 벼슬하는 사람으로서 지킬 바 몸가짐을 경계한

것으로, 백성을 사랑하고, 사회에 봉사하고, 청렴하게 몸가짐을 다잡고, 근면 근신하고, 법도를 잘 지켜야 한다는 뜻으로, 윤증의 가훈에 있는 말이다.

윤증은 자손을 훈계한 말에 특히 부지런하고 삼가야 한다는 점을 강조하여 부지런한 사람은 무슨 일이든 뜻대로 이루어지고, 삼가는 사람은 잘못을 저지르지 않는다고 가르쳤다.

또 자손들에게 남이 나를 논하는 것이 비록 정도에 지나치더라도 바르게 듣기를 좋아하고 반성을 더 하라고 경계하였으며, 자신의 맡은바 본분을 잘 지켜 처신할 것이지, 쓸데없이 남의 일에 관여하지 말라고 가르쳤다.

28. 강진규(姜晋奎)

19세기. 조선 헌종 때 학자. 호는 역암(櫟菴). 순조 때 나서 헌종 때 문과에 급제하고 예조참판을 지냈다. 학문이 뛰어났고, 저서에 역암문집(櫟菴文集)이 있다.

━

옳은 일을 행하는 몸가짐을 반드시 닦고, 글공부하는 일을 반드시 부지런히 하고, 예의 바른 법도를 반드시 지키고, 검소와 절약을 반드시 숭상하고, 어버이에게 효도하고 형제가 우애하는 일을 반드시 성실하게 하고, 선조를 받드는 일을 반드시 정성껏 하고, 아들딸 가르치는 일을 반드시 엄격히 하고, 아랫사람 거느리는 일을 반드시 너그럽게 하고, 사람 대접하는 일을 반드시 공손히 하고, 모든 몸가짐을 반드시 삼가고, 말은 반드시 신중히 하고, 집안은 반드시 정숙히 하고, 사귀어 노는 벗을 반드시 가리고, 세금 납부를 반드시 삼가며, 돈과 재물을 불리려 하지 말고, 방사의 술법을 즐겨 하지 말고, 도리에 어긋나는 행동을 하지 말고, 시비 가리는 일에 참여하지 말고, 분수의 한계를 넘지 말고, 재주를 자랑하지 말고, 명예를 구하지 말고, 기이한 일을 숭상하지 말고, 흘러가는 풍속을 따르지 말고, 부귀와 권세를 즐기지 말고, 빈곤을 싫어하지 말고, 재앙과 환난을 억지로 막으려 하지 말고, 원한을 갚으려 하지 말고, 남의 은덕을 잊지 말라.

行義必修하고 文學必勤하고 禮法必遵하고 儉約必崇하고 孝
행 의 필 수   문 학 필 근   예 법 필 준   검 약 필 숭   효

友必篤하고 奉先必誠하고 敎子必嚴하고 御下必寬하고 接人
우 필 독   봉 선 필 성   교 자 필 엄   어 하 필 관   접 인

必恭하고 容止必飭하고 言語必訒하고 閨門必肅하고 交遊必擇
필 공   용 지 필 칙   언 어 필 인   규 문 필 숙   교 유 필 택

하고 租稅必謹하며 貨財勿殖하고 方技勿狎하고 橫逆勿較하고
조 세 필 근   화 재 물 식   방 기 물 압   횡 역 물 교

是非勿燊하고 分限勿過하고 才藝勿矜하고 名譽勿求하고 壞
시 비 물 참   분 한 물 과   재 예 물 긍   명 예 물 구   괴

奇勿尙하고 流俗勿循하고 貴勢勿耽하고 貧困勿厭하고 禍患
기 물 상   유 속 물 순   귀 세 물 탐   빈 곤 물 염   화 환

勿沮하고 怨恨勿報하고 德惠勿忘하라.
물 저   원 한 물 보   덕 혜 물 망

- 역암가훈櫟菴家訓

【해 설】 이 말은 가훈 28조의 제목으로, 이 내용을 잘 지킴으로써 올바른 삶을 도모하고 가정을 복되게 마련하라는 뜻이다.

29. 공낙호(孔洛鎬)

조선 후기의 학자. 자는 명화, 호는 농헌.

─

마음가짐과 몸가짐을 잘 닦고, 가정을 잘 정제하고, 분수를 지켜 스스로의 처지에 만족하고, 영화와 명예를 구하지 말라. 어버이에게 효도하고 형제간에 우애하고 몸가짐을 깨끗하고 성실하게 하고 친척들과 화목하고, 이웃과 사이좋게 지내라. 근면하고 검소하고, 가난한 사람을 구제하고, 가정을 다스리는데 법도가 있고, 남을 대접하는 데 반드시 공손하라. 지조가 늠름하고, 경전을 잘 연구하고, 명예와 이익을 구하지 말라.

修身齊家하고 守分自足하고 不求榮名하라 孝友純篤하고 敦
수신제가   수분자족   불구영명   효우순독   돈

睦親戚하고 善隣親交하라 勤儉恒貧하고 齊家有度하고 接人
목친척   선린친교   근검항빈   제가유도   접인

必恭하라 志操凜然하고 窮理經傳하고 不取名利하라.
필공   지조늠연   궁리경전   불취명리

— 해동윤강록海東倫綱錄

【해 설】 이 말은 복된 집안을 이룩하는 데 중요한 신조를 말한 가훈이다.

첫째로 자신의 몸가짐을 닦고 집안을 정제하고 분수를 지켜 스스로 만족하고 영화를 구하지 말고, 둘째로 윤리를 존중하여 효도하고 우애하고 화목하고 남과 다정하게 사귀고, 셋째로 근면검소하고 집안을 잘 다스리고 남을 공경하고, 넷째로 큰 뜻을 가지고 학문을 연구하고 명예나 이익을 취하지 말라는 뜻이다.

근검편
勤儉篇

근검은 부지런하고 검소한 것을 말한다.

사람이 세상을 살아가는 데 부지런한 사람은 굶주리는 일이 없고, 검소한 사람은 부족함이 없다. 그래서 행복한 삶은 근면한 데서 마련되고, 여유 있는 생활은 검소한 데서 비롯된다고 한다.

세상에 성공한 사람들의 행적을 살펴보면 총명과 예지보다도 근면한 사람이 많고, 고금을 막론하고 행복한 삶의 근원이 검소한 데 달렸다고 말하는 사람이 많다.

그러므로 공부하는 사람으로부터 큰일 하는 사람까지 부지런해야 뜻한 일이 이루어지고, 저마다 분수에 맞게 검소한 생활을 해야 보람 있는 삶을 누릴 수 있을 것이다.

사람은 처지에 따라 가난하고 부유하고, 귀하고 천한 삶을 사는데, 누구나 다 같이 강조하는 생활 태도는 부지런하고, 분수에 맞게 살고, 검소하게 살아야 한다고 말한다. 분수에 만족하고 성실한 태도로 부지런하고 검소하면 사회는 복되고, 세상을 평화롭게 살 수 있을 것이다.

1. 함유일(咸有一)

1106~1185. 고려 중기의 문신. 자는 형천(亨天). 인종 때 서리로 종군하여 서경 반란을 평정하는 데 공이 있어 내시가 되어 그 이름이 드러나고, 명종 때는 병부낭중·상서좌승을 거쳐 공부상서에 이르렀다. 의종 때 서울 장안의 무당을 비롯한 미신을 타파한 사람으로 유명하다.

—

나는 외로운 몸으로 도움 없이 부지런하고 검소하고 절개를 지켜 집안을 일으켰으니, 아이들도 다만 마땅히 바르고 곧고 아끼고 검소한 몸으로 천명을 기다리게 할 따름이라 어찌 가난함을 근심하리오?

予孤立無援으로 勤儉守節하여 以立門戶하니 兒輩는 旦當正
여 고 립 무 원   근 검 수 절   이 립 문 호   아 배   단 당 정

直節儉으로 以俟命耳니라 何慼慼乎貧窶乎리오?
직 절 검   이 사 명 이   하 척 척 호 빈 구 호

－고려사高麗史

【해 설】이 말은 청빈한 가풍을 대를 이어 지키라는 교훈이다.
함유일은 태조 때 공신인 함규(咸規)의 후예로, 아버지 함덕후(咸德侯)는 상의봉어동정 벼슬을 하였으나 일찍 세상을 떠나서 외가에서 자랐다. 15세 때 서울에 와서 이부 기록관이 되었는데, 서경 반란 때 공을 세워 출세하여 보성 원이 되었고 청렴한 사람으로 이름이 났다.
의종 때 교로도감이 되었는데, "사람과 귀신이 잡거(雜居)하면 병이 많이 생긴다."고 하며 서울 안에 있는 무당을 내쫓고 음사(淫祠, 귀신을 모셔 놓은 집)를 모두 불태워 미신을 타파하였다.
공부상서로 벼슬에서 물러나 80세에 죽었는데, 평생 옷은 베옷

이고, 그릇은 질그릇이고, 재산은 아무것도 없었다. 죽을 때 아내가 아이들의 장래를 걱정하자, 이 말을 남기고 세상을 떠났다.

2. 추적(秋適)

14세기. 고려 충렬왕 때 문신. 호는 노당(露堂). 성품이 활달하여 구김이 없었다. 벼슬이 좌사간에 이르렀는데 관리들의 어떠한 부정도 용납하지 않았다. 민부상서·예문관 제학으로 치사하였다. 명심보감(明心寶鑑)을 편찬하였다고 한다.

손님을 대접하는 데 다만 흰 쌀밥을 연하게 짓고, 물고기를 잘라 국을 끓이면 되지, 하필이면 많은 돈을 들여 팔진미를 마련하겠는가?

享客엔 但軟炊白粒하고 割鮮作羹이면 可矣요 何必이면 費百
향 객   단 연 취 백 립   할 선 작 갱   가 의   하 필   비 백

金하여 致八珍耶아?
금   치 팔 진 야

− 고려사高麗史

【해 설】 이 말은 간소한 식사를 권장한 가르침으로, 손님이 왔다고 특별한 음식을 마련하려 해서는 안 된다는 뜻이다. 또한 식사에 관하여 그 지위가 높다고 하여서 특별히 준비할 것이 아니라는 점을 깨우친 것이다.
추적이 좌사간이 되었을 때 내시 황석량(黃石良)이 권세를 부려 자기 고향을 현으로 승격시키려 하자, 그 부당성을 말하여 서명을 거절하였다. 그러자, 황석량은 무고로 그를 구속하여 순마소로 압송하였는데, 압송하는 사람이 남들이 보지 않는 골목길로 가

자고 하자, "간관으로서 잡혀가는 것이 영광스러우니 큰길로 가
며 백성들이 보게 하라."라고 말하여 그들을 놀라게 하였다.

3. 전경창(全慶昌)

1532~1585. 조선 선조 때 학자. 자는 계하(季賀), 호는 계동(溪
東). 경산 사람으로 판서를 지낸 전백영(全伯英)의 후손. 선조 때
문과에 급제하고 정언·지평·정랑을 지냈다. 저서로 계동집(溪東
集)이 있다.

부지런하고 삼가는 것을 집안의 법도로 삼고, 검소하고 너그
러운 것을 집안의 기풍으로 삼으라.

以勤謹爲家法하고 以儉厚爲家風하라.
이 근 근 위 가 법   이 검 후 위 가 풍

- 계동선생가헌溪東先生家憲

【해 설】 이 말은 집안의 법도는 부지런하고 삼가고, 가풍은 검소
하고 너그러움을 근본으로 하라는 뜻이다.

전경창은 명종 때 사마시에 합격하고 선조 때 문과에 급제하고
벼슬하였으나 얼마 안 되어 물러나서 학문 연구에 힘을 기울여 잠
시도 손에서 책을 놓지 않았다.

늦게 이황(李滉)의 학풍을 사모하여 심경(心經)·근사록(近思錄)·
주자서(朱子書) 등을 가지고 가야산으로 들어가서 깊은 뜻을 구
명하는 데 힘썼다.

공부하는 사람들에게 소학을 잘 읽어 그 뜻을 터득한 다음 학문
에 힘쓰라고 하였고, 또 역학도설(易學圖說)과 계몽전의(啓蒙傳
疑) 같은 책을 손수 필사하며 심오한 뜻을 구명하였다.

일찍이 가헌 25조를 지어 집안의 법도와 가풍을 정하였는데, 이 말은 그 첫머리에 있는 말이다.

또 가령 15조를 지어 집안에서 일하는 사람들이 반드시 지켜야 할 명령으로 삼았는데, 가헌과 가령은 당시 유명한 가훈으로 다른 사람들도 본받았다고 한다.

4. 김응남(金應南)

1546~1598. 조선 선조 때 명신. 자는 중숙(重叔), 호는 두암(斗巖), 시호는 충정(忠靖). 원주 사람 김형(金珩)의 아들. 선조 때 문과에 급제하고 이조판서와 좌·우의정을 지냈다.

녹을 받아서 먹고, 집을 빌려서 살면서, 마음에 걱정 없이 편안히 분수를 누린 사람으로 나 같은 사람이 없을 것이다.

受祿而食之하고 賃屋而居之하며 不勞心力하고 而安享本分은
수 록 이 식 지   임 옥 이 거 지   불 로 심 력   이 안 향 본 분

莫如我也니라.
막 여 아 야

– 국조인물고國朝人物考

【해설】 이 말은 벼슬아치로서 검소하게 살며 분수에 만족하는 것이 삶의 보람이라는 뜻으로, 생활신조를 언급한 말이다.

김응남은 8세 때 사서를 통하고 대의를 알았다. 덕망과 도량이 넓고, 겉은 부드러우면서도 속은 굳건하고, 옳은 일에 용감하고 재물에 관하여 깨끗하였다. 집에서는 부모에게 효도하고 형제간에 우애하였으며, 조정에서는 몸가짐을 다잡고 의논이 엄정하고 모든 일이 공명정대하였다.

착한 일을 좋아하고 악한 일을 싫어하여 항상 자제에게도 이를 경계하여 잘한 일은 권장하고 잘못한 일은 바로잡았으며, 큰일을 처리하는데도 의심 한 점 없이 뜻대로 잘 처리하였다.

30여 년 동안 조정에 있으면서도 토지도 집도 없었다.

5. 권협(權悏)

1553~1618. 조선 중기의 문신. 자는 사성(思省), 호는 석당(石塘), 시호는 충정(忠貞). 안동 사람으로 중추부사를 지낸 권상(權常)의 아들. 선조 때 문과에 급제하고 예조판서를 지냈다.

우리 집이 작위를 받고 부귀를 누리는 것이 어찌 선조가 충성과 효도를 쌓은 덕이 아니겠는가? 이를 가지기가 어려움은 이를 얻는 것보다도 더한데, 이를 가지는 도리는 검소하고 절약하는 것밖에 다른 방도가 없다.

吾家爵位富貴는 何非祖先忠孝之積이리오 持之之難은 甚於
오 가 작 위 부 귀　　하 비 조 선 충 효 지 적　　　지 지 지 난　　심 어

得之之難이라 持之之道는 外儉約無他니라.
득 지 지 난　　　지 지 지 도　　외 검 약 무 타

- 국조인물고國朝人物考

【해 설】 이 말은 현실적으로 누리는 부귀와 영화는 조상의 은덕인데, 이를 가지는 방도는 검약밖에 없다는 뜻이다.

권협은 인품이 뛰어나서 누가 봐도 나라의 큰 재목임을 알았다. 임진왜란 때 명나라로 가서 군량을 원조받는 데 공을 세워 선무공신의 호를 받고 길창군에 봉해졌다.

40년 동안 조정에서 한마음 한뜻으로 충절을 다하여 조야의 신

망이 컸고, 손주 권대임(權大任)은 선조의 부마가 되었다. 광해군 때 벼슬에서 물러나 두문불출하고 조정의 고관들과는 왕래하지 않았다.

가정을 다스리는 가르침으로 부귀영화를 누리는 경계를 자손들에게 하였는데, 이 말도 그 일부이다.

6. 홍서봉(洪瑞鳳)

1572~1645. 조선 선조·인조 때 문신. 자는 휘세(輝世), 호는 학곡(鶴谷), 시호는 문정(文靖). 남양 사람으로 도승지를 지낸 홍천민(洪天民)의 아들. 선조 때 문과에 급제하고 동부승지·예조판서·좌의정·영의정을 지냈다. 저서로 학곡집(鶴谷集)이 있다.

본래 재능과 덕망이 없는 사람으로 높은 벼슬에 이르러서 늘 두려움을 생각하고 있으므로, 화려한 의복 입는 것을 진정 탐내지 않습니다.

素無才德으로 濫冒至此하여 每思之惕然兢懼니 服飾華侈는 心
소 무 재 덕   남 모 지 차   매 사 지 척 연 긍 구   복 식 화 치   심

所不欲也니라.
소 불 욕 야

– 국조인물고國朝人物考

【해 설】 벼슬이 높은 사람도 화려하고 사치스러운 의복은 삼가 검소한 몸가짐을 가져야 한다는 뜻이다.

홍서봉은 높은 벼슬에 올랐으나 일상생활이 근검 성실하고 옷은 검소함을 일삼아 사람들의 본보기가 되었다.

이 말은 어머니와의 대화에서 그 뜻을 말한 내용이다. 어느 날

어머니가, "너는 나이나 벼슬이 높으니 좀 잘 입어도 좋지 않으냐?"라고 하자 그는 이렇게 대답하였다. 어떤 사람은, "홍재상은 도량이 다른 사람이 미치지 못하고, 두 번 공신호를 받았으나 검소하게 살고, 벼슬이 재상에 올랐으나 입는 옷이 화려하지 않다."라며 칭송하였다.

문장이 건전하고 뜻이 깊었으며 특히 시를 잘 지어 이름을 떨쳤다. 저술한 시문은 많았으나 병화로 인해 많이 소실되었다고 한다.

7. 이규령(李奎齡)

1625~1694. 조선 숙종 때 문관. 자는 문서(文瑞), 시호는 정혜(貞惠). 한산 사람. 현종 때 문과에 급제하고 경기도 관찰사·이조판서·대사헌·형조판서 등을 지냈다.

─

대궐 모양을 화려하게 장식하는 일이 성행하자 일반 여염집에서도 잘못을 본받는 일이 심한데, 만약 왕실에서 몸소 검소한 본을 보여 바로잡지 않으면 사치하는 폐단을 고칠 수 없으리라.

宮樣盛行으로 閭巷效尤인데 若不躬率以正이면 則無以革弊리
궁 양 성 행   여 항 효 우   약 불 궁 솔 이 정   즉 무 이 혁 폐
라.

─ 국조인물고國朝人物考

【해설】 이 말은 왕실에서 대궐을 화려하게 장식하는 일이 성행하면 여염집들도 이를 본받아서 사치하는 폐습이 일어날 것이니, 임금이 솔선수범하여 이런 폐풍을 없애야 한다는 뜻이다.

이규령은 인조 때 나서 현종 때 문과에 급제하여 숙종 때 대사헌이 되었다. 당쟁으로 어려움을 겪는 박세채(朴世采)·남구만(南九萬)·여성제(呂聖齊) 등의 유배를 구제하는 데 힘쓰다가 좌천당하기도 하였다.

당파싸움을 조정하기 위하여 수많은 상소문을 올리며 뜻을 굽히지 않고 조정의 안정을 도모하려 힘썼다.

이 말은 교리로 있을 때, 왕실의 사치와 민생의 폐습을 없애기 위하여 강경한 논의로써 제소한 내용이다.

뒷날 높은 벼슬에 있을 때도 굳은 지조와 바른 처신을 어지럽히지 않고 본분을 지켜 일하였다.

8. 이순(李焞)

1661~1720. 조선 19대 임금 숙종. 재위 1674~1720. 자는 명보(明普). 현종의 아들, 어머니는 명성왕후.

검약을 숭상하고, 재용을 절약하고, 세금 거두는 것을 적게 하라. 마음대로 사치하고, 재물을 마구 쓰고, 백성을 해치는 일이 한 가지라도 있으면, 망하지 않는 것이 없을 것이다. 가히 삼가지 않으리오?

崇儉約하고 節財用하고 薄稅斂하라 侈肆하고 傷財하고 害民이
숭 검 약   절 재 용   박 세 렴   치 사   상 재   해 민

有一於斯면 未或不亡이리니 可不敬歟리오?
유 일 어 사   미 혹 불 망   가 불 경 여

– 열성어제列聖御製

【해 설】 이 말은 나라를 다스리는 데 가장 중요한 일은 검약한

생활과, 재정의 절약과, 세금 거두는 것을 적게 하는 일이니 사치와 낭비와 가혹한 정치를 삼가야 한다는 뜻이다.

숙종은 문화정치에 힘썼으나 당시 조야에 예의 논란이 크게 일어나고, 아울러 서원을 중심으로 당쟁이 전국에 파급되어 서인과 남인의 알력이 심하였고, 이어 노론과 소론의 당쟁이 오래 계속되어 정국의 불안이 계속되었다.

이와 아울러 장희빈(張禧嬪)의 주동으로 인현왕후를 몰아낸 사건으로 내환이 잦아서 많은 사람이 화를 입은 일도 있었다. 숙종은 대흥산성을 쌓고, 황룡산성을 수축하고, 북한산성을 수축하고, 백두산정계비를 세우는 등 국방에 힘썼고, 상평통보를 주조하여 민생에 힘쓰기도 하였다.

학문에 능통하고 특히 시문에 뛰어나 많은 시문을 남겼다. 일상생활에 절약과 검약을 미덕으로 삼아 늘 검소하면 살고, 사치하면 죽는다고 경계하였다.

9. 이덕무(李德懋)

1741~1793. 조선 영·정조 때 학자·문장가. 자는 무관(懋官), 호는 아정(雅亭). 완산 사람 이성호(李聖浩)의 아들. 학식이 뛰어났으나 서자였으므로 크게 출세하지 못하였다. 저서로 사소절(士小節)·청장관전서(靑莊館全書) 등이 있다.

검소한 사람은 스스로 절약에 힘쓰는 까닭으로 항상 여유가 있어 좋은 일을 잘 베풀지만, 사치하는 사람은 스스로 후하게 쓰는 데 힘쓰는 까닭으로 항상 모자라서 도리어 인색하다.

儉者는 自奉節이라 故로 常有餘하여 而能施언만 奢者는 自奉
검 자　자봉절　　고　　상유여　　　이능시　　사 자　　자봉

厚라 故로 常不足하여 反吝이니라.
후　　고　　상불족　　　　반인

- 해동속소학海東續小學

【해설】 이 말은 검소한 사람은 항상 여유가 있어서 좋은 일을 베풀 수 있지만, 사치하는 사람은 항상 모자라서 인색하다는 뜻이다.

이덕무는 학문이 뛰어나 경사자집부터 기문이서(奇文異書)에까지 능통하였으나, 서자란 이유로 벼슬이 규장각 검서관과 적성 현감에 그쳤다. 북경으로 가서 그곳 학자들과 사귀어 지식과 견문을 넓혔고, 돌아와서는 북학을 제창하여 박제가(朴齊家)·유득공(柳得恭)·이서구(李書九)와 함께 4대가로 널리 활약하였다.

특히 문장에 뛰어나서 많은 저서를 남겼고, 또 글씨도 우아하게 잘 쓰고, 그림도 잘 그렸다.

학풍은 당시 실학자들이 주창한 북학이었고, 그 이념을 시와 문장을 통하여 구현시켰다.

저서 중에 사소절(士小節)은 우리나라의 전통적인 예의범절을 남자·여자·어린이로 분류하여 작은 예절까지 중요시하여 저술하였는데, 내용은 미풍양속을 알고, 보다 좋은 예절을 구현하는 데 값진 자료라 할 수 있다.

10. 정종덕(鄭宗悳)

1804~1878. 조선 후기 고종 때 학자. 자는 덕응(悳膺), 호는 운곡(篔谷). 동래 사람 정승민(鄭升民)의 아들. 학식과 문장이 뛰어났으나 벼슬하지 않았다.

검소는 착한 행실의 기본으로 사치의 반대다. 검소한 사람은
공손하고 사치하는 사람은 거만하며, 검소한 사람은 삼가고
사치하는 사람은 교만하며, 검소한 사람은 진실하고 사치하는
사람은 등한하여, 검소한 사람은 편안하고 사치하는 사람은
수고로우며, 검소한 사람은 부지런하고 사치하는 사람은 게으
르며, 검소한 사람은 살고 사치하는 사람은 망한다.

儉者는 德之基로 而奢之反也니라 儉者恭하고 奢者倨하며 儉
검 자 덕 지 기 이 사 지 반 야 검 자 공 사 자 거 검

者謹하고 奢者驕하며 儉者實하고 奢者慢하며 儉者逸하고 奢
자 근 사 자 교 검 자 실 사 자 만 검 자 일 사

者勞하며 儉者勤하고 奢者惰하며 儉者生하고 奢者亡이니라.
자 로 검 자 근 사 자 타 검 자 생 사 자 망

- 운곡집耘谷集

【해 설】 이 말은 가훈의 내용 일부로, 검소한 사람은 공손하고
삼가고 진실하고 편안하고 부지런하여 잘 살 수 있지만, 사치하
는 사람은 거만하고 교만하고 등한하고 수고롭고 게을러서 망한
다는 뜻이다.

정종덕은 또 착한 마음가짐을 갖고 살아야 한다고 가르쳤는데,
"사람의 마음은 본래 착하지 않음이 없는데, 재물을 탐내는 욕심
과 밖으로부터의 온갖 유혹이 여러 면으로 침투하여 혹은 방자해
지고, 간사해지고, 교만해지고, 음란하게 되는 것이다. 만약 이
런 점을 잘 다잡지 않으면 금수와 같이 되니 어찌 두렵지 않겠
는가? 조금이라도 이런 잘못을 잘 막지 않으면 점점 나빠질 것
이니 오직 공경하는 마음과 공손한 마음으로 몸가짐을 잘 가다
듬어야 한다."라고 하였다.

11. 양재협(梁在協)

1863~ ?. 조선 고종 때 학자. 자는 경덕, 호는 동천(東川). 남원 사람 양계환의 아들. 학문이 뛰어났으나 벼슬하지 않고 후학을 길 렀다. 저서로 동천사고(東川私稿) 3권이 있다.

우리 집은 본디 가난하게 살아왔으니, 반드시 부지런하고 검 소하게 집안을 다스릴 것이지, 화려하게 사치하거나 분수에 넘치는 일을 하지 말라. 부모에게 효도하고, 형제간에 우애하 고, 참되고, 미더운 네 가지 행실은 집안을 이룩하고 몸을 세 우는 근본이 되니, 잠깐이라도 마음속에서 잊어서는 안 된다.

吾家는 素貧寒하니 必勤儉理家하고 勿爲華靡濫分事하라 孝
오가   소빈한   필근검리가   물위화미남분사   효

悌忠信四字는 爲成家立身之本이니 不可頃刻忘諸心也니라.
제충신사자   위성가입신지본   불가경각망저심야

– 동천사고東川私稿

【해 설】 이 말은 가훈 첫머리에 든 가르침으로, 사람은 근면하고 검소하게 살아야지 사치해서는 안 된다는 것과, 효도·공정·충 성·신의는 집안을 이룩하고 출세하는 근본이라는 뜻이다.
양재협은 또 자제를 훈계하는 말로, 책 읽는 소리가 집안에서 끊어져서는 안 되고, 관혼상제는 가정 형편에 따라 행하여야 하 고, 특히 조상을 위하는 제사는 정성을 다하는 데 힘써야 하고, 술과 여색은 몸을 망치고 집안을 망하게 하는 근본이 되니 경계 하고, 잡된 놀음과 송사로 싸워서는 안 된다고 가르쳤다.
집안을 잘 다스리는 데 힘썼을 뿐 아니라 종중과 이웃과 고을의 가난한 사람을 도왔고, 특히 많은 책을 사들여서 자손들의 이목 을 계발하는 데 힘썼다.

선 정 편
善 政 篇

선정은 위정자가 어진 정사를 베풀어 나라가 잘 다스려지는 것을 뜻한다.

나라는 백성을 근본으로 삼고, 백성은 잘살게 되는 것을 바란다. 위정자가 선정을 베풀어서 백성이 잘 따르고 나라가 부강하게 되고 백성이 잘살게 되면 태평성대를 노래하게 되고, 그렇지 않으면 그와 반대 현상이 나타나게 된다.

어느 나라를 막론하고 국토와 국민과 통치권, 이 세 가지 요소가 국가를 구성하는 기틀이 되는데, 살아가는 형태는 그야말로 천태만상으로 하나같지 않다. 그러나 정치형태를 크게 나누면 주권이 군주에게 있느냐, 국민에게 있느냐에 따라 달라진다.

우리나라는 현대에 와서 민주국가로 발전되었지만 오랜 세월을 군주사회로 전승되어왔고, 통치자인 군주의 선정 여하에 따라 국가의 안위와 백성들의 행복과 불행이 좌우되었다. 우리의 과거를 보면 군주가 선정을 베풀려고 애쓴 자취가 많고, 벼슬하는 사람은 위정자가 선정을 베풀도록 힘쓴 사람이 많았다.

시대가 바뀌고 정치형태도 달라졌지만, 위정자는 어진 정사를 베풀어 백성을 잘살게 하고, 국민은 한마음 한뜻으로 국가의 융성과 발전에 힘을 기울여 좀 더 부강한 나라를 만들어 자손만대에 전승하도록 해야 할 것이다.

1. 박유리(朴儒理)

?~57. 신라 제3대 유리왕. 재위 24~57. 남해왕의 태자로, 왕호는 이사금. 남해왕이 세상을 떠나자 대보인 석탈해(昔脫解)를 추대하였으나 석탈해의 지혜로 왕위에 올랐고, 선정을 베풀었다.

내 미약한 몸으로 임금이 되어 백성을 잘살게 하지 못하여 늙은이와 어린이가 이런 지경에 이르게 하였구나. 이는 곧 내 죄이다.

予以眇身으로 居上하여 不能養民하여 使老幼로 至於此하니 是
여 이 묘 신   거 상   불 능 양 민   사 로 유   지 어 차   시
는 予之罪也라.
여 지 죄 야

– 삼국사기三國史記

【해설】 이 말은 백성이 잘살지 못하는 것은 임금의 잘못이라는 뜻이다.

유리왕은 국내를 순행하다가 한 노인이 추위와 굶주림에 거의 죽게 된 것을 보고, 이 말을 하며 옷을 벗어서 입히고 밥을 지어 먹여 살렸다. 그리고는 전국에 영을 내려 환과고독(鰥寡孤獨)과 늙고 병들어 스스로 살 수 없는 사람을 조사하여 그들이 살 방도를 마련하였다.

이렇게 선정을 베풀자 이웃 나라 백성들이 몰려오고, 백성들은 국태민안을 노래하여 태평성대를 이루게 되었다. 위정자가 선정을 베풀어 국태민안을 이룩하는 보람은 예나 지금이나 같다.

유리왕 때 국악의 시초인 도솔가(兜率歌)가 지어졌다고 하는데, 내용은 전하지 않지만 태평성대를 구가한 노래임은 분명하다.

한가위 명절도 유리왕 때 생긴 것을 볼 때 당시의 어진 정사를
엿볼 수 있다.

2. 호공(瓠公)

1세기. 신라 초기의 유명한 재상. 전설적인 인물로서 박혁거세(朴
赫居世)를 도와 나라의 창업에 공이 컸고, 남해왕·유리왕·탈해왕
을 도와 국권을 확립하였다.

사람들의 살아가는 일이 잘 다스려지고 사시절이 잘 조화되
면, 창고가 충실하게 되고 백성들이 공경하며 예의가 바르게
된다.

人事修하고 天時和하면 倉庫充實하고 人民이 敬讓이니라.
인 사 수   천 시 화   창 고 충 실   인 민   경 양

– 삼국사기三國史記

【해 설】 이 말은 나라의 정사가 바로잡히고, 시절이 순조로우면
산업이 발전되어 백성의 생활이 충실하고 예의 바른 세상이 된
다는 뜻으로, 호공이 사신으로 마한에 가서 신라의 건국 창업의
실상을 설명한 내용이다.
마한 왕은 이 말을 듣고 격분하여 호공을 죽이려다가 그의 인품
에 감동되어 돌려보냈다.

3. 박파사(朴婆娑)

?~112. 신라 제5대 파사왕. 재위 80~112. 유리왕의 둘째 아들.

창고가 비고 무기가 노둔하다면 수재나 한재가 들거나 변방의 경보가 있을 때 어찌 막겠는가? 마땅히 유사들이 농사짓고 누에 치는 일을 잘 권장하고 무기를 정비하여 뜻밖의 사고에 대비하라.

倉廩空匱하고 戎器頑鈍이면 儻有水旱之災하고 邊鄙之警이면
창 름 공 궤   융 기 완 둔   당 유 수 한 지 재   변 비 지 경

其何以禦之리오 宜令有司로 勸農桑하고 練兵革하여 以備不
기 하 이 어 지   의 령 유 사   권 농 상   연 병 혁   이 비 불

虞하라.
우

– 삼국사기三國史記

【해 설】 이 말은 식량과 무장을 강화하여 흉년과 국난에 대비하라는 뜻이다.

파사왕은 절약과 검소한 태도를 지니고 일상생활에 필요하지 않은 비용을 덜고, 백성들이 편안히 살도록 힘썼다.

4. 고복장(高福章)

2세기. 고구려 태조왕 때 재상. 벼슬이 우보에 이르고 선정을 베푸는 데 힘썼다.

착하지 않은 일을 하면 좋은 일이 변하여 흉하게 되고, 착한 일을 하면 재앙이 도리어 복이 됩니다. 지금 대왕께선 나라 근심하기를 집안과 같이하고 백성 사랑하기를 아들과 같이하는데, 조금 다른 일이 있다 하더라도 어찌 근심하십니까?

作不善이면 則吉變爲凶하고 作善이면 則災反爲福이니라 今大
작 불 선   즉 길 변 위 흉   작 선   즉 재 반 위 복   금 대

王은 憂國如家하고 愛民如子인데 雖有小異라도 庸何傷乎리오?
왕   우 국 여 가   애 민 여 자   수 유 소 이   용 하 상 호

- 삼국사기三國史記

【해 설】 이 말은 악한 일을 하면 흉한 일이 생기고, 착한 일을 하면 복이 된다는 뜻이다. 곧 임금이 나라를 집안같이 여기고 백성을 아들같이 여기면 조금 이상한 일이 생기더라도 근심할 것이 없다는 뜻이다.

고구려 태조왕이 임금이 된 지 90년이 되는 해(142) 서울에 지진이 일어났는데, 꿈에 한 마리 표범이 호랑이 꼬리를 물어뜯었다. 왕이 그 길흉을 물으니 어떤 사람이, "호랑이는 짐승의 우두머리이고, 표범은 같은 짐승이나 작은 부류입니다. 생각하면 왕의 친척 중에서 대왕의 뒤를 끊으려 도모하는 사람이 있는가 봅니다."라고 하였다. 이때 왕은 꿈 조짐을 좋지 않게 여겨 고복장에게 의논하니 그는 이렇게 말하였다.

5. 창조리(倉助利)

4세기. 고구려 미천왕 때 국상. 봉상왕을 폐하고 미천왕을 세우고 국정을 바로잡는 데 힘썼다.

임금이 백성을 잘살게 하지 않으면 어진 임금이 아니요, 신하가 임금을 바르게 간하지 않으면 충성된 신하가 아닙니다.

君不恤民이면 非仁也요 臣不諫君이면 非忠也니이다.
군 불 휼 민   비 인 야   신 불 간 군   비 충 야

- 삼국사기三國史記

【해설】 이 말은 한 나라의 임금은 백성을 사랑하여 잘살게 하고, 신하는 임금이 어진 정사를 펴도록 충성을 다해야 한다는 뜻이다. 임금이 백성을 사랑하고, 신하가 임금을 바른길로 인도하는 것은 올바른 도리다. 봉상왕은 어진 정사를 베풀지 못하고 실정을 거듭하였다. 전국의 15세 이상의 남녀를 동원하여 궁정을 짓는 역사를 일으켜 백성은 굶주리고, 장정은 역사에 시달려서 도망하였다. 창조리는 국상으로 왕에게 바른말을 간하였다. 이 말도 간한 내용의 일부다.

그러나 왕은 그 뜻을 받아들이지 않을 뿐 아니라, "국상은 나를 비방하여 백성들의 칭찬을 받으려 하는가?"라며 그 잘못된 정사를 고치려 하지 않자, 뜻을 같이하는 사람들과 봉상왕을 폐하고, 왕손 을불(乙弗)을 맞아 왕으로 모셨는데 곧 미천왕이다.

6. 김내물(金奈勿)

?~402. 신라 제17대 내물왕. 재위 356~402. 미추왕의 조카이고, 사위이다. 외적의 침해를 막고 대륙의 문물을 받아들여 나라의 융성을 도모하고 문화 발전에 힘썼다.

⸻

백성들은 떳떳한 심정을 가지고 있지 않으므로 생각이 나면 오기도 하고 싫어지면 가버리기도 하는 것이, 실로 그들의 소

행이라 하겠다.

民者는 無常心이라 故로 思則來하고 戴則去니 固其所也니라.
민 자 무 상 심 고 사 즉 래 역 즉 거 고 기 소 야

- 삼국사기三國史記

【해설】 이 말은 백성들은 위정자가 선정을 베푼다고 생각하면
오고, 실정을 한다고 여겨지면 가버리므로 어진 정사를 해야 한
다는 뜻이다.

내물왕 때 백제 독산성주가 백성 3백 명을 거느리고 신라를 찾
아왔으므로 왕은 그들이 살 곳을 마련해 주었는데, 백제 근초고
왕은 그들을 돌려보내라고 힐난했다. 이때 내물왕은 이를 거절
하는 회답을 했는데 이 말은 그 서두이다.

지금도 나라와 나라 사이에 망명이니 귀화니 하는 일이 있는데,
옛날에는 살기 싫으면 떠나가고, 살기 좋으면 모여들고 하는 것
이 예사였다. 지금도 자유로운 세상에는 오고 가는 것이 자유로
운데 다만 법적인 절차가 있을 따름이다.

7. 김지대로(金智大路)

> 437~514. 신라 제22대 지증왕. 재위 500~514. 내물왕의 증손.
> 국호를 신라로 확정하고 왕호를 마립간에서 왕으로 바꾸었다.

시조께서 나라를 세운 뒤로 나라 이름을 정하지 못하고 혹은
사라 혹은 사로라고도 칭하고 혹은 신라라고 일러 왔는데, 새
신(新)자는 좋은 일이 날로 새로워진다는 뜻이고, 그물 라(羅)
자는 사방을 망라한다는 뜻이니 신라를 나라 이름으로 정하

는 것이 좋겠다.

始祖가 創業已來로 國名未定하여 或稱斯羅하고 或稱斯盧하
시조　창업이래　국명미정　　혹칭사라　　혹칭사로

고 或言新羅인데 新者는 德業日新이요 羅者는 網羅四方之義
혹언신라　신자　덕업일신　　나자　망라사방지의

니 則其爲國號가 宜矣니라.
즉기위국호　의의

- 삼국사기三國史記

【해설】 이 말은 나라 이름을 신라로 정한다는 뜻이다.

신라는 지증왕 때에 이르러 문화적으로 많은 일을 새롭게 제도화하였다. 이때 5세기 동안 써 내려오던 왕호도 바꾸고, 임금이 세상을 떠나면 남녀 다섯 사람씩 따라 죽어야 하던 순장 제도도 금지하였다.

또 소를 이용하여 밭을 가는 농사법도 시작되고, 배를 만들어 타고 다니는 문화생활도 일어나고, 얼음을 간직했다가 한여름에도 먹는 제도도 널리 행해지고, 시장을 설치하여 교역하는 온갖 산업도 발달하였다.

이사부(異斯夫)에게 전함에 나무 사자를 만들어서 우산국(울릉도)을 복속시키는 등 여러 업적을 남겼다.

8. 의자(義慈)

?~660. 백제 제31대 마지막 의자왕. 재위 641~660. 무왕의 아들로 효성이 지극하고 우애가 두터워서 해동증자(海東曾子)라고 불렸다. 즉위한 뒤 신라의 40여 성을 빼앗고 국세를 떨쳤으나 차츰 간신들에게 농락되어 호사와 음탕한 구렁에 빠져 나라를 망하게 하였다.

내 성충의 충성된 말을 듣지 않다가 이런 지경에 이르게 된
것을 뉘우친다.

悔不用成忠之言타가 以至於此니라.
회 불 용 성 충 지 언   이 지 어 차

- 삼국사기三國史記

【해 설】 이 말은 충신이 간하는 바른말을 듣지 않고 간신들에게
싸여 있다가 나라를 망하게 한 것을 후회한다는 뜻이다.
의자왕은 화려한 망해정에서 날마다 궁인들과 음탕한 주색잡기에
빠져 국정이 문란할 때 성충(成忠)은 죽음을 무릅쓰고 바른말로
간하였다. 그리고 왕이 끝내 듣지 않자 옥중에서 마지막으로 충
언을 올리고 죽었다.
왕은 나당연합군의 침략으로 서울이 함락되고 나라가 망하게 되
자, 지난 일을 뉘우치며 탄식하였다.
그러나 때는 이미 늦었다. 속담에 "발등에 불이 떨어져야 뜨거운
줄 안다."는 말이 이를 두고 하는 말이다.

9. 실혜(實兮)

7세기. 신라 진평왕 때 관리. 순덕(純德)의 아들.

옛날 굴원은 남달리 정직하였으나 초나라에서 쫓겨났고, 이사
는 충성을 다했으나 진나라에서 극형을 받았다. 그러므로 아
첨하는 신하가 임금을 미혹하고 충성된 선비가 내쫓긴 사실
을 알겠다. 옛날도 또한 그러하였는데 어찌 슬퍼하랴?

昔에 屈原은 孤直이나 爲楚擯黜하고 李斯는 盡忠이나 爲秦極
석   굴원   고직   위초빈출   이사   진충   위진극

刑이라 故로 知侫臣惑主하고 忠士被斥이라 古亦然이니 何足
형   고   지영신혹주   충사피척   고역연   하족

悲乎리오?
비 호

- 삼국사기三國史記

【해 설】 이 말은 위정자는 간신의 참소로 충신이 화를 입는 사실
을 알고 경계해야 한다는 뜻이다.

실혜는 성품이 강직하고 의로워 조금도 불의에 물들거나 어떤 유
혹에도 뜻을 굽히지 않았다.

간신들의 참소를 당하여 귀양살이하게 되었는데, 적소로 떠날 때
긴 노래〔長歌〕로 그 뜻을 폈다고 하나 전하지 않는다.

자신의 정당함을 변명하지 않고 간사한 무리를 그냥 두고 물러
섰다고 하는데, 이런 행동이 과연 올바른 처사인지 다시 한번 생
각해 볼 일이다.

불의로 해서 정의가 해를 입는 일은 동서고금 할 것 없이 있는
일이나, 이는 사회정의를 위하여 없어져야 할 일이다.

10. 김법민(金法敏)

?~681. 신라 제30대 문무왕. 재위 661~681. 태종무열왕의 아들.
어머니는 김유신(金庾信)의 누이동생 문명왕후. 부왕을 도와 백제
를 아우르고, 즉위하여 고구려를 아울러 삼국통일을 완수하고, 당
나라의 세력을 구축하고 통일신라를 발전시켰다.

무기를 녹여 농기구를 만들고, 백성을 잘사는 세상으로 인도

하여 세금을 적게 하고 부역을 덜게 하니, 집집마다 생활이 넉넉하고 백성들이 편히 살고 나라에는 근심이 없어졌다.

鑄兵戈爲農器하고 驅黎元於引導하여 薄賦省徭하니 家給人足
주 병 과 위 농 기   구 여 원 어 인 도   박 부 생 요   가 급 인 족

하고 民間安堵하고 域內無虞니라.
     민 간 안 도   역 내 무 우

- 삼국사기三國史記

【해 설】 이 말은 삼국통일의 성업을 완수하였으니, 무기를 농기구로 만들어 농사를 잘 짓고, 백성은 편히 살고, 나라에 근심이 없게 되었다는 뜻으로, 문무왕의 유언 일부이다.

문무왕은 또, "내가 죽으면 바다에 장사 지내라."라고 유언하였다. 그 까닭은 죽은 뒤 용이 되어 바다로 침입하는 외적을 막겠다는 것으로, 지금의 대왕암이 곧 그 무덤이다.

왕은 유조(遺詔, 임금의 유언)에서, "나는 백제와 고구려를 쳐서 삼국을 통일하여 위로는 조종을 위로하고 아래로는 백성들의 오랜 원한을 갚았다."라고 하였고 또, "지금 창고에는 곡식이 산처럼 쌓이고, 감옥은 텅 비어 풀이 우거진 세상이 되었으니 저승이나 이승이나 부끄러움이 없게 되었다." 하였다.

11. 이순(李純)

8세기. 신라 경덕왕 때 명승. 대내마를 지냈으나 속세를 떠났다.

옛날에 하나라 걸왕과 은나라 주왕은 주색에 빠져 음탕한 음악을 일삼다가 정사가 어지럽고 나라가 멸망하였으니, 지난날 실패한 사실을 거울삼아 뒷일을 경계할 것입니다.

昔者에 桀紂는 荒于酒色하여 淫樂不止라 由是로 政事凌遲하
석자　걸주　황우주색　　음악부지　유시　정사능지

고 國家敗滅이니 覆轍在前하여 後車宜戒니이다.
국가패멸　복철재전　후거의계

- 삼국사기三國史記

【해 설】 옛일을 들어, 임금에게 정사를 게을리하고 풍악만 즐기
면 국정이 문란하게 되고 나라가 망한다고 경계한 뜻이다.
경덕왕 때는 통일신라가 가장 융성한 때로, 대내마로 있던 이순
은 산속으로 들어가서 중이 되고 아무리 불러도 나오지 않았다.
그런데 경덕왕이 풍악을 즐겨 정사를 게을리한다는 말을 듣고
곧 왕에게 글을 올려 간하였는데, 이 말은 그 일부이다.

12. 김민공(金敏恭)

9세기. 신라 제49대 헌강왕 때 재상.

━━

음양이 조화되고 비바람도 순조로워 해마다 풍년이 들고 백
성들은 먹을 것이 넉넉하고 변방도 안정되어 거리는 즐거움
으로 가득 차니, 이는 어진 정사를 베푸는 성덕의 혜택입니다.

陰陽和하고 風雨順하여 歲有年하고 民足食하고 邊境謐靜하고
음양화　　풍우순　　세유년　　민족식　　변경밀정

市井歡娛하니 此는 聖德之所致也니이다.
시정환오　　차　성덕지소치야

- 삼국사기三國史記

【해 설】 위정자가 어진 정사를 베풀면 천기도 순조롭고 풍년이
들어 국태민안을 도모할 수 있다는 뜻이다.

시화연풍(時和年豐)은 "시절이 고르고 해마다 풍년이 든다."는 뜻
인데, 이렇게 되면 나라도 편안하고 백성들도 잘살게 될 것이 틀
림없다.

헌강왕 때는 신라의 전성시대다. 예를 들면, 헌강왕 9년 9월 9
일에 왕은 중신들을 거느리고 월상루에 올랐는데, 서울 백성들은
기와집을 짓고 숯불로 밥을 지어 먹고, 풍악 소리가 성안에 가
득하였다. 이때 시중인 김민공이 이 말로 왕의 성덕을 칭송하였다.

13. 녹진(祿眞)

9세기. 신라 헌덕왕 때 중신. 일길찬을 지낸 수봉(秀奉)의 아들로,
집사시랑을 지냈고 김헌창(金憲昌)의 반란을 평정하는 데 큰 공을
세웠다.

목수가 집을 지을 때 큰 재목은 대들보나 기둥으로 쓰고, 작
은 것은 서까래로 쓰고, 눕힐 것과 세울 것을 각각 그 자리에
알맞게 쓴 다음에 큰 집이 지어질 것이다.

梓人이 爲室也에 材大者는 爲梁柱하고 小者는 爲椽榱하고
재인   위실야   재대자   위양주   소자   위연최

偃者植者는 各安所施然後에야 大厦成焉이니라.
언자식자   각안소시연후   대하성언

— 삼국사기三國史記

【해 설】 이 말은 목수가 집을 지을 때 알맞은 재목을 골라 쓰듯,
나라의 인재도 적재적소에 써야 한다는 뜻이다.

조정의 인사행정이 문란하여 정사가 바로잡히지 않아 위정자가
번뇌에 싸였을 때, 녹진은 상대등 충공(忠恭)을 찾아가 이러한

비유를 들어 인재를 등용하는 데는 자질과 능력에 따라 적재적
소에 배치할 것을 역설하였다.

이 말은 조정의 인사행정을 바로잡게 한 것으로 뜻깊은데, 이
사실은 뒷날 신하가 임금을 위하여 충간하고, 또 받아들이는 데
큰 영향을 끼쳤다.

14. 마의태자(麻衣太子)

10세기. 신라 제56대 경순왕의 태자. 족보에 그 이름을 김일이라
고 하나 역사에는 그런 이름이 보이지 않는다.

나라의 생존과 멸망은 반드시 천명에 달렸으니, 다만 충신 의
사들과 민심을 모아 굳게 지키다가 힘이 다한 뒤에 그만두어
야지, 어찌 천년을 이어온 나라를 하루아침에 가볍게 남에게
줄 수 있겠습니까?

國之存亡은 必有天命이니 只合與忠臣義士로 收合民心하여
자固하고 力盡而後已어늘 豈宜以一千年社稷을 一旦에 輕以
與人이리오?

– 삼국사기三國史記

【해설】 이 말은 경순왕이 나라를 고려 왕건(王建)에게 물려주자
는 데 반대하여, 국민이 일치단결하여 천년 사직을 끝까지 굳게
지켜야지 넘겨줄 수 없다는 뜻이다.

마의태자는 경순왕이 자신의 뜻을 받아들이지 않자 충신과 의사
를 거느리고 개골산(설악산)으로 들어갔다. 한계산에 높은 성을

쌓고 고려에 항거하다가 뜻을 이루지 못하고 인제에 슬픈 자취를 남겼다.

이때 어머니 박씨 부인(경순왕 비)도 따랐고, 뒤에 낙랑공주(경순왕 후비)도 따라가 부근에 암자를 짓고 그 장도를 빌었다. 뒷날 경순왕도 그를 찾아가서 슬픈 이야기를 남겼다.

인제 갑둔에 마의태자의 무덤이 있고 김부리 대왕각에 태자의 사당이 있는데, 유적과 일화가 전하고 있다.

15. 왕건(王建)

877~943. 고려 태조. 재위 918~943. 자는 약천(若天), 시호는 신성(神聖). 송악 사람으로 금성 태수를 지낸 왕융(王隆)의 아들. 태봉 궁예(弓裔)를 섬겨 장군이 되었다가 그를 내몰고 고려를 세워 개경에 도읍하고, 신라를 아우르고 후백제를 쳐서 후삼국을 통일하였다.

백성을 부릴 때는 그 때를 보아서 하고, 부역을 가볍게 하고 세금을 적게 하여 농사짓는 일을 알면 백성들의 마음을 저절로 얻게 되어 나라가 부유하고 백성이 편안할 것이다.

使民以時하고 輕徭薄賦하여 知稼穡之艱難이면 則自得民心하
사 민 이 시   경 요 박 부   지 가 장 지 간 난   즉 자 득 민 심

여 國富民安하리라.
  국 부 민 안

– 고려사高麗史

【해 설】이 말은 나라를 다스리는 사람이 백성들의 어려움을 보살펴 어진 정사를 베풀면, 나라가 부유하고 백성이 편안하게 된

다는 뜻이다.

왕건은 후삼국을 통일한 다음 국토와 민족의 분열을 막고 고려 5백 년의 기반을 확립한 위대한 인물이다. 죽기 전에 자손들이 지켜나갈 열 가지 가르침, 이른바 훈요십조(訓要十條)를 정하였는데, 이 말은 일곱째 내용의 일부다.

그 내용은, "임금으로서 백성들의 마음을 얻기란 매우 어렵다. 그 마음을 얻는 데 요긴한 점은 충신들의 간하는 말을 잘 따르고 간신들의 참소하는 말은 멀리할 따름이다. 간하는 말을 잘 따르면 성군이 된다. 참소하는 말은 꿀과 같지만 믿지 않으면 저절로 없어진다."라고 하였는데, 그다음에 이 말을 하였다.

그리고 끝맺는 말은, "옛사람이 이르기를 좋은 미끼를 내리면 고기가 걸리고, 중한 상을 내리면 뛰어난 장수를 얻을 수 있다. 활을 쏘면 새들이 피한다. 어진 정사를 베풀면 백성들이 잘 따르고, 상벌을 공평하게 하면 음양도 순조로운 것이다."라고 하였다.

16. 최충(崔冲)

984~1068. 고려 문종 때 학자. 자는 호연(浩然), 호는 성재(惺齋), 시호는 문헌(文憲). 목종 때 과거에 급제하고 현종 때 간의대부, 덕종 때 형부상서·중추부사, 정종 때 참지정사·문하시랑평장사, 문종 때 문하시중을 지냈다. 벼슬에서 물러난 뒤에 후진 양성에 힘썼는데 문하에서 배출된 학자로 유명한 사람이 많다. 그들을 문헌공도(文憲公徒)라 하고, 그를 해동공자라 칭송하였다.

오랑캐들은 사람의 얼굴을 하였으나 짐승의 마음을 가졌으니,

형벌이나 법으로써 징계해도 안 되고, 인자와 의리로써 가르치려 해도 안 된다. 오래 머물러 두면 고향을 그리워하는 마음으로 반드시 분노와 원망을 품을 것이고, 또 먹여 살리는 경비도 많을 것이니 다 돌려보내는 것이 옳다.

夷狄은 人面獸心이니 不可以刑法懲하고 不可以仁義敎니라 勒
이적   인면수심   불가이형법징   불가이인의교   늑

留旣久면 首丘之情으로 必深忿怨하고 且供費甚多리니 請皆
류기구   수구지정   필심분원   차공비심다   청개

放還이니라.
방환

- 고려사高麗史

【해 설】 여진족은 법률로 다스릴 수도 없고 도덕으로 다스릴 수 없으니 잡아두는 것보다 돌려보내는 것이 낫다는 뜻이다.

문종 4년(1050)에 왕은 최충에게 공신호를 주고, 문하시중으로서 도병마사로 삼자 그는 상주하기를, "지난해 서북면 여러 고을에 농사가 잘 되지 않아 백성들이 굶주리는데, 남자는 부역에 시달리고 여자는 식량을 구하는 데 괴로워하니, 청컨대 성지를 수선하는 외에는 모든 부역을 금하소서." 하니 왕은 그 뜻을 따랐다. 또 이때 동여진의 추장 염한 등 87명이 여러 번 변경을 침범하므로 잡아 가두었는데, 그의 이 말에 왕은 그들을 모두 돌려보냈다.

17. 최유선(崔惟善)

?~1076. 고려 문종 때 문신. 명신인 최충(崔冲)의 아들. 현종 때 과거에 급제하고 문종 때 중서문하평장사·이부상서를 거쳐 문하시중에 이르렀다.

역대 임금이 오랫동안 쌓아온 왕업을 이어받아 태평한 세상을 누린 지 오래되었으니, 마땅히 국비를 절약하여 백성을 잘 살게 하고, 튼튼한 국력을 가지고 이루어 놓은 왕업을 잘 지켜 후사에게 전해야 하는데, 어찌하여 백성들의 재물을 다 없애고 백성들의 힘을 다 들여 급하지 않은 비용에 바쳐 나라의 근본을 위태롭게 하랴?

承祖宗積累之基하여 昇平日久니 固宜節用愛人하고 持盈守
승 조 종 적 루 지 가　　 승 평 일 구　　 고 의 절 용 애 인　　 지 영 수

成하여 以傳後嗣인데 奈何罄民財하고 竭民力하여 供不急之
성　　 이 전 후 사　　 내 하 경 민 재　　 갈 민 력　　 공 불 급 지

費하여 以危邦本耶아?
비　　 이 위 방 본 야

- 고려사高麗史

【해 설】 한 나라의 임금은 국비를 절약하고 백성을 잘살게 하고, 튼튼한 국력을 가지고 왕업을 계승해야 하는데, 백성의 재력을 들여 급하지 않은 일을 해서 나라의 근본을 위태롭게 하느냐는 뜻이다.

최유선이 중추원사로 있을 때 문종이 흥왕사를 덕수현에 창건하려 하고, 덕수현을 양주로 옮기려 하자 간한 말이다.

문종은 그와 한가롭게 이야기하는 자리에서, "간하는 말은 곧 충성에서 나오는 말이요, 듣기 좋게만 말하는 것은 아첨이지?"라고 말하였다. 그는 대답하기를, "왕업을 창건하는 것은 오히려 쉬운 일이지만, 이루어 놓은 왕업을 지키기는 어려운 일임을 명심해야 합니다."라고 하였다.

또 어느 날 시어사 노단(盧旦)이 왕의 뜻에 거슬리는 말을 하자 왕은 크게 노하여 곁에 있는 사람들에게, "이는 충성된 신하의

말이 아니다."라며 끌어내어 옷을 벗기고 결박하게 하였다. 이때 최유선은 왕에게 아뢰기를, "신하가 잘못하는 일을 저지르면 마땅히 사헌부에 부쳐 처리할 것입니다."라고 하니 왕은 노여움을 풀었다.

18. 문정(文正)

?~1093. 고려 문종~선종 때 학자. 장연 사람. 문종 때 과거에 급제하여 형부상서·참지정사를 거쳐 중서시랑평장사에 이르러 동여진을 정벌하는 데 공을 세워 공신이 되었다. 선종 때 수태위문하시중으로 국정을 다스리는 데 힘썼다.

지금 때마침 비가 흡족하게 와서 농사일이 바야흐로 한창이니, 원하건대 전하는 하늘이 백성을 기르는 뜻을 체득하여 흥왕사의 토목공사를 그만두게 하십시오.

今時雨旣洽하여 農務方殷이니 願上은 體天養民하여 罷興王
금 시 우 기 흡   농 무 방 은   원 상   체 천 양 민   파 흥 왕

寺土木之役이니다.
사 토 목 지 역

- 고려사高麗史

【해 설】 이 말은 농사철에는 토목공사를 중지하여 농사에 힘쓰게 하라는 뜻이다.

문정은 고려 문종 때 중서시랑평장사가 되었다. 이때 동여진이 난리를 일으켜 변방을 소란하게 하자, 왕은 그를 판행영병마사로 삼았다. 이에 병마사 최석(崔奭)·염한(廉漢)과 장병 3만 명을 거느리고 출정하여 정주에 주둔하고 여진을 정벌하여 큰 공을 세워

공신이 되었다. 검교사도·문하시랑평장사·판상서·예형부사·개
국백 등의 벼슬을 받았다.

당시 홍왕사의 토목공사로 농민들이 농사지을 때를 잃고 원망이
쌓이자 이 말로 간하니, 왕은 그 뜻을 받아들여 토목공사를 중
지하고 농사짓는 때를 잃지 않게 하였다.

19. 오연총(吳延寵)

1055~1116. 고려 예종 때 문신. 해주 사람. 집안이 빈천하였으나
열심히 공부하여 과거에 급제하고 숙종 때 송나라로 가서 태평어
람(太平御覽)을 구해 왔다. 상서좌승·한림학사를 지내고, 예종 때
형부상서로 부원수가 되어 윤관(尹瓘)과 함께 여진을 치고 성을
쌓고 돌아와서 상서좌복야·참지정사가 되었다. 그 뒤 여진 공벌
문제로 파직되었다가 다시 등용되어 이·예·병부의 판사 등을 지
냈다.

옛 대궐로 돌아가서 사직의 장구한 대책을 강구하도록 할 것
이지, 억설에 따라 망령된 공사를 일으켜서 백성들의 원망을
만들지 않아야 할 것입니다.

巡御舊宮하여 以講社稷長久之策이요 無從臆說妄興工役하여
순 어 구 궁   이 강 사 직 장 구 지 책   무 종 억 설 망 흥 공 역

以致人怨이니라.
이 치 인 원

- 고려사高麗史

【해 설】 이 말은 새 궁전을 짓느라고 백성을 고역에 시달리게 하
지 말고 현실에 충실하며 국가의 융성을 도모하라는 뜻이다.

오연총은 예종 때 검교사공·형부상서가 되었는데, 왕은 술사와

태사령의 말을 믿고 서경의 용언에 새로 궁궐을 지으려 하였다. 이때 군사들은 이에 찬성하였으나, 오연총 혼자 반대하여 말하기를, "남경(당시의 서울)의 역사가 비로소 끝났으나 백성들의 수고로움과 재정이 궁핍한데 새 궁궐 짓는 공사를 일으켜서는 안 된다."라고 하였다.

그러나 평장사 최홍사(崔弘嗣) 등은 태사령의 뜻에 따라 송도의 기운이 쇠하였으므로 서경으로 옮겨야 한다고 왕의 마음을 움직여 서경에 용언궁을 창건하려 하자, 오연총은 세 가지 불가함을 예로 들고, 끝으로 이 말을 하였으나 왕은 그 뜻을 받아들이지 않았다.

세 가지 불가론의 골자는 첫째, 서경에 좌우궁을 지었다가 후회하고 재정만 낭비한 일, 둘째, 남경을 창건한 지 8년이 되었지만 좋은 징조가 없는 일, 셋째, 새로 지으려는 용언궁은 먼저 지은 궁궐에서 멀지 않고 지세의 길조도 믿을 수 없는 일 등이다.

20. 정습명(鄭襲明)

?~1151. 고려 의종 때 중신. 영일 사람. 인품이 뛰어나고 힘써 공부하고 글을 잘해서 향공에 합격하고 인종 때 기거주·지제고 등을 지냈다. 최자(崔滋)·김부식(金富軾) 등과 함께 시폐10조(時弊十條)를 상소하였는데, 받아들여지지 않자 사직하였다. 의종 때 추밀원지주사가 되어 간관으로 있으면서 실정을 간하다가 간신들의 참소로 왕의 뜻을 거슬러 약을 먹고 자결하였다.

임금이 간사한 무리를 좋아함이 이와 같으니 내 선왕의 뜻에 보답할 수 없겠구나.

王好邪佞이 如此니 吾無以答先王義로다.
왕 호 사 영　　여 차　　오 무 이 답 선 왕 의

- 고려사高麗史

【해 설】 이 말은 임금이 간신들과 어울려 실정을 거듭하니, 바른 말을 해도 소용이 없겠다는 뜻이다.

의종은 인종의 원자(元子, 아직 세자에 책봉되지 않은 임금의 맏아들)로, 정습명에게 글을 배웠고, 그의 보살핌에 의하여 태자 자리를 지켰으며, 임금이 되었다. 인종은 죽기 전에 태자(의종)에게 말하기를, "나라 다스리는 일은 반드시 정습명의 말을 들으라."라고 하였다. 그래서 정습명은 의종에게 바른말로 자주 간하였는데, 김존중(金存中)·정함(鄭諴) 등은 왕을 간사하게 유혹하여 국정을 잘 다스리지 못하였다. 또한 그들의 말을 믿고 정습명의 자리에 김존중을 앉히자, 분함을 참지 못하고 이 말을 하고는 약을 마시고 죽었다.

21. 김이(金怡)

1265~1327. 고려 충숙왕 때 문신. 복주 사람으로 첫 이름은 김지정(金之琔), 고친 이름이 김정미(金廷美)로, 김이는 충선왕이 고쳐 준 이름이다. 용모가 뛰어나고 총명하고 일찍이 큰 뜻을 품었는데, 당시 학자 안향(安珦)이 보고 뒤에 크게 될 인물이라고 하였다. 충렬왕 때 첨의평리로 공신호를 받고 첨의정승·중찬을 지냈다.

식량은 백성들의 중요한 양식이다. 밭을 갈고 씨 뿌리는 것은 때가 있으니 그 때를 놓쳐서는 안 된다.

食爲民天이라 耕種有時니 時不可失이니라.
식 위 민 천   경 종 유 시   시 불 가 실

– 고려사高麗史

【해설】 이 말은 식량은 백성의 생명이니 밭 갈고 씨 뿌리는 때를 잃게 해서는 안 된다는 뜻이다.

김이는 24세 때 장흥 부사가 되었는데 합단적(哈丹賊)이 침입하자 나라에서는 백성들에게 성안으로 들어가서 나오지 말고 지키라 하고, 백성들에게 농사를 지으러 나오지 말라고 하였다. 이때 김이는 안렴사 강취(姜就)에게 이 말을 하고 나가 농사를 짓게 해 달라고 청하니 강취는, "만약 명령을 어겼다가 견책당하면 어떻게 하겠느냐?" 하였다.

그는 물러 나와 말하기를, "한 농부가 밭갈이를 하지 않으면 온 천하가 굶주림을 받는다. 명령을 따라 밭갈이하지 않으면 굶어 죽는 사람이 많아질 것이다. 명령을 따르지 않고 밭을 갈면 죄를 짓는 사람은 나다." 하고 백성들에게 나가서 밭갈이하게 하였다. 그런데 적은 그 고을에 나오지 못하고 멸망하였다. 그래서 다른 고을에서는 농사를 짓지 못하여 수확하는 것이 없었으나 장흥만은 크게 수확하여 원근에서 그에게 의지하였다.

22. 최석(崔碩)

?~?. 고려 충렬왕 때 문관. 과거에 급제하여 승평 부사·비서랑 등을 지냈다.

■

말을 타고 서울까지 잘 갈 수 있으면 족하지, 무슨 까닭으로 많은 말을 집으로 가져가랴?

馬能至京이면 足矣라 何擇爲至家리오.
마 능 지 경　　족 의　　하 택 위 지 가

- 고려사高麗史

【해 설】 이 말은 관리는 청렴결백하게 생활하여 백성들의 폐단이
되는 행위를 해서는 안 된다는 뜻이다.

그 예로 관리가 임기를 마치고 돌아갈 때 새 임지로 타고 갈 말
이 있으면 되지, 고을에서 선물로 주는 많은 말을 무엇 하러 집
에 가지고 가겠느냐는 말이다.

최석은 선정을 베푼 목민관으로 역사에 빛을 남긴 인물이다.

전라도 순천은 고려 때 이름이 승평부였다. 이 고을에서는 부사
가 왔다가 갈릴 때면 여덟 필의 말을 선물로 주는 풍습이 있어,
최석이 부사로 있다가 돌아갈 때도 예대로 말을 선물로 보냈다.
그는 이런 풍습은 잘못된 풍습임을 말하고 말을 돌려보내니, 고
을 사람들은 듣지 않았다. 그는 고을에 있을 때 그 말이 낳은 망
아지까지 그대들 고을에서 난 망아지이니 가져오지 않겠다고 돌
려보냈다. 이에 고을에서 오랫동안 내려오던 폐풍이 없어졌다.

이때 고을에서는 선정에 감복하여 팔마비(八馬碑)를 세웠는데,
그 비석은 지금도 순천 군청 뜰에 있다.

23. 이공수(李公邃)

1308~1366. 고려 공민왕 때 충신. 익산 사람으로 언부전서를 지
낸 이행검(李行儉)의 손자. 감찰규정으로서 문과에 발탁되어 전교
부령을 지내고, 충목왕 때 지신사·감찰대부, 공민왕 때 첨의평리·
찬성사를 지내고, 익산부원군에 봉해졌다. 덕흥군의 난을 평정한
뒤 영도첨의가 되고 공신호를 받았다.

백성을 사랑하는 것을 인자라 하고, 사물을 분별하는 것을 지혜라고 하는데, 임금이 이런 마음으로써 세상을 다스린다면 태평성대를 이룰 수 있으리라.

愛民之謂仁이요 辨物之謂智인데 帝王이 用此御世면 則可致
애 민 지 위 인   변 물 지 위 지   제 왕   용 차 어 세   즉 가 치

太平矣니이다.
태 평 의

- 고려사高麗史

【해 설】이 말은 임금이 인자하고 지혜롭게 정사를 다스려야 나라가 태평하다는 뜻이다.

이공수는 원나라에 갔을 때 순제의 태자와 함께 만수산 광한전에 올라갔는데, 태자가 인지전의 액자를 보고 인지의 뜻을 묻자 이 말을 하였다.

또한 태자가 금옥으로 만든 기둥을 가리키며 느낌을 묻자 말하기를, "임금이 어진 정사를 베풀면 거처하는 집이 비록 썩은 나무라도 금석보다 낫고, 그렇지 않으면 금과 옥이라도 썩은 나무보다 못하다."라고 깨우쳤다.

어느 날 태자는 거문고를 타다가 곡조를 제대로 이루지 못하고 말하기를, "오랫동안 익히지 않았더니 잊어버렸다."라고 하므로 말하기를, "임금 될 사람은 다만 백성을 잘 다스릴 걱정을 마음속에 잊지 않을 것이지, 거문고 곡조 한둘쯤 잊는 것이 무엇이 해롭겠습니까."라고 하였다.

순제의 아내 기황후와는 친척 관계였으나 나라를 위하는 충성심은 정정당당하였다.

24. 정몽주(鄭夢周)

1337~1392. 고려 후기의 충신. 자는 달가(達可), 호는 포은(圃
隱), 시호는 문충(文忠). 영일 사람 정운관(鄭云瓘)의 아들. 공민왕
때 장원급제하고 벼슬하여 사의대부를 거쳐 대사성 때 원나라와
국교를 끊을 것을 주창하다가 해임되었다. 일본에 사신으로 갔다
가 와서 밀직제학·정당문학을 지내고, 우왕 때 삼사좌사, 창왕 때
대제학·문하찬성을 지내고, 익양충의군으로 봉해지고 좌명공신호
를 받았다. 공양왕 때 이방원(李芳遠, 태종) 등에게 선죽교에서 피
살되었다. 저서로 포은집(圃隱集)이 있다.

―

세상에 나라를 다스리는 사람은 반드시 큰 계책을 정해야 합
니다. 큰 계책을 정하지 못하면 백성들의 마음이 의심하게 되
는데, 백성들의 마음이 의심하게 되면 모든 일의 화근이 됩
니다.

爲天下國家者는 必先定大計요 大計未定이면 則人心疑貳하
고 人心之疑는 百事之禍也니이다.

― 고려사高麗史

【해 설】 이 말은 나라의 정책이 자리잡혀야 민심이 안정되고 모
든 일이 잘 이루어진다는 뜻이다.

정몽주는 원나라와 국교를 끊고 명나라와 사귈 것을 청하여 그
것을 국책으로 정하였다. 그런데 공민왕이 시해되고, 김의(金義)
가 명나라 사신을 죽이고, 이인임(李仁任) 등이 주동하여 원나
라에 사자를 보내며 그 국책을 바꾸려 하였다. 이에 정몽주는
문신 수십 명과 더불어 우왕에게 상소문을 올렸는데, 이 말은 그

첫머리 말이다. 그러나 이 일로 이인임 일파의 책동으로 언양으로 귀양 가서 2년을 살았다.

또 불교를 배척하자고 직언하다가 왕의 노여움을 산 김초(金貂)의 죄를 너그럽게 용서해 달라는 상소문에서, "믿음은 임금의 큰 보배입니다. 나라는 백성으로 보전되고, 백성은 믿음으로 보전됩니다. 전하께서 바른말 하는 사람은 죄가 없다 하시므로 그 말을 믿고 정사의 잘잘못을 마음대로 말한 것이니 너그럽게 용서하소서."라고 하여 벌을 면하게 하였다.

25. 이숭인(李崇仁)

1349~1392. 고려 후기의 학자. 자는 자안(子安), 호는 도은(陶隱). 공민왕 때 문과에 급제하고 장흥 부사·우간의대부를 지내고, 제학이 되어 정몽주(鄭夢周)와 함께 실록을 편수하고, 동지사사가 되었다. 친명파와 친원파의 모함으로 여러 옥사를 겪고, 조선 개국 후에 유배되어 죽었다. 저서로 도은집(陶隱集)이 있다.

간하는 말을 따르는 것은 임금의 아름답고 갸륵한 덕행입니다. 그러므로 옛말에 나무는 먹줄을 받으면 바르게 되고, 임금이 간하는 말을 잘 따르면 거룩하게 된다고 하였습니다.

從諫은 人君之美德이라 故로 書에 曰 惟木從繩이면 則正하고
后從諫이면 則聖이니라.

– 고려사高麗史

【해 설】 임금은 어진 신하의 바르게 간하는 말을 들어야 선정을 베풀 수 있다는 뜻이다.

이숭인은 강직한 성품으로 학식이 뛰어나 25세 때 이름이 세상에 떨쳤다. 우왕 때 전리총랑이었는데, 북원의 사신을 물리친 일로 한때 유배되었다가 기용되어 성균사성을 거쳐 우사의대부가 되었다. 이 말은 그때 올린 상소문 내용의 첫 부분이다.

이때 그는 왕에게, 첫째 정신을 가다듬어 어진 인재를 등용하여 선정을 베풀어야 하고, 둘째 관리를 적재적소에 배치하여 어진 정사를 베풀어야 하고, 셋째 국방을 강화하여 외적의 침해를 막아야 하고, 넷째 논공행상을 바르게 하고 국가재정을 확보하여야 하고, 다섯째 동서반 관리 임명 등의 행정 처리를 정확하게 해야 한다고 간하였다.

문장이 뛰어나 고려 말기의 외교문서는 거의 그의 손에 의하여 이루어졌다. 이색(李穡)은 그의 문장을 찬양하여, "이 사람의 글은 온 세상에서 구하여도 많이 얻지 못할 것이다"라고 하였다. 중국 사대부들도 그의 저술을 보고 탄복하였다.

26. 한상경(韓尙敬)

1360~1423. 조선 태종 때 재상. 자는 숙경(叔敬), 호는 신재(信齋), 시호는 문간(文簡). 청주 사람 한수(韓脩)의 아들. 고려 우왕 때 문과에 급제하고 공양왕 때 밀직사우부대언을 지내고, 이성계(李成桂)를 추대하여 개국공신이 되었다. 태조 때 중추원사·도평의사사·충청도 관찰사, 태종 때 참찬의정사·서원부원군·우의정·영의정을 지냈다. 청백하고 검소하고, 처사가 공정한 사람으로 이름났다.

전하께서 그 어려움을 잘 아는 것은 실로 우리나라의 복입니다. 그러나 아는 것이 어려운 것이 아니라, 이를 행하기가 어려운 것입니다.

殿下가 克知其艱은 實로 我東方之福也니이다 然이나 非知之
전하   극지기간   실   아동방지복야   연   비지지

艱이요 行之惟艱이니이다.
간   행지유간

- 세종실록世宗實錄 · 국조인물고國朝人物考

【해 설】 이 말은 나라를 다스리는 데 가장 중요한 점은 그 어려
움을 아는 것이요, 아는 것보다 행하는 것이 어렵다는 뜻이다.
태종이 임금이 된 어느 날, 경기좌도 도관찰사로 있는 한상경에
게 말하기를, "내 왕업을 이어받았으나 나라를 잘 다스릴 바를
알지 못하니 마음속으로 실로 어려운 것이라 여겨지오."라고 하
자, 이 말을 하였다. 태종은 그 말을 받아들이고, 그를 호조판서
로 임명하였다.
그 뒤 모든 공신이 헌수할 때 태종은 술잔을 받아들고 말하기
를, "내 즉위 초에 경이 한 말을 기억하고 잊지 않고 있다." 하고
또한 말을 청하니 그는, "나라를 다스리는 데 처음에 공을 베풀
지 않은 예는 없으나 끝맺음을 잘하는 예는 드뭅니다."라고 말하
였다. 태종은 그 말도 잘 받아들였다.

27. 김종서(金宗瑞)

1383~1453. 조선 세종~단종 때 명장 · 충신. 자는 국경(國卿), 호
는 절재(節齋), 시호는 충익(忠翼). 순천 사람으로 도총을 지낸 김
추(金錘)의 아들.

덕망으로써 나라를 일으킨 사람은 얻기는 쉬우나 잃기는 어

렵고, 힘으로써 국토를 개척한 사람은 얻기는 어려우나 잃기는 쉽다.

以德闢國者는 易得難失이요 以力拓地者는 難得易失이니라.
이 덕 벽 국 자　　이 득 난 실　　이 력 척 지 자　　난 득 이 실

– 국조인물고國朝人物考

【해 설】 이 말은 나라를 일으키는 일은 덕망으로 해야 쉽게 얻어 잃지 않게 되고, 국토를 개척하는 일은 힘으로만 하면 얻기 어렵고 잃기 쉽다는 뜻으로, 6진을 개척할 때 상주한 국토 개척의 기본이념을 말한 내용이다.

김종서는 태종 때 함길도 도절제사로 나가서 세종 때는 6진을 개척하여 두만강 주변까지 국토를 개척하였다. 문종 때 좌의정이 되어 내정을 강화하고, 단종 때는 어린 왕을 지성으로 받들었다. 그러나 수양대군(뒤에 세조)은 정권을 잡기 위하여 지략이 뛰어난 많은 재상을 죽였는데, 그는 맨 먼저 참화를 당하였다.

"삭풍은 나무 끝에 불고 명월은 눈 속에 찬데, 만리변성에 일장검 짚고 서서 긴파람 큰 한소리에 거칠 것이 없어라."

이 노래에서 변경을 개척하는 장군의 장한 모습을 엿볼 수 있다.

28. 권벌(權橃)

1478~1548. 조선 중종~명종 때 문신. 자는 중허(仲虛), 호는 충재(沖齋), 시호는 충정(忠定). 안동 사람 권사빈(權士彬)의 아들. 중종 때 문과에 급제하고 예조참판·지중추부사·예조판서·우찬성을 지냈다.

사방의 근본은 조정에 달려 있고, 조정의 근본은 임금의 한마

음에 달려 있다.

四方之本은 在朝廷이요 朝廷之本은 在人主一心이니라.
사 방 지 본   재 조 정   조 정 지 본   재 인 주 일 심

– 국조인물고國朝人物考

【해 설】 이 말은 평화로운 세상은 조정이 근본이 되고, 조정의 근본은 임금의 마음에 달렸다는 뜻이다.

권벌은 도량이 뛰어나고 학문과 인격을 닦는 데 힘써 자경편(自警編)과 근사록(近思錄) 같은 책은 늘 품속에 지니고 다녔다. 평소에는 몸이 온화한 기운이 넘쳤으나, 이해관계나 사변(思辨)에 있어서는 의리에 결부시켜 조금도 뜻을 굽히지 않았다.

경상감사로 임명되었을 때 중종이 당부하기를, "영남지방은 요즘 흉년으로 인하여 백성들이 굶주리고 사방으로 흩어져서 헤맨다고 하니 경은 진심으로 백성들을 안정시키라."고 하였다. 이 말은 이때 왕의 당부에 대한 답변이다.

그는 이 말에 이어, "근래에 사치한 풍습으로 재물을 헛되이 쓰고 있는데, 만약 검소한 덕망으로써 먼저 외방을 다스리면 자연 감화될 것이오니 흉년과 같은 일은 그다지 해되지 않습니다."라고 말하였다.

중종 때 예조참판이었는데 기묘사화에 관련되어 파직당하고 15여 년 동안 은거하다가 복직되어 지중추부사·예조판서·판의금부사 등을 지냈다. 그러나 명종 때 윤원형(尹元衡)과 윤임(尹任)의 틈에 끼어 삭주로 유배되어 죽었다.

29. 이명(李蓂)

1496~1572. 조선 명종 때 재상. 자는 요서(堯瑞), 호는 동고(東皐). 예안 사람으로 현감을 지낸 이보간(李輔幹)의 아들. 중종 때 문과에 급제하고 대사간, 명종 때 부제학, 우·좌의정, 영중추부사를 지냈다.

━━

하늘을 감동하게 하는 도리는 백성들의 마음을 기쁘게 하는 데 있습니다. 을사년의 옥사에는 횡포하여 죽은 사람들이 실로 많으니 원하건대 먼저 그 원통함을 풀어주어 하늘의 뜻에 부응하소서.

格天之道는 在於人心歡悅이라 乙巳之獄엔 橫罹實多니 願先
격천지도　재어인심환열　을사지옥　횡리실다　원선

伸雪하여 以應天意하소서.
신설　　이응천의

– 국조인물고國朝人物考

【해 설】 이 말은 억울하게 죽은 사람의 원한을 풀어주어 민심을 기쁘게 하는 것이 하늘을 감동시키는 도리라는 뜻이다.

이명은 타고난 자질이 단아하고 도량과 기개가 있으며 지혜롭고 영민하여 아버지는 일찍이, "우리 집에 정승 재목이 났다."고 기뻐하였다. 중종 23년에 문과에 급제하고 10년 뒤에 홍문관 집의, 명종 2년에 대사간, 그다음 해에 부제학·대사헌·이조참판에 이르렀다.

당시 한재가 극심하여 민심이 흉흉하자 특진관으로 임금을 알현하는 자리에서 이 말을 하였다. 이어 권신들과 간신들의 잘못하는 일 처리부터 을사년의 옥사(을사사화. 명종 즉위년에 일어난 사림의 옥사로 소윤파가 대윤파를 몰아낸 사건으로, 이때 죽은 사람이 거의 100여 명)까지 진언하며 당시 참혹하게 죽은 원한을 풀어줌으로써 하늘을 감동시키자고 하였다.

이 진언에 힘입어 중신들도 그 뜻에 찬동하였는데, 그날로 형조판서가 되었다.

30. 조식(曺植)

1501~1572. 조선 전기의 학자. 자는 건중(健中), 호는 남명(南冥), 시호는 문정(文貞). 창녕 사람으로 정랑을 지낸 조언형(曺彦亨)의 아들. 성리학에 통달하고 인품이 뛰어났다. 여러 번 불렀으나 벼슬하지 않고 산속으로 들어가서 사색과 학문 연구에 전념하였다. 저서로 남명집(南冥集)이 있다.

　

나라의 정사가 그릇되면 하늘의 뜻이 가버리고, 백성의 마음이 떠나면 그 피해가 위로 나라님의 어머니에게까지 미칩니다.

國事非면 天意去하고 人心離면 上及慈殿이리다.
국 사 비　　천 의 거　　　인 심 리　　상 급 자 전

－ 국조인물고國朝人物考

【해 설】 이 말은 나라의 정사가 올바로 다스려져야 백성의 뜻이 화합한다는 뜻이다.

조식은 어질고 의롭고 학식이 많고 뜻이 고상하였고, 좁고 더러운 곳을 몰랐고, 가난함을 근심하지 않았고, 흐르는 세월을 돌아보지 않았고, 벼슬을 받지 않고 항상 분수에 만족하며 의연하게 살았다.

학식이 뛰어났으므로 명종은 그를 불러 여러 일을 물었다. 한

번은 선정을 베푸는 도리와 학문하는 도리를 물은 다음 유비(劉備)가 제갈량(諸葛亮)을 세 번 찾아간 뜻을 물으니 대답하기를, "한나라 왕실을 회복하려면 반드시 영웅을 본받아야 하므로 이에 이른 것입니다."라고 하였다.

이보다 먼저 왕은 그를 단성 현감으로 임명하니 이를 사양하면서 상소문을 올렸는데 이 말은 그 서두이다.

31. 허엽(許曄)

1517~1580. 조선 선조 때 문신. 자는 태휘(太輝), 호는 초당(草堂). 양천 사람 허한(許澣)의 아들. 명종 때 문과에 급제하고 대사간·부제학·경상도 관찰사 등을 지냈다.

＿

나라가 잘 유지되는 것은 인재에 달려 있고, 인재가 일어나지 않는 것은 인심이 바르지 않은 데 달려 있고, 인심이 바르지 않은 것은 임금의 정사가 밝지 않은 데 달려 있다.

國家所賴以維持者는 人才也요 人才不作은 由人心不正이요
국 가 소 뢰 이 유 지 자   인 재 야   인 재 불 작   유 인 심 부 정

人心不正은 實原于聖道不明이니라.
인 심 부 정   실 원 우 성 도 불 명

– 국조인물고國朝人物考

【해 설】이 말은 나라에는 인재가 중요하고, 인재는 인심이 중요하고, 인심은 위정자의 밝은 정사가 중요하다는 뜻으로, 왕의 부름을 받고 진언한 말이다.

나라 다스리는 근본이 민심을 안정시키는 데 있고, 뛰어난 인재를 찾아서 어진 정사를 베풀어야 한다고 강조한 말이다.

허엽은 어려서부터 효도와 우애가 남달리 뛰어나고, 학업이 성실하고 근면하여 지식과 덕망을 겸비하였다. 30년 동안 벼슬하였는데 뜻과 절개가 굳고 매사에 부지런하고 진실하여 사람들의 신망이 두터웠다. 특히 경상도 관찰사로 있을 때는 사재 김정국 (金正國)이 지은 경민편(警民編)을 증보하고, 또 삼강이륜행실 (三綱二倫行實)의 편찬에 참여하였다.

어려서 나식(羅湜)에게 글을 배우고, 화담 서경덕(徐敬德)에게도 사사하였으며, 율곡 이이(李珥)와 사귀고, 퇴계 이황(李滉)과도 학술을 논의하였다.

32. 임훈(林薰)

1500~1584. 조선 선조 때 효자. 자는 중성(仲成), 호는 자이당(自怡堂)·갈천(葛川). 은진 사람 임득번(林得蕃)의 아들. 중종 때 생원시에 합격하고, 명종 때 효자로 정문이 세워지고, 언양 현감에 임명되었다. 저서에 갈천집(葛川集)이 있다.

백성들의 고난을 안정되게 하기 위해서는 임금이 먼저 마음을 바로잡고 몸가짐을 잘 닦고, 학문의 공력이 날로 진전되어야 다스리는 보람이 저절로 나타나고, 민생이 저절로 안정될 것입니다.

民生之困悴는 自上心正身修하고 學問之功이 日進이라야 治
민 생 지 곤 췌   자 상 심 정 신 수   학 문 지 공   일 진   치

效自著하고 民生自安矣리이다.
효 자 저   민 생 자 안 의

− 국조인물고國朝人物考

【해 설】 이 말은 민생 안정은 임금이 마음을 바로잡고 몸가짐을
잘 닦고, 학문의 공력이 날로 진전되어야 이루어진다는 뜻이다.
명종은 경사에 밝고 행실이 방정한 선비 6명을 뽑아 6품 벼슬
을 주고 현감으로 임명하였는데, 임훈은 그 한 사람으로 등용되
었다. 왕은 여섯 사람을 불러 당장 급한 정사에 관하여 물었는
데, 그는 이 말을 하였다. 왕은, "이는 곧 정사의 근본을 추구하
는 말로 매우 옳은 말이다." 하여 그 뜻을 받아들였다.
그 뒤 선조 때 광주 목사로 임명하였으나, 사퇴하고 장례원 판
결사가 되었는데, 군민의 폐단을 강력히 진언하고 벼슬을 내놓
았다.

33. 신응시(辛應時)

1532~1585. 조선 명종~선조 때 문신. 자는 군망(君望), 호는 백
록(白麓), 시호는 문장(文莊). 영월 사람으로 부사를 지낸 신보상
(辛輔商)의 아들. 명종 때 문과에 급제하고 관찰사·예조참의·대
사간을 지냈다.

간사하고 정직하고 옳고 그른 점이 본래 사람의 처신하는 데
있는 것은 마치 이 사람 저 사람이 서로 다른 것과 같다. 나
라에서 사람을 쓰고 버리는 것도 인재의 어질고 어질지 않은
데 매어 있지 않고, 때에 따라 알맞게 도모하는 데 있다.

邪正是非가 本在當人身上은 如以被此同異爲靠라 是國家
用捨도 不係於人材賢否요 而附時議圖니라.

－ 국조인물고國朝人物考

【해 설】 이 말은 한 나라의 정사를 감당할 인재는 학덕이 높은 사람만이 쓸 것이 아니라 그때그때 실정에 적임자라야 한다는 뜻으로, 신응시가 선조에게 인재 등용에 관하여 진언하였으나 선비들의 말썽으로 의논이 분분하자 이에 대하여 탄식한 내용이다. 신응시는 타고난 자질이 남달리 뛰어나서 6세부터 행동이 숙성하고 시를 짓고 글을 읽어 사람들을 놀라게 하였고, 16세에는 알성시에 합격하고 20세에 진사시, 27세에는 문과에 급제하였다. 전라도 관찰사와 연안 부사로 있을 때 청렴·근검·예절·선행·구제 등 풍속을 교화하는 데 힘써, 백성에게는 너그럽게 다스리고 관리는 엄격히 거느려 선정을 베풀었다.

사람됨이 너그럽고 도량이 크고 넓고, 처사가 바르고 의로웠으며, 한번 뜻을 세우면 끝까지 관철하였으며, 모든 일은 옳고 그름을 가려 그때그때의 풍습에 알맞게 처결하였다.

청빈하여 끼니를 잇지 못하는 지경에 이르러도 태연자약하며 남에게 신세를 지지 않았다. 우계 성혼(成渾)과 율곡 이이(李珥)와 친분이 두터웠다.

34. 김덕령(金德齡)

1567~1596. 조선 선조 때 의병장. 자는 경수(景樹), 시호는 충장(忠壯). 광주 사람 김붕섭(金鵬燮)의 아들. 우계 성혼(成渾)의 제자. 임진왜란 때 의병을 일으켰으나 큰 뜻을 펴지 못하고 억울하게 역모에 얽혀 옥사하였다.

내 나라의 후한 은혜를 받고 왜적을 멸망시키기로 맹세하였는데 어찌 역도들을 따라 반역하겠는가?

我受國厚恩하고 誓欲滅賊인데 豈肯從逆鄒叛耶아?
아 수 국 후 은   서 욕 멸 적   기 긍 종 역 추 반 야

－ 국조인물고國朝人物考

【해 설】 이 말은 왜적을 무찌르고 나라에 충성하려는 사람을 역
적의 무리로 다스려서는 안 된다는 뜻이다.

김덕령은 키가 크지는 않았으나 용맹이 남달리 뛰어나고 힘이 장
사여서, 백 근 철퇴를 양쪽 허리에 차고 긴 칼을 들고 험한 산
으로 말을 달리며 큰 나무를 풀 베듯 하였다.

임진왜란이 일어나서 형 김덕홍(金德弘)이 의병장 고경명(高敬
命)의 참모로 싸우다 금산 싸움터에서 전사하자, 담양에서 의병
5천 명을 거느리고 일어나니 나라에서는 그에게 익호장군(翼虎
將軍) 이름을 주어 왜적을 치게 하였다. 이에 진주에 주둔하여
많은 군사를 모아 밤낮으로 군사를 훈련하며 왜적의 침입에 대
비하였다.

그런데 이몽학(李夢鶴)의 역모 사건이 일어나자 그를 시기하던
무리의 모략으로 역모에 관련되었다 하여 서울로 불려와 하옥되
었다. 이 말은 그가 하옥되어 자신의 결백을 아뢴 내용이다.

그는 왕에게 또 말하기를, "신이 만약 다른 뜻이 있었다면 어찌
도원수의 명령을 받고 이몽학을 치며 운봉에 이르렀고, 그가 잡
힌 뒤에 또한 어찌 군사를 거느리고 본진으로 돌아왔겠습니까?
다만 신은 상중의 슬픔도 잊고 의병을 일으켰으나 재간과 공력
이 없어 충성을 펴지도 못하고 도리어 효도에 굴하였으니 죄가
있다면 이것이 죽을죄입니다."라고 하였다.

이때 정탁(鄭琢)과 김응남(金應南) 등은 억울함을 말하여 무죄
를 역설하였으나, 끝내 역모로 몰려 모진 고문을 당하고 29세 젊
은 나이로 옥사하였다.

35. 유성룡(柳成龍)

1542~1607. 조선 선조 때 명상. 자는 이현(而見), 호는 서애(西厓), 시호는 문충(文忠). 풍산 사람으로 관찰사를 지낸 유중영(柳仲郢)의 아들. 명종 때 문과에 급제하고 선조 때 대제학·대사성·예조·형조·이조판서·우의정·영의정을 지냈다. 저서에 서애집(西厓集)·징비록(懲毖錄) 등이 있다.

—

염치를 아는 마음을 길러 흐린 풍속을 깨끗하게 하고, 형정을 밝게 하여 백성의 삶을 보전하게 하고, 학술을 창도하여 선비의 기풍을 떨치게 해야 합니다.

養廉恥하여 以淸濁俗하고 明刑政하여 以保民生하고 倡學術하
양 염 치   이 청 탁 속   명 형 정   이 보 민 생   창 학 술

여 以振士風이니라.
이 진 사 풍

– 선조실록宣祖實錄 · 국조인물고國朝人物考

【해 설】 이 말은 염치를 기르고, 형정(刑政, 형사刑事에 관한 행정)을 밝게 하고, 학술을 창도하여, 흐린 풍속을 깨끗하게 하고, 백성의 삶을 보전하게 하고, 선비의 기풍을 떨치게 해야 한다는 뜻이다.

유성룡은 선조 14년(1581)에 부제학으로 있을 때 왕에게 열 가지 정사에 관하여 진술하였는데, 이 말은 그때 제언한 세 가지 일이다. 그 내용은, "성실한 덕을 닦아서 하늘의 뜻에 보답하고, 내외를 엄격히 하여 대궐의 기틀을 정숙하게 하고, 다스리는 체통을 세심하게 하여 기강을 세우도록 하고, 공론을 중히 하여 조정 기강을 정연하게 하고, 명분과 실제를 잘 조사하여 인재를

등용하도록 하고, 공명정대한 길을 넓혀 잘못된 점을 막도록 할 것이다."라는 것이다.

임진왜란 때 도체찰사로 왜적을 물리치는 데 크게 활약하였다.

36. 이산해(李山海)

1538~1609. 조선 선조 때 재상. 자는 여수(汝受), 호는 아계(鵝溪), 시호는 문충(文忠). 한산 사람 이지번(李之蕃)의 아들. 명종 때 과거에 급제하고 대사간·영의정을 지냈다. 저서에 아계유고(鵝溪遺稿)가 있다.

━

한 사람을 무고하게 죽여도 오히려 안 되는데, 지금 선비들이 죄없이 많이 죽어서 원기가 쪼개졌으니 나라는 어찌 되랴?

殺一不辜도 猶不可인데 今士多死非罪하여 元氣斁矣하니 國
살 일 불 고   유 불 가   금 사 다 사 비 죄   원 기 두 의   국

其若之何오?
기 약 지 하

– 국조인물고國朝人物考

【해 설】 이 말은 역모 사건으로 무고한 선비를 많이 죽였으니 나라의 앞일이 근심된다는 뜻이다.

선조 22년(1589)에 정여립(鄭汝立)의 역모 사건이 일어나서 많은 선비가 희생되었다. 이때 이산해는 영의정으로 그 옥사를 다스렸는데, 그가 전형한 정개청(鄭介淸)도 정여립 사건과 관련된 혐의를 받고 아울러 정철(鄭澈)의 주장으로 경원으로 귀양 가던 중에 죽었다. 그리고 우의정 정언신(鄭彦信)도 정여립과 친교가 있다는 혐의를 받자 이산해는 이 옥사를 심문하지 못하겠다고 밖으로 나와서 대죄하였다. 이때 선조는 그 정상을 알고 그를 불

러 옥사를 조사하게 하였는데, 그 해를 넘겨 일을 감당하고 집으로 돌아오면 침식을 잊고 슬피 탄식하며 이 말을 하였다.

37. 윤승훈(尹承勳)

1549~1611. 조선 선조 때 재상. 자는 자술(子述), 호는 청봉(晴峰). 해평 사람으로 사헌부 감찰을 지낸 윤홍언(尹弘彦)의 아들. 선조 때 명경과에 급제하여, 대사헌·형조·이조판서를 거쳐 영의정을 지냈다.

어진 백성들이 굶주림에 핍박하여 저지른 짓이지 어찌 본심에서 우러나온 행동이겠는가? 차라리 내 마음대로 내놓았다가 처형을 당할지언정, 그 실정을 알면서 어찌 차마 다 죽이겠느냐?

良民이 迫於飢寒이요 豈可本心이리오 寧伏縱出之誅언정 豈忍
양 민   박 어 기 한   기 가 본 심   영 복 종 출 지 주   기 인
知而盡殲이리오?
지 이 진 섬

- 국조인물고國朝人物考

【해설】 이 말은 목민관으로서 어진 백성을 풀어놓은 책임을 지고 처형을 당할지언정, 알고서야 억울하게 죽일 수 있겠느냐는 뜻이다.
윤승훈이 충청도 관찰사로 부임하였을 때 직산의 송유직이 무리를 불러 모아 여러 고을에 격문을 전하고 소란을 일으켰다. 이때 어떤 사람이 군사를 동원하여 진압하자고 하자 그는 웃으며, "곧 진압될 것인데 군사를 일으키다니." 하고 주모자를 잡아 서

울로 보내고 나머지 무리는 다 불문에 부치게 하였다. 그런데 순변사 이일(李鎰)과 절도사 변양걸(邊良傑)은 치죄해야지 풀어놓은 것은 마땅하지 않다고 하였다. 그러나 그는 이 말을 하고 모두 석방하니 백성들은 어진 정사에 감사하며 울면서 돌아갔다.

38. 우복룡(禹伏龍)

1547~1613. 조선 선조 때 문관. 자는 현길(見吉), 호는 구암(懼庵). 단양 사람 우숭선(禹崇善)의 아들. 선조 때 태학에 들어갔다가 강원도 관찰사·강화 유수 등을 지냈다.

나라에서 급히 힘쓸 것은 조정을 바로잡고 기강을 세우고, 백성의 힘을 사랑하고 군사정책을 잘 닦는 데 달려 있다.

急務者는 正朝廷하고 立紀綱하고 愛民力하고 修軍政也니라.
급 무 자   정 조 정   입 기 강   애 민 력   수 군 정 야

– 국조인물고國朝人物考

【해 설】이 말은 나라의 급선무는 정부의 정치하는 제도를 바로잡고, 관리의 기강을 세우고, 백성들의 힘을 사랑하고, 국방을 강화하는 네 가지에 있다는 뜻이다.

우복룡은 유학자 민순(閔純)에게 학업을 닦고 태학에 들어가서 공부하였는데, 인품이 뛰어나므로 노수신(盧守愼)의 천거로 여섯 사람의 선비 중 한 사람으로 뽑혀 벼슬길에 올라 용궁 현감이 되었다. 선조 때 임진왜란이 일어나자 충의로운 군사 천 명을 모아 왜적을 쳐부쉈다.

그 뒤 안동 부사로 있다가 강원도 관찰사를 지내고 강화 유수를 지냈는데 모든 정사를 엄정하고 공명하고 근검하게 다스렸다.

그리하여 비록 종실이나 권세가 있는 사람들도 감히 부정한 일을 하지 못하였다.

훌륭한 목민관으로 자주 왕에게 선정을 베풀 것에 관하여 상소하였는데, 이 말도 그 하나이다.

39. 윤선도(尹善道)

1587~1671. 조선 중기의 학자·시조 시인. 자는 약이(約而), 호는 고산(孤山), 시호는 충헌(忠憲). 해남 사람 윤유심(尹唯深)의 아들. 인조 때 문과에 급제하였으나 벼슬하지 않고 오래 귀양살이를 하였다. 문집에 고산유고(孤山遺稿)가 있다.

좋은 약으로 병을 고치는 일은 어진 정사로 나라를 다스리고 백성을 보호하는 것에 비유할 것입니다.

論藥石攻病은 以喩治國保民이니이다.
논 약 석 공 병   이 유 치 국 보 민

― 국조인물고國朝人物考

【해설】 이 말은 좋은 약을 써야 병을 고칠 수 있듯이, 어진 정사를 베풀어야 나라를 바르게 다스리고 백성을 잘살게 할 수 있다는 뜻이다.

윤선도는 총명하고 학문을 좋아하여 경사자집에 통달하고 아울러 의약·복서·음양·지리 등에도 능통하고, 시조와 문장에는 특히 뛰어났다. 문과에 급제하기 전부터 상소 사건으로 오랫동안 경원에서 귀양살이하였고, 인조반정으로 풀려 봉림대군의 스승이 되고, 문과에 급제하였다. 그러나 벼슬이 용납되지 않아 고향에 있다가 병자호란 때 의병을 일으켰으나 공을 세우지 못하였다.

그런데 국난에 왕을 찾아뵙지 않았다는 죄로 영덕으로 귀양 갔다가 해남으로 돌아와 자연과 더불어 즐겼다.

이 말은 인조가 병들어 위급할 때 그를 부르자 병으로 가지 못하고 이런 글을 올렸는데 이때 그는, "마음은 한 몸을 주관하여 오장육부와 기맥과 음양의 순역(順逆)과 성쇠가 모두 마음에 매였습니다. 마음이 편안하면 몸도 편안하여 풍한서습(風寒暑濕)과 귀매백사(鬼魅百邪, 백 가지 사악한 귀신과 도깨비)가 저절로 마음에 들어올 수 없으나, 마음이 불안하면 이와 반대입니다."라고 이 말을 하였다.

40. 이흘(李忔)

1568~1630. 조선 선조~인조 때 문신. 자는 상중(尙中), 호는 설정(雪汀)·오계(梧溪), 시호는 충장(忠章). 경주 사람 이천일(李天一)의 아들. 선조 때 문과에 급제하고 광해군 때 시정, 인조 때 지제교 등을 지냈다.

임금이 실로 마음을 바로잡으면 조정을 바로잡게 되고, 조정을 바로잡으면 백관을 바로잡게 되고, 백관을 바로잡으면 만백성을 바로잡게 된다. 그러면 기강이 서고 모든 일이 잘 다스려진다.

人君誠能正心이면 以正朝廷이요 正朝廷이면 以正百官이요 正
百官이면 以正萬民이니 則紀綱立하고 而萬事理矣니라.

— 국조인물고國朝人物考

【해 설】 이 말은 한 나라는 임금이 마음을 바로잡아야 조정과 백관과 만민의 마음이 바로잡힐 수 있다는 뜻으로, 왕에게 나라의 기강을 확립하자고 역설한 내용이다.

이흘은 어려서부터 학문을 즐겨 15세 때 이미 널리 경사자집을 읽어 학식이 능통하고, 아울러 문장이 뛰어나고 필법이 뛰어났다. 선조 때 임진왜란이 일어나 적병이 서울에 가까이 오자 어명을 받고 감악산으로 들어가 기도하고, 김상헌(金尙憲)의 추천으로 승문원정자·저작·박사·전적 등을 지냈고, 정유재란 때 공조정랑·예조정랑 등을 지냈다.

인조반정 후 왕의 선정을 상주하였고, 정묘호란이 일어나자 왕을 모시고 강화도로 가서 적을 물리치고 나라를 지킬 대책을 역설하였다. 사명을 띠고 명나라로 들어가서 외교에 힘쓰다가 병들어서 옥하관에서 63세로 세상을 떠났다.

41. 정경세(鄭經世)

1563~1633. 조선 인조 때 학자. 자는 경임(景任), 호는 우복(愚伏), 시호는 문장(文莊). 진주 사람 정여관(鄭汝寬)의 아들. 선조 때 알성과에 급제하고 좌승지, 인조 때 이조판서·대제학을 지냈다. 저서에 우복집(愚伏集)·사문록(思問錄) 등이 있다.

성군이 나라를 다스리는 도리는 재물을 아껴 쓰고 백성을 사랑하고, 일을 삼가고 믿으며, 백성을 부리는 데 때를 알맞게 하였는데, 그 가운데서 '삼갈 경(敬)'자가 다섯 가지 일의 근본이 된다.

聖人治國之道는 節用而愛民하고 敬事而信하며 使民以時인데
성인치국지도   절용이애민   경사이신   사민이시

其中一敬字는 爲五者之本이니라.
기중일경자   위오자지본

- 국조인물고國朝人物考

【해설】 이 말은 옛날 성군이 나라를 다스리는 다섯 가지 근본 중
에서 '삼가는 일'이 가장 중요하다는 뜻이다.

정경세는 인품이 뛰어나고 총명하고 의논이 넓고 공평하였으며
그 학설은 사람들이 모두 칭송하였다.

특히 경세제민(經世濟民)의 정치론은 위정자들을 경탄하게 하였
는데, 이 말도 그 일부다. 그의 상소문은 대개 경전을 인용하여
성리학을 근본으로 설명하되, 문장이 우아하고 조리가 정연하고
주장이 명백하였으며 실정에 적합한 것이 특색이다.

42. 박지계(朴知誡)

1573~1635. 조선 광해군·인조 때 학자·효자. 자는 인지(仁之),
호는 잠야(潛冶), 시호는 문목(文穆). 함양 사람으로 수안 군수를
지낸 박응립(朴應立)의 아들. 사헌부 지평·장령·집의를 지냈고,
동부승지로 임명되었으나 부임하지 않았다. 저서로 사서근사록의
의(四書近思錄疑義)·주역건곤괘설(周易乾坤卦說) 등이 있다.

조종을 위하고 강토를 지키는 도리는 반드시 먼저 부역을 가
볍게 하고 세금을 적게 하여, 백성이 근본을 일삼고 농사에 힘
써 부강한 업적을 이룩하게 하는 것이다.

爲祖宗守境土之道는 則必先輕徭薄賦하여 使民으로 務本力
위조종수경토지도   즉필선경요박부   사민   무본력

農하여 以成富强之業이니라.
농   이 성 부 강 지 업

– 국조인물고國朝人物考

【해 설】이 말은 조종을 위하여 국토를 지키는 도리는 백성을 부유하게 만들고 국방을 강화하는 데 있다는 뜻이다.

박지계는 인품이 뛰어나고 지식과 덕망이 높아 모든 사람의 존경을 받았으며, 과거를 보지 않았어도 나라에서 왕자사부로 불렀으나 가지 않았고, 광해군 때 동몽교관으로 불렀으나 나아가지 않았다. 왕이 생모에게 왕비 호를 올리려 하자 가족을 거느리고 호서 신창으로 가서 두문불출하고 오직 독서와 학문 연구에 힘썼다.

인조반정 후 사헌부 지평·성균 사업을 지내고, 영월 군수로 임명되었으나 가지 않았다. 이괄(李适)의 난 후에 김장생(金長生)과 함께 봉사를 올려 백성을 잘 기르고 군사를 잘 다스려야 한다고 간절히 간하였다. 사헌부 장령·내첨시정·집의 등으로 있으면서 내정을 바로잡는 데 힘썼다. 특히 북쪽 오랑캐를 경계해야 한다고 주장하여 국토 수호와 부국강병책에 관한 봉사를 올렸다. 이 말은 그 봉사 내용문의 일부다.

이와 아울러 과거제도의 폐단을 극론하며 인재 등용의 길을 열 것을 주창하였다. 이때 동부승지로 임명되었으나 사양하고 벼슬을 버리고 아산으로 돌아갔다.

효도와 공경과 실천을 근본으로 삼았고, 경학·정주학에 능통하였다.

43. 장현광(張顯光)

1554~1637. 조선 인조 때 학자. 자는 덕회(德晦), 호는 여헌(旅軒), 시호는 문강(文康). 인동 사람으로 부윤을 지낸 장안세(張安世)의 후손. 선조 때 유성룡(柳成龍)의 천거로 보은 현감을 지내고, 광해군 때 사헌·지평 벼슬을 주었으나 받지 않고, 선조 때 이조참판·대사헌·공조판서·우참판을 주었으나 모두 사퇴하고 성리학 연구에 힘썼다. 저서에 역학도설(易學圖說)·여헌집(旅軒集) 등이 있다.

◼

옛날부터 변할 수 있는 인심이 아닌 것이 없고, 돌아설 수 있는 세도가 아닌 것이 없습니다. 이를 위해서는 거룩한 임금과 어진 재상들이 함께 선정을 베푸는 데 힘쓸 따름입니다.

自古로 無不可變之人心이요 無不可回之世道라 此는 在聖君賢相이 相與有爲而已也니이다.

– 인조실록仁祖實錄·국조인물고國朝人物考

【해 설】 이 말은 인심과 세도는 변하는 것이므로 임금과 재상들은 어진 정사를 베푸는 데 힘써야 한다는 뜻이다.

장현광은 인품과 학식이 뛰어나고 덕망이 높았으나, 벼슬에 뜻을 두지 않고 성리학 연구에 힘썼다.

이 말은 인조의 물음에 대답한 일부다. 인조가 그에게 어진 정사의 방도를 묻자, "한마음으로 날로 새로운 정사를 떨쳐 일으키는 데 있습니다."라고 대답하였고 이어, "공경하고 검소하고 절약하며 덕을 너그럽게 베풀고 형벌을 삼가야 합니다."라고 하였다. 또 인심과 제도에 관하여 묻자 이 말을 하고, 인심을 수습하는 방도를 묻자, "백성들이 전세의 잔혹한 정사에 시달려 곤궁하게 되었으니 이를 불쌍히 여겨 정성껏 구제하면 날로 안정될 것입니다."라고 대답하였다.

44. 이광하(李光夏)

1643~1701. 조선 숙종 때 문신. 자는 계이(啓以), 시호는 정익(貞翼). 덕수 사람으로 대사간을 지낸 이합(李柙)의 아들. 숙종 때 문과에 급제하고, 함경 감사·형조참판·한성 판윤을 지냈다.

굶주리는 백성들이 서로 죽어 넘어지는 것을 보고 슬퍼하고 있는데, 내 어찌 편안히 앉아서 차마 기름진 음식을 먹으며 못 본 체하겠는가?

餓殍相望인데 吾何忍坐하여 享豊腴乎리오?
아 표 상 망   오 하 인 좌   향 풍 수 호

【해 설】 이 말은 목민관은 백성들이 굶주리지 않고 편안히 살도록 잘 다스려야지 자신의 안락만을 도모해서는 안 된다는 뜻으로, 백성들과 함께 굶주림을 극복하는 검소한 참모습을 보인 말이다.

이광하는 숙종 때 좌승지로 있다가 함경 감사에 임명되었다. 이때 큰 흉년이 들어 백성들이 굶어 죽는 일이 생기자 창고에 있던 곡식을 급히 내어 굶주리는 백성을 구제하고, 생산되는 소금을 남쪽 지방으로 보내어 곡식과 바꿔와서 식량에 충당하였다. 이때 서울에 공납할 곡식까지도 바치지 않고 직권으로 우선 백성을 먹여 살렸다. 그리고 다음 해 봄에는 농민들에게 종자를 나눠주어 농사를 짓게 마련하였다.

손수 백성들을 구제한 장부를 기록하여 관리들의 청렴결백한 본보기가 되었는데, 임기를 마치고 서울로 돌아갈 때 백성들은 함흥 만세교에 송덕비를 세워 선정을 찬양하였다.

45. 남구만(南九萬)

1629~1711. 조선 숙종 때 학자·재상. 자는 운로(雲路), 호는 약천(藥泉), 시호는 문충(文忠). 의령 사람으로 현령을 지낸 남일성(南一星)의 아들. 효종 때 별시에 급제하고 한성 좌윤·병조판서 등을 거쳐 숙종 때 영의정을 지냈다.

대신은 마땅히 임금의 마음을 바로잡는 일을 먼저 할 것이다. 그러므로 그 뜻한 일이 정해지면 비록 사생과 화복이 당장 눈앞에 다다르더라도 돌아보는 일이 없어야 한다.

大臣은 當以格君心爲先이니라 以故於其所執定이면 雖死生
禍福이 立至於前이라도 而無有所顧疑니라.

– 국조인물고國朝人物考

【해설】 이 말은 재상은 임금이 국정을 바로잡는 데 온 마음을 쏟도록 성심껏 보좌해야 한다는 뜻으로, 평소에 벼슬하는 사람들에게 타이른 내용이다.

남구만은 청렴한 집안에서 자랐는데, 인품과 식견이 뛰어났다. 효종 때 사마시에 합격하고 별시에 급제, 여러 벼슬을 거쳤다. 함경도 관찰사로 있을 때는 유교를 일으키고, 무력을 장려하고, 함흥성을 개축하고, 산간 오지도 직접 순행하며 선정을 베풀고, 무

산부를 설치하고, 갑산 길주 간의 새길을 열고, 사군을 복구하는 등의 일에도 힘썼다.

숙종 때 한성 좌윤으로 있을 때는 정신들의 불법적 행동을 바로잡는 데 힘쓰다가 왕의 뜻을 거슬러 한때 남해로 유배되었다가 소환되어 우의정·좌의정 등을 거쳐 영의정이 되었다.

강직하고 의리를 좋아하였으며 모든 일에 분명하여 비록 하급관리의 말이라도 바른말은 반드시 들었고, 옳다고 생각하는 말이나 일은 사생을 초월하여 물불을 헤아리지 않고 반드시 실천하는 데 힘썼다.

46. 김주신(金柱臣)

1661~1721. 조선 숙종 때 학자. 자는 하경(廈卿), 호는 수곡(壽谷), 시호는 효간(孝簡). 경주 사람 김일진(金一振)의 아들. 숙종 때 생원시에 합격하고 순안 현령·돈령부사·오위도총부 도총관·제조·호위대장 등을 지냈다.

옛날 어진 임금은 욕된 사람도 죽이지는 않았는데, 하물며 관리로서 감히 형벌을 마음대로 하여 사람을 죽일 수 있으랴?

古者人君은 有不詈人以死인데 況爲官吏敢濫刑殺人乎아?
고 자 인 군   유 불 리 인 이 사   황 위 관 리 감 남 형 살 인 호

– 국조인물고國朝人物考

【해 설】 이 말은 임금이 어진 정사를 베풀면 모든 관리도 그릇된 행동으로 백성을 괴롭히지 않는다는 뜻이다.

김주신은 신라 마지막 임금인 경순왕의 후예로 예조판서를 지낸 경천군 김남중(金南重)의 손자다.

5세 때 아버지를 잃고 집이 가난하였으나 학업에 힘써 생원시에 장원으로 합격하고, 장원서 별검을 거쳐 순안 현령이 되었는데, 어진 정사를 베풀어 민생을 안정시켰다. 딸이 숙종 비가 되자 돈녕부 도정·부사가 되고 경은부원군에 봉해졌다.

지조가 굳고 하는 일에 성실하였고, 천성이 효성스러워 홀어머니를 섬기는 데 지극하였으며, 불쌍한 사람을 구제하는 데도 남달랐다.

숙종의 장인이었으나 겸손하고 청빈하였으며, 근면하고 검소하여 집안에 사치하는 사람이 없어 부녀자들도 비단옷을 입지 않았다. 평소 책을 읽어 경사자집에 능통하였고, 일상생활은 소학(小學) 내용을 실행하는 데 힘썼다.

호 국 편
護 國 篇

호국은 나라를 수호한다는 뜻이다.

우리 선조들은 아득한 옛날부터 아름답고 기름진 한반도와 만주를 삶의 터전으로 삼고, 고조선·부여·신라·고구려·백제·가락·고려·조선 등의 나라를 세우고 오랜 역사와 찬란한 문화를 이룩하며 살아왔다.

그런데 살아온 자취를 보면 늘 행복하고 자유롭고 평화롭게만 살아오지 않았다. 때로는 외적의 침해를 막느라고 피투성이가 되어 싸우기도 하였고, 외적들에게 찬란한 문화를 짓밟히지 않으려고 온갖 괴로움을 겪기도 하였다.

그러나 선조들은 나라를 사랑하는 참된 마음과 꺾어도 꺾이지 않는 굳건한 의지와 슬기로운 힘으로 나라와 민족과 문화를 잘 지켜 우리에게 넘겨주었다.

실로 우리가 사는 나라와 겨레와 문화는 선조들의 피와 살과 뼈와 눈물로 지켜온 생명체라 할 것이다.

그러므로 우리는 이 거룩한 선조에 뒤지지 않는 마음가짐과 몸가짐으로 올바른 전통을 이어받아, 보다 더 좋은 나라를 이룩하여 후손에게 물려주어야겠다.

1. 무휼왕자(無恤王子)

?~44. 고구려 제3대 대무신왕. 재위 18~44. 유리왕의 셋째 아들로
어머니는 송양부인. 유리왕의 뒤를 이어 왕이 되어 국권을 확립하
고, 이웃 나라를 복속시키고 부여를 합쳐 국력을 강화하였다.

—

지금 달걀을 여기에 쌓아 놓았는데 만약 왕이 그것을 깨지
않는다면 내가 장차 그대를 섬기겠으나, 그렇지 않으면 안 되
겠다고 하라.

今有累卵於此인데 若大王이 不毀其卵이면 則臣이 將事之나
금 유 루 란 어 차   약 대 왕   불 훼 기 란   즉 신   장 사 지

不然則否라.
불 연 즉 부

- 삼국사기三國史記

【해 설】 이 말은 이웃 나라의 왕이 위험한 전쟁을 일으키지 않으
면 서로 친선을 도모하겠지만, 그렇지 않으면 안 된다는 뜻이다.
무휼왕자가 7세 때 부여 대소왕에게 위험한 행동을 하지 말라고
경계한 말이다.
부여 대소왕은 고구려 유리왕에게 사신을 보내어 섬기지 않으면
쳐서 없애겠다고 위협하자 유리왕은 굴복하려 하였다. 이때 어
린 무휼왕자는 사신들에게 이 말을 대소왕에게 전하라고 하였다.
대소왕은 이 보고를 받고 중신들에게 의사를 물으니 한 노파가,
"달걀을 쌓아 놓은 것은 위태로움을 뜻하는데, 달걀을 깨지 않는
것이 안전합니다."라고 그 뜻을 풀이하여, "왕은 자기의 위태로
움을 알지 못하고 남을 섬기라고 하나, 그런 위태로운 일을 안
전한 태도로 바꾸어 스스로를 잘 다스리는 것이 옳겠다는 뜻이

다."라고 하였다.

2. 명림답부(明臨答夫)

67~179. 고구려 신대왕 때 재상. 차대왕을 폐하고 신대왕을 세웠
다. 국상이 되어 한(漢)나라의 침입을 물리치고 국난을 극복하였다.

군사가 많으면 마땅히 싸우고, 군사가 적으면 마땅히 지키는
것이 전략가의 떳떳한 도리다.

兵衆者면 宜戰하고 兵少者면 宜守가 兵家之常也니라.
병 중 자　　의 전　　　병 소 자　　의 수　　　병 가 지 상 야

－삼국사기三國史記·동국병감東國兵鑑

【해 설】 당시 한나라가 많은 군사를 일으켜 고구려를 침범하였다.
전략을 의논하는데 중신들 간에는 싸우느냐 지키느냐를 문제로
큰 논란이 벌어졌다. 그 논란인즉 나아가 싸우지 않으면 적은 우
리를 얕보고 침략하려 할 것이므로 나아가 싸우자고 하였다.
명림답부는 이 말을 주장하여 국론을 통합하고는 굳게 지켜 드디
어는 적을 물러가게 만들었다.

3. 미사품(未斯品)

5세기 초. 신라 실성왕 때 재상. 서불한이 되어 군국 정사를 맡아
고구려와 왜적의 침해를 막는 데 큰 공을 세웠다.

험난한 곳을 따라 요새를 베풀고 적이 오면 막아 침노하지 못하게 하다가, 이로울 때면 나아가 사로잡는 것이 이른바 남을 유인해도 남에게 유인되지 않는다고 하는 것이다.

依險設關하고 來則禦之하여 使不得侵猾타가 便則出而禽之가
의 험 설 관　　내 즉 어 지　　사 부 득 침 활　　편 즉 출 이 금 지

此所謂致人而不致於人이니라.
차 소 위 치 인 이 불 치 어 인

－ 삼국사기三國史記

【해 설】 이 말은 국방을 강화하여 적을 막아 그 만행을 저지르지 못하게 하여야 한다는 뜻으로, 왜적의 소굴인 대마도를 정벌하여 침략적 발판을 없애자는 논란에 대하여 건의한 말이다.
이때 미사품은, "무기는 흉기요, 전쟁은 위험한 일입니다. 더구나 바다를 건너가서 남을 치려다가 불리하면 후회막급이오니 그보다는 험준한 곳에…."라고 건의하여 내적으로 국방을 강화하여 적이 침범하지 못하게 하는 것이 상책이라고 하여, 드디어 왕은 고구려와 왜국에 사절을 보내어 친선을 도모하였다.

4. 박제상(朴堤上)

?~418. 신라 눌지왕 때 충신. 파사왕의 5대손이며 물품(勿品)의 아들. 지혜와 용맹을 드러내어 고구려와 왜국으로 가서 볼모로 있던 눌지왕의 동생을 귀국시키고 왜적에게 잡혀 죽었다.

━

이웃 나라와 사귀는 도리는 성실과 신의를 존중히 할 따름이다. 그런데 만약 왕자를 볼모로 교환한다면 이는 오패가 한 일에도 미치지 못하니 실로 말세의 일이다.

交隣之道는 誠信而已라 若交質子면 則不及五覇니 誠末世
교린지도　성신이이　약교질자　　즉불급오패　　성말세

之事也라.
지사야

— 삼국사기三國史記 · 삼국유사三國遺事

【해 설】이 말은 이웃 나라와는 신의로 사귀어야지 볼모로 두게
함은 잘못된 일이라는 뜻이다.

신라에서 고구려로 보낸 복호(卜好) 왕자는 10년 세월을 슬픔 속
에서 헤매었으나 박제상의 뛰어난 외교로 돌아오게 되었다. 또
왜국에 가 있던 미사흔(未斯欣)도 박제상의 지략으로 돌아오게 하
였으나, 그는 왜에게 잡혀 죽었다.

그는 왜의 회유를 물리치고 죽을 때, "차라리 신라의 개돼지가
될지언정 왜놈이 되지는 않겠다."라고 하여 참혹한 죽임을 당하
였다. 나라의 위태로움을 보고 목숨을 바치는 것이 충성이라면
박제상은 그 본보기라 할 수 있다.

5. 서희(徐熙)

942~998. 고려 초기의 명장. 자는 염윤(廉允). 이천 사람 서필(徐
弼)의 아들. 성종 때 좌승 병관어사를 지냈다.

우리나라는 곧 고구려의 뒤를 이었다. 그러므로 나라 이름도
고려이고 평양에 도읍하였다. 만약 국토를 논한다면 동경도 다
우리 강토인데 어찌 우리더러 땅을 침식하였다고 하는가?

我國은 卽高句麗之舊也라 故로 號高麗하고 都平壤이라 若論
아국　　즉고구려지구야　　고　호고려하고　도평양　　약론

地界면 東京도 皆在我境이라 何得謂之侵蝕乎아?
지 계   동 경   개 재 아 경   하 득 위 지 침 식 호

-고려사高麗史

【해 설】 거란이 침입하였을 때 서희가 적장 소손녕(蕭遜寧)과 국
토 문제를 담판할 때 적을 굴복시켜 물러가게 한 명언이다.

고려 성종 12년(993)에 북방의 호족 거란이 80만 대군으로 침
입하여 큰 국난을 겪을 때 적을 막을 대책으로, "서경 이북의 땅
을 적국에게 주고 황주·자비령 선으로 국경을 삼자."라는 의견
이 강력하여 서경에 있는 식량을 대동강에 버리자고 하였다.

이때 서희는 말하기를, "식량이 넉넉하면 성을 지킬 수 있고, 싸
워 이길 수 있는데 어찌 버리게 하랴? 더구나 식량은 백성들의
생명인데 차라리 적의 먹이가 되게 할지언정 이를 강물에 버리
리오? 이는 하늘의 뜻에 부합되지 않는다. 또 땅을 갈라서 적에
게 주는 것은 만세의 부끄러움이니 한번 싸워본 뒤에 이 문제를
의논하여도 늦지 않다."라고 주장하였다.

이어 왕명을 받고 단신으로 적진으로 들어가서 적장 소손녕과
담판하여 그들을 굴복시키고, 압록강 변의 여진족을 내몰고 국
토를 크게 개척하였다.

6. 왕총지(王寵之)

?~1067. 고려 문종 때 재상. 현종 때 과거에 급제하여, 변방에 성
을 쌓고 국토 개척에 힘썼다. 문종 때 여러 벼슬을 거쳐 문하시중·
판상서이부사가 되어 국가의 융성에 힘썼다.

편안할 때도 위태로움을 잊지 말라. 그리고 적이 오지 않을

것을 믿지 말고 내가 방비하고 있어야 한다는 것을 믿으라.

安不忘危하라 無恃敵之不來하고 恃吾有備하라.
안불망위　　무시적지불래　　시오유비

– 고려사高麗史

【해 설】이 말은 잘 방비하고 있어야 근심이 없다는 뜻이다.
정종 10년(1044) 봄에 왕총지는 예성강의 병선 180척으로 군
자를 운반하여 서북계(西北界) 주와 진의 창고를 채우고, 참지정
사 김영기(金永器)와 동북지방의 장주·정주·원홍진에 성을 쌓
음으로써 이른바 천리장성이 완성되었다.
이때 그는 이 말을 임금에게 아뢰어 평화로운 때라도 항상 군비
를 강화하여 유사시에 대비하여야 한다고 주창하고, 군대를 정
비하고 군사를 훈련하여 외적 침입에 대비하였다.

7. 박인량(朴寅亮)

?~1096. 고려 문종·순종 때 문신. 문종 때 과거에 급제하고 5대
임금을 섬겼다. 학식이 넓고 문장이 뛰어나서 당시 외교문서를 집
필하였다.

넓은 하늘 밑은 임금의 땅 아닌 것이 없는데, 우리나라의 조
그마한 곳을 하필이면 내 강토를 내가 다스리겠다고 말하는
가?

普天之下는 旣莫非王土인데 王臣尺地之餘를 何必曰我疆我
보천지하　　기막비왕토　　왕신척지지여　　하필왈아강아

理리오?
리

– 고려사高麗史

【해 설】 이 말은 요나라(거란)는 넓은 땅을 가졌으면서도 왜 고려의 작은 땅을 빼앗으려 하느냐는 뜻이다.

요나라는 일찍이 압록강을 넘어 경계 삼으려고 배다리를 설치하고 강을 건너와서 동쪽 연안에 보주성을 설치하였다.

고려는 현종 때부터 그 부당성을 말하여 보주성을 철폐하라고 여러 번 청하였으나 듣지 않았다. 문종 29년(1075)에 왕은 사신을 파견하여 철폐를 청하였는데, 이때 박인량은 이 말을 서두로 하여 글을 보내어 요나라 임금(도종)의 마음을 감동케 하여 보주성을 철폐하였다.

8. 김희제(金希磾)

?~1227. 고려 고종 때 장군. 안찰사를 거쳐 의주 분도장군으로 있을 때 변경을 침입한 금나라 적을 격퇴시키는 데 큰 공을 세웠다. 그 뒤 최이(崔怡, 최우)가 집권하였을 때 전라도 순문사로 있다가 참소를 당하자 아들과 함께 바다에 몸을 던져 자결하였다.

오랑캐들이 우리나라의 은덕을 배반하고 강토를 침범하여 우리 변방의 백성을 약탈하는데 이를 막지 못하는 것은 나라의 치욕이다. 마땅히 서로 힘을 다하여 토벌해서 나라의 치욕을 씻어야겠다.

于哥下가 背我國恩하고 掠我邊民인데 而莫有禦者는 國之恥
우 가 하   배 아 국 은   약 아 변 민   이 막 유 어 자   국 지 치

也라 宜相與戮力追討하여 以雪國恥니라.
야   의 상 여 육 력 추 토   이 설 국 치

– 고려사高麗史

【해 설】 배은망덕하는 적을 쳐서 나라의 치욕을 씻어야겠다는 뜻이다.

김희제는 본래 군산도 사람이었으나 조상이 개성에 와서 자리잡아 개성 사람이 되었다. 고종 8년(1221)에 몽고 사신 저고여(著古與)가 와서 재물을 강요하자 이를 막는 데 힘썼다. 고종 13년에 금나라 우가하의 군사가 침입하자 이 말을 하여 적을 토벌하자고 주장하고, 군사를 거느리고 나가서 격파하여 큰 공을 세웠다.

9. 신숙주(申叔舟)

1417~1475. 조선 전기의 학자·정치가. 자는 범옹(泛翁), 호는 보한재(保閑齋), 시호는 문충(文忠). 고령 사람으로 공조참판을 지낸 신장(申檣)의 아들. 세종 때 문과에 급제하고 응교가 되었고, 세조 때 영의정이 되고 좌리공신호를 받았다. 저서로 해동제국기(海東諸國記)·보한재집(保閑齋集)이 있다.

우리나라는 삼면으로 적의 침해를 받고 해구들이 사나워서 이를 막기가 매우 어려운데, 한번 그 기회를 잃어버리면 남쪽 지방은 보전하고 지키기가 쉽지 않다.

我國은 三方受敵하고 而海寇慓悍하여 禦之尤難인데 一失其
아 국　　삼 방 수 적　　　이 해 구 표 한　　　　어 지 우 난　　　일 실 기

機면 南方未易保守리라.
기　　남 방 미 이 보 수

– 국조인물고國朝人物考·세종실록世宗實錄

【해 설】 이 말은 지리적으로 삼면이 바다로 적의 침해를 받고 있

으니, 바다로 침범하는 적을 막아야 한다는 뜻으로, 세조가 병조
판서로 임명하자 해적 방비 대책을 아뢴 말이다.

신숙주는 학식이 뛰어날 뿐 아니라 지략도 능통하였다. 그래서
세조는 즉위하여 늘 그를 불러 중요한 정사를 의논하였고 말하기
를, "만약 경과 같은 사람 한 사람만 더 얻는다면 내 무엇을 근
심하겠는가?"라고 하였다.

예조판서로 있을 때 이웃 나라와 사귀는 대책을 말하기를, "남과
교제하는 일은 쉬운 것 같지만 실로 어려운데, 오직 정성을 다
해야 가히 남의 마음을 감동하게 할 수 있다."라고 하였다. 그는
근본의 중요성에 관하여 말하기를, "뿌리 깊은 나무라야 가지가
반드시 무성하고, 근원이 먼 물이라야 흐름이 반드시 길다."라고
역설하였다.

10. 허종(許琮)

1434~1494. 조선 성종 때 대신. 자는 종경(宗卿), 호는 상우당(尙
友堂), 시호는 충정(忠貞). 양천 사람으로 군수를 지낸 허손(許蓀)
의 아들. 세조 때 문과에 급제하고 동지중추부사·함길도 병마절
도사, 성종 때 예조판서·북정도원수로 여진족을 격파하고 돌아와
서 우의정이 되었다. 문무를 겸비한 명신·명장이다.

하늘이 만약 우리 뜻을 알고 있다면 차마 수만 명의 생명을
오랑캐 땅에서 얼어 죽게 하겠는가?

天若有知면 忍使萬命을 凍死胡地耶아?
천 약 유 지　　인 사 만 명　　동 사 호 지 야

－성종실록成宗實錄·국조인물고國朝人物考

【해 설】 이 말은 정의의 군사를 일으켜 불의를 무찌르려는데 천지신명이 있다면 어찌 우리를 얼어 죽게 만들겠느냐는 뜻이다.

허종은 뜻과 기개가 뛰어난 인물이었다. 성종 8년(1477)에 예조판서로 평안도 순찰사가 되어 압록강 대안의 야인 침입을 막았으며, 성종 22년(1491)에는 북정도원수가 되어 장병 2만 4천 명을 거느리고 압록강을 건너 오랑캐들의 소굴을 소탕하고 개선하였다. 이 말은 그때 군사들에게 한 말이다.

당시 엄동설한으로 눈이 한 길이나 내려서 어려운 처지에 놓였고, 적은 험한 곳에 진을 치고 아군을 일시에 공멸하려 획책하였다. 그는 적도들의 전략을 잘 간파하고 군사들을 격려하여 적을 쳐부수고, 진격하여 그 소굴을 소탕하여 크게 이기고 돌아왔다.

11. 노수신(盧守愼)

1515~1590. 조선 명종·선조 때 명신. 자는 과회(寡悔), 호는 소재(穌齋), 시호는 문의(文懿). 광주 사람 노홍(盧鴻)의 아들. 중종 때 문과에 급제하고 벼슬하였으나 사화로 오래 유배되었다. 선조 때 이조판서·우의정·영의정을 지냈다.

천하에 악독한 사람은 한가지다. 일본의 풍신수길은 그 임금을 죽인 사람이니 의리로 사귀는 것은 옳지 않다.

天下之惡은 一也라 秀吉은 弑其君이니 義無可交也니라.
천 하 지 악   일 야   수 길   시 기 군   의 무 가 교 야

– 국조인물고國朝人物考

【해 설】 이 말은 세상에 악독한 사람인 일본의 풍신수길(豊臣秀

吉)과는 국교를 맺어서는 안 된다는 뜻으로, 일본 사신이 와서 화친할 것을 구하자 왕은 이 문제를 대신들에게 의논하라고 할 때 한 말이다.

노수신은 인물이 뛰어나고 지혜로워 어려서부터 어른다운 인품을 갖추었다. 20세에 박사로 뽑혀서 학우들의 부러움을 샀고, 성균 관사 김안국(金安國)은 그의 글을 보고 감탄하며 대성을 지목하 였다. 중종 때 문과에 급제하고 초시와 회시와 전시에 장원급제 하였으며, 퇴계 이황(李滉)과 독서당에 뽑혀 함께 도학 연구에 힘썼다.

을사사화 때 벼슬을 버리고 충주로 돌아가고, 이어 양재역벽서사 건(良才驛壁書事件)으로 진도에 유배되어 19년 동안 귀양살이하 였다. 선조 때 풀려나서 홍문관 직제학으로 등용되고 이어 부제 학·이조판서 겸 대제학·우의정을 거쳐 영의정이 되었다.

그는 나이 많은 것을 구실로 중임을 내놓고 물러나려 하였으나 선조는 허락하지 않고, 대신들도 왕에게, "지금 바야흐로 중외에 근심스러운 일이 많은데 그(노수신)의 덕망이 아니고는 국정을 안정하게 할 수 없으니 그만두게 해서는 안 됩니다."라고 상소하 였다.

12. 김성일(金誠一)

1538~1593. 조선 선조 때 명신. 자는 사순(士純), 호는 학봉(鶴 峰), 시호는 문충(文忠). 의성 사람 김진(金璡)의 아들. 선조 때 문 과에 급제하고 부제학·경상우도 순찰사를 지냈다.

━

하늘에는 두 해가 없고, 땅에는 두 임금이 없다. 일본은 거짓

임금이지만 이미 임금으로 삼았다면 관백은 비록 귀한 신분
이라 하더라도 곧 신하일 따름이다.

天無二日하고 土無二主니라 日本은 僞皇이나 旣爲國主라면 則
천 무 이 일　　　 토 무 이 주　　　 일 본　　 위 황　　　 기 위 국 주　　　 즉

關白은 雖貴라도 乃人臣也니라.
관 백　　 수 귀　　　 내 인 신 야

- 국조인물고國朝人物考

【해 설】 이 말은 임진왜란의 원흉인 풍신수길(豊臣秀吉)이 조선
통신사를 대할 때 임금처럼 행세하려는 것을 잘못이라고 반박한
말이다.

선조 때 일본은 전국시대로 풍신수길이 등원씨(藤原氏)를 멸망
시키고 관백(關白)이 되어 심복인 현소와 평의지를 우리나라에
파견하여 통호할 것을 청하였다. 그러자 조야가 앞으로 왜적의
침입을 예측하고 민심이 분분하였다. 그래서 동정을 탐지하고자
일본에 통신사를 보내게 되었는데 정사에 황윤길(黃允吉), 부사
로 김성일이 가게 되었다.

이 말은 우리 통신사를 맞는 일본 관백 풍신수길이 예의에 벗어
난 행동을 하려 하자 김성일이 이를 반박하여 나무란 말이다.
그는 끝내 뜻을 굽히지 않고 풍신수길의 거만한 태도를 굴복시
키고 바른 예절을 알고 행동하게 하였다.

당시 김성일은 왜적이 쳐들어오지 못한다고 주장하여 정사 황윤
길의 왜구 침입 예측설을 무시하였다. 그런데 임진왜란이 일어나
자 선조의 노여움을 사서 벌을 받게 되었으나, 유성룡(柳成龍)의
변호로 화를 모면하였다.

13. 안홍국(安弘國)

?~1597. 조선 선조 때 장군. 자는 신경(藎卿), 시호는 충현(忠顯).
순흥 사람으로 찬성사를 지낸 안문개(安文凱)의 후손. 선조 때 무
과에 급제하고 선봉장·중군장 등을 지냈다.

평생 나라를 위하는 마음은 오늘 같은 어려움을 이겨내는 데
달렸다. 비록 저들이 우리를 구원하지 않더라도 내 감히 죽음
으로써 나라의 은혜를 보답하지 않으랴?

平生爲國之心은 正今日이라 縱彼不救我라도 我敢不以死報
평 생 위 국 지 심   정 금 일   종 피 불 구 아   아 감 불 이 사 보

國家乎아?
국 가 호

– 국조인물고國朝人物考

【해설】 이 말은 국난 극복을 위해서는 어떤 어려움을 겪더라도
신명을 바치는 것이 국민 된 올바른 도리라는 뜻이다.

안홍국은 충성과 용맹이 뛰어난 인품을 갖추어 임진왜란 때는
선전관으로 선조를 호종하여 용만까지 갔고, 어명을 받들어 영흥
에 있는 임해군에게 임금의 뜻을 전하고, 삼남 지방의 각 진을
순무하며 민심을 안정시켰다. 이때 통제사 이순신(李舜臣) 장군
은 그를 신임하여 장군 대신 중책을 맡기기도 하고, 선봉장으로
왜적을 무찌르는 데 많은 공을 세웠다.

정유재란 때 군선 30척을 거느리고 적의 소굴을 소탕하러 가서
크게 무찔렀으나, 중과부적으로 전세가 위급하게 되어 후퇴하자
는 사람이 많았으나, "안 된다. 적이 눈앞에 있는데 물러서면 언
제 승리하랴? 하물며 상장이 가까이 있으니 어찌 우리를 구하지

않으리? 너희들은 한마음으로 죽음을 두려워하지 말라." 하고 이어 장병들에게 이 말을 하며 전비를 가다듬었다. 역전 고투하여 적을 무찔러 크게 승리하고 적을 추격하다가 유탄에 맞아 장렬하게 전사하였다.

14. 정탁(鄭琢)

1526~1605. 조선 선조 때 재상. 자는 자정(子精), 호는 약포(藥圃), 시호는 정간(貞簡). 명종 때 문과에 급제하고 선조 때 좌의정을 지냈다. 퇴계 이황(李滉)·남명 조식(曺植)의 문하에서 학업을 닦아서 경사·천문·지리·병서에 능통하였고, 임진왜란 때는 호종공신으로 서원부원군에 봉해졌다.

하늘이 만약 우리나라를 복되게 한다면 반드시 이런 일을 없게 하였을 것이다. 설사 불행한 일이 있더라도 어찌 사사로운 지혜로써 그런 난리에 임하는 책임을 면하겠는가? 구차하게 면하려는 뜻은 없다.

天若祚我東이면 必無此事리라 設有不幸이라도 豈以私智로 免
천 약 조 아 동   필 무 차 사   설 유 불 행   기 이 사 지   면

其臨亂이리오 無苟免之意니라.
기 임 란   무 구 면 지 의

– 국조인물고國朝人物考

【해 설】 이 말은 임진왜란으로 국난을 당하여 나라가 위험한 처지에 놓였을 때 저마다 신명을 다하여 그 소임을 다해야 한다는 뜻이다.

정탁은 선조 25년(1592), 왜적의 침입으로 나라가 위험한 처지

에 놓여 왕이 의주로 피난할 때 왕을 모시고 평양에 이르렀는
데, 다시 왕자사부로서 세자의 분조(分朝, 임시로 설치한 조정)를
따라 급히 이천으로 떠났다. 길이 막혀 다시 의주로 향할 때, 일
행은 두려워하여 변복하였으나 그는 태연히 웃으면서 이 말을
하고 침착하게 소임을 다하였다.

임진왜란 직전에 임금의 명에 따라 인재로 곽재우(郭再祐)·이
순신(李舜臣)·김덕령(金德齡)을 추천하였다. 왜란 중에 김덕령
이 처형되게 되자, "왜적을 앞에 두고 명장을 죽이는 일은 불가
하다."라고 주장하였고, 또 이순신이 모함으로 하옥되어 처형 논
의가 있자 그 불가함을 강력 말하여 백의종군하게 하는 등 국난
을 극복하는 데 크게 공헌하였다.

15. 오억령(吳億齡)

1552~1618. 조선 선조 때 문신. 자는 대년(大年), 호는 만취(晩
翠), 시호는 문숙(文肅). 동복 사람 오세현(吳世賢)의 아들. 선조
때 대과에 급제하고 사간원 전한·이조참의·대사간·도승지·제
학·한성 판윤·개성 유수 등을 지냈다.

___

왜적이 곧 쳐들어오려고 하는데, 온 조정이 이를 은폐하고 임
금에게 알리지 않는다. 내 어찌 차마 화를 두려워하여 나랏일
을 그르치게 놔두고 말하지 않으랴?

賊兵將至인데 擧朝擁蔽라 吾何忍畏禍하여 不言以誤國事리
적 병 장 지   거 조 옹 폐   오 하 인 외 화   불 언 이 오 국 사
오?

－ 국조인물고國朝人物考

【해 설】 이 말은 외적의 침입으로 나라가 위태로운 처지에 당면하여, 벼슬하는 사람으로 이를 막을 대책을 강구하지 않고 자신의 화를 면하려고 급급한 잘못에 분개하여, 정의를 드러내는 올바른 행실을 하라는 뜻이다.

오억령이 사간원 전한으로 선무하는 일을 할 때, 일본의 음모를 알고 나라에 알려 그 대책을 세울 것을 말하였으나, 조정에서는 이를 묵살하려 하므로 이 말을 하고 분연히 일어났다. 이어 그의 말대로 임진왜란이 일어나 선조가 의주로 피난하였다. 이조참의·우부승지·대사성·병조참의로 국난 극복에 진력하고 왜란이 끝난 뒤에 대사헌·부제학 등을 지냈다.

청렴하고 근신하는 사람으로 왕의 신임을 받았는데, 타고난 성품이 깨끗하고 학식과 재능이 뛰어나고 지조가 굳건하였다. 그는 평소 자제들에게, "사군자의 할 일은 지극히 크다. 문장 같은 것은 한가로울 때 일삼을 것이다."라고 하였다.

아들 둘이 옥당(玉堂, 홍문관의 다른 이름)에 있을 때 국모를 폐하려는 논란이 일어나자 아들에게, "이는 인륜의 큰 변고인데 어찌 죽음을 두려워할 것인가?"라고 경계하였다.

16. 이안눌(李安訥)

1571~1637. 조선 선조~인조 때 문신. 자는 자민(子敏), 호는 동악(東岳), 시호는 문혜(文惠). 덕수 사람 이형(李泂)의 아들. 선조 때 문과에 급제하고 호조참의·충청 감사, 인조 때 예조판서·형조판서 등을 지냈다.

일은 이미 어쩔 수 없게 되었다. 다만 화의를 주장하지 말고 명분과 절개를 온전하게 하는 것이 옳겠다.

事已無奈何라 但勿主和議하고 以全名節이 可也라.
사 이 무 내 하　단 물 주 화 의　　이 전 명 절　　가 야

－ 국조인물고國朝人物考

【해 설】 이 말은 청나라와 화친하지 말고 명예와 의리를 지키는 것이 올바른 도리라는 뜻이다.

이안눌은 명문에서 태어나 총명 영특하고 재능이 뛰어나서 신동이라 불렸다. 학식이 뛰어나고 시를 잘 짓고 문장이 뛰어나서 선조의 칭찬까지 받았다. 문과에 급제하고 정랑이 되고, 서장관으로 명나라에 가서 이름을 떨쳤다. 인조반정 후에 예조참판이 되었으나 벼슬을 내놓고 집으로 돌아와 있다가 함경도로 유배되고 홍천으로 옮겨 있다가 정묘호란 때 풀려났다.

정묘호란 뒤에는 청나라와 관계가 복잡하게 되어 그 압제에 시달리게 되고, 국내에서는 명나라와 청나라의 국교 문제로 청나라와 화친하느냐 이를 배척하느냐 하여 국세가 위태로운 지경에 빠졌다. 병자호란이 일어나자 남한산성으로 들어가서 왕을 모시다가 환도한 지 한 달도 안 되어 죽었다.

평소에 시를 잘 지어 그때그때의 느낌을 시에 담은 것이 많이 남아 있다.

17. 최명길(崔鳴吉)

1586~1647. 조선 인조 때 문신. 자는 자겸(子謙), 호는 지천(遲川), 시호는 문충(文忠). 전주 사람으로 영흥부사를 지낸 최기남(崔起南)의 아들. 선조 때 문과에 급제하고 이조·호조·병조판서를 거쳐 영의정을 지냈다.

오늘의 정책은 오직 호적과 화친하느냐 싸우느냐에 달려 있습니다. 그런데 싸우려면 힘이 미치지 못하고, 화친하면 아마도 감히 하루아침에 성이 함락되어 온 국민이 죽지는 않을 것입니다.

今日之策은 唯有和與戰이라 而事欲戰이면 則力不及하고 欲
금 일 지 책   유 유 화 여 전   이 사 욕 전   즉 력 불 급   욕

和면 則畏不敢一朝城陷하여 上下魚肉이리라.
화   즉 외 불 감 일 조 성 함   상 하 어 육

－국조인물고國朝人物考

【해 설】 이 말은 사나운 호적(胡賊)과 싸우는 것보다 화친을 맺는 것이 나라와 백성을 위하는 길이라는 뜻이다.

최명길은 예문관 전적이 되었으나 광해군 때 영창대군 사건에 연루되어 파면되었다가, 인조반정으로 1등공신이 되어 참의가 되었다.

병자호란이 일어나 적이 남한산성을 포위하고, 이어 강화도가 함락되어 나라가 위급하게 되자, 인조는 그의 손을 잡고 흐느껴 울며 국난 극복의 대책을 묻자, 그는 울면서 이 말을 하여 청나라와 화친 맺는 것이 상책임을 주창하였다.

이때 중신 간에는 척화론(斥和論)을 주창하며 싸울 것을 말하는 사람도 많았으나, 그는 그 뜻을 굽히지 않고 왕의 마음을 움직여 청나라와 화친을 맺고, 성을 나와 그들에게 굴복하여 국치 민욕을 당하여 슬픈 역사를 남겼다. 이때 그는 우의정이 되어 위로는 왕을 위로하고, 아래로는 민생을 안정시키며 어지러운 정사를 수습하는 데 힘썼다.

좌의정을 거쳐 영의정에 이르렀다가 세상을 떠났는데, 당시 주화론자로 후세까지 물의를 자아냈다.

18. 김상헌(金尙憲)

1570~1652. 조선 중기의 학자. 자는 숙도(叔度), 호는 청음(淸陰)·
석실산인(石室山人), 시호는 문정(文正). 안동 사람으로 돈녕부도
정을 지낸 김극효(金克孝)의 아들. 선조 때 문과에 급제하고 교리·
승지, 인조 때 대사간·대사헌·예조판서, 효종 때 좌의정을 지냈다.

옛날부터 죽지 않는 사람은 없고 망하지 않는 나라도 없는데,
죽고 사는 것은 참을 수 있으나 역도를 따르는 일을 해서는
안 된다.

自古로 無不死之人이요 無不亡之國인데 死生은 可忍이나 從
자 고　　무 불 사 지 인　　　무 불 망 지 국　　　사 생　　가 인　　　종

逆은 不可爲也니라.
역　　불 가 위 야

― 국조인물고國朝人物考

【해 설】이 말은 천하에 죽지 않는 사람과 망하지 않는 나라는
없는데, 죽고 사는 것은 천리를 따르겠지만 호적 청나라의 뜻을
따라 우방 명나라를 치는 일은 해서는 안 된다는 뜻이다.
김상헌은 호적의 침입으로 인한 정묘호란 때 인조의 부름을 받
은 자리에서, "오랑캐들이 깊이 쳐들어와서 종묘사직이 몽진하였
으나, 적도에게 굴복하는 치욕을 당하는 일은 차마 들을 수 없
습니다."라며 그들과의 화친을 반대하였다. 병자호란 때는 예조
판서로 비변사를 겸하였는데 끝내 호적들과 화친해서는 안 될
것을 주창하였다. 그러나 그들과 화의가 맺어지자 심양으로 잡
혀가서 심한 고문을 받았으나 시종 뜻을 굽히지 않고 3년 동안
고난을 겪으며 감금되었다. 이때 청나라 사람도 그 충절에 감복

되어 돌려보냈다.

이 말은 청나라가 명나라를 치려고 원군 5천 명을 보내 달라고 강요하여 파병론이 있자 이를 반대하는 상소문의 일부로, 그 뜻을 굽히지 않았다.

학문과 문필이 뛰어났는데, 특히 글씨는 동기창체(董其昌體)의 명필이었다. 형 김상용(金尙容)은 병자호란 때 강화도에서 호적에게 굴복하지 않고 자폭한 충절지사다.

19. 이경석(李景奭)

1595~1671. 조선 효종 때 재상. 자는 상보(尙輔), 호는 백헌(白軒), 시호는 문충(文忠). 인조 때 문과에 급제하고 부제학·대사헌·이조판서·우의정을 거쳐 영의정을 지내고, 효종이 즉위하자 왕의 북벌 계획을 실현하려 힘썼다. 학문과 문장, 글씨가 뛰어났다.

시세를 돌아보지 않고 청나라를 대적하면 사나운 강적이 반드시 쳐들어올 것이니 이 일은 깊이 생각하지 않아서는 안 된다.

不顧時勢하고 橫挑强寇면 其來必矣리니 不可不深思니라.
불고시세   횡도강구   기래필의   불가불심사

– 인조실록仁祖實錄·국조인물고國朝人物考

【해 설】이 말은 사납게 날뛰는 외적을 되는대로 대접하면 후환이 있을 것이므로 깊이 생각하여 처결해야 한다는 뜻이다.

이경석은 인조 14년(1636)에 부제학이 되었는데, 이해 봄에 후금(後金)은 국호를 청나라로 고치고 사신을 보내왔다. 이때 조정의 의논은 사신을 목 베고 절교하려고 하니 그들은 도망갔다. 이에 온 나라의 민심이 흉흉하였다. 이 말은 그때 왕에게 올린 말

이다.

병자호란이 일어나고 왕이 남한산성에서 나와 삼전도(三田渡)에서 청 태종에게 굴복한 뒤, 그들은 삼전도에 비를 세우게 하고 비문을 지어내라고 하였다. 왕은 장유(張維) 등에게 명하여 비문을 짓게 하였으나 청 태종은 불만을 표하여 다시 지어내라고 하므로, 왕은 이경석에게 지으라고 명하여, "월나라 구천(句踐)이 신첩이 되는 것을 부끄러워하지 않고 스스로 힘을 기르려 하지 않았는가? 그 뜻에 맞게 지으라."라고 하였다. 그는 비문을 지은 다음 형 이경직(李景稷)에게 주면서, "형님, 아우는 글 배운 것을 후회합니다."라고 하며 울었다.

20. 이한응(李漢應)

1874~1905. 구한국 고종 때 외교관·순국지사. 자는 경천(敬天), 호는 국은(菊隱). 영어학교를 졸업하고 진사시에 합격, 주영국서리 공사가 되었다. 1905년 한일협약이 맺어지자 자결하였다.

아아, 나라가 주권이 없어지고, 사람이 평등권을 잃어버리니, 무릇 교섭권에 관하여는 부끄러움과 욕됨이 다함이 없겠구나. 실로 한민족의 혈통과 특성을 가지고서 어찌 이런 치욕을 감당하고 참겠는가?

嗚呼라 國無主權하고 人失平等하니 凡關交涉은 恥辱罔極이라 苟有血性으로 豈可堪忍乎아?

- 유계遺戒

【해 설】 역사가 오래된 나라의 민족으로 주권이 없어지고 인권마저 잃어버리고 외교권에 관하여 부끄러움과 욕된 일뿐이니, 참을 수 없다는 뜻이다.

이한응은 이 말에 이어, "종묘와 사직이 장차 빈 터만 남겠구나. 민족은 장차 그 노예가 되겠구나. 구차하게 살겠다고 하다가는 치욕이 더욱더 심할 것이니 이 어찌 죽는 것보다 낫다고 하겠는가? 내 자결이 여기에서 계획된 것이니 달리 할 말이 없구나." 라고 말하였다.

형에게 드리는 유서에 말하기를, "운이 가고 때가 다하였으니 죽음은 있어도 삶은 없습니다. 나라에 충성하지 못하고 어버이에게 효도하지 못하였으니 어찌 즐거운 일이라 하겠습니까? 사세가 다하였으니 어쩔 도리가 없습니다. 당하고 있던 결과이므로 면하기는 어렵습니다만, 실로 죄지은 일도 없이 그중 가장 가련한 사람이 되니 어찌 원통하지 않으리까?…"라고 하였다.

그는 이 말을 남기고 임지인 영국에서 목숨을 끊었다.

21. 안중근(安重根)

1879~1910. 구한국 말의 애국의사. 한학자로서 무예도 겸비하였는데, 한일협약이 맺어져 국권이 침해당하자, 원흉인 이등박문(伊藤博文)을 만주 하얼빈에서 저격하였다.

사내대장부로 세상에 태어나서 적을 무찌르려 의지를 쌓았더니 이제야 뜻한 대로 좋은 때를 만났구나. 때가 영웅을 만드는가? 영웅이 때를 만나는가? 북쪽 바람 차기도 하나, 내 피는 뜨겁구나. 쌓였던 원한을 한번 털어놓으면, 어김없이 반드시 좀도적을 잡으리라. 우리 동포 형제자매들아, 이 공업을 잊지 말라. 만세 만세 만만세, 대한 독립 만만세.

大丈夫處世兮여　蓄志當期러니　時造英雄兮여　英雄造時인가
대 장 부 처 세 혜　　축 지 당 기　　시 조 영 웅 혜　　영 웅 조 시

北風其冷兮여　我血則熱이라　慷慨一去兮여　鼠賊必殺이라　同
북 풍 기 랭 혜　아 혈 즉 열　　강 개 일 거 혜　서 적 필 살　　동

胞兄弟兮여　毋忘功業하라　萬歲萬歲兮여　大韓獨立萬萬歲라.
포 형 제 혜　무 망 공 업　　만 세 만 세 혜　대 한 독 립 만 만 세

– 안중근명음安重根名吟

【해 설】 이 말은 안중근이 침략의 원흉 이등박문이 하얼빈에 온다는 소식을 듣고 읊은 정기의 노래로, 대한제국의 독립을 위해 적을 반드시 죽이겠다는 뜻이다.

안중근은 이등박문이 만주 하얼빈에 당도할 때 단신으로 삼엄한 경비를 뚫고 들어가서 일곱 발의 권총을 쏘아 적괴를 죽였다. 그리고 만만세를 외친 다음, 여순 감옥에 끌려가서 끝까지 대한제국 남아의 정당한 거사를 주창하고 의로운 일생을 마쳤다.

22. 한용운(韓龍雲)

1879~1944. 독립운동가·시인. 호는 만해(萬海, 卍海). 청주 사람 한응준(韓應俊)의 아들. 한학을 공부하고 동학운동에 참가하였다가 중이 되었다. 한일합방의 국치를 씻으려 중국으로 망명하여 독립군을 양성하였다. 3·1독립운동 때 민족대표 33인의 한 사람으로 독립선언서를 발표하고 3년간 복역하였다. 저서로 임의 침묵·불교유신론(佛敎有神論)·불교대전(佛敎大全)과 그 밖에 많은 문집이 있다.

최후의 1인까지 최후의 1각까지 민족의 정당한 의사를 쾌히
발표하라.

- 독립선언서獨立宣言書

【해 설】이 말은 3·1독립선언서의 공약 3장에 제시한 둘째 항
목으로, 우리 민족은 일제의 침략에 항거하여 최후의 한 사람이
남을 때까지 독립투쟁을 전개하라는 뜻이다.

한용운은 공약 1항에 말하기를, "금일 오인의 차거는 정의·인도·
생존·존영을 위하는 민족적 요구니 오직 자유적 정신을 발휘할
것이요, 결코 배타적 감정으로 일주하지 말라." 하였다.

그리고 또 3항에는 말하기를, "일체의 행동은 가장 질서를 존중
하여 오인의 주장과 태도로 어디까지나 광명정대하게 하라."고 하
였다.

당시 독립선언서는 육당 최남선(崔南善)이 짓고 만해 한용운이 여
기에 공약 3장을 붙여 민족대표 33인의 이름으로 발표하였는데,
이는 우리나라 독립운동사상에 명문·명언으로 전승될 것이다.

인 덕 편
仁 德 篇

인덕은 어진 마음과 착한 행실을 말한다.

어진 마음과 착한 행실은 옛날이나 지금이나, 또 너나 할 것 없이 가정이나 사회나 국가에 그 이념이 뿌리박혀 실현된다.

사람의 마음을 둘로 나눈다면 착한 것과 악한 것으로서 그것이 남에게 행동으로 나타날 때 선행과 악행이 조성된다.

예부터 사람들은 세상을 살아가는 데 어진 마음을 가지고 착하게 살아가라고 권장하였고, 악한 마음과 행실을 징계하였다.

그런데 세상은 평화롭고 자유롭고 행복하기만 하지 않고 복잡한 때도 많아서 눈으로 보고, 귀로 듣고, 입으로 말할 때마다 악한 일도 없지는 않다.

그러나 사람들이 잘살기 위해서는 남을 해치지 않는 어진 마음을 가지고, 다른 사람의 불행을 조성하지 않는 착한 행실을 실천하여 복된 가정, 밝은 사회, 살기 좋은 나라, 평화로운 세상을 이룩해야 할 것이다.

1. 박남해(朴南解)

?~24. 신라 제2대 남해왕. 재위 4~24. 시조 박혁거세의 맏아들로 남해차차웅이라고도 한다. 키가 크고 성품이 너그럽고 지혜롭고 인자하였다. 석탈해(昔脫解)가 인재임을 알고 사위로 삼고 대보 벼슬을 주어 정사를 보살피게 하였다.

두 분 어버이가 세상을 떠나고, 나는 백성들의 추대로 왕위에 올라 두려운 마음으로 냇물을 건너는 것 같은데, 지금 이웃 나라가 침범하니 이 또한 나의 부덕한 탓이다. 어찌하면 좋을지?

二聖이 棄國하고 孤以國人推戴로 謬居於位나 危懼가 若涉
川水인데 今隣國이 來侵하니 是는 孤之不德也라 爲之若何
오?

- 삼국사기三國史記

【해 설】 이 말은 시조의 뒤를 이어 임금에 올랐으나 두려운 마음으로 가득한데 국상 중 이웃 나라까지 쳐들어옴은 자신의 부덕한 탓이라는 뜻이다.

위정자가 국사를 중신들과 의논하여 그 대책을 강구한 사실은 예나 지금이나 같은데, 옛일을 살펴보면 어진 임금일수록 중지를 모아 어려움에 대처하였다.

시조 박혁거세가 세상을 떠난 기회를 타서 낙랑이 군사를 일으켜 쳐들어왔다. 국상을 당한 중에 국난까지 겪게 되자 남해왕은 어찌할 바를 몰라 중신들을 모아 대책을 의논하였다.

이때 중신들은, "적은 우리가 국상을 당하였음을 다행으로 여겨 망령되게 군사를 일으켰으니 하늘이 그들을 돕지 않을 것입니다. (賊幸我有喪, 妄以兵來, 天必不祐.)"라며 이에 대처하여 적을 물리쳤다. 남의 불행을 틈타서 해치려 한 일은 어질지 못한 행실〔不仁之行〕이라 해서 고금을 통하여 도의적으로 용납되지 않았다.

2. 임완(林完)

12세기. 고려 인종 때 문신. 송나라에서 귀화하였다. 과거에 급제하여 예부원외랑이 되고, 인종 때 수창궁 옆에 서적소가 설치되자 김부식(金富軾)과 함께 고문이 되었다. 국자사업 지제고로 있을 때 묘청(妙清)이 서경에 태화궁을 세우려 백성을 괴롭히자 그 잘못을 강력하게 간하였다.

임금이 덕을 닦아서 하늘의 뜻에 부응하면 복을 기다리지 않아도 복이 스스로 이르지만, 만약 덕을 닦지 않고 부질없이 헛된 글만 숭상하면 이로움이 없을 뿐만 아니라 마침내 하늘의 뜻을 모독하게 될 따름이다.

人君修德하여 以應天이면 不與福期라도 而福自至焉이나 若
인 군 수 덕   이 응 천   불 여 복 기   이 복 자 지 언   약

不修德하고 而徒事虛文이면 則非徒無益이요 適足以瀆天而
불 수 덕   이 도 사 허 문   즉 비 도 무 익   적 족 이 독 천 이

已니라.
이

– 고려사高麗史

【해 설】이 말은 임금이 덕을 닦아야 복을 받지 그렇지 않으면 화를 받게 된다는 뜻으로, 상소문의 하나이다.
임완은 성품이 곧고 발라서 항상 임금에게 충언을 올려 왕이 마

음가짐과 몸가짐을 닦는 데 공헌하였다. 인종에게 상소한 말 가운데, "신의 생각에는 말을 올리는 것이 어려운 것이 아니라, 그 말을 듣는 것이 어려운 것이요, 그 말을 듣는 것이 어려운 것이 아니라, 그 말을 실행하는 것이 어렵다고 여겨집니다."라는 말도 있는데, 이는 신하가 간하는 말을 임금이 받아들이고 실천해야 한다고 주장한 것이다.

서경 천도를 반대하여 상소한 말에는, "7, 8년 동안 상서로운 일은 하나도 없고 재난과 변고만 일어나는데, 이는 간신들이 임금을 현혹함을 경계하는 하늘의 뜻입니다. 사람이 사람을 속일 수 있을지언정 하늘이야 어찌 속일 수 있겠습니까?"라고 한 것 등으로 그 충언의 예를 들 수 있다.

3. 손변(孫抃)

?~1251. 고려 고종 때 문신. 수주 사람으로 성품이 강인하고 처사에 공정한 사람으로 유명하였다. 고종 때 예부시랑·경상도 안찰부사·추밀원부사 등을 거쳐 수사공 상서좌복야를 지냈다.

부모의 마음은 자식에게는 모두 같다. 어찌 나이 들어 가정을 가진 딸에게는 후하고, 어머니가 없는 어린아이에게는 박하겠는가?

父母之心은 於子均也니라 豈厚於長年有家之女하고 而薄於
부 모 지 심   어 자 균 야   기 후 어 장 년 유 가 지 녀   이 박 어

無母髫齕之兒耶아?
무 모 초 흘 지 아 야

－고려사高麗史

【해설】 이 말은 부모의 자녀에 대한 사랑은 다 같다는 뜻으로, 어린 아들에게 재산을 주지 않은 까닭은 장래를 위함이다. 이는 남매의 의리를 뒷날에 깨닫게 하기 위하여 그렇게 한 것이다.

손변이 경상도 안찰부사로 갔을 때, 남매간의 송사로 미결된 것이 있었다. 아우는 송사하기를, "우리는 한 어버이에게 태어났는데 왜 누님이 혼자 부모의 재산을 다 갖고, 나는 그 분배가 없는지?"라고 하니 누이는 말하기를, "아버지가 돌아가실 때 집재산을 다 나에게 주고, 너에게 주는 것은 검은 옷 한 벌, 검은 관 하나, 미투리 한 켤레, 종이 한 권뿐이었다. 문서가 갖추어져 있는데 어찌 어기리오?"라는 내용이었다.

손변은 곧 두 사람을 불러들여 묻기를, "너희 아버지가 죽을 때 어머니는 어디 있었느냐?" 하니 대답하기를, "먼저 돌아가셨습니다."라고 하였다. "너희들은 그때 나이가 각각 몇 살이었느냐?"라고 물으니 대답하기를, "누님은 이미 시집가서 가정을 가졌고, 저는 어린아이였습니다." 하니 손변은 이 말을 하였다.

그리고 이어서, "돌아보면 어린아이가 의지할 데는 누이뿐인데 만약 재산을 누이와 똑같이 주면 그 사랑이 혹시나 지극하지 않고 기르는 것이 혹시나 전념하지 않을까 염려하였을 것이다. 아이가 자라면 이 종이에 소장을 써서 검은 옷을 입고 검은 관을 쓰고 미투리를 신고 관청에 고소하면, 관에서 이를 가려줄 것이라 하여 동생에게 이 네 가지 물건을 주라고 유언한 것이다."라고 해결하였다.

4. 옥고(玉沽)

1382~1436. 조선 태종·세종 때 학자. 자는 대수(待售), 호는 응계(凝溪). 의령 사람으로 감무를 지낸 옥사미(玉斯美)의 아들. 태조 때 문과에 급제하고 태상소윤·어사부 장령 등을 지냈다. 저서로 응계실기(凝溪實記)가 있다.

잔인한 마음은 인자함에 해롭고, 탐욕과 거짓된 마음은 의리에 해롭고, 교만하고 게으른 마음은 예절에 해롭고, 완악한 마음은 지혜에 해롭다.

殘忍은 害於仁하고 貪冒는 害於義하고 驕惰는 害於禮하고 頑冥은 害於智니라.

− 응계실기凝溪實記

【해 설】 이 말은 인의예지를 해치는 악한 행동은 잔인과 탐욕과 교만과 완악한 마음에서 일어난다는 뜻으로, 인심선악상반도(人心善惡相反圖)에 있는 내용이다.

옥고는 일찍 아버지를 잃고 어머니의 훈도를 받으며 자랐고, 야은 길재(吉再)에게 학업을 닦아 학식과 덕행이 뛰어났다.

태조 때 20세로 장원급제하고 국자감 학유로부터 전적·교수·집현전 학사·사간원 정언·예부낭중·태상소윤·어사부 장령으로 있다가 외직으로 나가 안동부 통판·대구 지군을 지냈는데 청백리로 이름이 높았다.

총명하여 어진 정사를 베풀고, 매사에 공명정대하고 청렴결백하여 국고의 쌀과 소금 같은 물건의 출납으로부터 사소한 일에 이르기까지 정확히 장부에 기록하여 추호도 잘못하는 일이 없었다. 죄인을 다스리는 데는 정확하여 잘한 일과 잘못하는 일을 엄격히 다스렸으므로 관의 기강이 확립되고 민생이 안정되었다.

학문이 뛰어나 많은 글을 썼는데, 그중에서 인심선악상반도·음양변역성괘도(陰陽變易成掛圖) 같은 것은 유명한 학설이다.

5. 김안국(金安國)

1478~1543. 조선 전기의 학자·문신. 자는 국경(國卿), 호는 모재(慕齋), 시호는 문경(文敬). 의성 사람 김연(金璉)의 아들. 중종 때 예조참의·경상감사·참찬·좌찬성·대제학을 지냈다. 저서로 이륜행실도언해(二倫行實圖諺解)·농잠서(農蠶書) 등이 있다.

사람의 마음이 거칠거나 찬찬한 것은 착하고 어리석은 사람에 따라 서로 다른데, 어찌 겉으로 찬찬한 사람과 속으로 거친 사람의 행동이 저절로 통하는 것이라고 생각하겠는가?

人心麤細는 聖愚之分이 相懸인데 安可外細內麤가 自以爲通
인심추세   성우지분   상현   안가외세내추   자이위통

乎리오?
호

－국조인물고國朝人物考

【해 설】 이 말은 사람의 마음과 행동은 겉과 속이 다른데, 겉만 보고 그 속도 같다고 생각해서는 안 된다는 뜻이다.

김안국은 대학자인 김굉필(金宏弼)의 제자로서 경학에 조예가 깊고 뜻이 원대하고 일 처리를 정확하고 세심하게 하여 조금도 빈틈이 없었다. 그래서 어떤 사람은 너무 자질구레한 사람이라고

헐뜯기도 하였다. 이 말은 그런 비평을 듣고서 웃으면서 한 말이다.

이 말에 이어 언급하기를, "옛사람은 한 가지 일을 할 때마다 반드시 하늘에 알려 정성껏 할 것을 알렸고, 또한 하루도 나랏일을 제대로 하지 못하였으면 저녁밥도 먹지 않았다고 한다. 내 어찌 구차하게 자질구레하다는 헐뜯음을 피하여 내 할 일을 제대로 하지 않겠느냐?"라고 하였다.

6. 민제인(閔齊仁)

1493~1549. 조선 중종~명종 때 문신. 자는 희중(希仲), 호는 입암(立巖). 여흥 사람 민귀손(閔龜孫)의 아들. 중종 때 문과에 급제하고 병조판서·좌찬성 등을 지냈다. 저서로 입암집(立巖集) 6권이 있다.

인심이 화평한 다음에야 재변이 없어지고, 사기가 배양된 다음에야 절개가 일어난다.

人心이 和平然後에야 災變이 消하고 士氣가 培養然後에야 氣
인심   화평연후   재변   소   사기   배양연후   기

節이 興也니라.
절   흥야

- 국조인물고國朝人物考

【해 설】 이 말은 사람의 마음이 화평해야 재난과 변괴가 없어지고, 선비의 기운이 배양되어야 기개와 절개가 일어난다는 뜻이다. 민제인은 성품이 온화하고 너그럽고 삼가 비록 하인들에게도 나쁜 말을 하거나 꾸짖는 일이 없었다. 문장과 절개, 행실이 남보

다 뛰어나고, 뜻이 원대하여 어떤 어려운 일을 당해도 이를 극복하였는데, 올바르다고 생각한 일은 조금도 뜻을 굽히지 않고, 그릇된 일은 반드시 바로잡았다. 그래서 정신간에 문제 되는 일도 없지 않았다.

이 말은 명종에게 올린 글인데 당시 수렴청정하는 문정대비가 전조의 권신인 윤임(尹任) 일파를 제거하려 하자 이를 부당한 처사라고 간언한 내용이다. 이 말에 이어, "윤임 등을 법대로 하지 않을 수 없다고 하더라고 인심의 두려움은 만물이 벼락을 두려워하는 것과 같은 점이 있습니다. 시골 선비도 공부는 해서 무엇하냐고 말하기까지 합니다. 인심은 이러합니다. 화평을 해치는 일은 재앙을 부르는 길입니다."라고 하면서 민심의 화합을 주장하였다.

그 뒤 간신들의 모함에 빠져 공주로 유배되었다가 그곳에서 죽었다.

7. 성호(成浩)

1545~1588. 조선 선조 때 학자. 자는 사집(士集), 호는 성암(省庵). 창녕 사람 성세강(成世康)의 아들. 선조 때 학식과 덕행으로 천거되고 왕자사부가 되고, 진안 현감을 지냈다.

밤기운이 청명하면 인자하고 의로운 마음이 시원하게 일어나서 해가 중천에 솟은 것과 같으나, 만약 색을 좋아하고 재물을 좋아하고 명예를 좋아하면 연기가 눈을 가리고 냄새가 코를 찌르는 것과 같아서 잠시도 참을 수 없을 것이다.

夜氣가 淸明이면 則仁義之心이 快然하여 如白日之中天하고
야기 청명 즉인의지심 쾌연 여백일지중천

如好色好貨好名等心이면 如煙之蔽眼하고 臭之着鼻하여 不可
여호색호화호명등심 여연지폐안 취지착비 불가

頃刻忍得이니라.
경각인득

– 국조인물고國朝人物考

【해 설】 이 말은 마음이 깨끗하면 인자하고 의로운 마음이 솟아
나고, 여색과 재물과 명예를 좋아하면 답답한 일이 생겨 잠시도
참을 수 없다는 뜻으로, 학문하는 사람의 본심으로 뜻한바 태도
를 가르친 내용이다.

성호는 어려서 용모가 아름답고 총명하였는데, 자라서는 학업에
뜻을 두고 일상생활에 소학(小學) 내용을 지켰으며, 동강 남언
경(南彦經)과 창암 김근공(金謹恭)에게 수학하였다. 학문이 뛰어
났으나 과거를 보지 않고 어버이를 봉양하고 자연에서 학문 연구
에 몰두하였다.

선조가 학식과 덕행이 뛰어난 사람을 뽑을 때 등용되어 벼슬하
고, 진안 현감으로 부임해서는 청렴하고 근신하고 공정하고 명
민한 목민관으로 명망이 높았다. 외적을 방비하는 일에도 진력
하여 민생을 안정시켰는데 목민관으로 순직하였다.

8. 정구(鄭逑)

1543~1620. 조선 선조·광해군 때 학자. 자는 도가(道可), 호는
한강(寒岡), 시호는 문목(文穆). 강원 감사·충무 목사·안동 부사,
광해군 때 대사성을 지냈다.

대학의 세 가지 강령〔명덕·신민·지선〕과 여덟 가지 덕목〔수신·
제가·치국·평천하·정심·성의·치지·격물〕은 몸을 닦고 남을 다
스리는 방도가 아닌 것이 없고, 하늘의 덕과 임금의 도리는
삼가 뜻을 세우고, 유능한 일을 귀하게 여기는 데 달려 있다.

三綱八條는 無非修己治人之方이요 天德王道는 祇在謹獨立
삼 강 팔 조　　무 비 수 기 치 인 지 방　　천 덕 왕 도　　지 재 근 독 립

志하고 與有爲爲貴니라.
지　　여 유 위 위 귀

－ 국조인물고國朝人物考

【해 설】 이 말은 대학(大學)의 세 가지 강령과 여덟 가지 덕목은
자신의 심신을 수련하고 남을 다스리는 방도요, 천덕과 왕도는
삼가 뜻을 세우고 유능한 일을 귀히 여기는 데 있다는 뜻으로,
선조의 대학에 관한 물음에 대답한 내용이다.

정구는 7, 8세에 논어(論語)와 대학의 대의에 통하여 신동이라
불렸고, 학문을 닦아도 과거를 보지 않고 퇴계 이황(李滉)·남명
조식(曹植)·대곡 성운(成運)의 3현에게서 학문을 닦았으나 벼
슬하지 않고 많은 제자를 가르쳤다. 임진왜란이 일어나자 의병
을 일으켜 싸웠고, 그 뒤 벼슬하여 여러 고을을 다스렸다.

선조가 정구에게 스승인 퇴계와 남명의 인품을 묻자, 퇴계는 덕
성과 인품이 넓고 후하고 실천력이 성실하다고 하였고, 남명은 인
품이 준엄하고 정제되고 재주와 기개가 크고 높다고 말하였다.

9. 이수광(李睟光)

1563~1628. 조선 중기의 명신. 자는 윤경(潤卿), 호는 지봉(芝
峯), 시호는 문간(文簡). 전주 사람으로 병조판서를 지낸 이희검

(李希儉)의 아들. 선조 때 문과에 급제하고 인조 때 이조판서를 지
냈다. 저서에 지봉유설(芝峯類說)·채신잡록(采薪雜錄)·시문집 등
이 있다.

———

남이 나를 믿지 않는 것은 곧 내 마음가짐이 참되지 못한 까
닭이고, 남이 나에게 순종하지 않는 것은 곧 내가 참된 뜻을
다하지 않는 까닭이다.

人不我信은 是는 我處心未誠이요 人不我服者는 是는 我誠
意未盡이니라.

－지봉집芝峯集

【해설】 이 말은 남을 믿고 순종하게 하는 것은 참된 마음을 갖
고 참된 뜻을 나타내는 데 있다는 뜻이다.
이수광은 사람됨이 단아하고 장중하고 검소하였으며, 어지러운 세
파에 휩싸이지 않았다. 5세 때 책을 읽기 시작하여 경사자집과
제자백가서를 통달하였고, 문장이 뛰어나고 아름답고 시도 잘 지
었다.
많은 저서를 남겼는데 그중에서 특히 몸가짐을 닦기 위한 자경
(自警) 수신록 같은 글은 유명한 말이다. 항상 자신의 마음가짐
과 몸가짐을 닦는 말을 많이 하였다.

10. 신익성(申翊聖)

1588~1644. 조선 선조 때 학자. 자는 군석(君奭), 호는 낙전당(樂
全堂), 시호는 문충(文忠). 평산 사람으로 영의정을 지낸 신흠(申

欽)의 아들. 12세 때 선조의 딸 정숙옹주와 결혼하여 동양위로 봉해졌다.

───

옛날의 군자는 착하고 잘하는 점을 좋아하고 악하고 잘못하는 점을 미워하였는데, 나는 그런 행실을 본받아 삶의 법도로 삼을 것이다.

古之君子는 善善長하고 而惡惡短인데 吾取以爲法也니라.
고 지 군 자　　선 선 장　　이 오 악 단　　오 취 이 위 법 야

– 국조인물고國朝人物考

【해 설】이 말은 옛날 군자가 착하고 잘하는 점을 좋아하고 악하고 잘못한 점을 싫어한 것을 본받아 사람다운 마음가짐과 몸가짐을 갖겠다는 뜻이다.

신익성은 명상 신흠(申欽)의 아들로, 어려서부터 학문과 덕행을 잘 닦아 10세 때 이미 학식과 행실이 남달리 뛰어나고, 12세 때는 선조의 부마가 되었다.

선조 때 부총관 벼슬을 겸하여 활약하였고, 광해군 때 인목대비를 폐하려는 움직임이 일어나자 이를 적극적으로 반대하였고, 인조 반정 후에는 공신으로 봉해졌다.

병자호란이 일어나서 왕이 남한산성으로 피하여 적을 막을 때는 임금을 모시고 끝까지 호적과 싸울 것을 주장하고, 화친을 맺자는 사람들이 세자를 볼모로 보내자고 할 때는 칼로 위협하며 이를 반대하였다. 마침내 김상헌(金尙憲) 등과 심양으로 잡혀가서 온갖 고초를 겪었으나 소헌세자의 가호로 무사하게 되었다.

명문에서 자랐으며, 효성이 지극하고 글과 글씨에 능하여 사람들의 칭송을 받았다.

11. 선우협(鮮于浹)

1588~1653. 조선 인조 때 학자. 자는 중윤(仲潤), 호는 돈암(遯菴), 시호는 문간(文簡). 성리학을 깊이 연구하여 심성이기(心性理氣) 학리를 통달하였으나 벼슬에 뜻이 없어 제자들과 학구에 전념하다가 인조 후기에 성균관사업을 지냈다. 저서에 태극변해(太極辨解)·태극문답(太極問答) 등이 있다.

도덕적인 성품을 존중하라. 이런 마음을 충분히 기른 다음에야 사람다운 위대한 근본이 자리 잡힌다.

尊德性하라 以涵養此心而後에야 大本이 立矣니라.
존 덕 성   이 함 양 차 심 이 후   대 본   입 의

– 국조인물고國朝人物考

【해 설】이 말은 사람은 덕성스러운 마음을 길러야 그 근본이 바로잡힌다는 뜻이다.

선우협은 성리학의 연구에 심혈을 기울였다. 그는 의문점을 알려고 도산서원을 찾기도 하고, 장현광(張顯光)을 찾아가 도의 진리를 묻기도 하고, 김집(金集)을 찾아가 학리를 구명하기도 하였다. 벼슬에 뜻을 두지 않고 학업에 골몰하고 제자들과 용악산으로 들어가서 강의하기도 하였다.

인조의 부름을 받고 한때 성균관사업 벼슬에 있기도 하였으나 왕에게 자신의 학설을 펴기도 했고, 효종의 뜻에 따라 성리학설을 해설하기도 하고 건의하기도 하였다. 이 말도 효종에게 올린 상소문의 일부다.

이 말에 이어, "마음은 한 몸의 근본이 되고 인의예지의 성품을 갖추어 나타내어 남을 불쌍히 여기고, 악을 미워하고, 사양하고,

옳고 그름을 분별하는 마음이 일어나서 심성과 감정을 거느리게
된다."라고 하였다.

12. 유계(俞棨)

1607~1664. 조선 인조~현종 때 명신. 자는 무중(武仲), 호는 시
남(市南), 시호는 문충(文忠). 기계 사람 유양증(俞養曾)의 아들.
인조 때 문과에 급제하고 효종 때 교리·대사간·승지, 현종 때 이
조참판 등을 지냈다. 저서로 시남집(市南集)·여사제강(麗史提綱)·
가례원류(家禮源流) 등이 있다.

마음을 다스리고 잘못을 고치는 도리는, 사리를 궁구하고 앎
을 확실하게 하고 뜻을 참되게 하고 마음을 바로잡는 학설에
서 시도하여 잘 살펴 실천하고, 항상 깨끗하고 밝게 하여 몸
에 물욕이 가리지 않으면, 모든 일을 하는 데 나타나는 것이 저
절로 빛나고 밝고 바르고 위대해서 쇠약하고 구차한 지경에
떨어지지 않을 것이다.

治心養病之道는 試於格致誠正之說하여 省察踐履하고 常使
청심양병지도   시어격치성정지설   성찰천리   상사

淸明하여 在躬物欲不敝면 則見諸事爲者가 自然光明正大하
청명   재궁물욕불폐   즉현제사위자   자연광명정대

여 不墜於委靡苟且之域矣니라.
불추어위미구차지역의

– 국조인물고國朝人物考

【해 설】 이 말은 마음을 다스리고 잘못을 고치는 도리는 격물·
치지·성의·정심의 학설을 근본으로 몸을 닦아 올바로 실천하
는 데 달렸다는 뜻이다.

유계는 타고난 성품이 깨끗하고 밝고 사물의 진리를 올바르게 깨달아, 집안에서는 윤리를 바로잡아 은혜와 의리를 존중하였고, 조정에서는 임금의 뜻을 공경하여 나라를 위하여 충성을 다하고, 백성을 다스리는 데는 지극한 사랑으로 어려운 일을 구제하였고, 일을 처리하는 데는 공명정대하게 하여 민심을 수습하였다. 이 말은 효종에게 마음을 다스리고 잘못을 고치는 도리를 훌륭한 학설에서 찾아서 어진 정사를 베풀어야 한다고 상주한 내용이다.

13. 박일성(朴日省)

1594~1671. 조선 인조~현종 때 문신. 자는 학로(學魯). 상주 사람 박치공(朴致恭)의 아들. 인조 때 문과에 급제하고 승지·수찬관 등을 지냈다.

인자·의리·예절·지혜는 사람의 성품이고, 효도·공경·충성·신의는 도의적 행실이다. 성품은 마음에서 갖추어지는 도리이고, 도의는 몸소 마땅히 실행할 길이다.

仁義禮智는 性也요 孝悌忠信은 道也라 性者는 具於心之理
也요 道者는 身當行之路也니라.

– 국조인물고國朝人物考

【해 설】 이 말은 사람의 마음은 인자하고 의롭고 예의 바르고 지혜로워야 하고, 행실은 효성스럽고 공경하고 참되고 미더워야 한다는 뜻으로, 도덕의 중요성을 강조한 말이다.

박일성은 인조 초에 문과에 급제하고 성균관에 예속되었을 때 정묘호란이 일어나서 화의를 맺게 되자, 상소를 올려 청나라와 화의 맺는 것을 강경하게 반대하였다.

인조 후기에는 강빈옥사(姜嬪獄事)에 관련되어 고향으로 돌아가서 후진 교육에 힘썼는데, 평소 인륜 도덕을 중시하여 사람은 먼저 사람다운 행실을 갖추어야 한다고 역설하였다.

오랫동안 고을의 목민관으로 어진 정사를 베푸는 데 힘썼다.

14. 박장원(朴長遠)

1612~1671. 조선 인조~현종 때 문신. 자는 중구(仲久), 호는 구당(久堂), 시호는 문효(文孝). 고령 사람 박훤(朴烜)의 아들. 인조 때 문과에 급제하고 현종 때 이조판서·대사헌을 지냈다.

―

민생을 안정시키는 일을 극진히 하지 않고, 어려움을 구제하는 정사를 소홀하게 하고, 조정에서 맡은 일을 게을리하고, 인재를 등용하는 형식과 실제와 바른말을 하고 못하게 하는 일들이 어찌 전하의 한마음에서 벗어나리오?

民事之罔極하고 賑政之疎弛하고 朝廷之恬憙하고 用人名實과
민 사 지 망 극   진 정 지 소 이   조 정 지 염 희   용 인 명 실

言路開塞等事가 豈外於殿下之一心乎아?
언 로 개 색 등 사   기 외 어 전 하 지 일 심 호

– 국조인물고國朝人物考

【해 설】 이 말은 나라의 정사가 잘되고 잘못되는 것이 임금의 마음에 달려 있음을 명심해야 한다는 뜻으로, 현종에게 올린 말의 일부이다.

박장원은 온순하고 순수하고 공손하고 예의범절이 훌륭하고, 도량이 크고 넓고 지략이 뛰어나고 맡은 일에 성실하였다. 천성이 착실하고 효도가 지극하였다. 사치를 싫어하여 옷도 단벌이고, 먹는 것도 검소하여 간결하였으며, 사는 집도 바람을 막고 햇빛을 가리는 정도였다.

인조·효종·현종 세 임금을 섬기며 충성을 다하였고, 정사가 잘못되는 일이 있을 때는 물불을 가리지 않고 임금에게 알려서 바로잡았다.

15. 윤원거(尹元擧)

1601~1672. 조선 인조~현종 때 학자. 자는 백분(伯奮), 호는 용서(龍西). 파평 사람 윤전(尹烇)의 아들. 인조 때 진사에 합격하였으나 벼슬길에 나아가지 않고 학자로서 종사하였다.

임금이 도덕에 뜻을 두면 도덕적인 선비가 나오고, 공명에 뜻을 두면 공명한 선비가 나오고, 부귀에 뜻을 두면 부귀한 선비가 나온다.

人君이 志乎道德이면 道德之士進하고 志乎功名이면 功名之
士進하고 志乎富貴면 富貴之士進이니라.

― 국조인물고國朝人物考

【해설】 이 말은 위정자가 뜻하는 데 따라 그러한 인재가 출세하게 된다는 뜻이다. 예컨대 도덕을 존중하면 그러한 인물이 출세한다는 것으로, 나라의 어진 정사는 위정자의 인재 등용에 영향

이 크다는 점을 경계한 내용이다.

윤원거는 집안에서 학문을 배웠으나 남달리 총명하고 자랄수록 뜻이 굳고 기개가 성대하였다. 14세 때 정시에 나갔는데, 한재 대책에 관하여 묻자, "이이첨(李爾瞻)을 베면 곧 비가 올 것입니다."라고 하여 사람들을 놀라게 하였는데, 이이첨은 광해군의 총신이었다.

인조 때 진사시에 합격하고 태학에 들어갔으나, 병자호란에 아버지가 강화도에서 순절한 뒤에는 과거를 보지 않고 산속으로 들어가 평민으로 종신할 뜻을 세웠다. 효종 때 학행으로 추천되어 공조정랑에 임명하였으나 나오지 않았고, 현종 때 장령으로 불렀으나 나오지 않았다.

천품이 고매하고 욕심이 없고, 명리를 멀리하였으므로 사람들의 존경을 받았으나 매사에 초연하고 담박하였다.

16. 성헌징(成獻徵)

1654~1676. 조선 현종 때 학자. 자는 문무(文武), 호는 동허재(洞虛齋). 창녕 사람 성호영(成虎英)의 아들. 신동으로 12세에 온갖 학술에 통달하였다. 수석정기(水石亭記)를 지었다.

마음이 느껴 움직이는 것을 정이라 말하는데, 정에는 착한 것도 있고 악한 것도 있어 착한 사람과 어리석은 사람으로 나누어진다.

心之感而動을 謂之情인데 情有善有惡하여 而聖愚分焉이니라.
심 지 감 이 동   위 지 정   정 유 선 유 악   이 성 우 분 언

– 국조인물고國朝人物考

【해설】 이 말은 심성이 착하고 악한 데 따라 착한 사람과 어리석은 사람으로 나뉜다는 뜻으로, 성리학의 진리에 관하여 논한 내용이다.

성헌징은 23세로 세상에 이름을 떨치고 간 사람으로 유명하다. 정신과 기개가 영리하고 뛰어나서 2, 3세 때부터 책을 읽기 시작하여 5, 6세 때는 능히 시구를 해득하고, 8, 9세 때는 한문에 토를 붙여 읽어서 사람들을 놀라게 하였다. 12세 때는 수석정기를 지어 사람들의 입에 오르내렸고 이 글을 보는 사람은 즐겨 외웠다. 14세 때 어머니를 잃었는데 예에 따라 장례를 거행하였다. 15, 6세 때는 제자백가서를 보지 않은 것이 없고, 도가와 불가의 학술과 음양 학술에 능통하고, 팔진병법(八陣兵法)과 기문둔갑법(奇門遁甲法)도 뜻대로 보전하여 실제 시험하고 체험하며 실행하기도 하였다.

성현들의 학술에 전력하여 성리학의 진리를 구명하는 데 힘썼다. 죽는 날도 미리 아버지에게 알리고 세상을 떠났다.

17. 정제두(鄭齊斗)

1649~1736. 조선 영조 때 학자. 자는 사앙(士仰), 호는 하곡(霞谷). 영일 사람으로 우의정을 지낸 정유성(鄭維城)의 손자, 진사 정상징(鄭尙徵)의 아들. 학식이 높고 제자백가서에 능통하였으나 과거를 보지 않고, 숙종 때 대성·방백을 제수하였으나 받지 않고 부사가 되어 선정을 베풀었다. 저서로 하곡집(霞谷集)이 있다.

자녀는 반드시 사랑으로 잘 어루만져 기르도록 하고, 지시하고 가르치는 일은 진실로써 할 것이지 거짓으로 하지 않도록 하라. 그리고 일상생활을 통하여 보고 듣고 하는 것을 바르지

않은 것으로 하지 않게 하고, 모든 일을 익히고 실행하는 것
을 사치스럽고 방자하게 하지 않도록 하라.

子必親愛撫育하고 指教以實無僞하라 但所見聞을 不以不正
자 필 친 애 무 육　　　지 교 이 실 무 위　　　단 소 견 문　　　불 이 부 정

하고 凡習行을 不使放侈縱恣하라.
　　　범 습 행　　　불 사 방 치 종 자

- 하곡집가법霞谷集家法

【해설】 이 말은 그 가훈 내용에 자녀교육에 관한 가르침으로, 자
녀교육은 사랑과 진실과 정직을 으뜸으로 하고 버릇은 사치와
방종에 흐르지 않게 하라는 뜻이다.

정제두는 또 말하기를, "가정에서 아이들을 가르쳐 인도할 때는
그 기운을 꺾어 놓거나 펄펄 살아나는 뜻을 좌절하게 해서는 안
될 것이니, 마땅히 순순히 타일러서 알아듣고 옳은 일에 잘 따
르도록 지도할 것이다. 왕수인(王守仁)이 지은 훈몽대의(訓蒙大
意)가 가장 옳은 방법이니 잘 권유하고 잘 기르면 본받을 점이
많을 것이다."라고 하였다.

절 의 편
節 義 篇

절의는 절개와 의리를 뜻한다. 절개는 옳은 일을 지키기 위하여 뜻을 굽히지 않는 것이고, 의리는 사람으로서 실행해야 할 올바른 도리를 말한다.

절개와 의리는 인생의 밝은 빛이다. 절개를 굳게 지켜 목숨과 바꾸고, 올바른 의리를 과감하게 실행하는 사람이야말로 예나 오늘이나 값진 보람을 남겨 놓는다.

절개와 의리는 심성에서 조성되어 실제 생활에 행동으로 발휘된다. 사람은 어려서부터 정직하고 진실하고 순결한 마음씨로 성품이 닦아지고, 그것이 깨끗한 성품과 착한 행동으로 나타날 때 어떤 고난과 역경에 부닥치더라도 극복할 수 있다.

이런 일은 개인이나 가정이나 사회나 국가나 언제 어디에서나 그 보람이 맺어질 수 있다. 우리나라는 옛날부터 아름다운 강토에서 단일민족인 까닭으로 성품도 남달리 순진하고, 특히 정절 관념은 남달라서 다른 사람의 침해를 당할 때는 목숨을 내던져 굳게 지키는 아름다운 풍습으로 전승되었다.

1. 도미(都彌)

5세기. 백제 개로왕 때 의리가 뛰어난 사람.

—

사람의 마음은 헤아릴 수 없다고 하지만 내 아내만은 비록 죽
더라도 두 마음을 갖지 않는다.

人之情은 不可測也나 而若臣之妻者는 雖死라도 無貳也니라.
인 지 정　 불 가 측 야　 이 약 신 지 처 자　 수 사　 무 이 야

– 삼국사기三國史記

【해 설】 아내의 굳은 정절은 어떤 어려운 일도 해낼 수 있다는 뜻
이다.

개로왕은 도미의 아내가 나라에서 제일 아름답다는 말을 듣고
그녀를 빼앗으려고 도미를 불러, "부인의 행실은 비록 정결을 중
요한 것으로 삼지만, 만약 으슥하고 사람이 없는 데서 교묘한 말
로 유혹하면 움직이지 않는 사람이 드물 것이다."라고 하자, 도미
는 이 같은 말로 대답하였다.

그러자 왕은 시험해 보자고 하여 도미를 집에 보내지 않고, 가
까운 신하 한 사람에게 왕의 옷을 입게 하여 말을 타고 밤에 그
의 집에 가게 하였다. 신하는 먼저 왕이 왔다고 알리고 말하기를,
"내 오래전부터 그대가 아름답다는 말을 듣고 도미와 내기를 해
서 이겼으므로 내일 대궐로 데려가겠다. 그대는 이제 내 사람이
다."라며 욕보이려 하자 도미의 아내는, "임금은 망령된 말이 없
겠으므로 내 감히 따르지 않겠습니까? 대왕께서 먼저 방으로 들
어가시면 옷을 갈아입고 들어가겠습니다."라고 말하고 곧 종을
들여보내 모시게 하였다. 왕은 나중에 속은 사실을 알고, 도미

의 두 눈을 뺀 다음 작은 배에 실어 강물에 버렸다. 그리고 그 아내를 불러 욕보이려 하니, 그녀는 월경(月經) 중이라 속이고 틈을 타서 도망하여 배를 타고 가 도미를 만나 고구려로 망명하였다.

2. 설낭자(薛娘子)

7세기. 신라 진평왕 때 사람.

신의를 버리고 거짓말하는 것이 어찌 인정이라 하오리까? 소녀는 끝내 아버지의 그릇된 분부를 따를 수 없습니다. 청컨대 두 번 다시 이런 말씀을 하지 마소서.

棄信食言이 豈人情乎아 終不敢從父之命이니 請無復言하소서.
기 신 식 언   기 인 정 호   종 불 감 종 부 지 명   청 무 부 언

– 삼국사기三國史記

【해 설】 이 말은 약속을 저버리는 말은 비록 아버지의 명령이라도 따를 수 없다는 뜻이다.

신라 진평왕 때 설낭자의 아버지는 국경을 지키는 임무를 띠고 수자리를 가게 되었다. 그러나 설노인은 늙고 병들어서 갈 수 없는 처지였는데, 가실(嘉實)이 대신 가겠다고 나서자 설노인은 보답으로 딸 설낭자를 아내로 삼게 하겠다고 약속하였다.

3년을 한정하고 떠난 가실은 나라의 사정으로 6년이 될 때까지 돌아오지 않았다. 그러자 설노인은 딸을 다른 사람에게 시집보내기로 하였다.

이때 설낭자는 이 말을 하여 아버지의 잘못을 간하였다. 그러나

설노인은 듣지 않고 강제로 결혼시키려 하였다. 결혼하는 날 가실이 돌아와 설낭자와 가실은 결혼할 수 있게 되었다.

3. 박영규(朴英規)

10세기. 후백제의 장군. 상주 사람 견훤(甄萱)의 사위. 고려가 신라를 아우르고, 견훤이 아들과 사이가 나빠져서 고려로 망명하자 고려에 내응하고, 태조를 도와 후백제를 멸망시키는 데 공을 세웠다. 벼슬이 삼중대광에 이르렀다.

열녀는 두 남편을 섬기지 않고, 충신은 두 임금을 섬기지 않는다. 만약 내 임금을 버리고 적자를 섬긴다면 내 무슨 면목으로 세상의 의로운 인사를 보랴?

貞女는 不事二夫요 忠臣은 不事二主니라 若舍吾君하고 以事
정 녀　　불 사 이 부　　충 신　　불 사 이 주　　약 사 오 군　　　이 사

賊子면 則何顔以見天下之義士乎아?
적 자　　즉 하 안 이 견 천 하 지 의 사 호

– 고려사高麗史

【해설】 이 말은 충성된 절개를 지켜야 한다는 뜻이다.

박영규는 후백제를 세운 견훤의 사위로 무서운 장수다. 견훤의 아들 신검(神劍)이 아버지를 거역하여 정권을 잡고 아버지를 가두자, 견훤은 도망하여 고려 왕건(王建)에게 망명하였다. 이때 박영규는 아내에게 말하기를, "대왕께서 40여 년 동안 이루어 놓은 공업을 하루아침에 아들들의 화로 의지할 곳을 잃고 고려로 망명하였다." 하고 이 말을 한 다음 이어, "고려 왕공(왕건)은 성품이 어질고 너그럽고, 부지런하고 검소하여 민심을 얻고 있으니

이는 하늘의 계시라 반드시 삼한(三韓)의 주인이 될 것이다. 어찌 글을 올려 우리 임금(견훤)을 위로하고 아울러 왕공에게 은근한 뜻을 다함이 장래의 행복을 도모함이 아니겠는가?" 하였다. 그러자 아내는 말하기를, "당신의 말이 곧 내 뜻입니다." 하니, 박영규는 곧 사람을 파견하여 고려에 내응할 뜻을 표하였다. 왕건은 크게 환영하며 후백제 정벌을 도모하였다.

4. 김유성(金有成)

?~1307. 고려 충렬왕 때 문신. 안성 사람으로 상서좌복야를 지낸 김돈(金墩)의 아들. 15세에 과거에 급제하고 충렬왕 때 서장관으로 일본에 가서 돌아오지 못하고 그곳에서 병으로 죽었다.

일하는 데 어떤 어려움도 사양하지 않는 것이 신하로서의 올바른 도리다. 어찌 사양하리오?

事不辭難이 臣子之義니라 何辭爲리오?
사 불 사 난   신 자 지 의   하 사 위

– 고려사高麗史

【해 설】 이 말은 벼슬하는 사람은 어떤 어려운 일도 사양하지 않고 해야 한다는 뜻으로, 사명감을 깨닫게 하는 말이다.

김유성은 원종 때 일본을 선무하러 가는 사신 조양필(趙良弼)의 서장관으로 가서 그들에게 순종하면 행복하고, 반역하면 불행한 이치를 타이르고 돌아와서 그 공으로 감찰어사가 되었다. 충렬왕 때 다시 일본으로 가게 되었을 때 이 말을 남기고 떠났다.

이때 곽린(郭麟)도 함께 일본으로 갔는데 재상으로 있는 장인 최양이에게 부탁하여 가지 않으려 하자 김유성은 분연히 말하기를,

"사람이 한번은 죽는다. 그 죽음은 나랏일로 죽는 것이 오히려 처자의 손에서 죽는 것보다 낫다."라고 하며 떠났다. 그런데 일본은 먼저 원나라가 일본을 정벌한 일에 원한을 품고, 두 사람 모두 돌려보내지 않았다. 들리는 말에 김유성은 병으로 죽었다고 하고, 곽린도 끝내 돌아오지 못하고 말았다.

나라에서는 김유성을 참의평리로 삼고, 곽린에게도 벼슬과 전지를 주었다.

5. 김자수(金自粹)

14세기. 고려 우왕 때 현신. 고려사에는 金子粹라고 기록되었다. 자는 순중(純仲), 호는 상촌(桑村). 경주 사람 김오(金珸)의 아들. 공민왕 때 문과에 급제하고 정언, 우왕 때 판사재시사, 공양왕 때 좌상시·형조판서를 지냈다.

남의 신하가 되어 나라가 망하면 함께 죽는 것이 의리다. 내 평생 충성과 효도를 스스로 힘써왔는데 지금 만약 몸을 망친다면 무슨 면목으로 임금을 지하에서 만나보랴?

爲人臣하여 而國亡與亡이 義也라 吾平生에 以忠孝自勵인데
위인신   이국망여망   의야   오평생   이충효자려

今若失身이면 何面目으로 見君父於地下乎아?
금약실신   하면목   견군부어지하호

－국조인물고國朝人物考

【해설】 이 말은 나라에 벼슬하는 사람으로 나라가 망하면 함께 죽는 것이 의리라는 뜻이다.

김자수는 학문이 뛰어나 장원급제를 두 번이나 하고, 성품이 충

직하고 효자로서 정문까지 세운 사람이다. 나라에 대한 충성과
어버이에게 효성이 지극하였고, 벼슬이 형조판서에 이르러도 청
렴결백한 관리로 이름이 높았다.

고려가 망하자 벼슬을 버리고 고향인 안동으로 돌아가서 문밖을
나오지 않았다. 태종은 그의 인품을 알고 형조판서로 임명하고
불렀으나 그는 탄식하면서 이 말을 하고, 광주 추령으로 가서 자
손들에게 유언을 남기고 자결하였다. 그는 죽기 전에, "평생 충
성하고 효도하는 뜻을, 오늘 어느 누가 알겠는지?(平生忠孝意, 今
日有誰知.)"라는 절명시를 남겼다.

6. 김식(金湜)

1482~1520. 조선 중종 때 학자. 자는 노천(老泉), 호는 사서(沙
西). 청풍 사람 김숙필(金叔弼)의 아들. 성리학에 출중하여 인재로
천거되고 중종 때 대사성을 지냈다.

요원의 불길이 나에게 미치는구나. 내 어찌 차마 대장부로서 죄
없이 죽임을 당하여 참소하는 적도의 마음을 기쁘게 하겠는가?

燎原之火가 及我矣로다 安忍丈夫로 無辜而就死하여 甘讒賊
요 원 지 화   급 아 의   안 인 장 부   무 고 이 취 사   감 참 적

之心哉리오?
지 심 재

– 국조인물고國朝人物考

【해 설】 이 말은 억울하게 죽임을 당하여 간신들의 마음을 기쁘
게 할 수는 없다는 뜻이다.

김식은 어려서 아버지를 잃고 학업에 힘써 성리학에 통달하고,

조광조(趙光祖)·김안국(金安國) 등과 도학 소장파로 여러 제도를 개혁하며 교화에 힘썼다. 중종반정 때 훈고파가 된 많은 사람의 훈적을 삭제하고, 토지와 노비를 빼앗는 등 급격한 혁신정치를 폈다.

그러나 남곤(南袞)·심정(沈貞) 등이 기묘사화를 일으켜 많은 선비가 화를 입고 처참하게 희생되자, 이 말을 남기고 거창으로 피신하였다가 자결하였다.

7. 김현성(金玄成)

1542~1621. 조선 중기의 학자·명필. 자는 여경(餘慶), 호는 남창(南窓). 김해 사람으로 목사를 지낸 김언겸(金彦謙)의 아들. 동지돈녕부사·중추부사를 지냈다. 많은 비문 글씨가 전한다.

―――

남의 죽음을 틈타서 그 재산을 취하는 것은 의리에 어긋나는 일이다. 구차하게 그 재산을 빼앗으면 어느 누가 그 해골을 덮어주랴?

乘人死하여 而利人財는 非義也라 苟奪其産이면 孰掩其骸리
승 인 사   이 리 인 재   비 의 야   구 탈 기 산   숙 엄 기 해
오?

― 국조인물고國朝人物考

【해설】 이 말은 남의 불행을 틈타서 자기 이익을 탐내는 것은 사람으로서 의리에 어긋나는 행동이라는 뜻이다. 하인이 아들 없이 죽자 그 재산을 거두어들이라고 누군가가 권하자, 의리에 어긋나는 일이라고 반박한 내용이다.

김현성은 타고난 자질이 뛰어나서 5세에 소학(小學)을 읽어 그

뜻을 이해하고 어려서부터 글씨를 잘 썼으며, 15세에 사마시에 합격하고 18세에 문과에 급제하여 사람들을 놀라게 하였다. 인품이 뛰어날 뿐 아니라 학식과 덕망을 아울러 갖추어 행실이 바르고 온순하고 공경하고 뜻이 굳고 건전하였으며 하는 일마다 공명정대하고 시종여일하였다.

효성이 지극하고 형제간에 우애하고 친척과 화목하였으며, 청빈한 환경에서도 어렵고 불쌍한 사람을 정성껏 도왔다. 맡은 일에 충실하였으며, 틈만 있으면 책을 읽고, 때로는 자연을 찾아 산수를 즐기고 시를 짓고 글씨를 썼다. 어려운 친척들을 자기 몸같이 도왔으며, 형제의 하인들까지 보살폈다.

송설체(松雪體)의 명필로 남달리 뛰어난 서체를 지녔는데 당시 유명한 비문은 그가 쓴 것이 많다.

8. 윤국형(尹國馨)

1543~1611. 조선 선조 때 문신. 자는 수부(粹夫), 호는 달천(達川). 파평 사람 윤희렴(尹希廉)의 아들. 선조 때 대과에 급제하고 좌승지·대사헌·공조판서 등을 지냈다.

임금과 신하의 정의는 아버지와 아들의 마음과 같으니, 비록 하루에 열 번을 만나보더라도 어찌 해로우리오?

君臣之間에 情如父子니 雖一日十見이라도 何妨이리오?
군 신 지 간　　정 여 부 자　　수 일 일 십 견　　　　하 방

－국조인물고國朝人物考

【해 설】 이 말은 나라를 다스리는 임금과 백성의 정은 아버지와 아들같이 가까우므로 무슨 일이든 만나 의논할수록 이롭다는 뜻

이다.

윤국형은 학식이 뛰어나서 26세에 대과에 급제하고 벼슬한 다음에는 본분에 성실하여 사간원·사헌부·홍문관·이조·병조에서 능력을 발휘하였고, 선조는 그의 강론과 간언을 정사에 활용하였다. 좌승지에서 상주 목사로 전임해서는 어진 정사를 베풀어 목민관으로서 명성을 날렸다.

사람됨이 너그럽고 덕량이 있었고, 감정을 경솔히 드러내지 않았고, 말을 참되고 행실을 미덥게 하고, 몸가짐을 삼가고, 뜻을 분명하게 드러내어 조금도 꾸밈이 없었다. 사람들의 좋은 점을 드러내어 칭찬하고, 잘못한 점을 남모르게 바로잡았다. 모든 일은 시비를 가려 공정하게 처리하였다.

성품이 담박하여 어지러움과 사치를 즐기지 않았고, 독서를 즐기고 자손들을 올바르게 훈계하고 인도하며 50년 동안 벼슬하면서 절개를 지키는 데 힘썼다.

9. 황진(黃進)

1550~1593. 조선 선조 때 무관. 자는 명보(明甫). 장수 사람 황윤공(黃允恭)의 아들. 선조 때 무과에 급제하고 동복 현감을 지내고 임진왜란 때 충청 병사로 진주성에서 전사하였다.

내 이미 국난 극복을 위하여 의롭게 싸울 것을 허락하였으니 비록 죽더라도 한번 언약한 말을 저버리지 않겠다.

業已諾倡矣니 雖死라도 不可食言이니라.
업 이 락 창 의   수 사   불 가 식 언

– 국조인물고國朝人物考

【해 설】 이 말은 한번 입 밖에 낸 말은 죽는 한이 있어도 지킨다는 뜻이다.

황진은 인품이 뛰어나고 사람됨이 장중하고 기개와 절개가 굳건하고 힘이 세었고, 무예가 뛰어나고 용감하였다. 무과에 급제하고 통신사를 따라 일본으로 갔을 때 형세를 관찰한 다음, 그들이 군사를 일으켜 침입할 것을 예상하고 좋은 칼을 사면서, "장차 이 칼을 휘둘러 적도들의 목을 자를 것이다."라고 말하였다.

동복 현감이 되어서 날마다 공사를 마친 다음에는 곧 갑옷을 입고 말을 달리고 창칼 쓰기를 익혔는데, 임진왜란이 일어나자 곧 근왕병을 거느리고 안덕원·익산·수원 등지에서 왜적을 무찔렀다. 충청 병사가 되어 상주에서 적을 쳐부쉈는데, 왜적이 진주성을 침범하려 하자 창의사 김천일(金千鎰), 병마절도사 최경회(崔慶會) 등과 함께 진주성으로 들어갔다.

이때 의병장 곽재우(郭再祐)는, "진주성은 외로운 성으로 지킬 수 없다. 그리고 그대는 충청 병사로 충주를 지켜야 할 책임이 있으니 진주성으로 들어가는 것은 잘못이다."라고 하였으나, 그는 이 말을 하고 진주성으로 들어가서 격전하다가 장렬히 전사하였다.

10. 송상현(宋象賢)

1551~1592. 조선 선조 때 문신. 자는 덕구(德求), 호는 천곡(泉谷). 여산 사람으로 현감을 지낸 송복흥(宋復興)의 아들. 군자감정·동래 부사를 지냈다.

외로운 성에 검은 기운이 덮치는데, 대진을 구하지 못하고 죽는구나. 군신의 의리를 중히 여기고, 부자의 은덕을 가벼이 여기는 것이 의리입니다.

孤城月暈인데 大鎭不求로다 君臣義重하고 父子恩輕이라.
고 성 월 훈　　　　대 진 불 구　　　군 신 의 중　　　부 자 은 경

- 국조인물고國朝人物考

【해설】 이 말은 외로운 성에서 왜적을 막지 못하고 죽는 것은 부자간의 의리보다 나라를 위하는 충성이 중하기 때문이라는 뜻이다.

송상현이 동래 부사로 갈 때 명나라와 일본 사이가 좋지 못하여 전쟁이 일어난다는 말이 떠돌고, 동래는 일본과 가까우므로 위험한 곳이라고 보았다. 그런데 왜적이 대거 침입하여 임진왜란이 일어나, 적은 부산진을 함락시키고 동래성을 포위하였다. 이때 병사 이각(李珏)은 적을 두려워하여 도망치려 하므로 그는 대의로 그를 나무라며 함께 동래성을 사수하자고 하였으나 이각은 도망하였다.

이에 외로운 성을 지키게 된 송상현은 개연히 성안의 군민을 모아 군비를 강화하고 적을 막아 싸웠다. 성이 함락되려 하자 그는 이 글을 부채에 써서 부친에게 보내게 하고는, 엄연히 조복을 갑옷 위에 입고 초루에 올라 의자에 의지하여 단정하게 앉아 움직이지 않았다.

왜적들이 달려들었는데, 적장 평조익(平調益)은 전에 사신으로 와서 송상현의 덕망을 알고 있으므로 그 앞으로 와서 얼른 피할 것을 권하였으나 응하지 않고, 의자에서 내려와 북쪽을 향하여 절하고 죽임을 당하였다.

적장 종의지(宗義智) 등은 그의 충절을 찬탄하며 그를 해친 자를 잡아 죽였다.

11. 정발(鄭撥)

1553~1592. 조선 선조 때 장군. 자는 자고(子固), 시호는 충장(忠
壯). 경주 사람으로 군수를 지낸 정명선(鄭明善)의 아들. 선조 때
무과에 급제하여 선전관·부산진 첨사를 지내고 임진왜란 때 전사
하였다.

남아로서 죽을 때는 죽을 따름이다. 다시 피하자고 하는 사람
이 있으면 참하리라. 나는 마땅히 이 성의 귀신이 될 것이니
가고 싶은 자는 가거라.

男兒는 死耳라 敢有復言者면 旣斬已下令이니라 吾則當爲此
城之鬼니 其欲去者는 去하라.

− 국조인물고國朝人物考

【해설】 한 나라의 수성(守城) 장군은 어떤 위급한 사태가 있더
라도 그 성과 운명을 같이해야 한다는 뜻이다.

정발은 부산진으로 부임할 때 어머니에게 하직하며 말하기를,"충
성과 효도를 둘 다 온전히 할 수는 없습니다. 지금 나라를 위하
여 급히 떠나니 원하건대 저를 염려하지 마소서." 하니 어머니는
등을 어루만지며,"떠나거라, 네가 충신이 되면 나는 한이 없다."
라고 하였다. 그는 아내를 돌아보며,"어머니를 잘 봉양하오."라
고 말한 다음 길을 떠나니 보는 사람마다 눈물을 흘렸다. 이때
그의 별명은 흑의장군(黑衣將軍)이다.

임진왜란이 일어나서 왜적들이 대거 침입하여 성을 포위하고 공
격하자, 병사들을 독려하여 적을 치니 시체가 산처럼 쌓였다. 적

들은 흑의장군에게 접근하지 말라고 하였다. 그러나 성안에는 화살이 다 떨어져 위급한 사태에 놓이자 부하가 피할 것을 권하였는데, 그는 이 말을 한 다음 끝까지 적을 막아 싸우다가 성이 함락되자 장렬히 전사하였다.

12. 고종후(高從厚)

1554~1593. 조선 선조 때 열사. 자는 도충(道冲), 호는 준봉(隼峰), 시호는 효열(孝烈). 장흥 사람으로 공조참의를 지내고 의병장으로 유명한 고경명(高敬命)의 아들. 임진왜란 때 아버지와 의병을 일으켜 왜적을 무찌르다가 진주성에서 전사하였다.

부자 형제가 나라를 위해 싸우다가 죽어서 서로 잃게 되었는데 나만 홀로 삶을 도모하랴? 이렇게 사는 것은 천지간에 죄인이니 무슨 면목으로 세상에 나서리오?

父子兄弟가 臨危相失인데 吾獨偸生이리오 此는 天地間罪人
이니 何面目으로 立於世乎아?

– 국조인물고國朝人物考

【해 설】 이 말은 아버지와 아우가 나라를 위하여 왜적과 싸우다가 전사하였는데, 내 어찌 원수를 갚지 않고 그대로 살아 있겠느냐는 뜻이다.

고종후는 임진왜란이 일어나자 의병을 일으킨 아버지 고경명(高敬命)을 모시고 아우 고인후(高因厚)와 함께 금산에서 왜적을 무찌르다가 아버지와 아우를 잃었다.

그는 싸움터의 시체 더미에서 아버지와 아우의 시체를 찾아 금산 기슭에 묻었다가, 뒤에 관을 짜 가지고 가서 장사를 지낼 때 통곡하며 이 말을 하였다. 이때 어머니는, "너희 아버지와 아우가 함께 전사하였는데 너까지도 죽으려 한다면 나는 누구를 믿고 살겠느냐? 내가 먼저 죽겠다."라고 하였다. 그러나 그는 의병을 모아 복수의장군(復讐義兵軍)이라 이름하고, 영남 각지에서 왜적을 격파하며 용감히 싸우고 진주성으로 들어가 지켰다.

진주성을 9일 동안 지키며 왜적을 막았으나 황진(黃進)·김준민(金俊民)·장윤(張潤) 등이 전사하고, 서예원(徐禮元) 목사가 도망하여 성이 위태로워졌다. 김천일(金千鎰)·최경회(崔慶會)와 끝까지 왜적을 막고 진주성을 지키다가 남강으로 뛰어들어 자결하였다.

13. 윤섬(尹暹)

1561~1592. 조선 선조 때 문신·의인. 자는 여진(汝進). 호는 과재(果齋), 시호는 문열(文烈). 남원 사람으로 지사를 지낸 윤우신(尹又新)의 아들. 선조 때 문과에 급제하여 형조랑·사헌부 지평·서장관 등을 지내고 임진왜란 때 전사하였다.

─────

나라가 위급할 때는 은혜와 의리를 함께 온전히 할 수는 없다.

國家有急엔 恩義를 不可俱全이니라.
국 가 유 급　　은 의　　불 가 구 전

─ 국조인물고國朝人物考

【해 설】 이 말은 위태로운 나라를 구하기 위해서는 부자간의 의리 같은 것은 아울러 갖추지 못할 때가 있다는 뜻이다.

윤섬은 용모가 뛰어나고 독서를 즐겨 문과에 급제하여 주서·정자·교리 등을 거쳐 형조랑이 되었다. 어려운 사건도 잘 처결하자 유성룡(柳成龍)은, "그의 재주와 학식은 내가 잘 알고 있지만 형사 처결은 그를 따를 사람이 드물겠다."라고 말하였다. 사간원 정언·헌납·사헌부 지평을 두루 지냈는데 이때 율곡 이이(李珥)와 우계 성혼(成渾)이 무고를 입자, 동지들과 힘을 모아 이를 변호하다가 드디어는 벼슬에서 물러났다.

뒤에 서장관으로 뽑혀 명나라로 가서 개정보전을 나눠 받아온 공으로 광국공신 2등에 책봉되었다. 임진왜란이 일어나 이일(李鎰)이 장군으로 출전하게 되자 벗으로서 제의하기를, "늙은 어머니가 있고 형제도 없으니 내가 대신 나가겠다."라고 하여 그를 대신하여 출전하였다. 이때 어머니는 그를 잡고 울면서, "너는 나를 버리고 싸움터로 나가 죽으려느냐?"라고 말하니, 어머니를 위로하면서 이 말을 하여 어버이와 자식의 의리보다 위급한 나라를 구해야겠다고 하였다.

그리고 상주 싸움에서 왜적과 싸우다가 전사하였다. 이 싸움에서 교리 박호(朴箎)·이경류(李慶流)와 함께 전사하였는데 세상에서는 세 사람을 3종사관(從事官)으로 불렀다.

14. 최유원(崔有源)

1561~1614. 조선 명종, 선조 때 명신·효자. 자는 백진(伯進), 호는 추봉(秋峰) 또는 화암(花巖). 해주 사람으로 좌찬성을 지낸 최황(崔滉)의 아들. 선조 때 문과에 급제하고 대사간·대사헌을 지냈다. 해천군에 봉해졌다.

절개에 몸을 바치고 의리에 죽는 것은 쉬운 일이 아니나, 그러나 살면서 욕을 당하는 것은 죽어서 부끄러움이 없는 것만 같지 못하다.

伏節死義는 雖非易事나 然이나 生而僇辱은 不若死而無愧
복 절 사 의   수 비 이 사   연   생 이 륙 욕   불 약 사 이 무 괴

也니라.
야

– 국조인물고國朝人物考

【해 설】 이 말은 절의를 위하여 몸 바치는 것은 쉽지 않으나 살아서 욕을 당하는 것보다 부끄럽지 않게 죽는 것이 낫다는 뜻으로, 항상 자신의 뜻과 몸가짐을 남에게 알리던 말이다.

최유원은 타고난 자질이 어질고 바르고 굳건하여 착한 일을 드러내고 악한 일을 바로잡는 데 힘썼고, 명예와 절개를 존중하고 법도를 지키는 데 철저하였다. 모든 일 처리는 좋고 나쁜 것을 엄격히 가려 처리하고, 남의 억울한 일은 반드시 구제하고 악한 일은 끝까지 바르게 다스리는 데 힘썼다.

선조 때 사마시에 합격하고 이어 문과에 급제하고 대사헌을 거쳐 대사간에 이르렀을 때 세 번 상소하여 벼슬을 사양하니 광해군은, "강직하고 방정한 그대는 간관으로 적임이니 사양하지 말라."라고 하였다. 그리고 나라에 어려운 일이 있을 때 왕은 그의 간하는 말을 들었다. 그는 간하는 태도에 관하여, "임금에게 아뢰는 말은 온유한 태도여야 한다. 이에는 그 뜻을 펼 수 있으면 족하다. 만약 부질없이 화살같이 곧은 태도만 지키다 화를 초래하면 뜻한 일을 이루지 못한다."라고 하였다.

그는 또 독서를 강조하였고, 효도와 공경과 윤리의 실천을 주창하였다. 효성이 남달리 뛰어나 나라에서는 효행으로 정문을 세웠다.

15. 홍익한(洪翼漢)

1586~1637. 조선 선조~인조 때 학자·충신. 자는 백승(伯升), 호
는 화포(花浦). 인조 때 문과에 급제하고 사서·사헌부 장령을 지
냈다.

내 어찌 죽음을 두려워하여 망령되게 남을 끌어들이랴?

吾豈畏死하여 而妄引他人耶아?
오 기 외 사   이 망 인 타 인 야

– 국조인물고國朝人物考

【해 설】 죽음을 두려워하여 남을 끌어들이는 망령된 행동을 하지
않겠다는 뜻이다.

병자호란 때 금나라가 나라 이름을 청나라로 고치고 황제라 칭
하여 사신을 보내어 받들라고 하자, 홍익한은 왕에게 상소하여 사
신을 참살할 것을 청하였다. 태학생 윤선거(尹宣擧) 등이 그 뜻
에 찬동하니 청나라 사신은 두려워하여 도망하였다. 이때 최명
길(崔鳴吉) 등은 그들과 화친을 맺자고 주장하였으나 홍익한·
오달제(吳達濟)·윤집(尹集) 등은 호적과 화친하는 것을 반대하
였다. 인조가 남한산성으로 파천하여 호적을 막을 때 척화신을
보내라고 하자, 홍익한·오달제·윤집은 자청하여 청나라로 가려
하였다.

그는 혼자 그들에게 가니 그들은 온 까닭을 물으며, "화친을 반
대한 사람이 어찌 그대 한 사람뿐이오?" 하자, 그는 청나라 사
신에게 이 말을 하고 두목인 용골대(龍骨大)에게, "지난해 너의
목을 베자고 주창한 사람은 곧 나다."라고 말하였다.

또 청 태종은 그에게, "그대는 어찌하여 약속을 배반하고 척화하

는가?" 하자 그는, "우리가 그대들과 약속한 일은 형제의 의리로 사귀자 하였는데, 지금은 군신의 의리로 하려 하니 약속을 배반한 사람은 그대들이 아닌가? 나는 대의를 주장할 따름이지 성패나 존망을 논하려는 것이 아니다."라며 그 잘못을 나무랐다.

그리고 그들에게 굴복하지 않고 대의를 주장하다가 오달제 · 윤집 과 함께 죽임을 당하고, 만고에 애국 충절을 남겼다.

16. 민응형(閔應亨)

1578~1662. 조선 인조 때 문신. 자는 가백(嘉伯). 여흥 사람 민호 (閔頀)의 아들. 광해군 때 문과에 급제하고 인조 때 예조판서를 지 냈다.

오늘 나라를 다스리는 사람들이 하늘을 두려워하지 않고 백성 을 구제하지 않고 외적을 근심하지 않으니, 나라가 장차 어찌 되랴?

今日上下가 不畏天하고 不恤民하고 不憂寇하니 國將奈何오?
금 일 상 하   불 외 천   불 휼 민   불 우 구   국 장 내 하

– 국조인물고國朝人物考

【해 설】이 말은 나라의 정사를 담당하는 위정자와 관리들이 본 분을 지키지 않으면 나라가 어떻게 되겠느냐는 뜻이다.

민응형은 학식과 덕망을 갖춘 사람으로 어떤 경우를 당하여서도 뜻을 굽히지 않고 바른말을 잘하였다.

인조반정 후에 간관이 되었는데 정사의 옳고 그른 점과 민정의 안정에 관하여 수시로 진언하였다. 그 뒤 사관이 되었을 때 청 나라의 침해가 엿보이고 천재지변이 자주 일어났는데, 그는 왕에

게 나아가서 이 말로 간하고 국정을 바로잡아 민생의 안정을 도모할 것을 역설하였다. 이때 인조를 비롯한 문무백관들은 그의 충언에 감동하여 내정과 외정을 가다듬으려 하였으나 병자호란의 국난을 겪게 되었다.

뒤에 예조판서가 되고 80세의 노년에 이르러서도 충직한 벼슬아치로 이름을 떨쳤다.

17. 윤집(尹集)

1606~1637. 조선 인조 때 충신. 자는 성백(成伯), 호는 임계(林溪), 시호는 충정(忠貞). 남원 사람으로 현감을 지낸 윤형갑(尹衡甲)의 아들. 인조 때 문과에 급제하고 교리를 지냈는데, 척화신으로 심양으로 잡혀가서 죽임을 당했다.

―――

적도에게 몸을 굽히는 모욕은 도리어 죽는 것보다 심하다. 이는 너희들이 알 바가 아니다.

屈身之辱은 反甚於死라 此非汝所知也라.
굴 신 지 욕　　반 심 어 사　　차 비 여 소 지 야

― 국조인물고國朝人物考

【해 설】 이 말은 호적에게 죽임을 당할지언정 굴복하지 않겠다는 뜻이다.

윤집은 13세에 아버지를 잃고, 부사로 있는 형 윤계(尹棨)에게 학문을 배우고, 22세 때 생원시에 합격하고, 26세 때 문과에 급제하여 벼슬이 교리에 이르렀다. 병자호란 때 왕에게 상소하여 호적들과 화친을 맺지 말고 싸울 것을 주장하였으나 그들과 화친하게 되자, 그다음 해에는 소위 척화신으로 몰려 호적의 소굴로 잡혀갔다.

이때 그를 잡아가는 호적들은 위협하기를, "화친 반대를 주창하는 사람은 홍익한(洪翼漢) 한 사람이 아닌가? 지금 만약 이에 관여된 사람을 말하면 죽음을 면할 수 있다."라고 하였다. 그는, "나는 죽어도 내 뜻대로 한다. 다시 묻지 말라."라며 심양으로 끌려가서 오달제(吳達濟)와 함께 심양 서문 밖에서 죽임을 당했다.

죽기 전에 하인에게, "나는 이제 죽는다." 하니 하인은, "왜 억지로 죽으려 하십니까?" 하자 그는 웃으며 이 말을 남기고는, 오달제와 함께 아무렇지도 않은 듯이 웃고 담소하며 최후를 마쳤다. 세상에서는 이때 죽은 홍익한·윤집·오달제를 삼학사(三學士)라고 한다.

18. 오달제(吳達濟)

1609~1637. 조선 인조 때 충신. 자는 계휘(季輝), 호는 추담(秋潭), 시호는 충렬(忠烈). 해주 사람 오윤해(吳允諧)의 아들. 인조 때 문과에 장원급제하고, 부교리를 지냈는데 척화신으로 심양으로 잡혀가서 죽임을 당했다.

━

나는 죽음을 두려워하지 않는다. 나는 내 머리를 가지고 왔으니, 어서 자르고 다시 두말하지 말라.

死非吾所畏也라 吾戴吾頭來니 當斬卽斷하고 更勿復言하라.
사 비 오 소 외 야   오 대 오 두 래   당 참 즉 단   갱 물 부 언

- 국조인물고國朝人物考

【해 설】 이 말은 호적의 유혹을 단호히 거절하고 죽음으로써 애국 지조를 지킨다는 뜻이다.

당시 금나라는 나라 이름을 청나라로 고치고 황제라 칭하며 우리나라에 사신을 보내 화친을 청하였는데, 오달제는 왕에게 상소하여 사신을 물리치라고 청하였다.

병자호란이 일어난 인조가 남한산성으로 피하자, 그는 성안으로 들어가서 적을 막으며 호적들과 화친을 맺지 말고 끝까지 싸울 것을 주장하였다.

그러나 화의를 맺자는 사람들은 홍익한·오달제·윤집을 소위 척화신이라 하여 호적의 소굴로 보냈다. 이때 적장 용골대(龍骨大)는 갖은 말로 유인하려 하였으나 그는 끝내 듣지 않았다. 그러자 용골대는, "그대와 윤집은 마음을 돌리면 죽이지 않을 것이니 처자를 불러와서 여기서 살라." 하였으나 그는 웃으며 이 말을 하고 빨리 죽이라고 하면서 뜻을 굽히지 않고 죽임을 당하였다.

19. 이준(李儁)

1859~1907. 구한국 말의 순국열사. 호는 일성(一醒). 한일협약의 체결로 국권이 침해되자, 평리원 검사로 대한자치회·만국청년회·국민교육회 등을 조직하여 구국운동을 하였다. 이상설(李相卨)·이위종(李瑋鍾)과 함께 고종의 밀사로 네덜란드 헤이그에서 열린 만국평화회의에 참석하여 일본과의 협약이 무효임을 주장하다가 뜻을 이루지 못하고 자결하였다.

———

한국 사람의 혼은 독립 자주의 혼이요, 동족 애호의 혼이요, 대의명분의 혼이요, 일치단결의 혼이요, 건설 개척의 혼이요, 세계 평화의 혼이요, 살신성인의 혼이다.

韓國人之魂은 獨立自主之魂이요 同族愛護之魂이요 大義名
한 국 인 지 혼   독 립 자 주 지 혼   동 족 애 호 지 혼   대 의 명

分之魂이요　一致團結之魂이요　建設開拓之魂이요　世界平和
분지혼　　　일치단결지혼　　　건설개척지혼　　　세계평화

之魂이요　殺身成仁之魂也니라.
지혼　　　살신성인지혼야

- 이준명언李儁名言

【해 설】 이 말은 우리 민족의 혼은 독립 자주·동족 애호·대의
명분·일치단결·건설 개척·세계 평화·살신성인의 애국혼이라는
뜻이다.

예절편
禮節篇

예절은 사람이 지켜야 할 예의범절이다.

사람이 사람다운 점은 예의범절을 존중하여 잘 지키는 데 있다. 예는 도의 생활의 규범이요, 사회질서를 유지하는 법도요, 인생을 행복하게 만드는 원천이다. 그래서 예절은 천리에 순응하는 절차요, 인간 생활을 화합하게 하는 법칙이라고 한다.

실제로 우리가 살아가는 인류사회에 예의범절이 전승됨으로써 윤리 도덕적인 삶이 지속되고, 가정이 유지되고, 나라가 잘 다스려지고, 온 누리의 인류 생활이 정착되는 것이다. 만약 세상에 예절 없이 자기 마음대로 방종하면 세상은 싸움과 난리와 혼란의 도가니로 변하고, 마음 편히 살아갈 수 없는 도탄의 지경에 빠질 것이 분명하므로, 생각만 해도 소름이 끼친다.

그러므로 우리는 사람다운 예의범절을 덕성으로 삼아 서로 공경하고, 사양하고, 도우면서 잘 살아야 할 것이다. 예절은 진정한 방향으로 발전해야 더욱 밝고, 명랑하고, 평화로운 세상을 맞게 될 것이다.

1. 대소(帶素)

1세기. 부여의 마지막 임금 대소왕. 금와왕의 맏아들. 고구려 시조
고주몽(高朱蒙)과 같은 왕실에서 자랐으나, 그 재주를 시기하여 죽
이려다가 뜻을 이루지 못하였다. 고구려가 일어나자 크게 불화하
다가 망하였다.

───

나라는 크고 작은 나라가 있고, 사람은 어른과 어린이가 있는
데 작은 나라가 큰 나라를 섬기는 것이 예도요, 어린이가 어
른을 섬기는 것이 순종이다.

國有大小하고 人有長幼인데 以小事大者는 禮也요 以幼事長
국유대소   인유장유   이소사대자   예야   이유사장

者는 順也니라.
자   순야

― 삼국사기三國史記

【해 설】 이 말은 작은 나라가 큰 나라를 섬기고, 어린이가 어른
을 섬기는 것이 예절이라는 뜻이다.
대소왕은 금와왕의 일곱 아들 중에 맏아들로, 후에 고구려 시조
가 된 고주몽은 부여 왕실에서 금와왕의 보살핌으로 그 형제들
과 함께 자랐다.
주몽의 재능이 뛰어나므로 대소 왕자 일파는 그를 죽이려고 도
모하자, 주몽은 오이(烏伊)·마리(摩離)·협보(陜父)와 졸본부여
로 도망하여 고구려를 세웠다.
대소왕은 금와왕의 뒤를 이어 임금이 된 다음 고구려로 사신을
보내어 굴복을 강요하였는데, 이 말은 주몽에게 사신을 보내어
꾸짖은 일부다. 대소왕은, "지금 고구려가 예의를 다하여 부여를
섬긴다면 하늘도 도와서 나라를 오래 보전할 수 있지만, 그렇지

않으면 사직을 보전할 수 없을 것이다."라고 위협하였다. 그러나 얼마 후 부여는 고주몽의 자손에게 멸망하였다.

2. 김부식(金富軾)

1075~1151. 고려 인종 때 명신 · 사학자. 자는 입지(立之), 호는 뇌천(雷川), 시호는 문열(文烈). 경주 사람 김근(金覲)의 아들. 숙종 때 과거에 급제하고 좌사간 · 중서사인을 지냈다. 인종이 즉위하여 외조부인 이자겸(李資謙)이 권세를 잡자 군신의 예를 논하여 그 뜻을 따르게 하였다. 그 뒤 호부상서 · 승지를 거쳐 평장사를 지냈는데, 수사공으로 있을 때 묘청(妙淸)의 난을 평정하여 공신호를 받고, 문하시중 · 판상서이부사 등으로 승진되었다. 사관과 함께 삼국사기(三國史記) 50권을 편찬하였다. 문집 20권이 있었으나 전하지 않는다.

임금의 외조부라 하더라도 마땅히 글을 올릴 때는 신이라 칭하고, 조정에 있을 때면 군신의 예를 행하고, 궁궐 안이면 가인의 예의로써 서로 볼 것이다. 이같이 하면 공적인 의리와 사적인 은혜가 둘 다 순조로울 것이다.

宜令上表엔 稱臣하고 在王庭이면 則行君臣之禮하고 宮闈之
의 령 상 표   칭 신   재 왕 정   즉 행 군 신 지 례   궁 위 지

內면 則以家人禮로 相見이니라 如此면 則公義私恩이 兩相順
내   즉 이 가 인 례   상 현   여 차   즉 공 의 사 은   양 상 순

矣니라.
의

– 고려사高麗史

【해 설】 이 말은 임금과 신하의 의리는 공사가 분명해야 한다는 뜻이다.

인종이 즉위하자(1122) 왕의 외조부인 이자겸이 나라의 정사를
감당하였다. 이때 왕은 분부하기를, "자겸은 짐의 외조부니 반열
의 예절이 백관과 같이해서는 안 될 것이다."라며 조정에서는 이
일을 의논하여 보고하라 하였다. 그러자 정극영(鄭克永)·최유
(崔濡)는 전례를 들어, 자겸은 글을 올릴 때 신이라 칭하지 않
고, 연회에 백관과 함께 뜰에서 하례하지 않고, 바로 자리에 나
가 절하면 임금은 답례한 다음 앉게 하자고 하여 모든 사람의 의
견이 그들의 뜻에 따르려 하였다.

김부식은 한나라 고조(高祖) 등의 예를 인용한 다음, 이 말로 잘
못됨을 말하여 이자겸에게 바른 의리를 깨닫게 하였다.

3. 유응규(庾應圭)

1131~1175. 고려 명종 때 현신. 평장사 유필(庾弼)의 아들. 성품
이 총명하고 용모가 아름다워 옥인(玉人)이라고 불렀다. 명종이 즉
위하자 공부낭중으로 금나라에 사신으로 가서 뜻을 굽히지 않고
임무를 다하고 돌아왔다.

＿

예의 없이 국가를 잘 보전한 사람은 없다. 또한 옛 법에도 형
벌은 대부까지 올라가지 않는다고 한다. 그대들이 나라를 바
로잡을 뜻을 가졌다면 마땅히 옛 법을 본받을 것인데, 어찌하
여 천졸이 대신을 욕보이는가?

未聞無禮義而能保國家者也니라　且古法도　刑不上大夫라　公
미 문 무 례 의 이 능 보 국 가 자 야　　　차 고 법　　형 불 상 대 부　　　공

等이　有志匡國이면　宜法古先인데　奈何賤卒로　縛奪大臣이리오?
등　　유 지 광 국　　　의 법 고 선　　　내 하 천 졸　　　박 탈 대 신

－고려사高麗史

【해 설】 이 말은 나라를 보전하는 데는 예법을 존중해야 한다는 뜻이다.

유응규는 글을 잘하고 논리가 바르며 일을 처결하는 데 과감하였으며, 청렴결백하여 몸가짐이 정직하고 성실하였다. 남경 태수(지금의 서울시장 같은 벼슬)로 있을 때 부인이 병이 나서 잘 먹지 못하자, 한 아전이 몰래 꿩 한 마리를 가져왔다. 그러자 부인은 이 일로 해서 청백한 남편에게 누가 되면 안 된다고 돌려보냈다. 정중부(鄭仲夫)의 난에 문신들이 많이 해를 입게 될 때 의연한 기백으로 그들을 예의범절로 깨우쳐 피해를 막게 하였다.

서경 유수 조위총(趙位寵)의 반란 때는 공부시랑으로 반란군을 선유하여 난을 평정하는 데 공을 세웠다.

4. 권경중(權敬中)

13세기. 고려 고종 때 문관. 과거에 급제하고 박사가 되었다. 일찍이 신선의 벽곡(辟穀)하는 재주를 공부하였는데, 이규보(李奎報)는 시를 지어 책망하였다. 고종 때 상서예부시랑지제고가 되어 이규보·유승단(俞升旦) 등과 함께 명종실록(明宗實錄)을 편찬하였다.

━━

인자하고 의롭고 예의 바르고 지혜로운 행실은 믿음을 으뜸으로 삼고, 용모와 말과 보고 듣는 것은 마음가짐을 바로잡아야 한다.

仁義禮智는 以信爲主요 貌言視聽은 以心爲正이니라.
인 의 례 지   이 신 위 주   모 언 시 청   이 심 위 정

－ 고려사高麗史

【해 설】 사람은 미더운 행실과 바른 마음가짐이 중요하다는 뜻이

다.

권경중은 명종실록을 편찬할 때 자연의 재변과, 위정자가 정사를 잘하고 잘못하는 것의 상관관계를 연구하여 옛날의 사실과 비교하며 임금의 마음가짐과 몸가짐을 경계하였다. 이 말은 그 가운데 하나이다.

그는 거론하기를, "신이 편찬한 바 4년간의 재앙과 이변을 기록한 글이 약간 있는데…."라고 시작하여 천변지이의 사실을 군왕의 정사의 득실에 결부시켜 논의하였다. 그 가운데 군왕으로서 가장 중요한 몸가짐은 인의예지를 믿음으로써 하고, 모언시청(貌言視聽, 얼굴과 말과 보는 것과 듣는 것이 일하는 데 네 가지 근본이 됨)을 바른 마음으로 해야 천의도 순조롭고, 군신의 도가 화합해야 천하가 태평하다고 역설하였다.

5. 안향(安珦)

1243~1306. 고려 충렬왕 때 명신·대학자. 초명은 안유(安裕). 호는 회헌(晦軒), 시호는 문성(文成). 순흥 사람으로 밀직부사를 지낸 안부(安孚)의 아들. 소수서원에 초상화가 보존되어 있다.

성인다운 행실은 일상생활에서 인류 도덕의 원리를 잘 지키는 데 불과하다. 자식이 되어서는 마땅히 효도하고, 백성이 되어서는 마땅히 충성하고, 예의 바른 행실로 가정을 다스리고, 믿음으로 벗을 사귀고, 몸가짐을 닦는 데 반드시 삼가고, 일을 처리하는 데 반드시 참되게 할 따름이다.

聖人之道는 不過日用倫理니라 爲子當孝하고 爲臣當忠하고 禮
성 인 지 도   불 과 일 용 윤 리   위 자 당 효   위 신 당 충   예

以制家하고 信以交朋하고 修己必敬하고 立事必誠이니라.
이 제 가　　신 이 교 붕　　수 기 필 경　　입 사 필 성

- 고려사高麗史 · 고려인물지高麗人物誌 · 사효록思孝錄

【해 설】 이 말은 사람다운 도리는 일상생활에 윤리가 중요하다는 뜻으로, 유학의 근본 진리를 설명한 말이다.

안향은 젊어서 학문을 좋아하여 원종 때 과거에 급제하고 벼슬하여 집현전 대학사 · 찬성사 · 첨의중찬 등을 지냈는데, 원나라로 가서 공자와 주자의 학문, 곧 유학을 수입하여 펴는 데 공헌하였다.

그가 말한 가운데 뜻깊은 것을 한두 가지 더 들면 다음과 같다. 찬성사로 임명되었을 때 학교가 날로 쇠퇴하는 것을 근심하여 양부에 의논하여 말하기를, "재상의 직책은 훌륭한 인재를 교육하는 것보다 먼저 할 것은 없다. 지금 양현고의 재원이 다 없어져서 선비를 양성할 수 없으니 6품 이상의 벼슬아치들은 각각은 한 근씩을 내어 섬학전(瞻學錢)을 만들고 그 재원으로 교육하게 하자."라고 하여 보람 있는 교육을 주창한 일이라든지, 또 재상들에게 말하기를, "공자의 도는 그 훌륭한 법도가 만세에 떨치고 있는데, 신하가 임금에게 충성하고 자식이 어버이에게 효도하고, 아우가 형을 공경하는 것도 그 도리를 가르친 것이다."라고 하여 인륜 법도를 강조한 것도 유명하다.

6. 윤선좌(尹宣佐)

1265~1343. 고려 충숙왕 때 문신. 남달리 총명하고 지혜로워 7세 때 글을 지었다. 충렬왕 때 장원급제하고, 충선왕 때 정언 · 사인을 거쳐 전라도 안찰사가 되고, 충숙왕 때 성균좨주 · 감찰집의

가 되어 내정을 바로잡았다. 뒤에 첨의평리·대제학·감춘추관사
등을 지냈다.

───

나는 우리 임금이 잘못한 것을 알지 못한다. 신하로서 임금을
참소하는 일은 개돼지 같은 놈도 하지 않는 것이다.

吾不知吾君之非니라 臣而訴君은 狗彘도 不爲니라.
오 부 지 오 군 지 비   신 이 소 군   구 체   불 위

- 고려사高麗史

【해 설】 이 말은 남(원나라)의 세력을 업고 왕을 모함하여 임금
자리를 빼앗으려는 행동은 개돼지만도 못한 짓이라는 뜻이다.
윤선좌가 감찰집의로 있을 때 심왕(瀋王) 왕고(王暠)가 원나라 영
종의 총애를 받아 충숙왕을 무고하여 왕위를 빼앗을 음모를 하
자, 이에 아부하는 무리가 자운사에 모여 원나라에 올리는 글을
꾸미고 서명을 받고 있었다. 이때 윤선좌는 홀로 이에 반대하고
이 말로 그들을 꾸짖고 침을 뱉고 나오자, 이로 인하여 음모가
좌절되었다. 이때 왕은 탄복하여 말하기를, "윤선좌가 헌사에 있
지 않았더라면 국사를 그릇되게 할 뻔했구나."라고 하였다.
한성 부윤으로 있을 때 왕과 공주는 용산에 행차한 일이 있었는
데, 왕은 좌우에 말하기를, "윤부윤(선좌)은 청렴하고 검소한 사
람으로 백성들에게 선정을 베풀고 있으니 너희들은 일거일동을
삼가 그 정사를 어지럽히지 말라." 하였다.
죽을 때 자손들에게 마지막으로 말하기를, "화목하고 다투지 않
는 것을 너의 자손들에게 훈계하라."라고 하였다.

7. 안축(安軸)

1282~1348. 고려 충숙·충목왕 때 학자. 자는 당지(當之), 호는 근재(謹齋), 시호는 문정(文貞). 순흥 사람 안석(安碩)의 아들. 사헌규정이 되었다가 충숙왕 때 원나라 과거에 급제하여 개주판관이 되었으나 가지 않고 성균악정을 거쳐 우사간 대부가 되었다. 충혜왕 때 강릉도 안렴사를 지내고, 충목왕 때 감춘추관사를 지냈다. 관동별곡(關東別曲)·죽계별곡(竹溪別曲)을 지었다.

사양하는 행실은 도덕의 시초다. 내가 남에게 사양하는데 남이 누가 나를 저버리리오? 우리 집에 사람다운 사람이 있으니 아마도 더욱 창성할 것이다.

讓은 德之先也라 我讓於人인데 人誰捨我리오 我家有人이니
양   덕지선야   아양어인   인수사아   아가유인

殆益昌乎리라.
태익창호

– 고려사高麗史

【해 설】 이 말은 사양하는 마음은 미덕으로, 반드시 가문을 창성하게 하는 근원이 된다는 뜻이다.

안축은 타고난 자질이 영리하고 총명하고 지혜롭고 학문이 뛰어나고 의지가 굳고 절개가 굳건하였다. 충숙왕이 원나라로 불려가 머무르게 되자 동료에게 말하기를, "임금의 근심은 신하의 욕됨이요, 임금의 욕됨은 신하의 죽음이다."라며 분개하였다.

아들 안종원(安宗源)이 사한으로 있다가 임기가 다 되어서 높은 벼슬로 옮겨가게 되었는데, 동료가 나이가 많은데 그보다 벼슬이 낮으므로 그에게 벼슬을 사양하였다. 이때 안축은 아들의 양보하는 뜻을 기뻐하여 이 말을 하였다.

평소 마음가짐이 공명정대하고 집안 다스리는 법도가 근면하고 검소하였다.

8. 김광재(金光載)

?~1363. 고려 공민왕 때 문신. 광산 사람으로 첨의정승을 지낸 김태현(金台鉉)의 아들. 태어났을 때 키가 2척이 넘어 특이한 사람으로 이름이 났다. 충선왕 때 과거에 급제하고 성균학관, 충혜왕 때 사복시승·정랑, 충목왕 때 제조전선, 충정왕 때 첨의평리·전리판서 등을 지냈다.

▬

남자가 부인의 손에서 죽지 않는 것이 예의이니, 그대는 노비들과 함께 물러가오. 그리고 또 소리높여 떠들어 나를 요란하게 하지 마오.

男子가 不絶於婦人之手는 禮也니 可與衆婢로 退矣하고 毋
남 자　부 절 어 부 인 지 수　　예 야　　가 여 중 비　　퇴 의　　　무

高聲疾言하여 以擾我也니라.
고 성 질 언　　이 요 아 야

－고려사高麗史

【해 설】 남자는 아내의 손에서 죽지 않는다는 뜻과, 죽는 사람을 조용히 보내는 것이 예라는 뜻이다.

김광재는 효자로 유명한데, 아버지 김태현도 효자로 그 어머니를 102세까지 효성으로 봉양하여 나라에서 세사미 30석을 받은 가문이다. 공민왕이 즉위한 뒤에 벼슬을 내놓고 고향으로 돌아가서 12년을 하루처럼 어머니를 봉양하고, 어머니가 세상을 떠나자 3년 동안 무덤을 지키며 슬피 울었다. 왕은 이 말을 듣고

그를 불러 위로하고 그가 사는 마을에 정표를 세우게 하고 마을 이름을 '영창방 효자리(靈昌坊孝子里)'라 하고, 약간의 사람들에게 봉사하게 하였다.

행실이 돈독하고, 효도와 공경으로 집안을 다스렸으며, 재산을 모으지 않고 거문고와 책으로 즐겼다.

9. 이존오(李存吾)

1341~1371. 고려 공민왕 때 충신. 자는 순경(順卿). 어려서부터 학업에 힘써 공민왕 때 문과에 급제하고, 정몽주(鄭夢周)·이숭인(李崇仁) 등과 사귀어 학문을 닦고, 벼슬하여 정언이 되어 신돈(辛旽)을 탄핵하다가 왕의 노여움을 샀으나 이색(李穡) 등의 구원으로 장사 감무로 좌천되었다. 뒤에 석탄에서 은둔생활을 하다가 분사하였는데, 왕은 그 충성을 알고 성균관 대사성 벼슬을 추증하였다.

예는 윗사람과 아랫사람을 분별하여 백성의 뜻을 안정시키기 위함이다. 실로 사람에게 예가 없으면 어찌 임금과 신하를 위하고, 어찌 어버이와 자식을 위하고, 어찌 나라를 위할 수 있으리오?

禮는 所以辨上下하여 定民志니라 苟無禮焉이면 何以爲君臣하고 何以爲父子하고 何以爲國家乎리오?

– 고려사高麗史

【해 설】 이 말은 예의범절이 잘 지켜져야 나라의 기강이 바로잡힌다는 뜻이다.

이존오는 강직한 사람으로 올바른 일을 위해서는 목숨을 걸고 바로잡았다. 이 말은 공민왕에게 올린 상소문의 일부로, 신돈(辛旽)의 잘못을 규탄하는 내용이다.

공민왕 15년(1366)에 정언이 되었는데 당시 신돈은 국권을 잡고 참람한 짓을 해도 말하는 사람이 없었다. 그해 3월 18일 궁안에서 문수회(文殊會, 문수보살을 신앙의 대상으로 삼아 행해진 법회)가 열렸는데, 신돈은 재신의 반열에 앉지 않고 왕과 나란히 앉아 사람들을 놀라게 하였다.

이존오는 이를 보고 크게 분개하여 이 같은 예의 법도를 말하며 신돈의 잘못을 낱낱이 들어 규탄하였다. 대언 권중화(權仲和)가 이 상소문을 반도 읽지 못하고 있을 때 왕은 이를 불태우게 하였는데, 그는 신돈을 향하여 꾸짖기를, "늙은 중이 어찌 이리 무례하냐!" 하자 신돈은 자기도 모르게 놀라서 황망히 평상에서 내려앉았다.

10. 황희(黃喜)

1363~1452. 조선 전기의 명상. 자는 구부(懼夫), 호는 방촌(厖村), 시호는 익성(翼成). 장수 사람으로 판강릉부사를 지낸 황군서(黃君瑞)의 아들. 고려 말 문과에 급제하고 조선 초에 벼슬하여 태종 때 육조판서를 지내고, 세종 때 영의정이 되어 어진 정사를 펴는 데 힘썼다. 저서에 방촌집(厖村集)이 있다.

상례와 제례는 일체 가례에 따르되 집안 형편의 있고 없는 대로 할 따름이다. 겉만 꾸미고 실속 없는 일은 일절 하지 말라.

喪祭之禮는 一依家禮하고 稱家有無而已니라 虛文之事는 一
상 제 지 례   일 의 가 례   칭 가 유 무 이 이   허 문 지 사   일

切勿行하라.
절 물 행

- 성종실록成宗實錄 · 국조인물고國朝人物考

【해 설】 이 말은 장사와 제사는 집안 형편에 따를 것이지 허례허식은 일절 하지 말라는 뜻이다.

황희는 유훈에서, "내가 죽은 뒤에 장사 지내고 제사 지내는 예절은 일체 가례에 따라 행하도록 하라."라고 말하고, "만약 본토에서 행하기 어려운 일이 생기면 억지로 가례에 따르려 하지 말고 힘이 미치는 대로 집안 형편에 따르라."고 타이르고는, "겉만 꾸미고 실속 없는 예의범절은 일절 행하지 말라." 하고 경계하였다. 그리고, "음식을 마련하는 일은 조금만 잘못해도 병이 날까 염려되니 어른들의 분부를 기다릴 것 없이 죽을 쑤어서 대접하도록 하라."라고 하였다. 그리고는, "장사는 7일장을 하고, 전은 깨끗하게 마련하고, 가례에 없는 불교의식 같은 것은 행하지 말라."라고 경계하였다.

11. 임권(任權)

1486~1557. 조선 중종 때 명신. 자는 사경(士經), 호는 정곡(靜谷), 별호는 정용재(靜容齋), 시호는 정헌(靖憲). 풍천 사람으로 공조판서를 지낸 임유겸(任由謙)의 아들. 중종 때 전시중시에 합격하고 병조·예조판서를 거쳐 좌우참찬을 지냈다.

친척을 찾아보는 일을 친구를 찾아보고 서로 대접하는 것같이 하고, 꼭 말할 것을 말했으면 곧 물러 나오도록 하라. 주인이 만약 머물러 있기를 바라면 머물러도 좋지만, 그렇지 않으면 물러 나오도록 하라. 그 까닭은 주인이 혹 긴요한 일이 있어도 손님에게 가라고 말하기 어려워할까 염려되기 때문이다.

尋見親戚을 若朋友相對하고 敘所當言이면 卽辭하라 主若願
심 견 친 척　　약 붕 우 상 대　　　서 소 당 언　　　즉 사　　　　주 약 원

留면 卽留하고 不然이면 則出하라 恐主或有緊事라도 而難言
류　　즉 류　　　불 연　　　즉 출　　　공 주 혹 유 긴 사　　　이 난 언

令客去也니라.
령 객 거 야

- 병자록丙子錄

【해 설】 이 말은 친척을 찾아보는 예의범절에 관한 것으로, 친척을 찾아볼 때는 벗을 대할 때와 같이하되 주인이 굳이 잡으면 묵어도 좋지만, 그렇지 않으면 물러 나와야 주인의 할 일에 방해되지 않는다는 뜻이다.

임권은 친구가 병이 났을 때는 반드시 찾아가 봐야 한다고 말하였고, 남이 가진 물건이 자기에게 필요하더라도 빌려달라고 해서는 안 된다고 하였다. 그는 세상을 바르게 살아가되 남에게 폐가 될 일을 하지 말라고 가르쳤다. 어릴 때 사서삼경을 외웠고, 힘써 학문을 닦아 식견이 뛰어나고 처사가 공평하였다. 논리와 사려가 정확하여 아는 일이면 말하지 않는 것이 없고, 말하면 극진하지 않음이 없어 사람들에게 존경을 받았다.

성품이 깨끗하여 화려한 것을 좋아하지 않아, 오랫동안 높은 관직에 있으면서도 집에는 넉넉한 재물도 없었으며, 늘 자제들에게 말하기를, "나는 평생 남보다 지나치려 하지 않았고, 스스로 마음을 속이지 않고, 남이 꺼리는 일을 하지 않았다."라고 하였다. 만년에 종남산 기슭에 집을 짓고 꽃을 기르고 나무를 가꾸며 초연히 자연을 벗 삼았다.

12. 신흠(申欽)

1566~1628. 조선 선조·인조 때 문신. 자는 경숙(敬叔), 호는 상
촌(象村), 별호는 방옹(放翁), 시호는 문정(文貞). 평산 사람으로
개성도사를 지낸 신승서(申承緒)의 아들. 선조 때 문과에 급제하고
예조판서·우의정·좌의정을 지내고, 인조 때 영의정을 지냈다. 저
서로 상촌집(象村集)이 있다.

▨

집이 비록 낡았더라도 족히 혼례를 행할 수 있다.

廬雖弊라도 足以行禮니라.
여 수 폐   족 이 행 례

– 국조인물고國朝人物考

【해설】 혼례는 내면적 인륜의 실제가 중요하지 집안 환경이나
장소 등 외면적 형식이 중요한 것이 아니라는 뜻이다.
신흠은 타고난 자질이 영민하고 지혜와 총명이 명철하고 사람됨
이 어질고 뜻이 굳건하였다.
7세 때 부모를 잃고 외가에서 자랐는데, 어려서부터 독서를 즐
겨 경사자집에 능통하고, 천문지리·법률·역법·의학 등에도 통
달하였다. 20세에 진사시에 합격하고 21세 때 문과에 급제하고
벼슬하여 임진왜란 때는 도체찰사 정철(鄭澈)의 종사관으로 있
다가 정랑·어사 등으로 활약하였고, 옥당으로 들어와 교리·응
교를 거쳐 병조판서가 되었다.
광해군 때 이항복(李恒福)과 선조실록(宣祖實錄)을 편찬하고, 영
창대군의 옥사가 일어나 선조 유교칠신(遺敎七臣)으로 관여되었
으나 곧 풀려나 김포 선영으로 돌아와서 연못을 파고 나무를 심
고 자연과 더불어 독서와 시문으로 소일하였다. 그러나 춘천으

로 유배되어 5년 있다가 다시 김포로 돌아와 전원생활을 즐겼다. 인조반정 후에 대제학·우의정·영의정에 이르렀다.

청렴결백하고 검소한 생활을 하였으며, 형제간의 우의와 친척 간에 화목하였고, 어려운 사람은 자신이 먹을 것이 없어도 구제하였다. 그래서 집은 예스럽게 낡았고 좁고 누추하였다.

13. 정충신(鄭忠信)

1576~1636. 조선 인조 때 장군. 자는 가행(可行), 호는 만운(晚雲), 시호는 충무(忠武). 나주 사람. 선조 때 무과에 급제하고 벼슬하여 광해군 때 만포 첨사가 되고, 인조 때 안주 목사·방어사·부원수·포도대장·경상 병사 등을 지냈다.

나는 재능이 없는 사람인데 오랫동안 나라의 은공을 입고 한 장수로서 그 보람을 갚지 못하였다. 더구나 죄스럽게 여기는 것은 저 이괄의 난 때 작은 공로가 저절로 나라의 은덕을 입게 된 것이니 삼가 과장된 글을 지어 비석을 세우지 말라.

余以非才나 久功元戎으로 無報效是라 余以爲罪者는 若甲
여 이 비 재　　구 공 원 융　　무 보 효 시　　여 이 위 죄 자　　약 갑

子微勞가 自有國乘이니 愼勿以文字鋪張으로 虛美立碑하라.
자 미 로　　자 유 국 승　　신 물 이 문 자 포 장　　허 미 립 비

－ 국조인물고國朝人物考

【해 설】 이 말은 유언으로, 나라의 은덕을 갚지 못하고 죽는 것을 겸손하게 사과하며 과장된 비석을 세우지 말라는 뜻이다.

정충신은 고려 명장 정지(鄭地)의 9대손으로 임진왜란 때 17세로 광주 목사 권율(權慄) 장군의 지인으로 그 신임을 받으며 불

철주야 온갖 어려움을 겪으며 활약하였다. 특히 이항복(李恒福)과는 부자처럼 가까웠고, 이시백(李時白)·장유(張維)·최명길(崔鳴吉) 등과 사귀고 무과에 급제한 뒤로는 선조의 총애를 받았다. 정묘호란 때 부원수로 적을 막는 데 힘썼고, 호적과의 화친을 반대하고 그들에게 보내는 세폐를 더하는 것도 불가하다고 하였다. 이 척화사건으로 당진·해서·장연 등지에 유배되었다.

그는 늘 남쪽으로 왜적을 막고 북으로 호적을 막아야 한다고 말하였다.

집안은 매우 가난하여 방은 좁아서 쓸쓸하였으나 늘 독서를 즐겨 싸움터에서도 손에서 책을 놓지 않았고, 식견은 넓어 금석학·의학·천문지리·점술 등에도 능통하였다. 이항복은, "이 사람이 만약 무기를 던지고 책만 든다면 뛰어난 문사가 될 것이다."라고 하였다.

14. 윤황(尹煌)

1572~1639. 조선 선조~인조 때 문신. 자는 덕요(德耀), 호는 팔송(八松), 시호는 문정(文正). 파평 사람 윤창세(尹昌世)의 아들. 선조 때 알성시 을과에 장원급제하고 대사간·동부승지·이조참의·전주 부윤을 지냈다.

▬

네 아비는 망령되게 나라의 정사를 논하여 임금에게 죄를 지었다. 내가 죽은 뒤에는 관은 얇은 널로 쓰고 곽도 덮지 말며, 장지는 새로 잡지 말고 무덤엔 비석도 세우지 말라.

汝父는 妄論時政하여 得罪君父라 死後엔 棺用薄板無槨하고
여 부   망 론 시 정   득 죄 군 부   사 후   관 용 박 판 무 곽

葬勿卜新하고 阡勿立石하라.
장 물 복 신　　천 물 립 석

- 국조인물고國朝人物考

【해설】이 말은 나라에 죄 진 몸이니 죽은 뒤에 장사를 간단히 지내고 비석 같은 것도 세우지 말라는 뜻으로, 자제들을 훈계하는 가훈 내용의 일부다.

윤황은 학식이 많고 덕망도 높은 학자로, 또 척화신으로 유명하다. 정묘호란이 일어나자 청나라와 화친을 맺자는 사람들을 탄핵하였고, 병자호란 때도 청나라와 화친해서는 안 된다고 주창하였다.

그런데 김상헌(金尙憲)과 정온(鄭蘊)이 척화신이라고 자수한 사실을 병중에 있는 자신에게 알리지 않은 아들 문거(文擧)를 책망하고, 왕에게 척화신은 자기 혼자로 청나라에 잡혀가길 주장하였다. 왕은 그 뜻을 허락하지 않았으나 글 가운데 불손한 글귀가 있다 하여 영동군에 귀양보냈다가 풀려났다.

집안의 법도가 엄정하고 좋은 가훈을 지어 훌륭한 가풍을 마련하였는데 특히, "사치를 버리고 검소하라."든가, "집안에서는 효도와 우애와 사랑과 화목에 힘쓰고, 나라엔 충성과 정직과 성실하라."는 등 값진 말이 많다.

15. 이식(李植)

1584~1647. 조선 인조 때 명신. 자는 여고(汝固), 호는 택당(澤堂), 시호는 문정(文靖). 덕수 사람으로 좌의정을 지낸 이행(李荇)의 현손. 광해군 때 문과에 급제하고 대사헌·형조판서·이조판서 등을 지냈다. 신흠(申欽)·이정구(李廷龜)·장유(張維)와 함께 한문 사대가로 꼽혔다. 저서에 택당집(澤堂集)이 있다.

장례 지내는 제도는 한결같이 검소하고 절약하는 법도를 본받도록 할 것이지, 석회를 가지고 무덤을 쌓거나 비석을 세우거나 하지 말라.

喪制는 一從儉約하고 勿築灰樹石하라.
상제　　　　　일종검약　　　　　물축회수석

－ 국조인물고國朝人物考

【해 설】 이 말은 장례는 검소하고 절약할 것이지 무덤을 호화롭게 마련하지 말라는 뜻이다.

이식은 장례에 관하여 자손들을 경계하는 가르침을 남겼는데, 그 내용은 다음과 같다.

"내가 죽은 뒤에는, 그 지문에 죽은 날짜를 적고 아울러 자손과 산 자리의 방향과 장사지낸 날짜를 기록하되 너희들이 스스로 만들지 남의 손을 빌리지 말라.

장사지낼 때는 무덤에 석회를 쓰지 말고, 제사 지낼 때는 유밀과를 쓰지 말고, 만장(輓章, 죽은 사람을 슬퍼하여 지은 글) 써오는 것을 바라지 말고, 비석을 만들지 말라.

무당이나 불교의식을 하지 말고, 관에는 비단옷을 넣지 말고, 대렴할 때 심의를 입힐 것이지 속된 예식은 하지 말라.

장례 비용은 집안 형편에 따를 것이지 일절 분수 밖의 일로 구차하게 남의 돈을 빌려 쓰지 말고 모든 일을 간소하게 하라."

16. 민광훈(閔光勳)

1595~1659. 조선 인조·효종 때 문신. 자는 중집(仲集). 여흥 사람으로 부윤을 지낸 민기(閔機)의 아들. 인조 때 알성급제하고, 강

원도 관찰사를 지냈다.

―

마음가짐은 반드시 겸손함을 으뜸으로 하고, 몸가짐은 반드시
화순에 힘쓸 것이다.

處心은 必主謙退하고 接物은 必務和順하라.
처 심　 　필 주 겸 퇴　　　접 물　　　필 무 화 순

― 국조인물고國朝人物考

【해 설】 이 말은 마음가짐은 겸손하게 하고 몸가짐은 화순해야
한다는 뜻으로, 두 아들이 과거에 급제하였을 때 마음가짐과 몸
가짐에 대하여 경계한 가르침이다.

민광훈은 학문과 덕행이 뛰어나서 22세 때 진사시에 급제하고
인조 초에는 별검을 거쳐 참군이 되고, 이어 알성시에 장원급제
하고 벼슬이 관찰사에 이르렀다. 인조와 효종 두 임금을 섬기며
충성이 지극하였고, 옥당과 사간원과 사헌부에서 성실하게 일하
였다.

문무백관 중에서도 어진 행실로 이름이 높았고, 벗을 사귀는 데
는 미더웠고, 풍류와 여색을 좋아하지 않았고, 말이 적었고, 이
해득실에 초연하였으며, 집안을 다스리는 데는 법도가 있었다.

친척을 비롯하여 남들과 화목하였으며 모든 일에 어른다워서 칭
송을 들었다. 효종이 뜻을 이루지 못하고 죽자 대궐에 이르러 통
곡하고 이어 병들어 세상을 떠났다.

17. 김수항(金壽恒)

1629~1689. 조선 현종·숙종 때 재상. 자는 구지(久之), 호는 문

곡(文谷), 시호는 문충(文忠). 안동 사람으로 동지중추부사를 지낸 김광찬(金光燦)의 아들. 영의정 김수흥(金壽興)의 아우. 효종 때 문과에 급제하여 현종 때 우·좌의정, 숙종 때 영의정을 지냈다.

＿

장사지내고 제사 지내는 일은 힘써 검소하고 절약하는 기풍을 따를 것이지, 조금도 예법을 넘거나 외람되게 하지 말라.

喪祭凡事는 務從儉約하고 毋得少有踰濫하라.
상 제 범 사   무 종 검 약   무 득 소 유 유 람

– 문곡집文谷集

【해 설】 이 말은 조상을 위하는 일은 자손들의 효성이지만, 장사와 제사는 검약하게 할 것이지 법도를 넘거나 외람되게 해서는 안 된다는 뜻이다.

김수항은 학식과 덕망이 뛰어나서 18세 때 사마시에 장원하고, 23세 때 알성 문과에 장원급제하였고, 44세 때 우의정이 되고 이어 좌의정을 거쳐 영의정이 되었다. 당파싸움을 잘 다스려 영의정까지 올랐으나 숙종 때 당파의 모함에 빠져 진도로 귀양 갔다가 죽임을 당하였다.

죽기 전에 아들〔창집·창협·창흡·창업·창립〕에게 보내는 유서를 남겼는데 이 말은 그 일부다. 이때 자신이 죽으면 장례에 명심할 점도 말하였는데 그 내용에, "무덤과 신도비 세우는 역사 같은 사치스러운 폐습을 본받지 말도록 하라. 할아버님(김상헌)의 신도비도 역시 분부에 따라 비석을 세울 수 없었다. 이제 내 무덤에는 다만 짧은 푯말만 세우고 또 지석만 묻되, 그 지석에는 대략 세계(世系)와 낳고 죽은 간단한 이력만 기록할 것이지 장황한 문자를 써서 남의 비웃음을 사게 하지 말라." 하였다.

18. 정규한(鄭奎漢)

1750~1824. 조선 순조 때 학자. 자는 맹문(孟文), 호는 화산(華山). 장기 사람. 저서에 화산집(華山集)이 있다.

우리 선조는 삼가 예의범절을 지켜 집안사람들을 잘 다스려 왔다. 더구나 형제들은 우애와 공경이 지극하여 의복과 음식도 함께하여 조금도 내것 네것이 없었다. 그러므로 평화롭게 즐기는 뜻과 화목한 기풍이 가정에 넘치고 원근에 알려지니 어찌 의롭지 않겠는가?

惟我先祖는 謹守禮法하여 勖率家衆이라 而至弟兄之間은 友
유 아 선 조   근 수 례 법   욱 솔 가 중   이 지 제 형 지 간   우

悌深至하여 裘飪有無皆共之하며 少無彼我之間이라 故로 和
제 심 지   구 임 유 무 개 공 지   소 무 피 아 지 간   고   화

樂之意와 敦睦之風이 溢於家庭하고 而聞於遠近하니 豈不義
락 지 의   돈 목 지 풍   일 어 가 정   이 문 어 원 근   기 불 의

哉리오?
재

– 화산집華山集

【해설】 이 말은 가훈의 일부로, 가정을 잘 다스리는 법도는 예의범절을 숭상하고 형제간의 우애와 공경과 화목이 중요하다는 뜻이다.

정규한은 또 말하기를, "대체로 학식과 덕망을 갖추고 있는 선비는 부귀를 뜬구름같이 생각하고, 공명을 자신과 무관한 것같이 생각하였다. 대개 옛날부터 영웅호걸다운 선비는 공명을 세상에 떨친 사람으로, 모두 효도로써 어버이를 사랑하고, 충성으로써 임금을 공경하고, 지혜로써 변고에 대응하고, 재능으로써 중책을

맡고, 덕망으로써 백성을 기르고, 의리로써 절개를 지키고, 용맹으로써 적을 무찌르되, 반드시 굳건한 뜻을 품고 게으르지 않은 정성을 가지고 남이 능히 하지 못할 일을 해내는 것이니 이에 힘쓰도록 하라."고 하였다.

19. 안혁중(安赫重)

1774~1855. 조선 헌종 때 학자. 자는 유첨(幼瞻), 호는 쌍괴당(雙槐堂). 광주 사람 안경진(安景珍)의 아들. 효자로 학문이 뛰어났으나 벼슬하지 않고 후학을 기르며 어려운 사람을 많이 도왔다. 저서로 쌍괴당유고(雙槐堂遺稿) 4권이 있다.

손님을 대접하는 예절은 공경을 다하지 않아서는 안 된다. 크고 작고 높고 낮고 할 것 없이 나를 찾아오는 사람이면 역시 즐겁지 않겠는가? 가정의 형편이 있고 없는 데 따라서 그에게 정성을 다하여 대접하고, 그와 뜻에 맞는 이야기를 나눠야 좋을 것이다. 만약 맞고 보냄이 소홀해서 원수와 같이 본다면 손님이 어찌 다시 문에 발을 들여놓겠는가? 늙은이의 말이라도 명심하고 잘 실행하도록 하라.

待客之禮는 不可不致敬也니라 無大小尊卑가 爲我來訪이면
대 객 지 례   불 가 불 치 경 야   무 대 소 존 비   위 아 래 방

則不亦樂乎아 稱家有無로 而待之以款款하고 語之以亹亹면
즉 불 역 락 호   칭 가 유 무   이 대 지 이 관 관   어 지 이 미 미

可也니라 若迎送疎忽하고 視若楚越이면 則客何復於門哉리오
가 야   약 영 송 소 홀   시 약 초 월   즉 객 하 부 어 문 재

耋言은 止此니 念哉勉哉하라.
질 언   지 차   염 재 면 재

– 쌍괴당유고 雙槐堂遺稿

【해설】 이 말은 가훈 중 손님을 대접하는 예절에 관한 것으로, 손님 대접은 공경을 다하고 집안 형편대로 정성껏 대접해야 한다는 뜻이다.

또 자손에게 훈계하기를, "부모상을 치르고 제사 받드는 일은 예절에 따라 정성을 다하고, 친척과 화목을 도모하여 서로 힘껏 돕고, 세상을 살아가는 몸가짐은 의리를 분별하고 옳고 그름을 살펴서 하고, 어른을 공경하고, 벗을 신의로 사귀고, 남의 어려운 일은 힘껏 도와야 한다."라고 하였다.

특히 예의범절을 존중하여 작은 일이라도 지극한 예절로 대하였다.

지략편
智略篇

지략은 슬기로운 지혜와 계략을 말한다.

사람은 고귀한 존재로 세상에 태어나서 일생 남과 더불어 자연을 삶의 터전으로 온갖 일을 겪으면서 살아간다. 일생은 슬기로운 지혜와 계략에 따라 그 보람이 좌우된다.

그런데 지혜는 단순한 앎이 아닌 슬기로움이고, 계략은 단순한 꾀가 아닌 계책임은 두말할 것도 없다. 어떤 일이든 일을 처리하는 과정에 따라 그 결실이 달라진다. 같은 일이라도 사리를 분석하는 지혜와 실천하는 계략 여하에 따라 잘 되고, 잘 안 되는 것이 결정된다.

옛말에, "천 길이나 되는 큰 언덕도 조그만 개미구멍으로 해서 무너지고, 백 자나 되는 큰 집도 작은 불꽃으로 해서 타 버린다."라는 말이 있듯이, 작은 일도 순리대로 지략을 기울여야 그 일이 더욱 잘 해결될 것이다.

세상 살아가는 일에는 나 개인의 일이 있는가 하면 남과 관련되는 일도 있으며, 나아가서는 가정에 관한 일, 사회에 관한 일, 나라에 관한 일, 세계에 관한 일도 있는데, 이러한 일에 내 지략이 어떻게 성실하고 참되고 미덥게 작용하느냐에 따라 성패가 좌우됨을 명심해야 한다.

1. 을두지(乙豆智)

1세기. 고구려 대무신왕 때 문신. 벼슬이 좌보에 이르렀는데, 한
(漢)나라 군사가 침입하자 전략을 세워 적을 물리쳤다.

적은 군사는 비록 강하더라도 많은 군사에게 사로잡히는 법
이다. 한나라 군사는 수가 많으니 꾀로써 쳐야지 힘으로 이기
려 해서는 안 된다.

小敵之强이라도 大敵之禽也라 漢兵之多는 可以謀伐이요 不
소 적 지 강   대 적 지 금 야   한 병 지 다   가 이 모 벌   불

可力勝이니라.
가 력 승

– 삼국사기三國史記

【해 설】이 말은 많은 적군은 전략으로 물리쳐야지 힘으로 치려
해서는 안 된다는 뜻이다. 중과부적, 곧 적은 군사로서 많은 군
사를 당할 수 없다는 말이 있다.
한(漢)나라 군사가 침입하자 긴급 군신 회의가 열렸는데, 우보
송옥구(松屋句)는, "덕을 믿는 사람은 창성하고, 힘을 믿는 사람
은 망한다. 지금 한나라는 흉년으로 도적들이 벌떼처럼 일어나는
데, 무명의 군사를 일으켰으니 천리를 거역하고 인심을 어긴 처
사라, 치면 이길 수 있다."라고 말하였다.
이때 을두지는 이 말을 하여 그 뜻이 이루어지자 곧 성을 굳게
지키는 전략을 세우고 적을 물리쳐 국난을 극복하였다.

2. 을지문덕(乙支文德)

7세기. 고구려 영양왕 때 명장. 지략이 뛰어나고 문장도 능하였다. 수나라 대군을 물리치고 국난을 극복하는 데 위대한 공적을 남겼다.

신비한 계책은 천문을 궁구하고, 묘한 계산은 지리를 통달하였구나. 싸움마다 이겨서 공이 이미 높았으니, 만족한 줄 알았으면 이젠 그만 돌아가지.

神策은 究天文하고 妙算은 窮地理로다 戰勝功既高하니 知足

願云止하라.

– 삼국사기三國史記

【해 설】 이 시는 수나라 백만 대군을 이끌고 고구려를 침범한 수나라 양제(煬帝)의 주장인 우중문(于仲文)을 조롱한 시다.

을지문덕이 전략적으로 적을 유인하자, 적장 우중문은 대군을 이끌고 압록강을 건너와 평양성을 포위하고 공격하였다. 을지문덕은 군민을 단속하여 평양성을 굳게 지키고, 적군이 쇠약해져 곤경에 빠졌을 때 적을 섬멸할 전략을 세운 다음 이런 조롱하는 시를 적장에게 보냈다.

이 시는, "그대들이 우리나라의 천문을 아느냐, 지리를 아느냐? 우리 전략에 말려 쫓아 들어와 지금 꼼짝할 수 없는 지경에 빠졌으니 어떻게 살아 돌아갈 수 있겠느냐."라고 빗대어 조롱한 뜻이다.

적장 우중문은 이 뜻을 깨닫고 급히 군사를 돌려 도망하였으나

살수에 이르러 전멸당하고, 압록강을 넘어 도망한 사람이 2천7
백 명에 지나지 않았다. 이에 요동에 머물러 있던 수나라 양제
는 크게 패하여 돌아갔다.

3. 최치원(崔致遠)

857~?. 신라 말기의 학자. 자는 고운(孤雲) 또는 해운(海雲), 시
호는 문창후(文昌侯). 당나라에서 과거에 급제하여 벼슬하고, 토황
소격문(討黃巢檄文)을 지어 유명해졌다. 귀국하여 한림학사를 지
내고, 가야산에 은거하여 저술을 일삼았다. 저서로 계원필경(桂苑
筆耕) 20권을 남겼다.

바른 마음을 지키고, 떳떳한 행실을 닦는 것을 올바른 도리라
고 말하고, 위태로운 일에 임하여 변화를 마련하는 것을 올바
른 권모라고 말한다. 지혜로운 사람은 때에 순응하여 성공하
고, 어리석은 사람은 사리에 거슬러 실패한다.

守正修常을 曰道요 臨危制變을 曰權이라 智者는 成之於順
時하고 愚者는 敗之於逆理니라.

– 격황소서檄黃巢書

【해설】 이 말은 올바른 도리와 변화 있는 권모는 지혜로운 사람
과 어리석은 사람의 처사에 따라 성공과 실패가 좌우된다는 뜻
으로, 당나라 말기에 반란을 일으킨 황소(黃巢)를 치는 격문의 서
두이다.

최치원이 이 글에서, "세상 사람들이 모두 너를 죽이려 할 뿐 아
니라 땅속의 귀신까지 이를 의논할 것이다."라고 쓴 데에, 황소

는 자신도 모르게 놀라 의자에서 떨어졌다고 한다.

한마디 말이나 한 문장은 사람을 감동하게 하는 힘이 있다. 이 격황소서(檄黃巢書, 토황소격문)는 당시 당나라 4백여 고을에서 모여진 명문 중에서 으뜸가는 문장이었다고 한다.

4. 강감찬(姜邯贊)

948~1031. 고려 현종 때 명장. 금주 사람 삼한벽상공신 강궁진(姜弓珍)의 아들. 성종 때 과거에 장원급제하고 예부시랑이 되었다. 서경 유수·문하평장사를 거쳐 서북면행영도통사로 역사에 빛나는 귀주대첩에서 승전을 올렸다.

적은 수로는 많은 수를 대적하지 못하는 법이니, 마땅히 적의 예봉을 피하였다가 천천히 부흥을 도모할 따름이다.

衆寡不敵이니 當避其鋒타가 徐圖興復耳니라.
중 과 부 적　　당 피 기 봉　　서 도 흥 부 이

– 고려사高麗史

【해 설】 이 말은 거란의 40만 대군을 적은 군사로 대적하려다 실패하는 것보다 군비를 강화하여 서서히 적을 물리치자는 전략을 뜻하는 말이다.

현종 원년(1010)에 거란주는 대군을 거느리고 서경(평양)을 공격하였다. 이때 우리 군사가 패하였다는 보고가 이르자, 군신들 사이에 적에게 항복하는 것이 상책이라는 논의가 있었다. 강감찬은 홀로 불가함을 말하고 이런 전략으로 회복을 도모하자고 역설하며, 일시 왕을 복주(안동)로 피난시켰다가 거란적을 물리친 다음 환도하게 하였다.

현종 9년에 그를 문하평장사로 임명할 때 왕은 임명장에 시를 지어, "경술년 호적의 난리를 겪을 때, 적도들의 병화가 한강까지 뻗었을 때 강공의 전략을 따르지 않았더라면, 지금은 온 나라가 호풍(胡風, 오랑캐의 옷을 입는 풍속)을 따랐을 뻔"이라고 하였다.

강감찬이 귀주대첩으로 거란을 대파하고 개선하는 날, 왕은 군신과 더불어 영파역까지 마중 나와 개선군을 맞았다. 비단 장막을 치고 풍악을 갖추어 장병을 위로하며, 금꽃 여덟 가지를 친히 강감찬의 머리에 꽂아주었다.

5. 곽원(郭元)

11세기. 고려 현종 때 문신. 청주 상당 사람. 성종 때 과거에 급제하고 현종 때 산기상시·중추사를 거쳐 형부상서가 되고, 또 참지정사를 지냈다.

▬

여진 사람은 얼굴은 사람이지만 마음은 짐승 같으니, 그들을 은혜로써 회유하기보다는 위엄으로써 굴복시켜야 한다.

女眞은 人面獸心이니 與其懷之以惠는 曷若震之以威니라.
여 진　인 면 수 심　여 기 회 지 이 혜　갈 약 진 지 이 위

– 고려사高麗史

【해설】 이 말은 압록강 주변의 여진족은 의리를 저버리고 사람답지 못한 행동을 하니 군사를 일으켜 굴복시켜야 한다는 뜻이다.

곽원은 성품이 청렴결백하고 글을 잘하여 문신으로 벼슬이 참지정사에 이르고 오래 대성(臺省, 고려시대 어사대의 대관臺官과 중서

문하성의 성랑省郎의 합칭)에서 청렴한 관리로 이름이 높았다. 현
종 때 거란의 침입으로 국난을 겪게 되고, 여진이 압록강 주변에
자리 잡고 있으므로, 이에 대한 대책을 의논하자 그는 이 말을
하며 여진 정벌을 주장하였다.

이때 최사위(崔士威)·서눌(徐訥)·김맹(金猛) 등은 여진을 회유
하자고 주장하여 의견이 대립하였으나, 왕이 곽원의 뜻을 따르
게 되어 군사를 일으켰다. 그러나 여진 정벌에 실패하자 그는
부끄러움과 노여움을 이기지 못하고 등창이 나서 죽었다.

덕종이 임금이 되자 그 공훈을 기려서 자손들을 등용하였다.

6. 김취려(金就礪)

?~1234. 고려 고종 때 명장. 예부시랑을 지낸 김부(金富)의 아들.
장군이 되어 외적을 진압한 뒤에 대장군이 되었다. 판병부사와 시
중을 지냈다.

전쟁에 군사를 부리는 기술은 비록 사람의 마음을 화합하는
일이 귀중하다고 하지만, 지세를 편리하게 활용하는 일도 또
한 가볍게 해서는 안 된다.

用兵之術은 雖貴人和나 地利도 亦不可輕이니라.
용 병 지 술　　수 귀 인 화　　　지 리　　역 불 가 경

－ 고려사高麗史·고려인물지高麗人物誌

【해 설】 이 말은 군사를 쓰는 전략으로는 인화와 지리가 중요하
다는 뜻이다.

김취려는 고종 3년(1216) 가을에 거란유종(대요수국)이 대군을
이끌고 압록강을 건너 침입하자 후군병마사로서 군사를 거느리

고 나가 연주에서 적을 크게 파하여 적 3천4백여 명을 죽이고 승리하였다.

그다음 해 태조탄 싸움에서 홀로 창칼을 휘두르며 적진으로 뛰어들어 싸우다가 온몸에 많은 상처를 입고 채 낫지도 않았는데 전군병마사로 임명되자, 제천 박달재에서 적을 무찌르고 큰 전과를 거두었다. 이 말은 당시 지리의 중요성을 역설하고, 먼저 영상으로 올라가 진을 치고 적을 쳐부수어 적이 남쪽으로 내려오지 못하게 하였다.

성품이 곧고 청백하여 군기를 엄격하게 하였지만 휘하 장병을 매우 사랑하였다. 싸움에 임해서는 기발한 전략을 세워 적을 격멸시키는 데 큰 공을 세웠다.

7. 성석린(成石璘)

1338~1423. 조선 전기의 명신·명필. 자는 자수(自修), 호는 독곡(獨谷), 시호는 문경(文景). 창녕 사람으로 부원군 성여완(成汝完)의 아들. 공민왕 때 과거에 급제하고 전리총랑·해주 목사·지신사, 우왕 때 밀직제학을 지내고 창원군에 봉해졌다. 정당문학·문하평리·대제학·문하찬성사를 지내고, 고려가 망하고 조선이 건국되자 영의정을 지냈다.

만약 승천부 다리를 건너면 민심이 어긋날 것인데 어찌 힘써 싸워 왜적을 물리칠 수 있으리오? 다리를 등지고 싸우는 것만 같지 못할 것이다.

若度橋면 人心이 貳矣리니 安能力戰이리오? 不若背橋而戰이니라.

- 고려사高麗史

【해설】 이 말은 죽기를 결심하고 후퇴하지 않고 싸워야 승리할 수 있다는 뜻이다.

성석린은 시문에 능하고 글씨를 잘 썼으므로 공민왕의 신망이 컸다. 그런데 신돈(辛旽)의 권세를 못마땅하게 여기다가 그의 모함으로 해주 목사로 좌천된 일도 있었다. 우왕 때 밀직제학이 되었는데 왜적이 승천부에 침입하자, 조전원수(助戰元帥, 주장을 돕도록 임시로 두었던 무관직)가 되어 양백연(楊伯淵)을 도와 토벌에 나섰다. 이때 왜적의 세력이 강하므로 다른 장수들은 물러나 승천부 다리를 건너가려 하였다.

이 말은 그때 후퇴하여 다리를 건너면 안 된다고 주장한 말인데, 그의 강경한 태도에 감복하여 장수 등은 그 뜻을 따라 군세를 가다듬어 왜적을 무찔러 크게 이겼다. 이에 수성좌리공신호를 받고 동지사사로 승진하였다.

8. 박명룡(朴命龍)

1588~1627. 조선 인조 때 무관. 자는 현숙(見叔). 죽산 사람 박정호(朴挺豪)의 아들. 광해군 때 무과에 급제하고 고부 군수·병마우후를 지냈다.

─

한 나라의 강토를 지키는 신하는 적을 물리치는 싸움은 있을지언정 화친은 없다.

守疆之臣은 有戰無和니라.
수 강 지 신   유 전 무 화

― 국조인물고國朝人物考

【해설】 이 말은 정묘호란 때 적장이 화친할 것을 청하자, 국토를 수호하는 장수는 적을 물리치는 싸움은 있지만 화친은 없다는 뜻이다.

박명룡은 어려서 부모를 잃고 외롭게 자라서 무예를 익혀 과거에 급제하여 선전관이 되었고, 도총부도사·조산만호·소근진첨사 등을 지냈다.

이괄(李适)의 난 때 형 박성룡(朴成龍)과 함께 부원수 이수일(李守一)과 난을 평정하는 데 공을 세워 일등공신이 되고, 고부 군수가 되었다. 이때 호적의 발호로 변방이 소란하자 변방 수비를 자원하니 나라에서는 병마우후로 임명하였다.

인조 때 정묘호란이 일어나 의주가 함락되고, 형 박성룡이 용만에서 전사하자, 호적과 담판하기 위하여 적진으로 들어가서 적장에게 물러갈 것을 촉구하니 적장은 그에게 화친하자고 청하였다. 이 말은 이때 적장에게 한 말이다.

그가 호적을 꾸짖고 돌아서니 항장(降將) 정난영(鄭蘭英)은 그의 손을 잡고, "의주가 함락되어 그대 형이 전사하였는데 이제 안주성이 함락되어 장군이 또 잘못되어 형제가 모두 죽는다면 무슨 이로움이 있겠는가."라고 말하였다. 그는 소리 높여 꾸짖으며, "국난에 몸을 나라에 바치는 것은 신하 된 도리다. 나는 그대들이 한 짓을 본받지 않겠다." 하고 안주성을 지키며 싸우다가 장렬히 전사하였다.

9. 유림(柳琳)

1581~1643. 조선 선조~인조 때 장군. 자는 여온(汝溫), 시호는 충장(忠壯). 진주 사람으로 현감을 지낸 유회(柳淮)의 아들. 선조 때 무과에 급제하여 북병사·통제사·포도대장을 지냈다.

화살과 탄환이 많지 않으니 함부로 쓰지 말라. 적들이 우리 진의 수십 보 앞에 오면 내가 깃발을 흔들 것이니 너희들은 내 깃발을 보고 일제히 쏘라. 어긴 자는 반드시 처형하리라.

矢丸이 無多니 不可浪費하라 賊到陣前數十步之近이면 我當
시환   무다   불가랑비   적도진전수십보지근   아당

颿旗리니 汝等은 觀我旗하고 齊發하라 違者는 必斬하리라.
점기   여등   관아기   제발   위자   필참

– 국조인물고國朝人物考

【해 설】 이 말은 호적과의 결전을 앞두고 무기를 아껴 될 수 있는 대로 적을 가까이 유인하여 격파하라는 뜻이다.

유림이 평안 병사가 된 병자년에 호란이 일어났다. 이때 호적은 많은 군사로 침입하여 평양성에 이르렀는데, 우리 군사가 적으므로 싸울 수 없어 군사를 숨기고 수비를 엄중히 하였다. 호적은 성 위에 깃발도 없고 군사도 보이지 않으므로 특별한 전략인 줄 알고 그대로 서울을 향하여 내려갔다.

그는 곧 군사 5천 명을 거느리고 적을 뒤쫓아 내려가 순찰사 홍명구(洪命耈)와 함께 금화에서 적을 맞아 싸웠다. 이때 홍명구는 전사하고, 유림은 얼마 안 되는 군사로 적과 싸워 물리쳤다. 이 말은 당시 결전을 앞두고 군사들에게 내린 군령이다.

이 격전 후에 남한산성으로 향하다가 낭천에서 호적과 화친을 맺기로 하고 싸움이 끝났다는 말을 듣고, 서울 밖에 이르러 명을 기다리다 평안 병사로 있으라는 어명을 받고 임지로 향하였다. 인조 때 포도대장으로 있다가 병으로 죽었는데, 나라에서 좌의정을 추증하였다.

10. 임담(林壜)

1596~1652. 조선 인조 때 명신. 자는 재숙(載叔), 호는 청구(淸
臞), 시호는 충익(忠翼). 나주 사람으로 관찰사를 지낸 임서(林㥠)
의 아들. 인조 때 문과에 급제하고 대사간·도승지·이조판서를 지
냈다.

양혜왕은 한번 싸우다 크게 패하면 반드시 이기고자 하다가
마침내 골육을 썩어 문드러지게 하는 데 이르렀는데, 이는 지
금의 형세와 대략 같으니 깊이 생각하지 않아서는 안 됩니다.

梁惠王은 一戰大敗면 必欲取勝타가 終至糜爛骨肉인데 此는
양혜왕 일전대패 필욕취승 종지미란골육 차

與今形勢와 略同이니 不可不深慮也니다.
여금형세 약동 불가불심려야

– 국조인물고國朝人物考

【해설】임금이 싸움마다 반드시 이기려고만 하면 마침내 골육도
썩어 문드러지게 할 것이니 심사숙고하라는 뜻이다.
임담은 병자호란 때 인조를 모시고 남한산성으로 들어가서 온갖
전술로 적의 침해를 막는 데 힘쓰고, 그다음 해 진휼어사로 호
남으로 가서 백성을 구제하였다.
일찍이 서원의 폐단을 논하여 시정하였고, 반란을 일으키는 적
도를 평정하는 등 많은 공을 세웠다.
인조가 죽고 효종이 즉위하여 경연을 베풀고 맹자(孟子)의 강의
를 마쳤을 때, 왕이 당시의 정세를 묻자 그는 이 말을 하였다.
왕은 이조판서로 벼슬을 올렸다.

11. 이상재(李商在)

1850~1927. 구한국 때 종교가·정치가. 자는 계호(季皓), 호는 월
남(月南). 한산 사람. 고종 때 부승지·의정부 참찬을 지내고 독립
협회 부회장으로 민중 계몽에 힘썼으며, 신간회 회장을 지냈다.

―

칼로 일어서는 자는 칼로써 망한다. 오늘 동양에서 제일간다
는 동경 병기창을 보니, 커다란 대포며 무수한 총기며 과연
일본이 강국임을 알게 되었다. 그런데 한 가지 걱정은 성서에
말하기를, "칼로 일어난 자는 칼로 망한다."고 하였으니 다만
그것이 걱정이다.

― 월남선생일화月南先生逸話

【해 설】 일본은 무력으로 한일협약(을사보호조약)을 맺고 그 부강
을 과시하려고 한국 명사들로 일본 시찰단을 조직하고 각지를
구경시켰다. 이상재도 기독교 대표로 참가하였는데, 하루는 동경
에서 제일 큰 병기창을 시찰시키고 차례로 그 감상을 묻자, 그
는 이렇게 대답하였다. 이 말은 앞으로 일본은 전쟁으로 패망할
것을 풍자한 것이다.

이때 그들은 몹시 분개하였으나 이상재의 슬기로운 말에 트집
잡을 구실이 없어 꼼짝하지 못하고 무안을 당하였다고 한다.

용감편
勇 敢 篇

용감은 씩씩하고 겁이 없고 기운차다는 뜻이다.

나라가 위급한 처지에 놓일 때 심혈을 기울여 이를 지키고, 모든 고난을 극복하기 위하여 과감히 목숨 바치는 사람을 용감한 사람이라고 한다.

사람들은 지혜롭고 인자하고 용감하고 미덥고 충성스러운 사람을 장수다운 인물이라고 한다.

대체로 동서고금을 막론하고 한 나라의 유명한 장수로 사람들에게 회자된 사람은 나라의 수호신인 인물이 대부분으로, 장수 아닌 사람들도 정의의 칼을 들고 과감히 외적을 물리치고 국난을 극복하는 데 몸을 바친 사람이 많다.

우리는 평화를 애호하는 민족이다. 그런데 선조들이 살아온 자취를 보면 순박한 민족성을 지녔지만, 외적이 침입하면 용감한 장수뿐 아니라 온 겨레가 일치단결하여 국토와 민족과 문화를 수호하기 위하여 피와 살과 뼈를 강토에 흩뿌리며 과감하게 싸웠다. 한 나라 한 겨레가 하나 되어 용감한 기개를 떨쳤다.

1. 해명태자(解明太子)

?~9. 고구려 유리왕의 태자. 부왕이 서울을 국내성으로 옮기자 그
뜻을 따르지 않고 옛 서울 졸본성에 머물러 이웃 나라 황룡국의
침해를 막는 데 힘쓰다가 부왕의 명으로 자결하였다.

—

내 힘이 센 것이 아니라 황룡왕이 보낸 활 자체가 강하지 않을
따름이다.

非予有力이라 弓自不勁耳니라.
비 여 유 력   궁 자 불 경 이

— 삼국사기三國史記

【해 설】 이 말은 자신의 힘이 센 것이 아니라 선물로 보내온 활
이 강하지 않다는 뜻으로, 황룡국 왕을 위압하는 말이다.
해명태자가 무용이 뛰어나다는 말을 들은 황룡국 왕은 그를 떠
보려고 강한 활을 만들어 선물로 보내자, 해명태자는 사신들 앞
에서 활을 당겨 꺾었다. 이 말은 활을 꺾고 한 말이다.
황룡국 왕은 해명태자를 죽여야겠다고 여겨 유리왕에게 참소하
였다. 유리왕은 그 말을 믿고 태자에게, "내가 서울을 옮긴 것은
국태민안을 위함인데 너는 나를 따르지 않을 뿐 아니라, 힘을
믿고 이웃 나라와 원한을 맺으니 자식 된 도리가 이래서야 옳겠
느냐?"하며 칼을 보내 자결하게 하였다.
그는, "황룡국 왕이 강궁을 보냈을 때 나는 그들이 우리나라를
가볍게 여길까 하여 활을 꺾어 놓았는데 뜻밖에 이런 책망을 듣
게 되고, 지금 나를 불효자라 하며 자결하라고 하니 내 어찌 아
버지의 명을 어기랴?"라고는 곧 동원으로 달려가 창을 꽂아 놓
고 말을 달려 창에 찔려 죽었다.

2. 관창(官昌)

645~660. 신라 무열왕 때 화랑. 다른 이름은 관장(官狀). 좌장군
품일(品日)의 아들. 일찍이 화랑이 되어 많은 사람과 사귀었고, 16
세에 백제를 멸망시킬 때 부장으로 출전하여 황산벌에서 적과 싸
우다가 용맹을 떨치고 전사하였다.

내 적진으로 뛰어들었으나 적장의 머리를 베고 장기를 빼앗지
못한 것이 원통합니다. 내 다시 들어가면 반드시 성공하리다.

吾入賊中이나 不能斬將搴旗하니 深所恨也라 再入必能成功
오 입 적 중   불 능 참 장 건 기   심 소 한 야   재 입 필 능 성 공

하리라.

– 삼국사기三國史記

【해 설】 이 말은 적진으로 들어가 적장을 베고 장기를 빼앗지 못
하였으니 다시 들어가서 뜻을 이루겠다는 뜻이다.
신라가 백제를 멸망시킬 때 무열왕은 김유신(金庾信) 장군 등 장
병 5만 명을 거느리고 탄현을 넘어 백제로 쳐들어갔다. 이때 백
제 계백(階伯) 장군은 5천 결사대를 거느리고 황산벌에서 네 번
이나 격전을 벌여 신라군을 파하였다.
신라 김흠춘(金欽春) 장군의 아들 반굴(盤屈)이 적진으로 달려가
서 용감히 싸우다가 전사하자, 품일(品日) 장군은 아들 관창을
앞세우고, "내 아들은 나이가 어리나 의기가 용감하니 오늘 싸움
에 삼군의 표적이 되리라." 하였다.
관창은 적진으로 뛰어들어 용감히 싸우다가 백제 계백 장군에게
사로잡혔다. 계백은 관창의 사람됨을 사랑하여 돌려보냈다. 관창
은 아버지 앞에서 이 말을 남기고 물을 움켜 마신 다음 다시 적

진으로 달려가 싸우다가 사로잡혔다. 계백은 그 목을 잘라 안장에 매어 돌려보냈다.

품일 장군은 관창의 머리를 안고, 신라군은 그 광경을 보고 분개하여 물밀 듯이 쳐들어가서 백제군을 무찌르고 서울로 쳐들어갔다.

3. 김유신(金庾信)

595~673. 신라 무열왕 때 명장. 가락국 왕손 서현공(舒玄公)과 만명부인(萬明夫人)의 아들. 15세 때 화랑이 되고, 장군이 되어 무열왕 때 백제를 아우르고, 문무왕 때 고구려를 통합하여 삼국을 통일하였다. 당나라 세력을 내쫓고 국권을 확립하는 데 공헌하였다. 뒤에 흥무대왕(興武大王)으로 추봉되었다.

나라의 위태로움을 보고 목숨을 바치고, 어려움을 당하여 몸을 돌보지 않는 것을 열사의 뜻이라고 한다. 대저 한 사람이 죽을힘을 다하여 백 사람을 당하고, 백 사람이 죽을힘을 다하여 천 사람을 당하고, 천 사람이 죽을힘을 다하여 만 사람을 당하면 가히 세상에서 마음대로 행동할 수 있을 것이다.

見危致命하고 臨難忘身者는 烈士之志也라 夫一人이 致死하
여 當百人하고 百人이 致死하여 當千人하고 千人이 致死하여
當萬人이면 則可以橫行天下니라.

– 삼국사기三國史記

【해설】 이 말은 나라가 위태로울 때 신명을 바쳐 결사적으로 싸

우면 어떤 어려움도 이겨낼 수 있다는 뜻이다.

선덕여왕은 대량주 싸움에서 백제에게 패하자 김춘추(金春秋)를 고구려로 보내 구원병을 청하였으나, 고구려는 이에 응하지 않을 뿐만 아니라 60일이 넘도록 그를 돌려보내지 않았다.

김유신은 결사대 3천 명을 뽑아 충정을 결의하고 모든 장병에게 이 말로 경계하고 고구려로 향하였다. 일당백(一當百)이라는 말이 있는데, 이 말이 곧 그런 뜻을 나타내는 말이다.

4. 김영윤(金令胤)

7세기. 신라 신문왕 때 장군. 김흠순(金欽純, 흠춘欽春이라고도 함)의 손자, 김반굴(金盤屈)의 아들. 벼슬하여 황금서당 보기감이 되어 고구려 잔적을 평정하는 데 공을 세웠다.

━━

싸움터에 나가서 용맹이 없어서는 안 된다는 것은 예경에 기록되어 있고, 전진이 있고 후퇴가 없는 것은 군사로서 떳떳한 도리다. 사나이 대장부는 일에 임하여 스스로 결단할 것이지 어찌 반드시 남의 뜻을 따르랴?

臨陣無勇은 禮經所識요 有進無退는 士卒之常分也라 丈夫
는 臨事自決이니 何必從衆이리오?

– 삼국사기三國史記

【해 설】 이 말은 싸움터에 나아가서 물러서지 않아야 하는데, 이런 일은 스스로 결단하여 처신해야 한다는 뜻이다.

이러한 교훈은 화랑도의 계명이고, 또 이러한 생활신조는 신라가 삼국통일 하는 데 동력이 된 무사 정신이다.

김영윤은 증조부 김서현(金舒玄)과 할아버지 김흠순, 아버지 김반
굴의 애국 충절을 이어받아 신라의 삼국통일을 이룩하는 데 본보
기가 된 용사라 할 수 있다.

5. 김대문(金大問)

7세기. 신라 선덕여왕 때 학자. 당나라에 유학하고 한산군 도독을
지냈다. 저서로 화랑세기(花郎世記)·고승전(高僧傳)·한산기(漢山
記)·악본(樂本) 등이 있다.

어진 재상과 충성된 신하가 여기〔화랑〕로부터 뽑혀 나오고, 훌
륭한 장수와 용감한 군사가 여기〔화랑도〕로부터 생겨났다.

賢佐忠臣이 從此而秀하고 良將勇卒이 由是而生이라.
현 좌 충 신   종 차 이 수   양 장 용 졸   유 시 이 생

　　　　　　　　　　　　　　　 － 화랑세기花郎世記·삼국사기三國史記

【해 설】 이 말은 나라를 위하여 신명을 바치는 위대한 신하나 용
감한 장병이 화랑에서 나왔다는 뜻이다.

화랑도는 신라 때 청소년들의 심신을 수양하고 인재를 양성하는
제도였다. 처음에는 여자를 우두머리로 하는 원화 제도였는데 이
를 남자로 바꿔 화랑이라고 이름하였다. 화랑은 낭도를 거느리
고 도의를 연마하고, 노래와 풍악을 즐기고, 명산대천을 유람하
며 인격을 닦았는데, 그중에서 뛰어난 인재를 뽑아 조정에 천거
하여 훌륭한 인물을 배출하였다.

6. 개소문(蓋蘇文)

?~666. 고구려 말기의 재상. 일명 개금(蓋金 또는 盖金)이라고도 하고, 성은 천(泉)씨 또는 연(淵)씨라고 한다. 국상이 되어 권세를 부려 반대파 백여 명을 죽인 다음 영양왕을 폐하고 보장왕을 세워 독재정치를 하며 외세를 막는 데 힘썼다.

수나라가 우리를 침범할 때 신라는 그 틈을 타서 우리나라 성읍 5백 리 땅을 빼앗았다. 이로부터 틈이 생긴 지 오래니 만약 침략한 땅을 돌려보내지 않으면 싸움을 그만둘 수 없다.

隋人侵我에 新羅乘釁하여 奪我城邑五百里라 自此로 怨隙已
수 인 침 아   신 라 승 흔   탈 아 성 읍 오 백 리   자 차   원 극 이

久하니 若非還我侵地면 兵不能已니라.
구   약 비 환 아 침 지   병 불 능 이

- 삼국사기三國史記

【해설】이 말은 빼앗긴 땅을 돌려받지 않으면 끝까지 싸우겠다는 뜻으로, 외적의 침해를 막으면서 한편 신라에게 빼앗긴 강토를 수복하려고 군사를 일으키는 개소문의 강한 애국심을 엿볼 수 있다.

개소문은 정적을 모두 죽이고 왕까지 폐하고 세우고 하였으니 권세가 어떠하였는지 알 수 있다. 그는 힘으로 당나라 세력도 물리쳤으니 호전적이라기보다 나라를 사랑하고 국토를 조금도 빼앗기지 않으려는 뜻이 컸다고 할 수 있다.

그가 죽은 뒤 아들들의 정권 싸움이 일어나서 화를 불러일으키고, 결국은 국력이 약화되어 나라가 멸망하는 데 이르렀다. 내분이나 내란은 나라를 망하게 하는 원인이 됨을 교훈 삼을 만하다.

7. 소나(素那)

?~675. 신라 문무왕 때 장군. 심나(沈那)의 아들로 아버지의 뜻을
이어받아, 말갈 등 외적의 침해를 막다가 아달성에서 전사하였다.

—

너희들은 신라에 심나의 아들 소나가 있는 것을 아느냐? 나
는 실로 죽음을 두려워하여 삶을 도모하려 하지 않는다. 싸우
려는 놈이면 왜 나오지 않느냐?

爾等은 知新羅에 有沈那之子素那乎아? 固不畏死以圖生이라
이 등   지 신 라   유 심 나 지 자 소 나 호   고 불 외 사 이 도 생

欲鬪者는 曷不來乎아?
욕 투 자   갈 불 래 호

– 삼국사기三國史記

【해 설】이 말은 나라를 위하여 몸을 바친 아버지의 뜻을 이어받
은 아들로서 죽음을 두려워하지 않고 싸우겠다는 뜻으로, 외적
의 침입을 죽음으로써 막은 선열의 고귀한 의지가 엿보인다.
우리 선조들은 나라를 지키기 위해 생명을 초개같이 내던진 애국
자가 많다. 소나 부자도 그런 사람이다.
소나는 아버지가 백제의 침입을 막아 싸우다가 용감하게 전사한
애국정신을 본받아서 아내에게, "대장부는 마땅히 싸움터에서 죽
을지언정 어찌 집안사람들의 손에 안겨 편안히 자리에 누워 죽
는단 말이냐?"라며 싸움터로 달려가 아달성에서 용감히 싸우다
가 전사하였다.

8. 유금필(庾黔弼)

?~941. 고려 태조 때 명장. 평주 사람. 태조를 도와 많은 전공을
세웠다. 태조가 후백제 견훤(甄萱)과 싸울 때 큰 용맹을 떨쳐 승리
하였고, 그 뒤에도 태조를 도와 신라를 아우르고 후백제를 멸망시
키는 데 큰 공을 세웠다.

무기는 흉악한 쟁기이고 전쟁은 위험한 일이다. 적과 싸울 때
는 죽는다는 마음을 가지고 살아야 한다는 마음이 없는 다음
에야 가히 승부를 결단할 수 있다.

兵은 凶器요 戰은 危事라 有死之心하고 無生之心이면 可以決
勝이니라.

— 고려사高麗史

【해 설】 전쟁에 나가서는 죽을 것을 각오해야 승리한다는 뜻이다.
고려 태조 12년(929)에 왕은 장병을 거느리고 나가 후백제군을
격파하였다. 이때 적은 날쌘 군사를 거느리고 들어와서 고창군
을 포위하고 공격하였다.
왕은 여러 장수와 의논하기를, "싸움이 불리하면 장차 어떻게 하
는 것이 좋을까?" 하니 대상공 홍유(洪儒)가 말하였다. "만약 불
리하더라도 죽령으로 돌아가서는 안 됩니다." 그러자 장군 유금
필은 이 말을 하며 이어 말하였다. "지금 적과 맞붙은 싸움터에
서 싸울 것은 생각하지 않고 먼저 도망할 것을 생각함은 무슨
까닭입니까? 만약 우리 구원의 손길이 미치지 않는다면 적의 포
위에 든 고창군의 3천 명 생령을 고스란히 적의 손에 넘겨준단

말입니까. 이 어찌 통탄할 일이 아니겠습니까? 나는 쳐들어가겠습니다." 그리고는 적진으로 들어가 적을 크게 무찌르고 승리하였다.

9. 이적(李勣)

1162~1225. 고려 고종 때 용장. 대장군 이준선(李俊善)의 아들. 거란유종군이 침입하였을 때, 용감히 무찔러 공을 세워 안찰사가 되었다. 동북면병마사·상서좌복야·추밀사·어사대부 등을 지냈다.

군사를 거느리고 싸우러 나가면 오직 적을 만나지 못할까 두려워해야지, 적을 만나서 피하는 것은 용맹이 아니다.

握兵赴戰이면 惟恐不遇賊이요 遇而避之는 非勇也니라.
악 병 부 전   유 공 불 우 적   우 이 피 지   비 용 야

― 고려사高麗史

【해 설】 이 말은 군사는 적을 맞아 용감하게 싸우는 정신을 가져야지 피해서는 안 된다는 뜻이다.

이적은 고종 3년(1216)에 거란유종인 금산(金山)·금시(金始)가 몽고군에게 쫓겨 대군을 이끌고 압록강을 건너 침입하자, 병마판관으로 출전하여 광탄 싸움에서 용감하게 싸워 공을 세우고 경상도 안찰사가 되었다.

거란적이 다시 대군을 이끌고 침입하자 여러 고을 안찰사와 함께 군사를 거느리고 출전하였다. 적을 무찌를 때 도원수가 몰래 피하였다가 치라고 타일렀으나, 그는 이 말을 하고는 용감히 적진으로 쳐들어가서 크게 승리하였다. 은주 싸움에는 백 명에 지나지 않은 군사를 거느리고 적의 대군과 결사적으로 싸워 이를

격퇴시켜 사람들을 놀라게 하였다.

고종 5년에 거란적이 강동성으로 들어가자 동북면병마사가 되어 적을 평정하는 데 공을 세웠다.

사람됨이 공평하고 온유하고 기쁨과 노여움을 함부로 나타내지 않았으므로 평상시에는 담력이 없는 것 같았으나, 싸움에 임해서는 용감하여 남들이 미치지 못하였다.

10. 김경손(金慶孫)

?~1251. 고려 고종 때 장군. 정주분도장군·추밀원 부사가 되고 민심을 얻었는데, 최항(崔沆)이 시기하여 귀양보냈다가 죽었다.

안 된다, 장수인 내가 움직이면 군사들의 마음이 다 흔들린다.

不可라 我動이면 則士心이 皆動하리라.
불 가　아 동　즉 사 심　개 동

– 고려사高麗史

【해설】 이 말은 장수의 마음이 흔들리면 군사들의 마음이 동요된다는 뜻이다.

고종 18년(1231), 김경손이 정주분도장군으로 있을 때 몽고가 많은 군사로 압록강을 건너 쳐들어왔다. 그는 결사대를 거느리고 물리쳤는데, 적은 대군으로 귀주성을 공격하였다.

그는 12명의 결사대와 여러 성의 별초군에게 명령하기를, "신명은 돌아보지 않고 죽어도 물러서지 않을 사람은 내 뒤를 따르라." 하였으나, 12명의 결사대만이 뒤따랐다. 성 밖으로 나가 적장 한 명을 쏘아 죽이고 용감히 싸웠는데 적이 쏜 화살을 맞아 피가

흘렀으나 북채를 멈추지 않고 다섯 번이나 싸워 적을 물리쳤다. 적은 계속하여 성을 공격하여 20여 일간 격전을 전개하였는데 좌우에서 일단 피하였다가 다시 싸우자고 청하였다. 이때 김경손은 이 말을 하며 태연히 지휘하여 마침내 적을 물리치고 귀주성을 사수하였다. 몽고의 장수들은 말하기를, "이 성에서는 적은 군사로써 대군을 막으니 이는 하늘이 돕는 것이지 사람의 힘만은 아니다."라고 경탄하였다.

용모가 아름답고 지혜와 용맹과 담력이 뛰어났다.

11. 김윤후(金允侯)

13세기. 고려 고종 때 장군. 충주 방호별감·동북면병마사·예부상서를 지냈다.

─

만약 적도를 쳐부수는 데 성공한다면 신분의 귀천을 가리지 않고 모두 벼슬을 내릴 것이다. 내 말을 다 믿어라.

若能效力이면 無貴賤하고 悉除官爵하리라 爾無不信하라.
약 능 효 력   무 귀 천   실 제 관 작   이 무 불 신

– 고려사高麗史

【해설】 이 말은 외적을 물리치는 데 공을 세우면 신분의 귀천을 가리지 않고 모두 벼슬을 준다는 뜻으로, 큰 목적을 이루기 위해서는 먼저 실천하는 용단을 내리고 뒤에 법을 적용한다는 뜻이다. 김윤후는 중으로 일찍이 중으로 백현원에 있다가 몽고군이 침입하자, 처인성에 피난하였다가 적괴 살례탑(撒禮塔)을 쏘아 죽이고 적을 물리치는 데 공을 세웠다.

나라에서는 대장군으로 임명하였으나 사양하며 받지 않고, 그 뒤

충주 방호별감이 되었을 때 몽고군이 쳐들어오자 70여 일간 성을 지켜 싸웠다. 이 말은 이때 군민을 단합시켜 적을 막으면서 한 말이다.

그는 이 말을 하고 그 자리에서 노비 문서를 모두 불태움으로써 민심을 단합하여 국난을 극복하고, 말한 대로 전공에 따라 벼슬을 주어 약속을 지켰다.

12. 최춘명(崔椿命)

13세기. 고려 고종 때 자주 성주. 문헌공 최충(崔沖)의 후손으로 성품이 너그럽고 화순하고 절개가 있었다.

―

왕명을 받지 않았는데 무엇을 믿고 싸움을 그만두란 말이냐?

朝旨가 未到인데 何信하고 而降이리오?
조 지   미 도   하 신   이 항

― 고려사高麗史

【해 설】 이 말은 누가 무슨 말을 해도 믿지 않고 적을 막아 싸우겠다는 뜻이다.

고종 18년(1231), 몽고가 많은 군사를 이끌고 압록강을 건너 쳐들어와서 여러 성을 치고 자주성을 포위하고 공격하였다. 성주인 최춘명은 얼마 안 되는 성민을 거느리고 굳게 지켜 적을 막아 싸웠다.

이때 조정에서는 몽고와 화의를 맺고, 사자를 보내 굴복을 권유하였으나 그는 대면하지도 않았다. 대집성(大集成)이 회안공 왕정(淮安公 王侹)의 명령을 받고 또 와서 굴복을 권유하자 이 말을 하고 이어, "자주성 백성들은 회안공이 있다는 사실조차 모른다."라며 끝내 그 뜻을 따르지 않았다.

이때 최우(崔瑀)는 왕에게, 최춘명이 명령을 거역하였다는 죄로 죽이자고 청하고 사람을 보내 처형하려고 하였으나, 그는 조금도 두려워하지 않았다. 그러자 몽고 적장들은 감탄하며 말하기를, "그는 우리들(몽고)에게는 거역자지만 그대들(고려)에게는 충신이다. 그런 인물을 어찌 함부로 죽이려는가?" 하니, 나라에서도 그를 용서하였다. 그리하여 자주성만은 끝내 적에게 굴복하지 않았다.

13. 한희유(韓希愈)

?~1306. 고려 충렬왕 때 장군. 가주의 아전부터 시작하여 출세하였는데, 말을 잘 타고 활을 잘 쏘고 용맹과 담략이 뛰어났다.

━

사내대장부로 태어나서 적진으로 뛰어들어 싸우다가 죽는 것도 또한 두려워하지 않는데, 하물며 이쯤이야?

大丈夫가 陷陣突敵하여 死且不懼인데 況此乎아?
대 장 부　　함 진 돌 적　　　사 차 불 구　　　황 차 호

– 고려사高麗史

【해 설】 이 말은 사나이는 대장부다운 용맹이 있어야 한다는 뜻으로, 젊었을 때 고을 사람들과 산에 불을 지르고 사냥할 때 말을 달려 불 속으로 나는 듯이 드나들어 사람들이 감탄할 때 한 말이다.

고려 충렬왕 16년(1290) 봄에 호적이 동북면 변경에 침입하여 큰 소동을 일으키고, 겨울에는 합단적(哈丹賊, 원나라의 반란군)

수만 명이 동북면을 침범하여 영흥·안변 등지를 휩쓸고 남하하여 인적·물적으로 피해를 많이 끼쳤다. 그다음 해에 적도들은 계속 남하하였는데, 그 행패가 너무도 야만적이고 잔인하여 사람까지 잡아먹었다. 그래서 백성들은 적이 가까이 왔다는 소문만 듣고도 멀리 피하였다.

이때 한희유는 군사를 거느리고 충청도 연기현 정좌산에서 적을 포위하고 맹렬히 공격하여 쳐부수어 도망하는 적을 공주 금강 방면으로 몰아넣고 크게 이겼다. 적도의 시체는 30리에 깔리고 강물에 빠져 죽는 사람도 헤아릴 수 없이 많았고 전리품도 많았다. 이 싸움에서 한희유는 장창을 휘두르며 말을 달려 적진으로 달려들어가 적장을 단창에 찔러 그 머리를 베어 창끝에 꿰어 들고 공격하니 적들은 혼비백산하여 도망하였다.

14. 김정(金淨)

1486~1521. 조선 전기의 문신·열사. 자는 원충(元冲), 호는 충암(冲庵), 시호는 문간(文簡). 경주 사람으로 정랑을 지낸 김효정(金孝貞)의 아들. 중종 때 문과에 장원급제하고 승지·대사헌·형조판서를 지냈다. 저서에 충암집(冲庵集)이 있다.

세상에 큰 용맹이 있는 사람은 헐뜯어도 노여워하지 않고, 덤벼들어도 놀라지 않고, 욕을 하여도 언짢아하지 않는다.

世有大勇者는 毀之而不怒하고 犯之而不驚하고 辱之而不屑
세 유 대 용 자   훼 지 이 불 노   범 지 이 불 경   욕 지 이 불 설
이니라.

－해동속소학海東續小學

【해 설】 이 말은 용맹한 사람은 헐뜯거나 덤벼들거나 욕해도 경솔하게 행동하지 않는다는 뜻이다.

김정은 총명하고 지혜로워 10세도 되지 않아 논어·맹자·대학·중용을 통달하고, 14세에 초시에 장원하고, 19세에 사마시에 합격하고, 21세 때 문과에 장원급제하여 세상을 놀라게 하였다.

벼슬하여 맡은 일에 성실하며 매사를 바르게 처결하고 청렴결백하고, 의로운 일에 용감하여 그릇된 일을 바로잡는 데는 공명정대하였다. 순창 군수로 있을 때 장경왕후에 관하여 상소한 말에, "박모 등은 국부를 위협하여 국모를 내쫓았으니 만세에 죄인이라, 그가 이미 죽었다고 하더라도 그 죄를 밝혀 후세에 의로운 일을 알게 하여야 한다."라고 하자, 대관들이 이를 문제 삼아 유배되었다.

그 뒤 복직되어 부승지·도승지·이조참판·제학·대사헌을 거쳐 형조판서에 이르렀는데, 정치의 새로운 풍토를 일으켜 지난날의 폐풍을 개혁하여 새로운 교화를 일으키고, 현량과를 설치하여 어진 선비를 모으고, 지난날 공신의 잘못된 것을 없애야 한다고 주창하다가 조광조(趙光祖) 등과 하옥되고, 금산으로 유배되었다가 다시 제주로 옮겨 사사(賜死)되었다. 이때 나이 36세였다.

형제에게 글을 보내 노모 봉양을 부탁하고 절명의 글을 지어 남겼는데, 식자들은 조광조·김정·기준(奇遵)의 죽음을 아까워하였다.

15. 고경명(高敬命)

1533~1592. 조선 선조 때 의병장. 자는 이순(而順), 호는 제봉(霽峯), 시호는 충렬(忠烈). 장흥 사람으로 대사간을 지낸 고맹영(高孟英)의 아들. 명종 때 갑과에 급제하여 동래 부사를 지내고, 임진

왜란 때 의병장으로 금산 전투에서 전사하였다. 저서로 제봉집(霽峯集)이 있다.

━━

내가 막지 않으랴? 기마가 불행하여 싸움에 패한다면 오직 한 번 죽음이 있을 따름이다.

吾則不閑이리오 騎馬不幸하여 戰敗면 唯有一死耳니라.
오 즉 불 한　　　　기 마 불 행　　　 전 패　　　 유 유 일 사 이

– 국조인물고國朝人物考

【해 설】이 말은 우리 군마가 불행하여 왜적의 침입을 막지 못하고 싸움에 패하면 다만 죽을 따름이라는 뜻이다.

고경명은 인품이 장엄하고 학식과 덕망이 높고, 뜻이 크고 도량이 넓고, 문장과 시와 글씨가 뛰어났다.

교리로 있다가 울산 군수로 나가게 되자 벼슬을 그만두고 고향으로 돌아갔다. 그로부터 19년 뒤에 다시 벼슬길로 나아가서 군수·서장관·군자감정·동래 부사 등을 지냈는데, 정사에 성실하고 생활이 청백하였다.

임진왜란이 일어나자 유팽로(柳彭老)와 함께 의병을 일으켜 거느리고 북상하다가 금산에서 왜적을 막아 싸웠다. 이때 아들 고종후(高從厚)·고인후(高因厚)도 함께 출전하였는데, 전세가 위급하자 아들 종후는 아버지를 걱정하였다. 그러자 그는, "너는 부자의 정으로 나의 죽음을 두려워하느냐? 나는 나라를 위하여 한 번 죽을 따름이다."라고 타일렀다.

이 말도 이때 의병들에게 한 말로, 의병은 죽음을 두려워하지 않고 의롭게 싸워 적을 막아야 한다고 하였다. 금산 전투에서 아들과 함께 전사하였다.

16. 김시민(金時敏)

1554~1592. 조선 선조 때 무관. 자는 면오(勉吾), 시호는 충무(忠
武). 안동 사람으로 지평을 지낸 김충갑(金忠甲)의 아들. 선조 때
무과에 급제하고 훈련판관·진주 통판·진주 목사·병마절도사를 지
내고 임진왜란 때 진주성을 사수하다가 전사하였다.

감히 도망하는 놈은 목을 베리라. 대장부가 이렇게 하지 않고
어찌 남에게 모욕을 당하리오?

敢走者는 斬하리라 大夫가 非此하고 安能受侮於人乎리오?
감 주 자　 참　　 대 부　 비 차　　 안 능 수 모 어 인 호

– 국조인물고國朝人物考

【해 설】 김시민은 기골이 장대하고 위풍이 당당하며 뜻과 도량이
크고 넓었다.

무과에 급제하고 훈련판관으로 있을 때 병조판서에게 군사에 관
한 일을 의논하니, 판서는 그 말을 듣는 체도 하지 않으므로 이
를 항의하자 판서는 큰 소리로 안 된다고 나무랐다. 그러자 곧
자리를 박차고 일어나며 당장 모자를 벗어 땅에 던지고 발로 짓
밟으며, "사내대장부가 이런 일을 하지 않고 어찌 남에게 모욕을
당하겠는가?" 하고는, 벼슬을 버리고 고향으로 돌아가니 사람들
이 그 기이한 행동에 놀랐다.

그 뒤 진주 통판이 되었는데 다음 해 임진년에 왜란이 일어났
다. 이때 진주 목사가 죽자 임시로 진주 목사를 대리하여 성병
을 거느리고 진주성을 사수하였는데, 왜적의 침공을 두려워하는
사람들은 도망하려 하였다. 이 말은 그때 성민에게 내린 군령이
다.

그는 성병을 정비하고, 무기를 수리하고, 성지를 수축하여 왜적을 막으니, 나라에서는 진주 목사로 승진시켰다. 군사들과 함께 진주성 사수를 결의하고 적을 물리치고 군사를 내어 사천·고성·진해의 적들도 격파하였다. 그 뒤 진주성을 사수하다가 순직하였다.

17. 김여물(金汝岉)

1548~1592. 조선 선조 때 문관. 자는 사수(士秀), 호는 피구자(披裘子). 순천 사람 김훈(金壎)의 아들. 선조 때 문과에 급제하고 충주 도사·의주 목사를 지내고, 임진왜란 때 부장으로 출전하여 충주에서 전사하였다.

삼도의 근왕군이 한 사람도 오지 않아서 우리의 싸움을 도울 사람이 없으니, 사나이 대장부로서 나라를 위하여 죽을 따름이다. 다만 나라의 부끄러움을 씻지 못하고 장한 뜻을 펴지 못함이 한스럽구나.

三道勤王師가 無一人至者하여 吾等奮臂無助니 男兒로 死
삼 도 근 왕 사　　무 일 인 지 자　　오 등 분 비 무 조　　남 아　　　사

國職爾라 但國恥未雪하고 壯志未成이니 是以負恨이로다.
국 직 이　　단 국 치 미 설　　장 지 미 성　　시 이 부 한

– 국조인물고國朝人物考

【해 설】 이 말은 왜적을 막아 싸우는 외로운 싸움터에서 한 장수로 결전하다가 죽어도 한이 없다는 뜻이다.
김여물은 벼슬이 의주 목사에 이르렀으나 해를 넘겨 그만두고 고향으로 돌아갔다. 그런데 통역관 사건에 연루되어 불미스러운 처

지에 놓이게 되었다.

이때 왕은 그 재주와 용맹을 아껴 왜적을 쳐부수는 데 공을 세워 그 죄를 갚으라고 하며 신립(申砬)의 부장으로 임명하여 충주로 가서 적을 막게 하였다. 그는 곧 조령으로 달려가서 지세를 살피고 신립에게 말하기를, "왜적의 예봉을 막기가 어렵겠으니 이 험지에 진을 치고 막아야겠다."라고 하였으나, 신립은 그 말을 듣지 않고 충주 탄금대에 배수진을 치고 적을 막게 하였다. 이때 그는 어쩔 수 없이 상관의 명을 따랐으나, 싸움에 패할 것을 알고 아들 김류(金瑬)에게 이 유언과 함께 앞으로 왜적에 대처할 말을 남기고 적을 맞아 싸우다 장렬히 전사하였다.

18. 김응하(金應河)

1580~1619. 조선 광해군 때 장군. 자는 경의(景義), 시호는 충무(忠武). 안동 사람 김방경(金方慶)의 후손. 선조 때 무과에 급제하여 광해군 때 좌영장군을 지냈다.

대포를 가진 사람은 화약을 재워 놓고, 활을 가진 사람은 화살을 메겼다가 내 북소리를 들으면 곧 쏘도록 하라. 군법을 어기면 법에 따르리라.

砲者는 築藥하고 弓者는 持滿타가 聞吾鼓聲이면 乃縱하라 否
면 軍法在하리라.

– 국조인물고國朝人物考

【해 설】 이 말은 결전장에서 군명에 따라 힘을 최고도로 발휘하

라는 뜻이다.

김응하는 8척 신장으로 기운이 장사고, 의기가 굳건하고 용맹이 뛰어났다. 14세 때 부모를 잃었는데 아우 김응해(金應海)와 우애가 두터웠고, 예절을 잘 지켜 향리에서 칭송을 받았다. 25세 때 무과에 급제하여 선전관이 되고, 이어 경원 판관·삼수 군수·북우후 등으로 북방의 호적 방비와 민생에 힘썼다.

선천 군수 겸 조방장으로 있을 때 호적의 건주위 반란이 일어났다. 이때 명나라의 구원병 요청에 응하여 강홍립(姜弘立)과 함께 좌영장군으로 압록강을 건너 건주위로 출정하였다. 그런데 명나라 유정(劉綎)의 군사가 패하자, 강홍립은 싸우려 하지 않았다. 그는 3천 명을 거느리고 호적 6만과 대적하여 결전을 감행하여 적을 물리쳤다. 그러나 갑자기 대군의 엄습을 받아 위험한 지경에 이르렀다. 이 말은 이때 내린 군령이다.

이렇게 싸웠으나 이기지 못하고 그는 버드나무에 의지하여 2명의 군사와 끝까지 싸우다가 장렬히 전사하였다. 몸에는 화살이 수없이 박혀 있었다. 이를 본 적들도 그 충절에 감복하여 유하 장군(柳下將軍)이라고 부르며 묻어주기까지 하였다.

안 분 편
安分篇

안분은 편안한 마음으로 분수를 지키는 것을 뜻한다.

사람은 하늘의 뜻을 받고 어버이의 혈통을 이어받아 세상에 태어나서 저마다의 분수를 지키며 살고 있다. 주어진 분수에 만족하면 복을 누릴 수 있지만, 불만을 품고 살면 편안한 날이 없을 것이다. 사람의 일생은 자연의 영원한 데 비하면 매우 짧으나, 만물의 영장이라는 거룩한 존재로 볼 때 아름답고 신비한 몸에, 고귀한 이성과 무한한 힘을 지니고서 만물의 주인 역할을 하고, 명석한 지혜와 투철한 사고력으로 올바른 삶의 방향을 찾으며 복을 누린다.

그런데 사람은 타고난 분수에 따라 주어진 힘의 한계가 있어서 윤리·사회·생활면에서 분수에 넘치는 삶을 누릴 수 없다. 예컨대 가정적으로 인륜, 사회적으로 직장, 생활면으로 사업 등에 주어진 분수가 있어 이를 지키는 여하에 따라 잘잘못이 결정된다.

사람은 천리를 어길 수 없고, 주어진 분수를 벗어날 수 없다. 언제 어디에서나 주어진 분수에 만족하며, 맡은 일에 참된 정성을 기울여야 행복한 삶을 누릴 것이다.

1. 석탈해(昔脫解)

?~80. 신라 제4대 탈해왕. 재위 57~80. 남해왕의 사위. 전설적인 인물로 탐라국에서 나서 강보에 싸인 채 버려져 배에 실려 금관국을 거쳐 신라 영일만으로 들어와 한 노파에게 구출되었다. 뛰어난 인재로 자라 부마가 되고, 벼슬이 대보에 이르고, 왕으로 추대되었다.

한 나라의 임금 자리는 보통사람이 감당할 바 아닙니다. 내들으니 거룩하고 지혜로운 사람은 이가 많다고 하오니 떡을 물어서 시험해 보기로 합시다.

神器大寶는 非庸人所堪이라 吾聞聖智人은 多齒라 하니 試以
신 기 대 보   비 용 인 소 감   오 문 성 지 인   다 치   시 이

餠噬之니이다.
병 서 지

– 삼국사기三國史記

【해설】 이 말은 한 나라의 정권을 맡은 임금 자리는 매우 중요하므로 누구나 감당할 수 없다는 뜻이다.

이와 관련된 역사적 일은 임금 자리를 서로 사양한 아름다운 이야기다. 유리(類利)태자는 자기보다 석탈해가 유능하다 하고, 석탈해는 지혜롭고 어진 태자가 임금 자리를 맡아야 한다고 서로 양보하였다.

석탈해는 태자가 이가 많은 것을 알고 있었으므로 태자가 왕위를 맡아야 한다고 고집하며 그 방편으로 이런 꾀를 냈다. 그 결과는 유리태자가 임금이 되었다.

이에 앞서 남해왕이 세상을 떠날 때 유언으로, 왕위는 태자가 맡아도 좋고 석탈해가 맡아도 좋으니 백성들의 추대를 받으면 누

구라도 임금이 되라고 하였다. 그리하여 유리왕이 즉위하였는데, 유리왕은 죽을 때 유언으로 석탈해를 추천하였다. 그 뒤 박씨와 석씨가 백성의 추대로 왕위를 계승하게 되었다.

2. 막고해(莫古解)

4세기. 백제 근구수왕 때 장군. 근초고왕을 도와 고구려의 남침 세력을 꺾고, 근구수왕을 도와 국세를 떨치는 데 공이 컸다.

만족한 줄 알면 욕되지 않고, 그만둘 줄 알면 위태롭지 않다. 지금 얻은 것이 많은데 어찌하여 더 많이 구하리오?

知足이면 不辱이요 知止면 不殆니라 今所得이 多矣인데 何必이면 求多리오?

– 삼국사기三國史記

【해 설】 이 말은 만족한 줄 알고 그만둘 줄 알면 욕되지 않고 위태롭지 않다는 뜻으로, 더 많은 것을 구하려고 하지 않는 것이 안전한 도리라는 말이다.

백제 문화를 크게 일으킨 근초고왕은 태자 수(須)와 장군 막고해에게 고구려의 남침 의욕을 막게 하니, 그들은 군사를 거느리고 출전하여 적을 무찌르고 크게 승리하였다.

이때 태자는 도망하는 적을 추격하여 더 큰 소득을 도모하려 하였으나, 막고해는 이 말을 하여 더 추격하지 않고 개선하였다.

3. 백결선생(百結先生)

5세기. 신라 자비왕 때 음악가. 거문고를 잘 탔으며, 남산 밑에서
가난하게 살았는데 옷을 누덕누덕 기워 입어 백결선생이라 불렸다.

사람이 죽고 사는 것은 운명에 달려 있고, 부유하고 가난한
것은 천명에 달려 있으므로, 오는 것은 막아서는 안 되고, 가
는 것은 쫓아가서는 안 된다는데, 그대는 무엇을 근심하랴.

死生은 有命이요 富貴는 在天이라 其來也는 不可拒요 其往也
사 생   유 명   부 귀   재 천   기 래 야   불 가 거   기 왕 야

는 不可追인데 汝何傷乎아?
  불 가 추   여 하 상 호

- 삼국사기三國史記

【해 설】 이 말은 사람은 주어진 분수에 만족할 것이지 슬퍼할 것
이 아니라는 뜻이다.

백결선생은 가난한 음악가였다. 섣달그믐날에 남들은 새해를 맞
는다고 떡방아를 찧느라고 야단인데, 우리는 어떻게 하느냐고 슬
퍼하는 아내를 위로하려는 뜻에서 거문고로 떡방아 찧는 소리를
탔다.

백결선생 부부는 떡방아 찧는 거문고 소리에 고된 삶을 달래며
그 소리에 도취되었다. 부부도 남남으로 어울린 인류이므로 감
정과 삶의 가치관이 같을 수는 없겠으나, 진지한 음악 소리에 부
귀와 빈천의 삶의 경지를 정서적으로 초월하는 인생관은 실로
값진 삶의 태도라 할 수 있다.

4. 김정명(金政明)

?~692. 신라 제31대 신문왕. 재위 681~692. 문무왕의 아들. 고
구려와 백제의 유민을 잘 회유하여 통일신라의 발전을 도모하는
데 힘썼다.

윗사람을 잘 섬기는 법도는 충성을 다하는 것을 근본으로 삼
고, 벼슬하는 사람의 의리는 두 가지 마음을 갖지 않는 것을 근
본으로 삼는다.

事上之規는 盡忠爲本이요 居官之義는 不二爲宗이니라.
사 상 지 규   진 충 위 본   거 관 지 의   불 이 위 종

– 삼국사기三國史記

【해 설】 이 말은 백성은 충성이 근본이 되고, 관리는 일편단심이
근본이 된다는 뜻이다.

신문왕이 왕위에 오른 해에 장인 김흠돌(金欽突)이 흥원(興元)·
진공(眞功) 등과 반역을 도모하므로 사형에 처하고, 또 그들의
역모를 알고도 알리지 않은 이찬 군관을 잡아 처형하였다. 그리
고 교서를 내렸는데 이 말은 그 내용이다.

이때 왕은, "그들의 역모를 알고 있으면서도 알리지 않은 것은
나라를 근심하는 마음이 없고, 나라를 위하여 목숨을 바칠 뜻도
없는 사람인데, 어찌 그를 재상 자리에 그대로 두어 나라의 법
도를 문란하게 만들겠는가?"라고 하였다.

5. 의상조사(義湘祖師)

625~702. 신라 진평왕~효소왕 때 명승. 화엄종의 시조로 문무왕 때 당나라에 유학하고 불교 융성에 힘썼다. 낙산사·부석사·범어사 등 이름난 절을 창건하였다. 저서로 화엄일승법계도(華嚴一勝法界圖) 등이 있다.

비록 시골의 초가집에서 살더라도 올바른 일을 행하면 복된 일이 오래가고, 실로 그렇지 않으면 비록 수고롭게 성을 쌓더라도 또한 이로울 것이 없습니다.

雖在草野茅屋이라도 行正道면 則福業이 長하고 苟爲不然이면
수 재 초 야 모 옥   행 정 도   즉 복 업   장   구 위 불 연

雖勞作城이라도 亦無所益이니이다.
수 로 작 성   역 무 소 익

– 삼국사기三國史記

【해 설】이 말은 올바른 정사를 행하면 어느 곳에서 살아도 복을 누릴 수 있지만, 그렇지 않으면 성을 짓고 살아도 이로움이 없다는 뜻으로, 어진 정사는 궁성을 크게 짓고 사는 것보다 백성을 편안히 살게 하는 것이 중요하다는 말이다.

의상조사가 문무왕이 서울을 새로 건설하려는 데 관하여 생각을 묻자 대답한 말이다. 삼국통일을 완수한 문무왕이 즉위한 지 21년 되는 해 정월 초하루에 온종일 암흑처럼 어두웠고, 5월부터 6월까지는 하늘에 변괴가 잇달았다.

그래서 왕은 서울을 새로 건설하려 하여 의상조사에게 말하였는데, 그는 이 말을 하였다.

6. 김경응(金慶膺)

?~857. 신라 제46대 문성왕. 재위 839~857. 신무왕의 아들.

사람이 나고 죽고 시작하고 끝맺는 것은 만물의 위대한 기약
이고, 오래 살고 일찍 죽는 것은 천명의 떳떳한 분수다. 죽는
사람은 천리를 따르는 것이니, 산 사람들은 반드시 슬퍼할 것
만은 아니다.

生死始終은 物之大期요 壽夭長短은 命之常分이라 逝者는 可
以達理니 存者는 不必過哀니라.

                        – 삼국사기三國史記

【해 설】 문성왕은 장보고(張保皐)를 중용하여 청해진을 설치하고
해외무역을 전개하며 나라를 크게 융성시켰다.

그런데 왕이 장보고의 딸을 둘째 왕비로 삼으려 하자 조신들은,
"부부의 도리는 인생의 대사요 나라의 존망이 달린 일이니 삼가
지 않으리까?"라며 반대하였다.

이에 장보고는 반란을 도모하다가 죽고, 청해진도 폐지되고 나
라도 차츰 쇠약하게 되었다.

이 말은 문성왕이 죽을 때 남긴 유언 내용의 일부다.

7. 홍유(洪儒)

?~936. 고려 전기의 장군. 의성 사람. 처음에 태봉 궁예(弓裔) 밑

에서 장군으로 활약하였으나, 왕건(王建)을 받들고 고려를 세우고
1등 공신이 되었다. 고려가 서자 대상으로 신라를 아우르고 후백
제를 멸망시키는 데 공이 컸다.

때는 만나기는 어렵고 잃기는 쉽다. 하늘이 주는 것을 받지
않으면 도리어 그 앙화를 받는다.

時는 難遭而易失이니라 天與不受면 反受其咎니라.
시   난 조 이 이 실   천 여 불 수   반 수 기 구

- 고려사高麗史

【해설】 이 말은 왕건을 추대할 때 한 말로, 때를 놓치지 말고 궁
예를 내몰고 나라를 세우자는 뜻이다.

태봉 궁예의 정사가 문란해져서 국민이 온갖 곤욕을 겪게 되자,
홍유는 신숭겸(申崇謙)·복지겸(卜智謙)·배현경(裵玄慶) 등과 함
께 왕건을 찾아가서 말하기를, "궁예가 포악한 정사를 자행하여
그 아내와 자식까지 죽이고, 죄 없는 사람들을 마구 죽이고, 백
성들을 도탄에 빠지게 하니 더 참을 수 없습니다. 어두운 임금
을 폐하고 밝은 임금을 세우는 것이 세상의 공통된 의리이니, 청
컨대 일어나서 이 일을 도모하소서." 하였다. 태조는 말하기를, "내
충성된 의리를 스스로 믿고 있는데, 왕이 비록 포악하다 하여
어찌 두 마음을 가지리오? 신하가 임금을 치는 것은 혁명인데,
내 실로 부덕한 사람으로 어찌 감히 이런 일을 감당하리오? 후
세에 남의 구실이 될까 무섭소."라고 하였다.

그러자 홍유 등이 이 말을 한 다음, 왕건을 받들고 일어나 궁예
를 내몰고 고려를 세웠다.

8. 안숭선(安崇善)

1392~1452. 조선 세종 때 명신. 자는 중지(仲止), 호는 옹재(雍齋), 시호는 문숙(文肅). 순흥 사람으로 판중추원사를 지낸 안순(安純)의 아들. 세종 때 문과에 급제하고 대제학·좌참찬을 지냈다.

사람이 죽고 사는 것은 떳떳한 이치다. 지금 내 벼슬이 의정부에 이르고, 나이 또한 예순에 이르렀으니 어찌 죽는 것을 한스러워하랴? 내가 죽은 다음 불에 태우는 일 같은 것을 하지 말라.

死生은 常理라 今吾位廊廟하고 年且耳順이니 何恨我死리오
사생   상리   금오위낭묘   연차이순   하한아사

不作佛事하라.
부작불사

– 국조인물고國朝人物考

【해설】 이 말은 죽고 사는 것은 천리인데 살 만큼 살고 죽으니 한이 없다는 뜻과, 아울러 불교식으로 장사지내지 말라는 뜻이다. 안숭선은 타고난 자질이 뛰어나고 학문이 훌륭하고 시문에 능하고 사리 판단능력이 예민하였다.

세종 때 변경의 여진족을 정벌하는 데 관한 의논이 분분하였는데, 왕이 그에게 대책을 묻자 대답하기를, "옛날부터 무관은 정벌을 논하고 문관은 화해를 논하오니, 신은 이만주(李滿住)의 포악무도한 행패를 당장 쳐 없애야 한다고 믿습니다." 하자, 국론이 이로 기울어져 곧 출정하여 정벌하였다.

죽기 전에 자제들을 모아놓고 이 말을 남기고 초연히 죽었다. 이 말이 전해지자 듣는 사람들은 모두 슬퍼하여, "한 나라의 어진

재상이 죽었구나."라고 애석해했다.

9. 강석덕(姜碩德)

1395~1459. 조선 전기의 명신. 자는 자명(子明), 호는 완역재(玩易齋), 시호는 대민(戴敏). 진주 사람 강회백(姜淮伯)의 아들. 참판을 지냈다.

사람의 부귀와 영달은 타고난 분수에 달려 있지 구한다고 뜻대로 얻어지는 것은 아니다. 스스로 힘쓸 것은 효도와 공경, 충성과 신의, 예절과 의리, 청렴과 수치를 알고 잘 실천할 따름이다.

人之富貴榮達은 在天이니 非求之可得이라 所自盡者는 孝悌
인 지 부 귀 영 달   재 천   비 구 지 가 득   소 자 진 자   효 제

忠信하고 禮義廉恥而已니라.
충 신   예 의 염 치 이 이

– 국조명신록國朝名臣錄

【해 설】 이 말은 사람이 사람답게 사는 도리는 타고난 분수에 만족하여 어버이에게 효도하고, 어른을 공경하고, 나라에 충성하고, 남과 미덥고, 예절과 의리를 지키고, 청렴결백하고, 양심에 부끄럽지 않게 힘써야 한다는 뜻이다.

강석덕은 성품이 청렴결백하고 정의에 강개하고 고매한 의지를 즐겼고, 홀어머니를 지성으로 섬겨 효자로 이름났고, 형제간에 우애하고 친척과 화목하였다.

아들 강희안(姜希顔)·강희맹(姜希孟)에게, "내 나이가 60세이고, 공과 이로움이 남에게 미치지 못한다 하더라도 권위와 거짓

없는 생활이 남부끄럽지 않은 것은 스스로 몸가짐을 반성하기 때문이다."라고 말하였다.

국사를 처리하는 데는 기강을 세우고, 집안일을 처리하는 데는 근검하였으며, 큰 글씨로 "분노를 경계하고 욕심을 막는다.(懲忿窒慾)"는 네 글자를 써서 좌우명으로 삼았다.

전서와 예서를 잘 썼고 간결한 시를 잘 지었다.

10. 이륙(李陸)

1438~1498. 조선 성종 때 명신. 자는 방옹(放翁), 호는 청파(靑坡). 고성 사람으로 사간을 지낸 이지(李墀)의 아들. 세조 때 문과에 장원급제하고, 성종 때 대사성·충청 관찰사·경상 감사, 연산군 때 대사헌·병조참판 등을 지냈다. 저서에 청파극담(靑坡劇談)이 있다.

사람이 어느 누가 죽지 않겠는가? 다만 먼저 가고 뒤에 가는 차이가 있을 따름인데, 하필이면 죽음에 뜻을 쏟으랴?

人誰不死리오 但有先後인데 何必掛慮리오?
인 수 불 사   단 유 선 후   하 필 패 려

– 국조인물고國朝人物考

【해 설】 이 말은 천명에 순응하여 자신의 분수를 지킨다는 뜻으로, 죽음이 임박하였을 때 곁에서 울부짖는 자제들을 타이르며 남긴 말이다.

이륙은 22세 때 진사시에 합격하였으나 세상사를 잊고 지리산으로 들어가서 3년 동안 은거하다가, 다시 나와 문과에 장원급제하고 벼슬길에 올랐다.

충청도 관찰사가 되었을 때 아버지는 괴산 군수로 있었는데 성종은 아버지는 군사로, 아들은 감사로 있어 난처하겠다고 하였으나 그는 태연하여, 사람들은 이를 영예롭다고 찬양하였다.

경상 감사로 있을 때는 목민관으로 나라에 명성이 높았다. 성종이 세상을 떠나 청시승습부사로 임명되었는데, 이때 그는 심한 병으로 누워 있었으므로 친척들은 만류하였으나, "신하의 의리는 절개를 존중해야 하는데, 나라의 중대한 일을 당하여 감히 자신의 사사로움을 돌보랴?" 하고 길을 떠났다.

평소 인륜을 존중하여 효성이 지극하고, 형제간의 우애가 두터웠으며, 친척과도 화목하였다.

11. 박세무(朴世茂)

1487~1564. 조선 명종 때 학자. 자는 경번(景蕃), 호는 소요당(消遙堂). 함양 사람 박중검(朴仲儉)의 아들. 중종 때 사마시에 합격하고 관리가 되어 군수·안변 부사 등을 지냈다. 저서로 동몽선습(童蒙先習)이 있다.

하늘과 땅 사이에는 만물이 있는데, 그중에서도 사람이 가장 귀한 존재다. 사람을 귀한 존재라고 하는 까닭은 사람에게는 사람으로서 지켜야 할 다섯 가지 윤리가 있기 때문이다.

天地之間에 萬物之衆인데 惟人이 最貴라 所貴乎人者는 以
천 지 지 간　　만 물 지 중　　　유 인　　최 귀　　소 귀 호 인 자　　이

其有五倫也니라.
기 유 오 륜 야

－동몽선습童蒙先習

【해 설】이 말은 세상 만물 가운데서 사람이 고귀한 까닭은 사람에게는 다섯 가지 윤리, 곧 부자간의 사랑, 군신 간의 의리, 부부간의 분별, 장유 간의 질서, 붕우 간의 신의가 있기 때문이라는 뜻이다.

박세무는 사마시에 오른 다음 승문원으로 들어가 관리가 되어 헌납을 거쳐 마전 군수로 나갔는데, 백성을 잘 다스리고 어진 정사를 베풀어 민생을 안정시켰다. 태복시부정을 거쳐 안변 부사로 나가 3년 동안 선정을 베풀어 어진 목민관의 이름을 떨치고, 들어와 내자시정 등을 지내다가 중풍으로 세상을 떠났다.

성품이 어질고 청렴결백하고 인간의 윤리 도덕을 중시하여 항상 후학들에게 사람답게 사는 도리를 가르쳤다.

이 말은 그가 지은 동몽선습 첫머리에 나오는 말이다. 그는 이 책을 통하여 사람은 어릴 때부터 사람답게 살 수 있는 도의심을 길러야 한다고 주장하고, 아울러 선조들이 어떻게 살고, 이웃 나라와는 어떤 관계를 맺고 있는지 그 뿌리를 알고 살아야 한다고 가르쳤다.

12. 곽재우(郭再祐)

1552~1617. 조선 선조 때 의병장. 자는 계수(季綏), 호는 망우당(忘憂堂), 시호는 충익(忠翼). 현풍 사람으로 황해도 관찰사를 지낸 곽월(郭越)의 아들이다.

사나운 호랑이가 산속에 있으면 위엄을 떨치지만, 들에 내려와 있으면 겁을 낸다.

孟虎가 在山이면 則威라 在野면 則怯이니라.
맹 호   재 산   즉 위   재 야   즉 겁

– 국조인물고國朝人物考

【해 설】 이 말은 사람은 그 처지에 따라 힘을 쓸 수도 있고 쓰지 못할 수도 있으므로, 모든 일은 환경에 알맞게 조성해야 한다는 뜻이다.

곽재우는 책을 읽어 학식을 닦고 큰 뜻을 세워 충절을 길렀다. 그는 벼슬에 뜻을 두지 않고 자연을 즐겼다. 임진왜란이 일어나서 여러 성이 무너지고 선조가 의주로 파천하자, 재산을 털어 장사를 모으고 의령에서 의병을 일으켜 닥치는 대로 왜적을 격파하여 세력을 떨쳤다. 부인은 그에게 붉은 옷을 입혀 싸움마다 승리하니, 왜적들을 천강홍의장군(天降紅衣將軍)이라 부르며 그를 보면 도망하였다.

싸움마다 몸소 선두에서 의병을 잘 거느렸으므로 열 번 싸워 열 번 모두 이겼다. 그래서 명성을 크게 떨쳤는데, 김순찰사가 거느린 근왕병이 무너져 민심이 소란하게 되자 모함을 받아 신변이 어려운 처지에 놓였다. 이때 김성일(金誠一)의 지략으로 무사하게 되어 다시 의병장으로 힘을 떨쳤다. 정유재란 때도 여러 고을이 무너졌으나 끝까지 의병을 거느리고 성을 지켰다.

이 말은 체찰사 이원익(李元翼)이 외로운 성을 지키기 어려움을 말하며 명나라 군사의 도움을 청할 것을 말하자 이에 대답한 전략 내용의 일부로, "오늘의 형세는 저마다 그 성지를 수리하고 식량을 저축하였다가 그들을 기다려 움직이자."라고 하였다.

왜란이 끝난 뒤 곽재우는 어머니가 세상을 떠나자 울진으로 가서 3년상을 마쳤다. 선조는 벼슬을 주어 그를 불렀으나 듣지 않고 자제들과 함께 농립을 만들어 팔며 어렵게 살았다. 뒤에 찰리사·절도사를 지내고, 광해군 때는 영남 절도사·수군통제사로 임명하였으나 듣지 않았다. 그러나 서울로 소환되어 부총관·좌윤을 거쳐 함경도 관찰사를 지냈다.

13. 서문상(徐文尙)

1630~1677. 조선 숙종 때 학자. 자는 국익(國益), 호는 송파(松坡)·나산(羅山). 달성 사람 서정리(徐貞履)의 아들. 현종 때 문과에 장원급제하고 병조참의를 지냈다.

―

하늘과 땅이 비어 있지 않으면 온갖 만물을 들어 있게 할 수 없고, 강이나 바다가 비어 있지 않으면 온갖 시냇물을 용납할 수 없고, 산과 연못이 비어 있지 않으면 여러 가지 빠른 놈들을 숨길 수 없다. 온갖 구멍은 비어 있으므로 바람 소리를 울릴 수 있고, 온갖 틈은 비어 있으므로 햇빛과 달빛을 비출 수 있다.

天地不虛면 無以囿群形이요 河海不虛면 無以納百川이요 山
천 지 불 허   무 이 유 군 형   하 해 불 허   무 이 납 백 천   산

藪不虛면 無以藏衆疾이니라 萬竅는 至虛也라 風蕩之鳴이요
수 불 허   무 이 장 중 질   만 규   지 허 야   풍 탕 지 명

萬隙은 至虛也라 日月容其光이니라.
만 극   지 허 야   일 월 용 기 광

－서달성허곡기徐達城虛谷記

【해설】 이 말은 모든 사물은 공간이 있어야 알맞게 채워질 수 있다는 뜻이다.

서문상은 타고난 성품이 너그럽고 사소한 일에 구애되지 않았고, 성실하고 정직하며 영화를 즐기지 않았다. 학식과 문장이 뛰어나 일찍 진사시에 합격하고, 이어 문과에 급제한 다음 사간원·사헌부·홍문관의 여러 벼슬을 거쳐 병조참의에 이르렀다. 시문이 우아하고 간결하고 실제적이어서 조금도 빈틈이 있거나 과장됨이 없어 사람들의 존경을 받았다.

이 말도 실제적인 사실을 우아한 문치로 그려낸 하나이다. 48세의 젊은 나이로 세상을 떠났고, 영의정 벼슬을 추증받았다.

14. 이하진(李夏鎭)

1628~1682. 조선 숙종 때 문신. 자는 하경(夏卿), 호는 매산(梅山)·육우당(六寓堂). 여주 사람으로 지평을 지낸 이지안(李志安)의 아들. 현종 때 문과에 급제하고 숙종 때 대사간을 지냈다. 저서로 육우당유고(六寓堂遺稿)와 서첩 천금물전(千金勿傳)이 있다.

자손에게 많은 재산을 전하려고 하지 말라. 의롭지 않은 일을 부끄러워하고 착하지 않은 일을 미워하는 마음은 사람이 본래 가진 것이라서 혹은 죽고 사는 것을 가름하는 위급한 때에 잘 결단하기도 하고, 풍족하고 검약한 생활을 편안히 즐길 때 잘 계교하게 하기도 한다. 이러므로 군자는 잠깐이라도 이에 관하여 살피지 않아서는 안 된다.

千金勿傳하라 羞惡之心은 人所固有라 或은 能決死生危迫之
천 금 물 전   수 오 지 심   인 소 고 유   혹   능 결 사 생 위 박 지

際하고 而計豊約於宴安之時니라 是以로 君子는 不可頃刻而
제   이 계 풍 약 어 연 안 지 시   시 이   군 자   불 가 경 각 이

不省察於斯焉이니라.
불 성 찰 어 사 언

— 천금물전千金勿傳

【해 설】 이 말은 가훈 천금물전(천금을 주더라도 남에게 전하지 말라)의 한 구절로, 많은 돈을 자손들에게 물려주려고 생각하지 말고 자립시키라는 뜻이다.
이하진은 자신의 세 가지 즐거움을 말하기를, "하늘이 만물을 낼

때 오직 사람을 귀하게 만들었는데, 나는 사람으로 태어난 것이
첫째의 즐거움이요, 남자와 여자의 분별이 있어서 남자는 높고
여자는 낮아서 남자를 귀하다고 하는데, 나는 남자로 태어난 것
이 둘째의 즐거움이요, 사람이 해와 달도 보지 못하고 강보에 싸
여 있다가 죽음을 면하지 못하는 사람도 있는데, 나는 이미 60
을 바라보게 되었으니 이것이 셋째의 즐거움이다."라고 하였다.
또 좋은 책을 즐겨 읽으라고 말하고, 재산이 많고 지위가 높은
것을 바라지 말고 분수에 만족하라고 가르쳤다.

15. 권양(權讓)

1628~1697. 조선 숙종 때 학자. 자는 예경(禮卿), 호는 지족당(知
足堂). 안동 사람 권전(權佺)의 아들. 효종 때 문과에 급제하여 헌
납·장령을 거쳐 함양·한산 군수를 지냈다. 저서로 영가가훈(永嘉
家訓)이 있다.

대체로 부귀로 크게 번성하는 것은 매우 두려워할 일이다. 부
유함이 도리어 가난하게도 되고, 귀함이 도리어 천하게 되는
것은 필연적인 이치니 그것을 바르지 못하게 구하겠는가? 재
산은 윗사람을 섬기고 아랫사람을 기르는 데 없어지게 하지
않으면 족하고, 벼슬은 과거에 급제하고 출세하여 가문의 명
성을 떨어뜨리지 않으면 족하다. 많은 돈을 모아둔다고 해도
반드시 다른 사람의 물건이 되고, 금이나 옥을 간직한다 해도
도리어 형벌의 근거가 되어 크면 종족을 뒤엎고 작으면 몸을
망치는 것이니, 가히 두려워하고 가히 두려워할 일이다. 옛사
람이 부귀로 해서 몸을 망치고 종족을 멸망시킨 사실은 역사에

역력하니, 가히 집안을 뒤엎고 몸을 망칠 우환을 잘 살필 것이다. 자신에게는 비록 면하더라도 자손들이 부귀를 빙자하여 교만하고 사치하고 태만하고 방자하여, 하지 않는 일이 없다가 혹 종족을 뒤엎고 몸을 망치는 데 이르기도 하고, 혹 행실을 다잡지 않는 사람이 열 사람 중에 일고여덟 사람은 되니 삼가고 삼가라.

夫富貴太盛은 甚可懼也니라 富反貧하고 貴反賤은 此必然之
부부귀태성　심가구야　　부반빈　　귀반천　　차필연지

理也니 其曲徑而求之리오 家産은 則仰事俯育에 毋使乏絶이
리야　기곡경이구지　　가산　　즉앙사부육　　무사핍절

면 足矣요 仕官은 則取科立身하고 勿墜家聲이면 足矣라 長
　족의　사관　즉취과립신　　물추가성　　족의　장

金積玉이라도 必爲他人之物하고 預金腰玉이라도 反爲斧礩之
금적옥　　필위타인지물　　예금요옥　　　반위부질지

資하여 而大則覆宗하고 小則亡身이니 可畏可畏라 古之人이
자　이대즉복종　　소즉망신　　가외가외　　고지인

以富貴로 亡身滅族者가 於史歷歷하니 可考覆滅之患이니라 於
이부귀　망신멸족자　어사역력　　가고복멸지환　　어

其身엔 雖或幸免이라도 爲其子孫藉此하여 而驕奢怠惰하고 放
기신　수혹행면　　위기자손자차　　이교사태타　　방

肆無所不爲타가 或至覆滅하고 或無行檢者가 十常七八이니 愼
사무소불위　　혹지복멸　　혹무행검자　　십상칠팔　　신

之愼之하라.
지신지

- 영가가훈永嘉家訓

【해 설】 이 말은 영가가훈 중에서 부귀에 관하여 삼가라는 교훈으로, 사람이 부귀로 해서 교만하고 사치하고 태만하고 방자하면 종족을 뒤엎고 몸을 망치니 삼가라는 것이다.
영가가훈은 우리나라 미풍양속의 전통문화를 계승 발전시키는 데 귀중한 본보기가 되는 가훈이다.

16. 채제공(蔡濟恭)

1720~1799. 조선 정조 때 문신. 자는 백규(伯規), 호는 번암(樊巖), 시호는 문숙(文肅). 평강 사람으로 지중추부사를 지낸 채응일(蔡膺一)의 아들. 영조 때 문과에 급제하고 정조 때 영의정을 지냈다. 저서로 번암집(樊巖集)이 있다.

모든 일에 최선을 다하라. 이는 내 아버님의 엄연한 가르침이다. 나는 이 교훈으로써 내 몸을 다스리고 자손을 위하는 계교로 삼았으니, 이 뜻을 집안을 이어가는 비결로 삼아서 대대로 잘못하는 일이 없게 하면 거의 우리 아버님께서 가르쳐 주신 뜻을 저버리지 않게 될 것이다.

每事盡善하라 是는 吾父之嚴然在座也니라 吾는 以誨吾躬爲
吾子孫者니 以是로 爲傳家訣하여 世世罔隳면 庶幾不負吾先
子貽厥之旨也니라.

– 번암집樊巖集

【해 설】 이 말은 가훈으로 모든 일에 최선을 다하라는 뜻이다. 채제공은 자손들에게 이 가훈 내력에 대해 말하기를, "아버님이 병이 들어 거의 숨이 끊어지려 할 때 내 손을 잡고 모든 일에 최선을 다하라고 하셨다. 아아, 죽음과 삶의 갈림길에서 아버지가 아들에게 남겨주는 가르침이 어찌 끝이 있으랴만, 다만 착할 선(善)자 한 글자로 교훈 삼고 그 밖의 말에는 미치지 않았다. 이는 대개 아버님께서 평소에 몸소 실행하고 마음에 터득한 것이 이것밖에 생각하지 않았으리라. 그러므로 손을 잡고 당부한

말도 이 말이었으리라."라고 하였다.

17. 홍석주(洪奭周)

1774~1842. 조선 정조 · 순조 때 문신. 자는 성백(成伯), 호는 연
천(淵泉). 풍산 사람으로 부승지를 지낸 홍인모(洪仁謨)의 아들. 대
제학 · 이조판서 · 좌의정을 지냈다.

옛 성현들은 마땅히 그 가질 것에 따라 이를 가졌고, 마땅히
그 얻을 것에 따라 이를 얻었다. 그러므로 유독 여러 사람 위
에 나서서 다투려 하지 않았고, 아울러 세상에 아름다운 이름
을 떨치려고 명예를 훔치지 않았다.

聖人은 因其所當有하여 而有之하고 因其所當得하여 而得之
니라 故로 獨出乎衆人之上하여 而不爲爭하고 兼有天下之美
하여 而不爲竊이니라.

– 연천집淵泉集

【해 설】 이 말은 자손을 훈계한 가르침으로 옛 성현은 가질 것을
가지고 얻을 것을 얻었을 뿐, 남과 다투지 않고 남의 것을 훔치
지 않았으니 이를 명심하라는 뜻이다.
홍석주는 말하기를, "세상 사람으로 어느 누가 다투지 않으랴?
지체가 낮은 사람은 이익을 다투고, 지체가 높은 사람은 명예를
다툰다. 그리고 세상 사람으로 어느 누가 훔치지 않으랴? 지체
낮은 사람은 그 지위를 훔치고, 지체 높은 사람은 명예를 훔친

다. 그러나 남을 보기를 나와 같이 여기고, 나를 보기를 남과 같이 여기면 어찌 다투는 일이 있겠으며, 내가 갖고 남도 가졌다면 어찌 훔치는 일이 있겠는가?"라고 하였다.

언어편
言 語 篇

언어는 사람의 마음속에 있는 생각을 말이나 글자로 표현하여 그 뜻을 남에게 전달하는 활동을 뜻한다.

언어는 그 사람됨과, 나서 자란 처지와 학식이나 인품과 때와 장소와 환경과 하는 일의 형편에 따라서 다르다.

말은 입을 통하여 나타내고, 하나하나 그 가치와 힘을 지니고 있어서 좋은 말은 좋은 그대로의 가치와 힘이 있고, 나쁜 말은 나쁜 그대로의 영향을 끼친다.

말은 진실한 데 가치가 있다. 참된 말은 남의 마음을 감동하게 하는 힘이 있어 그 처지에 따라 죽을 고비도 모면하는 일도 없지 않다. 이는 말이 진실할수록 듣는 사람의 심금을 울려 감동하게 하기 때문이다. 그래서 참된 말은 한마디를 해도 많은 사람을 믿게 하는 힘이 되지만, 거짓말은 천만 마디를 해도 한 사람의 마음을 움직일 수 없다.

말은 세상만사를 가늠하는 보람이 있지만 그때그때의 처지에 따라서 삼가야 더 알맞은 힘이 표현된다. 그래서 "한마디 말이 천금보다 중요하다."는 말도 있는데, 그 말은 반드시 참된 행동이 뒤따라야 더 값지다는 것이다.

1. 협보(陜父)

1세기. 고구려 초기의 개국공신. 오이(烏伊)·마리(摩離)와 함께 고
주몽(高朱蒙)을 도와 고구려를 세우고, 제2대 유리왕 때까지 나라
의 기반을 닦는 데 큰 공을 세웠다.

만약 잘못을 고치고 스스로 새로운 정사를 베풀지 않으면 정
사가 어지러워지고 백성들이 흩어져서, 선왕께서 창업한 왕업
이 땅에 떨어질까 염려됩니다.

若不改過自新이면 恐政荒民散하여 先王之業이 墜地리이다.
약 불 개 과 자 신   공 정 황 민 산   선 왕 지 업   추 지

– 삼국사기三國史記

【해 설】 이 말은 왕이 어진 정사를 베풀지 않으면 정사가 잘못되
고 백성들이 살 수 없게 되어 나라가 잘못된다는 뜻이다.
협보는 유리왕이 간하는 말을 받아들이지 않고 노하여 파면시키
자, 남한으로 망명하였다. 협보는 벼슬이 대보 곧 수상이었다.
당시 왕은 정사를 돌보지 않고 날마다 사냥을 일삼으므로 나라
는 날로 어지러워졌다. 그래서 협보는, "대왕께서 서울을 국내성
으로 옮겨서 백성들의 삶의 터전이 안정되지 않았으므로 마땅히
나랏일에 힘써야 하는데, 오랫동안 자리를 비워두니 이래서는 안
되겠습니다." 하고, 이 말을 하였다.

2. 성충(成忠)

?~656. 백제 의자왕 때 충신. 일명 정충(淨忠)이라고도 한다. 백제 말기의 어진 재상으로 벼슬이 상좌평에 이르렀는데, 나라를 위하여 충간하다가 옥사하였다.

충성된 신하는 죽더라도 임금을 잊지 못한다고 하오니, 원하건대 한 말씀 더 올리고 죽으려 합니다.

忠臣은 死라도 不忘君이라 하거늘 願一言而死하리이다.
충 신   사   불 망 군   원 일 언 이 사

– 삼국유사三國遺事

【해 설】 이 말은 충신은 죽어도 나라를 위하여 끝까지 바른말을 하고 죽는다는 뜻으로, 나라를 위해서는 죽음을 두려워하지 않고 간하는 충신의 뜻을 엿볼 수 있다.

성충은 7백 년 이어온 나라가 망하려 할 때 의자왕에게 그 실정을 간하며 선정할 것을 청하였으나 왕은 듣지 않았다. 그는 옥에서 죽게 되었을 때 손가락을 깨물어 피로 글을 써 충언하였다. 이때 이 말을 서두로, "신이 시국의 정세를 보니 반드시 전쟁이 일어날 것 같습니다. 군사를 쓸 때는 그 지리를 잘 살펴 상류에서 적을 맞아 싸워야 가히 나라를 보전합니다. 만약 적군이 쳐들어오면 육로는 탄현을 넘지 못하게 하시고, 수군은 기벌포를 지나 들어오지 못하게 하시며, 그 험악하고 좁은 곳에 진을 치고 이를 막아야 합니다." 하고 죽었다.

그러나 의자왕은 군비 강화는커녕 실정을 거듭하다가 얼마 안 되어 나라가 멸망하고 말았다.

3. 김후직(金后稷)

7세기. 신라 진평왕 때 충신. 지증왕의 증손. 벼슬은 이찬으로 병부령을 지냈다.

옛날 어진 임금은 반드시 그날그날 온갖 정사를 깊이 생각하고 크게 염려하여, 곁에 있는 바른 선비들의 올바른 간언을 받아들이고, 모든 일에 부지런히 힘써 조금도 편히 지낼 생각을 하지 않았습니다. 그래야만 어진 정사가 베풀어져 나라를 보전할 수 있을 것입니다.

古之王者는 必一日萬機를 深思遠慮하여 左右正士의 容受
고 지 왕 자   필 일 일 만 기   심 사 원 려   좌 우 정 사   용 수

直諫하고 孜孜矻矻하여 不敢逸豫니이다 然後에야 德政醇美하
직 간   자 자 굴 굴   불 감 일 예   연 후   덕 정 순 미

고 國家可保리이다.
국 가 가 보

– 삼국사기三國史記

【해 설】 이 말은 임금은 충신들의 바른말을 잘 듣고 어진 정사를 베풀어야 나라를 보전할 수 있다는 뜻이다.

김후직은 진평왕이 사냥을 즐겨 정사를 돌보지 않는 잘못을 지성으로 간하였으나 듣지 않자 죽을 때 아들에게, "내가 죽으면 왕이 사냥 다니는 길가에 묻어라."라고 유언하여 그대로 하였다. 뒤에 왕이 사냥 갈 때 그 무덤에서, "가지 마시오."라는 소리를 내어 진평왕의 마음을 감동하게 하였다. 이때 왕은, "선생의 충간은 죽은 다음에도 잊지 않으니, 나를 사랑함이 지극하구나. 내 만약 끝까지 잘못을 고치지 않는다면 무슨 면목으로 그 영령을 대하리오?" 하고 다시는 사냥 가지 않고 어진 정사를 베풀었다.

4. 설총(薛聰)

7세기. 신라 신문왕 때 학자. 아버지는 원효대사(元曉大師), 어머니는 요석공주(瑤石公主). 벼슬은 한림에 이르고, 우리말을 기록하는 이두(吏讀)를 발명하였다. 뒤에 홍유후로 추봉되었다.

저 사람이 고량진미로 배부르게 하고 차와 술로 정신을 맑게 한다 하더라도, 나는 비장해 둔 좋은 약으로 원기를 돕고 모진 돌로 독을 없애겠습니다. 그러므로 비록 실이나 삼으로 만든 좋은 신이 있더라도 짚신을 버리지 말라는 말이 있습니다.

膏粱으로 以充腸하고 茶酒로 以淸神이라도 巾衍儲藏이니 須有
良藥으로 以補氣하고 惡石으로 以蠲毒하리이다 故로 曰雖有絲
麻라도 無棄管蒯이리이다.

– 삼국사기三國史記

【해 설】 이 말은 겉모양의 얄팍한 값어치보다 실속있는 진실이 더 값진 점을 알고 처신해야 한다는 뜻으로, 신문왕을 화왕에 비유하여 경계한 유명한 화왕계(花王戒)의 한 구절이다.
위정자는 간신의 달콤한 말에 귀 기울이지 말고, 충신의 바른말을 들어 어진 정사를 베풀어야 한다는 말이다.
이 화왕계에서 왕을 모란꽃으로, 간신을 장미꽃으로, 충신을 할미꽃으로 의인화하여 우화 형식으로 말하였는데, 화왕계는 예나 지금이나 위정자가 명심해야 할 계명이라 할 수 있다.

5. 백제무(百濟巫)

7세기. 백제 마지막 임금인 의자왕 때 무당.

둥근 달과 같다는 것은 꽉 찼다는 말로, 차면 곧 이지러짐을
뜻하고, 초승달과 같다는 것은 차지 않았다는 말로, 차지 않았
으면 점점 꽉 차게 됨을 뜻하는 말이다.

同月輪者는 滿也라 滿則虧하고 如月新者는 未滿也라 未滿
동 월 륜 자　　만 야　　만 즉 휴　　　여 월 신 자　　미 만 야　　미 만

則漸盈이니라.
즉 점 영

- 삼국사기三國史記

【해설】 이 말은 둥근 달은 곧 이지러지고, 초승달은 곧 커진다
는 뜻으로, 백제가 망할 때 괴변으로 생긴 말이다.
의자왕 20년(660) 때 이상한 일이 꼬리를 물고 일어났다. 서울
의 우물물이 핏빛으로 변하는 일이 있는가 하면, 서해안의 작은
물고기들이 떼로 죽어 밀려 나오기도 하고, 백마강 물빛이 핏빛
같이 붉고, 두꺼비 수만 마리가 나무 위로 기어오르고, 비바람
이 몰아치고, 천왕사와 도양사에 벼락이 치고, 개 같은 들사슴
이 백마강 언덕에 올라 궁성을 보고 짖고, 서울 안 개들이 떼를
지어 다니며 짖고 울고, 한 귀신이 궁성으로 들어와서, "백제가
망한다. 백제가 망한다." 하고 소리를 지르다가 땅속으로 들어가
므로 파 보니 한 마리 거북이 나왔는데 그 등에, "백제는 둥근
달 같고, 신라는 초승달 같다."는 글이 쓰여 있었다.
왕은 이를 무당에게 물었더니 무당은 이 말을 하였다. 왕은 노
하여 무당을 죽였다.

6. 흥수(興首)

7세기. 백제 의자왕 때 좌평. 충신 성충(成忠)과 함께 중신으로 신임받았으나, 간신들의 무고로 왕의 노여움을 사서 고마미지현으로 귀양 가서 고생하였다. 애국심을 지닌 사람으로 유명하다.

백강과 탄현은 우리나라의 중요한 길목이다. 여기서 한 사람이 창을 휘두르면 만 사람도 당하지 못할 것이니, 마땅히 날랜 군사를 가려 여기를 지켜서 당나라 군사가 백강으로 들어오지 못하게 하고, 신라 군사가 탄현을 넘어오지 못하게 할 것이다.

白江과 炭峴은 我國之要路也라 一夫單槍이면 萬人莫當이니
宜簡勇士하여 往守之하여 使唐兵으로 不得入白江하고 羅人으로 未得過炭峴이니라.

– 삼국사기三國史記

【해 설】 이 말은 백마강과 탄현은 군사적 요충이니 여기를 지켜 적병이 쳐들어오지 못하게 막으라는 뜻으로, 백제의 충신 성충이 감옥에서 죽기 전에 왕에게 올린 충언과 같은 뜻이다.
백제가 망할 무렵 의자왕은 흥수에게 사신을 보내어 의견을 묻자 그는 이 말을 하였다. 그러나 간신들은, "흥수는 오랜 귀양살이를 하여 왕을 원망하고 있으므로 이는 나라를 위하는 말이 아닙니다. 당나라 군사를 백마강으로 들어오게 하고, 신라군이 탄현을 넘게 한 다음 좁은 골목에서 몰아친다면 닭장 안에 든 닭과 그물에 걸린 고기 꼴이 될 것입니다."라고 말하며 그 말을 듣지 않다가 결국 나라를 망하게 하였다.

7. 거인(巨仁)

9세기. 신라 진성여왕 때 학자. 글을 잘하였으나 벼슬하지 않고
의연히 살았다.

우공이 통곡하니 3년 동안 심한 한재가 들었고, 추연이 슬픔
을 머금으니 5월에 서리가 내렸다. 지금 내가 품고 있는 서러
움도 옛일과 비슷한데, 하늘은 말이 없고 다만 푸르기만 하구
나.

于公이 慟哭하니 三年旱이요 鄒衍이 含悲하니 五月霜이라 今
　우공　　통곡　　　삼년한　　　추연　　함비　　　오월상　　금

我幽愁도 還似古인데 皇天은 無語하고 但蒼蒼이라.
　아유수　　환사고　　　황천　　무어　　　단창창

– 삼국사기三國史記

【해 설】 이 말은 옛날에 억울한 사연이 있으면 하늘도 반응을 보
이는데, 지금 나의 서러운 사정을 왜 몰라주느냐는 뜻으로, 거
인이 그 원한을 하늘에 호소한 시다.
진성여왕의 잘못된 소행으로 정사가 문란하고 나라의 기강이 무
너지자 어떤 사람이 그 실정을 비방하는 글을 써붙였다. 이에 왕
은 그 죄인을 찾아내라고 명령을 내렸는데, 글 잘 쓰는 사람의
짓이라고 하여 거인이 지목되어 억울하게 잡혀 죽게 되었다.
이때 이 시를 지어 하늘에 호소하니 갑자기 천둥이 울리고 우박
이 쏟아지는 변괴가 일어나자 왕은 그를 풀어주었다.
우공(于公)은 한나라 때 자비심이 많은 재판관이고, 추연(鄒衍)

은 제나라 사람으로 연나라 소왕의 스승이다.

"여자가 한을 품으면 오뉴월에도 서리가 내린다."는 말도 있다.

8. 이승휴(李承休)

1224~1300. 고려 말기의 학자. 자는 휴휴(休休), 호는 동안거사
(動安居士). 고종 때 과거에 급제하고 충렬왕 때 사림시독·간의대
부·사관수찬관·지제고·밀직부사·감찰대부·사림승지 등을 지내
다가 만년에는 은퇴하여 문학과 저술에 힘썼다. 저서에 제왕운기
(帝王韻紀)·동안거사집(動安居士集)이 있다.

지금 나라의 형편이 어렵고 한재로 백성이 굶주리므로 사냥
하고 잔치를 베풀고 즐길 때가 아닙니다. 전하는 어찌하여 백
성을 구제하는 일은 하지 않고 사냥하는 데 빠지십니까?

今國步多艱하고 天旱民飢하니 非遊田宴樂之時니이다 殿下는
금 국 보 다 간   천 한 민 기   비 유 전 연 락 지 시   전 하

何不恤民事하고 耽于遊田耶리이까?
하 불 휼 민 사   탐 우 유 전 야

– 고려인물지高麗人物誌

【해 설】 이 말은 충렬왕이 선정을 베풀지 않고 사냥을 즐기는 것
을 경계한 말이다.

이승휴가 전중시사로 있을 때 감찰시사 심양(沈諹)과 잡단 진척
(陳倜), 시사 문응(文應) 등과 함께 충렬왕에게 상소한 글로서,
정치하는 사람은 항상 백성들의 실상을 알아서 그 어려움을 보
살펴야지 이를 등한시하고 사냥이나 연회에 빠져서는 안 된다고
경계한 말이다.

성품이 청렴결백하고 뜻이 강직하여 사람들의 칭송을 받았는데, 충선왕도 임금이 되자 곧 그에게 글을 내려 말하기를, "내가 들으니 임금은 어진 사람을 구하는 데 부지런해야 하고, 인재 얻기를 즐겨야 한다고 한다. 이에 한 가지 능력이나 한 가지 재주가 있는 사람은 반드시 불러 쓰려고 하는데 하물며 그대에게 있어서랴?"라며 불렀다.

9. 우탁(禹倬)

1263~1342. 고려 말기의 학자. 자는 천장(天章), 시호는 문희(文僖). 단양 사람 우천규(禹天珪)의 아들. 문과에 급제하고 감찰규정을 지냈다.

경은 근신이 되어 임금의 그릇됨을 잘 바로잡지 못하고, 잘못을 저지름이 이 지경에 이르게 하였는데 그 죄를 아는가?

卿은 爲近臣하여 未能格非하고 而逢惡至此하니 卿知其罪耶아?
경   위근신   미능격비   이봉악지차   경지기죄야

– 고려사高麗史 · 고려인물지高麗人物誌

【해설】 이 말은 임금을 가까이에서 모시는 신하로서 왕이 잘못된 행실을 하게 하면 안 된다는 뜻으로, 왕의 근신이 상소문을 읽지 못하자 그 잘못을 꾸짖은 말이다.

우탁은 성품이 바르고 곧아서 잘못되는 일을 묵인하지 않았다. 처음 벼슬하여 영해사록이 되었을 때 고을에 있는 미신을 위하는 사당을 없애고, 감찰규정으로 있을 때는 충선왕이 숙창원비와 간통하자 흰옷을 입고 도끼와 돗자리를 들고 대궐로 들어가서 왕에게 강력하게 간하는 상소문을 올렸다.

그리고는 벼슬을 버리고 예안으로 돌아가서 정자(程子)의 학설을 연구하여 후진을 가르치며 이학의 선구자가 되었다. 경사와 역학과 복서에도 능통하였다. 충숙왕 때 다시 벼슬하여 성균좨주가 되었는데 세상에서는 역동(易東)선생이라 불렀다.

전하는 시조로 인생의 허무를 노래한, "춘산에 눈 녹인 바람…"과 "한 손에 막대 잡고…" 등이 있다.

10. 이조년(李兆年)

1269~1343. 고려 충혜왕 때 충신. 자는 원로(元老), 시호는 문열(文烈). 성주 사람 이장경(李長庚)의 아들. 충렬왕 때 문과에 급제하여 비서랑으로 왕을 모시고 원나라에 갔다가 화를 입어 귀양살이하였다. 충숙왕 때 군부판서가 되고, 충혜왕 때 정당문학·예문대제학이 되고, 성산군으로 봉해졌다.

전하께서는 노신의 말을 들어 간사한 사람을 내쫓고 어질고 착한 사람을 등용하며, 힘써 좋은 정사를 도모하시고, 다시 부질없는 놀이를 하지 않으면 노신은 비록 죽는 한이 있어도 땅 밑에서 눈을 감겠나이다.

殿下는 聽老臣言하고 去便佞하고 用賢良하여 厲精圖治하며
전 하　청로신언　　거편녕　　용현량　　여정도치

不復慢遊면 則老臣은 雖死라도 瞑目於地下矣리이다.
불부만유　즉로신　수사　　명목어지하의

－고려사高麗史

【해 설】 이 말은 간신을 내몰고 현신을 등용하여 선정을 베풀어야 한다는 뜻이다.

이조년은 신명을 내걸고 바른말로 왕을 충간한 일이 한두 번이 아니었다. 이 간언은 충혜왕이 북쪽 궁전으로부터 나와서 언덕으로 올라가 새 잡는 것을 보고 그 앞에 무릎 꿇고 엎드려 간한 말의 뒷부분이다.

이때 그는 간하기를, "전하께서는 어찌하여 참소를 당하고 원나라에 가서 고생하시던 때를 잊으시나이까? 지금 간사한 나쁜 무리가 전하의 위엄을 빌어 부녀자를 마음대로 농락하고 재물을 빼앗으므로 백성들이 삶을 즐기지 못하오니, 신은 그 화가 조석으로 미칠까 두려운데, 이를 구제하려 하지 않으시고 이런 하찮것없는 놀이를 즐기십니까?"라고 한 다음에 이 말을 하여 왕이 잘못을 깨닫게 하였다.

11. 염제신(廉悌臣)

1304~1382. 고려 말기의 재상. 자는 개숙(愷叔). 일찍 원나라로 들어가서 벼슬하다가 돌아와 충목왕 때 찬성사, 공민왕 때 좌정승, 우왕 때 영문하부사를 지냈다. 퇴임한 뒤에도 나라에 큰일이 있을 때는 왕은 반드시 그와 정사를 의논하였다고 한다.

　　　　　　　　　　■

훌륭한 임금이 되기도 어렵지만 어진 신하가 되기도 쉽지 아니합니다. 전하께서는 어진 사람을 가까이하시고 간사한 사람을 멀리하소서.

爲君도 難이요 爲臣도 不易니 親賢遠佞하소서.
위군　　난　　　위신　　불이　　친현원녕

　　　　　　　　　　　　　　　　　－고려사高麗史

【해설】 이 말은 임금 됨의 어려움과, 어진 인재를 가까이하고 간사한 무리를 멀리하라는 뜻으로, 공민왕이 세상을 떠나고 우

왕이 뒤를 이어 임금이 되자 모든 군신이 하례하였는데, 염제신은 이런 충언을 올려 왕의 선정을 도모하게 하였다.

염제신은 고려 말기 충숙·충선·충목·공민·우왕 등 여러 임금을 섬겼으나, 한결같이 충성으로 섬겨 29년 동안 재상으로 이름을 떨쳤다.

공민왕 때 원나라의 굴레에서 벗어나는 데 공헌하였고, 특히 원나라의 힘을 의지하여 반역을 도모하는 무리의 음모도 분쇄하고 국권을 확립하는 데 힘썼다.

공민왕 때 군무를 논하여 말하기를, "식량은 백성들이 제일 중요하게 생각하오니 군사를 농촌에 머무르게 하여, 그들에게 전쟁이 있을 때는 무기를 잡고, 없을 때는 둔전을 갈게 하면 군량을 운반하는 비용이 절약되고 식량이 넉넉할 것입니다."라고 하여 군량의 중요성과 둔전제도를 강화하여 비상시에 대비하도록 하였다.

12. 이색(李穡)

1328~1396. 고려 말기의 대학자. 자는 영숙(穎叔), 호는 목은(牧隱), 시호는 문정(文靖). 한산 사람으로 찬성사를 지낸 이곡(李穀)의 아들. 14세에 성균시에 급제하고, 3년간 원나라에 유학하고 돌아와 문과에 급제하여 밀직제학·동지춘추관사를 지냈다. 공민왕 때 성균대사성이 되어 성리학을 일으키고 한산군에 봉해졌다. 고려가 망하고 조선이 건국되자 후학에게 성리학을 가르치는 데 힘썼다. 저서에 목은집(牧隱集)이 있다. 포은 정몽주(鄭夢周)·야은 길재(吉再)와 함께 삼은(三隱)으로 불린다.

나라가 무사할 때는 공경들의 말도 기러기 털보다 가볍게 생각하고, 나라에 큰일이 있을 때는 필부의 말도 큰 산보다도 무

겁게 여겨야 합니다.

當國家無事之時엔 公卿之言도 輕於鴻毛하고 及國家有事之
당 국 가 무 사 지 시   공 경 지 언   경 어 홍 모   급 국 가 유 사 지

後엔 匹夫之言도 重於太山이니라.
후   필 부 지 언   중 어 태 산

- 고려사高麗史

【해 설】 이 말은 나라가 평화로울 때는 고관대작의 말이라도 대수롭지 않으나, 나라가 큰일을 만났을 때는 한 백성의 말이라도 중요시하여야 한다는 뜻이다.

이색이 원나라 유학 중에 아버지(이곡)가 세상을 떠나자 고향으로 돌아와서 상복을 입고, 상중이지만 공민왕에게 선정을 베풀도록 올린 글의 머리말이다.

그는, "한 방울 물과 한 점의 티끌 같은 작은 것도 크고 깊은 자료가 되고, 나무하고 소 치는 아이들의 말이라도 성인들의 취하는 바 되기도 하오니, 만약 전하께서 신의 정성을 굽어 채택해 주시면 종묘와 사직을 위하여 매우 다행스러운 일이겠습니다." 하고 서두에서 국정에 대한 토지제도·조세·국방·교육·인재 등용 등에 관하여 진언하였다.

13. 우현보(禹玄寶)

1333~1400. 고려 말기의 명신. 자는 원공(原功), 시호는 충정(忠靖). 단양 사람 적성군 우길생(禹吉生)의 아들. 공민왕 때 문과에 급제하여 좌사의대부를 지내고 우왕 때 대사헌·정당문학·삼사좌사를 지내며 공신호를 받고, 좌시중을 지낸 후 단양부원군에 봉해졌다. 조선이 건국되자 경주에 유배되었다가 불리어 단양백이 되었다.

일은 변통을 귀히 여기고, 말은 때에 절실함을 중요하게 여깁니다. 변하는 일에 능통하지 않으면 성사하기가 어렵고, 그 때에 절실하지 않으면 말을 많이 한들 무슨 도움이 되겠습니까?

事貴變通하고 言要切時니라. 不通乎變事면 難有成이요 不切
사 귀 변 통   언 요 절 시   불 통 호 변 사   난 유 성   부 절

於時면 多言何補리오?
어 시   다 언 하 보

- 고려사高麗史

【해 설】 이 말은 일은 막힘없이 잘 처리해야 성공할 수 있고, 말은 때에 절실해야 도움이 된다는 뜻이다.

우현보는 공민왕 때 좌사의대부가 되었는데, 왜구의 침입을 막는 일과, 정령을 반포하면 그때그때 잘 시행해야 한다는 내용의 상소문을 올렸다. 이 말은 그 첫 부분이다.

그는 이 상소문에서 근래 왜적의 침입이 심하여 나라가 혼란하니 장상들과 의논하여 막아낼 방도를 강구할 것을 역설하고, 아울러 일단 조령을 반포하였으면 다스리는 효과가 나타나고 교화가 잘되도록 실천해야 한다고 주창하였다.

14. 권근(權近)

1352~1409. 조선 전기의 학자·명신. 호는 양촌(陽村), 시호는 문충(文忠). 고려 말기의 학자 권보(權溥)의 증손, 검교정승을 지낸 권희(權僖)의 아들. 공민왕 때 좌사의대부·첨서밀직사사를 지냈다. 조선이 건국되자 중추원사·찬성사를 거쳐 대제학에 이르렀다. 정몽주(鄭夢周)의 제자로 성리학에 조예가 깊고 문장에 능하여 조정의 중요한 글을 많이 찬술하였다. 저서로 양촌집(陽村集)·사

서오경구결(四書五經口訣)이 있고, 작품으로 상대별곡(霜臺別曲)이
있다.

──

간하는 말 따르기를 물 흐르는 것같이 함은 임금의 아름다운
덕이요, 어려운 일을 임금에게 잘 실행하도록 권고하는 것은
신하의 충성된 의리이다.

從諫如流는 人君之美德이요 責難於君은 臣子之忠義也니라.
종 간 여 류 인 군 지 미 덕   책 난 어 군   신 자 지 충 의 야

– 고려사高麗史

【해 설】 이 말은 임금은 신하의 바른말을 잘 받아들여 올바른 정
사를 펴야 한다는 뜻으로, 권근이 우왕 때 좌사 대부로 임명되자
임금에게 덕망을 닦아 어진 정사를 베풀어야 한다고 상소문을 올
렸는데, 그 첫 말이다.

권근은 공민왕 때 18세로 과거에 급제하였는데 합격 발표를 하
여 입궐할 때 왕은 놀라며, "저 젊은이도 급제하였느냐?"라고 하
자 시험관인 이색(李穡)이 말하기를, "장차 크게 쓸 사람이니 그
를 젊다고 해서는 안 됩니다." 하였다.

위 상소문은 역사적으로 유명한 글인데, "간하는 말을 따라야 한
다."는 말은 서경(書經)에 있는 말을 인용하여, "재목은 먹줄을 받
아야 곧아지고, 임금은 신하가 간하는 바른말을 따라야 성군이
된다."고 하였고, "어려운 일을 잘 실행하도록 권고해야 한다."는
말은 맹자(孟子)에서 인용한 말이다.

15. 남재(南在)

1351~1419. 조선의 개국공신. 자는 경지(敬之), 호는 구정(龜亭), 시호는 충경(忠景). 의령 사람으로 검교시중을 지낸 남을번(南乙蕃)의 아들. 이색(李穡)의 제자로 고려 말 과거에 급제하고 좌부대언을 지냈다. 아우 남은(南誾)과 함께 이성계(李成桂)를 추대하여 조선 개국공신이 되고, 대사헌, 의성군에 봉해졌다. 태종 때 조준(趙浚)과 함께 세자의 스승이 되고 우의정을 거쳐 영의정이 되었다.

대간은 임금의 귀와 눈이라, 그 말이 비록 맞지 않더라도 또한 죄를 가하지 않는 것은 말하는 길을 열어놓고서 보고 듣는 것을 넓히며, 이를 만대에 전하는 올바른 계교로 삼는 까닭입니다.

臺諫은 人主之耳目이라 言雖不中이라도 亦不加罪者는 所以
開言路하고 廣視聽하여 爲萬世計니이다.

－ 국조인물고國朝人物考

【해 설】 이 말은 간관의 말하는 길은 열어놓아야 한다는 뜻이다. 남재는 태종의 두터운 신임을 받았다. 태종 8년(1408)에 지평인 최자해(崔自海)가 정사를 논하다가 왕의 뜻을 거슬러서 억지로 집에 돌아가게 하니, 집의 벼슬로 있는 권우(權遇) 등도 그에 동정하고 아울러 대죄하여 일이 크게 벌어졌다. 이때 남재는 대사헌으로서 왕에게 이 말을 하니 왕은 곧 그 뜻을 받아들여 최자해 등을 불러 직책을 다하라고 분부하였다.
태종은 남재의 사생활에도 항상 주의를 기울였다. 그가 일찍이 경상도 관찰사로 있을 때 금주령이 내려 약술도 마시지 못하였다. 왕은 그가 병이 날까 염려해서 술을 보내고, 약용 술은 마시게 하였다.

16. 신개(申槩)

1374~1446. 조선 세종 때 재상. 자는 자격(子格), 호는 인재(寅齋), 시호는 문희(文僖). 평산 사람으로 대제학을 지낸 신집(申諿)의 손자, 신안(申晏)의 아들. 태조 때 문과에 급제하고 태종 때 공조참판·집현전 제학, 세종 때 대사헌·우의정·좌의정을 지냈다.

─

말은 참되고 미더워야 하고, 행실은 성실하고 삼가야 하니, 마음가짐을 삼가고 조심하고 몸가짐을 삼가 임금을 대하듯 하라.

言忠信하고 行篤敬이니 小心翼翼하여 對越上帝니라.
언 충 신   행 독 경   소 심 익 익   대 월 상 제

— 세종실록世宗實錄 · 국조인물고國朝人物考

【해 설】이 말은 말을 참되고 미덥게 하고, 행실을 성실하고 삼가라는 뜻이다.

신개는 일찍이 이 말을 글로 써서 세 아들에게 주면서, "너희들은 마땅히 마음속에 명심하여 잘못하지 않도록 하라. 사군자의 마음가짐은 마땅히 이 말을 표적으로 삼아야 한다."라고 하였다. 타고난 자질이 명석하고 민첩하며, 학문이 정교하고 상세하며, 성품이 단정하고 절개가 굳으며, 청렴하고 검소하여 내외 중임을 맡았으나 모든 일에 잘못됨이 없었고, 대간으로 있을 때는 바른 말을 잘하며 뜻을 굽히지 않았다.

예컨대 태조가 실록을 보려고 할 때도 끝까지 그 불가함을 말하여 보이지 않았고, 대신들의 잘못한 일이 있을 때도 강경하게 탄

핵하였다. 그래서 태종은, "개(槩)는 간하는 신하로 기풍이 있다." 라고 하였다.

17. 정창손(鄭昌孫)

1402~1487. 조선 세종~성종 때 문신. 자는 효중(孝仲), 시호는 충정(忠貞). 동래 사람으로 중추원사를 지낸 정흠지(鄭欽之)의 아들. 세종 때 문과에 급제하고 집현전 부제학·대사헌, 세조·성종 때 영의정을 지냈다.

사람은 저마다 생각이 있다. 그런데 논란한 일이 잘못되게 한 영예는 침묵으로 부끄러움이 심했던 것만 같지 못하다.

人各有心이라 論事之敗之榮은 不如含嘿之恥之深이니라.
인 각 유 심   논 사 지 패 지 영   불 여 함 묵 지 치 지 심

– 국조인물고國朝人物考·성종실록成宗實錄

【해 설】이 말은 사람의 생각은 저마다 다른데, 어떤 일을 뜻대로 논란하다가 잘못된 결과는, 침묵하여 부끄러움이 심했던 결과만 같지 못하다는 뜻이다. 세종 때 집현전 학사들이 시정 득실에 대한 논란이 있을 때, 말은 할 말은 하고 하지 않을 말은 하지 말아야 한다고 주장한 내용이다.

정창손은 세종부터 성종까지 6대 임금을 섬겼는데, 세조 때부터 성종 때까지는 오랫동안 의정부 재상 또는 공신으로 온갖 난국을 타개하였다.

천성이 강직하고 검소하고 청렴하고 정직하고 지조가 굳건하여, 옳다고 여기는 일은 그 뜻을 조금도 굽히지 않고 바른말을 하였다.

30여 년 동안 조정에 있으면서 청빈한 생활을 하고, 청렴하고 정직한 지조를 지켜 부정부패를 일삼지 않았으며, 노 재상으로 어떠한 청탁도 물리치고 정사를 착오 없이 처결하였다.

학식도 훌륭하여 정인지(鄭麟趾) 등과 고려사(高麗史)·세종실록(世宗實錄)을 편찬하였다.

18. 노사신(盧思愼)

1427~1498. 조선 연산군 때 재상. 자는 자반(子胖), 호는 보진재(葆眞齋), 시호는 문광(文匡). 교하 사람 노물재(盧物載)의 아들. 단종 때 문과에 급제하고, 세조 때 호조판서, 성종 때 좌·우의정, 연산군 때 영의정을 지냈다.

신은 별로 말할 것이 없습니다. 다만 경연에 부지런히 오셔서 정론을 들으시고, 원하건대 잘한 사람을 상주고 잘못한 사람을 벌주는 것을 알맞게 하소서.

臣無所言이니다 但願經筵勤御하고 刑賞을 得中耳니이다
신 무 소 언   단 원 경 연 근 어   형 상   득 중 이

— 국조인물고國朝人物考

【해 설】 이 말은 임금의 중요한 일은 경연에 자주 나와 식견을 넓히고, 상벌을 공정히 해야 한다는 뜻이다.

노사신은 학문과 도량이 넓고 도덕과 공명이 뛰어났다. 세종 때 태어나서 단종 때 과거에 급제하고 연산군 때까지 여러 임금을 섬겼다.

연산군 때 영의정으로 72세로 세상을 떠났는데, 병으로 눕자 왕은 내의를 보내 치료하게 하며 수시로 상태를 물었고, 위독하자

승지를 보내 후사를 물었다. 이 말은 이때 대답한 유언이다. 그가 죽었다고 알리자 왕은 매우 슬퍼하였다.

학문이 훌륭하고 일 처리를 너그럽고 정밀하게 하는 데 힘썼으나, 이극돈(李克墩)·유자광(柳子光)과 함께 사옥을 조성한 일은 애석한 일이라 하겠다.

19. 신명화(申命和)

1476~1522. 조선 중종 때 학자·효자. 자는 계흠(季欽). 평산 사람으로 신사임당(申師任堂)의 아버지. 학문이 뛰어났으나 진사 급제만 하고 더 하지 않았다.

인정이 지나친 말은 남에게 알려서는 안 된다.

過情之語는 不可告人也니라.
과 정 지 어　불 가 고 인 야

－ 국조인물고國朝人物考

【해 설】 이 말은 진실이 중요하지 지나친 인정의 말은 삼가는 것이 좋다는 뜻으로 장인이, "인정 어린 글귀를 하나 써 달라."고 하였을 때 대답한 말이다.

신명화는 타고난 성품이 순진하고 지조가 굳건하고, 뜻이 고매하였다. 어려서부터 책을 읽고 평소 선과 악으로써 마음가짐과 몸가짐을 경계하였는데, 자라면서 학식과 덕행이 성실하여 예에 어긋나는 일은 하지 않았다.

효성이 지극하여, 연산군 때 단상법(短喪法)이 엄격하였으나 아버지 장사에 3년상을 치르고, 무덤에 움막을 짓고 죽을 먹으며 피로도 잊고 명복을 빌었다. 딸만 다섯을 두었는데, 신사임당은 둘째 딸이다. 평소 딸이나 조카들과 이야기할 때도 조금도 절도를 잃지 않고 행동에는 예의와 법도를 지켰다.

어느 날, 부인 이씨가 변소에 갔다 돌아오다가 발을 헛디뎌서 넘어지려 하자 딸들이 달려나가 부축하며 함께 요란하게 웃었다. 이를 본 그는 말하기를, "부모의 기운이 허약한 것을 근심 걱정할 것이 아니라, 웃음거리가 되는 것을 살펴야 한다."라고 딸들에게 경계하였다.

사람들과 이야기할 때 말은 반드시 참되고 미더웠다.

20. 박영(朴英)

1471~1540. 조선 중종 때 명신. 자는 자실(子實), 호는 송당(松堂), 시호는 문목(文穆). 밀양 사람 박수종(朴壽宗)의 아들. 양녕대군의 외손자. 성종 때 무과에 급제하고 동부승지, 중종 때 병조참판을 지냈다.

입은 재앙과 행복을 불러들이는 문이니 삼가지 않아서는 안 된다. 더구나 나라의 정교와 사람들을 헐뜯고 칭찬하는 일은 삼가 입 밖에 내지 말라.

口者는 禍福之門이니 不可不愼이니라 至於國家政敎와 人間
毁譽는 愼勿出於口頭니라.

－송당집松堂集 · 국조인물고國朝人物考

【해설】 이 말은 입은 화복의 문이니 말을 삼가라는 뜻으로, 자손

들을 경계한 글 일부로 후세에 가훈으로 유전되었다.

박영은 어려서 활쏘기와 말타기 등 무예에 뛰어나서 담장을 뛰어넘고 활을 쏘면 백발백중이었다. 그리고 지조가 비범하고 도량이 크고 넓었다.

무과에 급제하여 선전관으로 명성을 떨치고 의주 목사 · 동부승지를 지냈으나, 연산군 때 벼슬을 버리고 의술을 일삼다가, 중종이 임금이 되자 다시 등용되어 병조참판으로 활약하였다.

21. 김극성(金克成)

1474~1540. 조선 중종 때 재상. 자는 성지(成之), 호는 청라(靑蘿), 시호는 충정(忠貞). 광산 사람 김맹권(金孟權)의 아들. 연산군 때 대과에 장원급제하고 의정부 사인, 중종 때 대사헌 · 예조판서 · 우의정을 지냈다.

관리가 간하는 것을 명예로 삼는데, 사람이 죄없이 죽는 것을 보고도 말하지 않는 것은 비록 자신을 사랑하는 것이겠지만 그 직책을 저버리는 것이지 무엇인가?

官以諫爲名인데 見人死無罪하고 而不言은 縱愛身이나 奈負
관 이 간 위 명   견 인 사 무 죄   이 불 언   종 애 신   내 부

職何리오?
직 하

– 국조인물고國朝人物考

【해 설】 이 말은 간관은 죽는 일이 있더라도 임금에게 바른말을 해서 정사를 바로잡아야 한다는 뜻이다.

김극성은 어려서부터 남다른 자질을 지녀 모든 일이 충실하여 사

마시에 장원급제하고, 2년 뒤 25세 때 대과에도 장원급제한 수재였다. 조정에서는 문무에 뛰어난 그를 시험하고자 북평사로 보냈다가 임기가 되자, 옥당 수찬으로 삼았다가 헌납으로 발탁하였다.

그런데 이때 연산군은 의정부 사인으로 사관을 겸한 심순문(沈順門)이 바른말을 한다고 미워하여 죽이려 한 다음 군신들에게 물으니, 모두 죽음을 두려워하여 아무 말도 하지 못하였다. 이때 김극성은 대사간 성세순(成世純)에게 이 말을 하였다.

어떤 사람이 그에게 심순문과 함께 죽어도 무익하다고 하였으나 그는 성세순과 담소하며 태연히 말하기를, "사람의 죽고 사는 것은 중대한 일이나 저마다 그 뜻에 따르는 것이 옳다. 오늘 우리 두 사람이 먼저 죽는다 하더라도 어찌 남에게 누를 끼치겠는가?"라고 하였다. 드디어는 심순문의 억울한 사정이 알려져서 일단 무사하게 되었다.

22. 홍춘경(洪春卿)

1497~1548. 조선 중기의 문신. 자는 명중(明仲), 호는 석벽(石壁). 남양 사람으로 대교를 지낸 홍계정(洪係貞)의 아들. 중종 때 문과에 급제하여 사간·관찰사·참의·승지·대호군 등을 지냈다.

마땅히 말을 적게 하라. 세상의 변화는 뜻대로 못하고, 사람의 마음은 바꿔서는 안 된다.

當言默하라 不得世變하고 而心不變이니라.
당 언 묵   부 득 세 변   이 심 불 변

- 국조인물고國朝人物考

【해 설】 이 말은 어떤 일이 있어도 말을 함부로 해서는 안 된다
는 뜻으로, 관리로서의 마음가짐과 삼갈 점을 경계한 내용이다.
홍춘경은 성품이 강직하여 바른 일에는 어떤 경우에도 뜻을 굽
히지 않았다. 그래서 동료가 억울하게 배척당하자, 그를 구하려
다가 고통을 당하기도 하였다.
학식과 덕망이 뛰어났으므로 다시 벼슬길에 올라 중시를 거쳐 황
해도 관찰사가 되었다가 여러 벼슬을 지냈는데, 무슨 일이든 공
정하게 처리하여 인품을 손상하는 일이 없었다.
평소 어버이를 섬기는 효성이 지극하고, 형제간에 우애가 있으며,
친척 간에 화목을 도모하고, 벗과의 신의가 두터웠다. 권세 있는
집에는 출입하지 않았고, 한가할 때는 조용히 독서와 시문을 즐
기고 자녀교육을 일삼았다.

23. 정두경(鄭斗卿)

1597~1673. 조선 인조 · 효종 · 현종 때 학자. 자는 군평(君平), 호
는 동명(東溟). 온양 사람으로 호조좌랑을 지낸 정회(鄭晦)의 아
들. 인조 때 과거에 급제하고 현종 때 제학을 지냈다.

나라의 큰 근심거리는 바르게 하는 말을 끊어버리는 것보다 큰
것이 없다.

國家之大患은 莫大於言絶이니라.
국 가 지 대 환   막 대 어 언 절

- 국조인물고國朝人物考

【해 설】 이 말은 어진 정사를 베풀기 위해서는 나라를 위하여 바

른말 할 수 있는 길을 끊지 말아야 한다는 뜻으로, 상소한 내용이다.

정두경은 학식과 덕망이 뛰어나고 바른말하는 사람으로 유명하였다. 병자호란 때 적을 막는 데 열 가지 어려운 일을 왕에게 상주하였으나 받아들여지지 않았다.

또 나라를 다스리는 데 중요한 일 열 가지를 들어 상소하였는데, 그 내용은 뜻을 세우는 것을 먼저 하고, 공정한 도리를 베풀고, 기강을 정제하고, 바른말 하는 길을 열고, 노여움을 삼가고, 백성의 원망을 구제하고, 경전 공부를 숭상하고, 과거제도를 고치고, 무비를 삼가고, 형식적인 일을 제거하라는 것이었다.

여러 번 높은 벼슬에 임명되었으나 모두 사양하고 분수를 지켜 직책을 완수하는 데 힘썼으며, 바른말을 서슴지 않고 상주하였다. 시와 문장에 능하여 많은 글을 남겼다.

24. 허목(許穆)

1595~1682. 조선 숙종 때 명신. 자는 문보(文甫) · 화보(和甫), 호는 미수(眉叟), 시호는 문정(文正). 양천 사람으로 현감을 지낸 허교(許喬)의 아들. 효종 때 벼슬하여 현종 때 삼척 부사, 숙종 때 대사헌 · 이조판서를 거쳐 우의정이 되었다. 저서로 방국왕조례(邦國王朝禮) · 경설(經說) · 동사(東事) · 미수기언(眉叟記言) 등이 있다.

말이 망령된 생각에서 나오면 모두 잘못이다. 입은 욕된 말을 만들어내고 입이 입을 죽인다고 하니, 입을 삼가지 않으면 화를 불러오게 된다. 더구나 말을 많이 하면 실패하는 일이 많아진다는 데 있어서랴?

言出於妄이면 皆過也니라 口生詬하고 口戕口하니 口之不愼은
언 출 어 망   개 과 야   구 생 구   구 장 구   구 지 불 신

禍之招也니라 而況多言多敗乎리오?
화 지 초 야   이 황 다 언 다 패 호

- 자성잠自省箴

【해 설】 이 말은 자신을 반성하는 경계로, 말이 망령되면 잘못을
저지르게 되니 입을 삼가라는 뜻이다.

허목은 이 말에 이어, "잘못을 부끄러워하는 일은 마음을 경계하
는 것만 같지 못하고, 입을 지키는 것은 삼가 침묵을 지키는 것
만 같지 못하다. 삼가 침묵을 지킨다는 것은 말을 적게 하는 것
이고, 말을 적게 한다는 것은 경계를 오로지 한다는 것이다. 경
계를 오로지 하면 잘못하는 일이 적어질 것이다. 그러므로 침묵
하는 몸가짐을 스스로 경계한다."라고 말하였다.

삼척 부사로 있을 때 동해송(비석)을 지어 바다의 근심거리를 막
으려 하였고, 80세가 넘도록 선정을 베푸는 데 힘썼다.

25. 이경근(李擎根)

조선 후기의 학자. 전의 사람으로 자는 익서(益瑞), 호는 고암(顧
菴). 벼슬하지 않았다. 저서에 고암가훈(顧菴家訓)이 있다.

—

남을 대접하는 것은 사람으로서 큰 도리이다. 헐뜯음과 칭찬
함과 영화와 치욕이 모두 여러 사람의 입에 달려 있고, 여러
사람 입의 헐뜯음과 칭찬함과 영화와 치욕이 모두 자기에게 달
려 있으니 가히 두렵지 않으랴? 한 글자로써 여러 사람 입의
치욕을 막는 것은 오직 겸손하다는 글자뿐이다.

接人者는 人道之大也니라 毀譽榮辱이 在於衆口하고 而衆口
접인자   인도지대야   훼예영욕   재어중구   이중구

之毀譽榮辱이 由於自己하니 可不懼哉리오 以一字로 防衆口
지훼예영욕   유어자기   가불구재   이일자   방중구

之辱은 唯一謙字耳니라.
지욕   유일겸자이

－고암가훈顧菴家訓

【해 설】이 말은 가훈 중 대인관계를 훈계한 내용 일부로, 남을
접대하는 데 가장 중요한 몸가짐은 겸손해야 욕된 일이 없다는
뜻이다.

이경근은 이 말에 이어 남의 헐뜯음이나 욕된 일을 면하는 태도
는 겸손한 것과 아울러 말이 적어야 한다고 가르쳤다.

또 마음을 바르게 가지고 살아야 한다고 말하였는데, 사람이 마
음이 바르지 않고서는 몸가짐이 잘 닦아지지 않는다고 하고, 일
상적으로 보고 듣고 먹는 것 같은 것도 마음이 바르지 않으면
안 된다고 말하였다.

그리고 사람이 도덕적으로 우러나오는 마음은 천리에 부합되고,
욕망에서 우러나오는 마음은 윤리에 어긋나는 것이므로 항상 바
른 마음을 가지고 살아야 한다고 가르쳤다.

준법편
遵法篇

준법은 법을 지킨다는 뜻이다.

사람이 세상을 살아가는 데는 천리에 순응하는 법칙이 있고, 인륜 도덕면으로 따라야 할 법도가 있고, 사회 정의면으로 지켜야 할 규범이 있다.

사람은 혼자 살 수 없다. 사람은 세상에 태어나서부터 남과 더불어 인연을 맺고, 도움을 주고받고 살므로, 나만 위하고 남을 생각하지 않아서는 안 된다.

그래서 사람은 내가 행복하게 살자면 남도 잘살게 하는 것을 미덕으로 삼고 있다. 잘하는 일을 서로 권장하고, 잘못하는 일을 서로 바로잡아 주고, 예의범절을 지키면서 어렵고 근심스러운 일을 서로 도와주며 사는 데 인생의 값진 보람이 있는 것이다.

사람이 사람 된 권리를 보장하고 주어진 재산을 유지하는 데는 법이 있고 이를 지키며 살아간다. 만일 세상에 법이 없다면 어떤 일이 일어날까? 법이 있다 하더라도 무시되어 사회질서가 무너지고, 선이 악에 짓밟혀 공포가 조성된다면 과연 어떻게 될 것인가?

법은 서로 잘 지키는 데 의의가 있다.

1. 이자연(李子淵)

1003~1061. 고려 문종의 외척. 인주 사람으로 상서우복야를 지낸
이한(李翰)의 아들. 학문이 뛰어나서 동당시에 장원급제하고 문종
때 이부상서·참지정사를 거쳐 내사시랑 평장사가 되었다. 딸 셋
을 모두 문종의 왕비로 들였다.

천지의 재앙과 상서는 늘 형벌 정사의 잘하고 잘못하는 데 호
응하는 것이니, 잘한 사람을 상주고 잘못한 사람을 벌주는 것
을 삼가지 않아서는 안 된다.

天地災祥은 每與刑政得失과 相應하니 賞罰을 不可不愼이니
천 지 재 상   매 여 형 정 득 실   상 응   상 벌   불 가 불 신
라.

– 고려사高麗史·고려인물지高麗人物誌

【해 설】 어진 정사를 베풀려면 잘한 일을 상주고 잘못한 사람을
벌주는 일을 삼가지 않으면 안 된다는 뜻으로, 문하시중·판상서
이부사로 임명된 다음 문종에게 건의한 내용의 머리말이다.
이자연은 이 말에 이어 말하기를, "요즘 이부와 형부의 하는 일을
보면 날로 쇠퇴하고 기강이 무너져서 모은 일이 침체하고 미결되
는 일이 많으므로, 만약 양부의 관원들에게 정밀하게 일 처리한
사실을 조사하고, 관리들의 부지런하고 게으른 사실을 상고하여
잘못하는 사람을 내쫓고, 잘하는 사람을 올려 쓰면 거의 억울한
사례가 없어지고 아름다운 사례가 드러날 것"이라고 하니 왕은
그 뜻을 따랐다.
공신호를 받고, 경원군 개국공에 이르러 58세로 죽었는데 나라
에서는 장화(章和)라는 시호를 내렸다.

2. 정지상(鄭知常)

?~1135. 고려 인종 때 문신. 예종 때 과거에 급제하여 정언·사간을 지내고 인종 때 기거랑에 이르렀다. 척준경(拓俊京)의 발호를 막고 서경 천도론과 금나라 정벌론을 주창하기도 하였다. 서경에서 묘청(妙淸)의 난이 일어나자 이에 관여되었다는 죄목으로 김부식(金富軾)에 의해 죽임을 당하였다.

준경이 저지른 병오년 2월 사건은 만세의 죄악이요, 5월의 사건은 일시의 공로입니다. 폐하께서는 어찌 일시의 공로로써 만세의 죄악을 덮으렵니까?

俊京丙午二月之事는 萬世之罪也요 五月之事는 一時之功也
준경병오이월지사   만세지죄야   오월지사   일시지공야

니이다 陛下는 豈以一時之功으로 掩萬世之罪乎리이까?
        폐하   기이일시지공   엄만세지죄호

– 고려사高麗史·고려인물지高麗人物誌

【해설】 작은 공으로 큰 죄악을 덮을 수 없다는 뜻을 척준경을 예로 들어 말하였다.

정지상은 서경(평양) 사람으로 젊어서 학식이 넓고 문장이 뛰어나서 과거에 급제하여 문명을 떨쳤고, 특히 시에 뛰어났다.

벼슬이 좌정언에 이른 인종 4년(1126) 2월에 척준경은 이자겸(李資謙)과 더불어 대궐을 범한 사건으로 죄를 지었는데, 5월에 그는 이자겸을 잡아 귀양보내는 데 공이 있었다.

그 뒤로 척준경은 그 공을 믿고 권세를 마음대로 부리자, 다음 해(1127)에 정지상은 상소하는 글을 올려 그의 죄를 규탄하였는데, 이 말은 그 일부이다. 왕은 정지상의 말을 옳다고 여겨 척준경을 제거하였다.

3. 최영(崔瑩)

1316~1388. 고려 말기의 명장. 시호는 무민(武愍). 사헌규정을 지
낸 최원직(崔元直)의 아들. 무인으로 왜구를 토벌한 공으로 출세하
여 공민왕 때 호군·대호군으로 대륙에까지 용맹을 떨치고 홍건적
의 난을 평정하여 1등공신·전리판서 찬성사가 되었다. 우왕 때 판
삼사사가 되고, 홍산 싸움에서 왜구를 격멸시키고 철원부원군에
봉해졌다. 밖으로 외적을 물리치고 안으로 내란을 평정하고, 요동
정벌군을 일으켜 팔도도통사가 되었다. 이성계(李成桂) 일파의 위
화도회군으로 뜻을 이루지 못하고 고양에 유배되었다가 죽임을 당
하였다.

지금 정사와 형벌이 문란하여 공 있는 사람에게 상을 주지 않
고, 죄가 있는 사람에게 벌을 주지 않는데 어찌 하늘이 비를
내리리오?

今에 政刑이 紊亂하여 有功不賞하고 有罪不刑인데 天豈雨哉
금   정형   문란   유공불상   유죄불형   천기우재
리오?

– 고려사高麗史

【해 설】 정사와 형벌이 바로 시행되어야 천리도 순조롭다는 뜻이
다.

최영이 왜구를 소탕하는 도통사로 임명되었을 당시 강화도 일대
의 피해는 매우 심하였다. 이때 만호 손광유(孫光裕)·김지서(金
之瑞)와 부사 곽언룡(郭彦龍)은 도망하고 원수 김진(金縝)은 향
락에 빠져 패전을 거듭하였다. 한편 한재가 들어 나라에서 기우
제를 지내려 하자, 최영은 이 말을 하여 국정을 바로잡고 민심
을 수습하여 외적의 침해를 막아야 한다고 주창하였다.

그는 위정자들에게 깨우쳐 말하기를, "지금 온 나라가 기근이 들어 백성들은 겨우 살아가지도 못하고, 농사일이 한창인데 놀음을 일삼아 백성들을 괴롭혀서는 안 된다."라고 하였고, 왜구를 격멸할 때는, "나라의 생존과 멸망이 이 한번 싸움에 달려 있다."라며 장병들의 마음을 다잡았다.

재상이 되었어도 생활이 청렴결백하였는데, 16세 때 아버지가 말한, "황금 보기를 돌같이 하라."는 교훈을 평생 명심하고 실천하여 사람들의 본보기가 되었다. 그리하여 좋은 비단옷을 입거나 살찐 말을 타고 다니는 사람을 개돼지처럼 여겼다.

4. 김진양(金震陽)

?~1392. 고려 말기의 문관. 자는 자정(子靜), 호는 초려(草廬). 공민왕 때 과거에 급제하여 좌사의·좌상시를 지내고, 정몽주(鄭夢周) 등과 조준(趙浚)·정도전(鄭道傳) 등을 죽이고, 이성계를 제거하려다가 실패하고 귀양 가서 죽었다.

풀만을 깎아 없애고 뿌리를 없애지 않으면 마침내 다시 살아나게 되고, 악한 것만 없애고 화근을 없애지 않으면 그 악은 자라게 된다.

去草不去根이면 終當復生하고 去惡不去根이면 其惡長이니라.
거 초 불 거 근   종 당 부 생   거 악 불 거 근   기 악 장

– 고려인물지高麗人物誌

【해 설】 이 말은 악한 근원은 뿌리째 없애야 한다는 뜻이다.

김진양은 성품이 강개하여 의롭지 않은 사람과는 어울리지 않았다. 좌상시로 있을 때, 수시중 정몽주는 그가 나라를 위하는 선

비다운 기상이 있음을 알고 뜻을 같이하여 이성계를 제거하려 도모하였다. 그들은 우선 그 세력인 조준·정도전·남은(南誾)·윤소종(尹紹宗)·남재(南在)·조박(趙璞) 등 여섯 사람을 간악한 무리로 상소하여 귀양보내고, 이어 조준과 정도전을 없애려 하여 이 말을 하였다.

또 이 말에 이어, "조준과 정도전은 악의 뿌리요, 남은·윤소종·남재·조박은 뿌리를 길러서 덩굴을 번성하게 하는 자들이다."라고 말하며 극형에 처해야 한다고 역설하였다. 그러나 정몽주가 그들의 손에 죽고 일이 실패로 돌아가자 장형 백 대를 맞고 영남으로 유배되었다가 죽었다.

청렴결백하여 재물을 모으지 않고 항상 누추한 집에서 살며 초옥〔초려〕을 호로 삼아 세상에서는 그를 초옥(草屋)선생이라고 불렀다.

5. 조준(趙浚)

1346~1405. 고려 말·조선 초의 정치가. 자는 명중(明仲), 호는 우재(吁齋)·송당(松堂), 시호는 문충(文忠). 고려 말 시중을 지낸 조인규(趙仁規)의 증손. 공민왕 때 급제하고 우왕 때 전법판사가 되었다. 요동 정벌을 반대하고 이성계(李成桂)를 도와 위화도회군 후에 지밀직사사·대사헌·평리로 충의군에 봉해졌다. 정도전(鄭道傳)과 함께 공양왕을 폐하고 이성계를 세워 조선 개국공신이 되었다. 정종 때부터 8년간 수상을 지내고, 하륜(河崙)과 함께 경제육전(經濟六典)을 편찬하였다.

옛날 나라를 잘 다스리는 사람은 반드시 먼저 나라의 기강을 세웠다. 나라에 기강이 있는 것은 마치 몸에 혈맥이 있는 것과 같다. 몸에 혈맥이 없으면 기가 통하지 않는 데가 있고, 나라에 기강이 없으면 법령이 행하지 않는 것이 있다.

古之爲國者는 必先立紀綱이라 國之有紀綱은 猶身之有血脈
고 지 위 국 자   필 선 립 기 강   국 지 유 기 강   유 신 지 유 혈 맥

也라 身無血脈이면 氣有所不通이요 國無紀綱이면 令有所不
야   신 무 혈 맥   기 유 소 불 통   국 무 기 강   영 유 소 불

行이니라.
행

– 고려사高麗史

【해 설】 이 말은 나라를 다스리는 데는 기강이 중요하다는 뜻으로, 몸의 혈맥에 비유하여 설명하였다.

조준은 어려서부터 큰 뜻을 가졌는데, 공민왕이 홍륜(洪倫) 무리를 시켜 강제로 왕비를 욕보이게 한 것을 보고 탄식하기를, "사람의 도덕적 윤리가 없어지니 무슨 말을 하랴? 왕은 어진 정사를 베풀지 않고 권력과 빼앗는 일을 소인배와 더불어 도모하고, 군자에게 뜻이 미치지 않으니 나라의 형세가 위태롭다."라고 하였다. 이 말은 위화도회군 후에 우왕을 폐하고 창왕을 세우고 한 말이다. 또 창왕을 내몰고 공양왕을 세웠다가, 고려를 무너뜨리고 이성계를 추대하여 조선을 세우고 개국공신이 되었다.

6. 안순(安純)

1371~1440. 고려 말·조선 초의 문신. 자는 현지(顯之). 순흥 사람 안경공(安景恭)의 아들. 고려 우왕 때 병과에 급제하고 사헌감찰을 지내고, 조선 태조 때 강원도 도사·사헌부 잡단, 태종 때 공조판서, 세종 때 판중추부사를 지냈다.

사람의 생명은 매우 중요하여 죽으면 다시 살 수 없는데, 갑자기 극형에 처한다면 그 의리가 어떠하랴? 마땅히 유사에게 넘겨 그 죄를 심사해야 한다.

人命은 至重하여 死不復生인데 遽極刑之면 於義何如리오 宜
인 명   지 중   사 불 부 생   거 극 형 지   어 의 하 여   의

付有司하여 鞫論이니라.
부 유 사   국 론

– 국조인물고國朝人物考

【해설】이 말은 사람을 죽이면 다시 살릴 수 없으므로 처형은 신중하게 해야 한다는 뜻이다.

안순은 조선 태조 때 사헌부 잡단으로 임명되었다. 이때 한 궁녀가 죄를 범하였는데, 태조는 대사헌 조박(趙璞)에게 명하여 당장 죽이라고 하였다.

조박은 이 사실을 안순에게 알리자 그는 말하기를, "사헌부는 처형하는 관리는 아니고, 또 그 죄를 바로 심사하지도 않고 죽이는 것이 옳겠는가?"라고 하였다. 조박은 태조의 뜻이라고 하며 죽이려 하였다. 이때 안순이 이 말을 하니, 조박은 노하여 이 사실을 태조에게 알렸다. 태조는 그 말을 듣고 잘못을 깨닫고 그 뜻을 따랐다.

7. 박원형(朴元亨)

1411~1469. 조선 세조 때 문신. 자는 지구(之衢), 호는 만절당(晚節堂), 시호는 문헌(文憲). 죽산 사람으로 병조참의를 지낸 박고(朴翺)의 아들. 세종 때 과거에 급제하여 좌승지, 세조 때 좌의정을 지냈다.

세 번 조사하여 처벌의 신중을 기하는 법도는 삶의 도리를 찾기 위한 까닭이요, 때를 기다려 처벌하는 법도는 하늘의 도리를 따르기 위한 까닭이다.

三覆之法은 所以求生道也요 侍時之法은 所以順天道也니라.
삼 복 지 법   소 이 구 생 도 야   시 시 지 법   소 이 순 천 도 야

– 국조인물고國朝人物考

【해 설】 이 말은 죄인의 처벌은 신중히 하고 때를 가려 해서 형벌의 좋은 성과를 기약해야 한다는 뜻이다.

박원형은 일찍 어머니를 잃고 계모를 지성으로 섬기고, 이복 아우를 매우 사랑하였다. 승지부터 형조판서에 이르기까지 무릇 6년 동안 옥사를 다스리는 데 공명정대하였다. 사형수와 같은 죄인은 여러 면으로 살릴 수 있는 방도를 살피며 슬퍼하고 불쌍히 여겼다. 세조는 일찍이 그에게 말하기를, "공이 형조판서가 된 뒤로부터 형벌은 거의 경에게 의지하였다."라며 미더워하였다.

그런데 한 재상이 도적을 막는 대책에 관하여 제의하기를, "강도는 세 번 조사하는 법도를 없애고, 절도는 때를 기다려 처단하지 않도록 합시다." 하였다. 세조가 이 의견을 그에게 물으니, 이 말로 대답하며 당나라 때는 어진 정사를 베풀어 다섯 번 조사하는 법까지 있었다고 하였다.

8. 어효첨(魚孝瞻)

1405~1475. 조선 전기의 명신. 자는 만종(萬從), 호는 구천(龜川), 시호는 문효(文孝). 문종 때 대사헌, 세조 때 판중추부사를 지냈다.

어찌 법도를 다스리는 사헌부가 있는데, 욕되게 이름 없는 귀신에게 제사하는 유사를 놔둔단 말인가?

焉有法府인데 而瀆祀無名鬼乎아.
언 유 법 부   이 독 사 무 명 귀 호

– 국조인물고國朝人物考

【해 설】 이 말은 미신을 중시하는 나쁜 폐습의 근원인 유사를 없애야 풍습이 바로잡힌다는 뜻이다.

어효첨은 기품이 단아하고 도량이 넓고 매사에 성실하였다. 문종 때 사헌부 집의로 임명되자 곧 풍속을 바로잡고 사회 기강을 떨치는 것이 자신의 임무라고 여기고 이 일에 발 벗고 나섰다. 이때 부중에 옛날부터 내려오는 유사가 있었는데 헐어버리면서 이 말을 하였다. 그러자 조정의 의논은 그 과단성 있는 일에 입을 다물었고, 미신을 믿는 나쁜 풍속은 숨을 죽였다.

9. 서거정(徐居正)

1420~1488. 조선 전기의 학자. 자는 강중(剛中), 호는 사가정(四佳亭), 시호는 문충(文忠). 대구 사람으로 목사를 지낸 서미성(徐彌性)의 아들. 육조판서·좌찬성을 지내고, 성종 때 공신호를 받고 달성군에 봉해졌다. 저서로 사가집(四佳集)이 있으며, 동국통감(東國通鑑)·동문선(東文選)·동국여지승람(東國輿地勝覽) 등 편찬에 참여하였다.

홍하고 망하는 것은 지나간 일을 거울삼을 만하고, 아름다운 것〔좋고〕과 미운 것〔나쁜 것〕은 마땅히 장래에 본보기가 될 것이다.

興亡은 可鑑於既往이요 美惡는 當示於將來니라.
흥망   가감어기왕   미오   당시어장래

- 동국통감東國通鑑 · 국조인물고國朝人物考

【해 설】 이 말은 나라의 흥망과 인간의 미오(美惡)는 과거와 미래의 거울이 되고 본보기가 된다는 뜻이다.

서거정은 대학자로 학식이 뛰어나 많은 저서와 작품을 남겼는데, 학문은 천문 · 지리 · 의약 · 점복 등 여러 면으로 통달하였다. 45년 동안 관계에서 활약하였는데, 특히 23년 동안 대제학으로 있으면서 6대 임금을 섬기고, 육조판서를 두루 거치는 등 화려한 자취를 남겼다.

여러 저서를 통하여 유명한 말을 많이 하였는데, 이 말은 동국통감의 머리말 첫 부분이다. 그 내용은 나라를 잘 다스리면 일어나고, 잘못 다스리면 망한다고 쓰고, 미오 앞에 아름다움을 헛되게 하지 않고, 미운 것을 숨기지 않는다고 쓰고 이렇게 설명하였다.

10. 박원종(朴元宗)

1467~1510. 조선 중종 때 재상. 자는 백윤(伯胤), 시호는 무열(武烈). 지중추부사 · 한성 부윤 · 도총부 도총관을 지냈다. 성희안(成希顔) 등과 연산군을 폐위시키고 중종을 즉위시켜 공신이 되고 좌우의정 · 영의정을 지냈다.

임금이 임금으로서의 체통을 잃는 일을 하면 그 호령이 나타나지 않아서, 가히 한 사람의 힘으로는 그 문란함을 덜 수가 없다.

君上이 失道면 號令이 無章하여 不可一人之力으론 紓其亂이
군 상   실 도   호 령   무 장   불 가 일 인 지 력   서 기 란
니라.

- 중종실록中宗實錄 · 국조인물고國朝人物考

【해 설】 이 말은 임금이 체통 잃는 일을 하면 한 사람의 힘으로
는 구제할 수 없다는 뜻이다.

박원종은 무관으로 출세하여 지중추부사 겸 경기도 관찰사로 있
었다. 이때 연산군은 도성의 동북 백 리 지역을 사냥터로 만들
고 관사와 민가를 헐고 사람들의 출입을 금지하고 위반한 사람
이 있으면 사형에 처하였다. 그래서 중외의 민심이 소란하고 정
사가 문란하게 되자 그는 친한 사람들에게 이 말을 하였다.

그러나 왕의 실정이 거듭되어 수습할 수 없는 지경에 이르자, "나
라의 정사를 수습할 대책이 없으니 종묘사직과 백성들을 구제할
방도는 왕을 폐하는 도리밖에 없다." 하고 성희안 · 유순정(柳順
汀) 등과 획책하여 연산군을 폐하고 중종을 세웠다.

11. 박대립(朴大立)

1512~1584. 조선 중기의 문신. 자는 수백(守伯). 중종 때 문과에
급제하고 선조 때 호조판서 · 형조판서 · 의정부 우찬성을 지냈다.

사람이 다섯 가지 윤리를 지키는 외에 행실을 닦을 것이 없
다. 만약 죄를 여기에서 저지르면 큰 예절이 이미 망가졌으니,
비록 재능이 유하와 같다 하더라도 또 어찌 쓰겠는가?

五倫之外엔 無行可修니라 得罪於斯면 則大節이 已虧니 雖
오 륜 지 외   무 행 가 수   득 죄 어 사   즉 대 절   이 휴   수

才游夏라도 亦奚用也리오?
재 유 하   역 해 용 야

- 국조인물고國朝人物考

【해설】 이 말은 사람의 행실에서 가장 중요한 규범이 다섯 가지 윤리 곧 효도·충성·분별·질서·신의라는 뜻으로, 사람들이 지켜야 할 윤리의 중요성을 설명한 내용이다.

박대립은 도량과 재간이 자중하고, 뜻과 생각이 확실하고, 집안이나 조정에서 예의범절에 어김이 없었다. 행실이 성실하고 형제간에 우애가 깊었으며, 효성이 지극하여 부모를 뵐 때는 의관을 정제하였고, 출입할 때는 반드시 아뢰었고, 봉급은 부모에게 바치고 정성껏 봉양하였다.

12. 이탁(李鐸)

1508~1576. 조선 선조 때 문신. 자는 선명(善鳴), 호는 약봉(藥峰), 시호는 정숙(貞肅). 전의 사람 이창형(李昌亨)의 아들. 중종 때 문과에 급제하여 정랑, 명종 때 좌승지·동지중추부사·공조참판·대사헌·도총관·예조판서, 선조 때 우의정·영의정을 지냈다.

한때 서로 알고 지낸다고 해서 어찌 다 그 무리라고 없애겠는가? 다만 그 심한 자만을 다스릴 따름이다.

一時相識이라하여 豈盡其黨乎리오 但治其甚者而已니라.
일 시 상 식   기 진 기 당 호   단 치 기 심 자 이 이

- 국조인물고國朝人物考·해동명신록海東名臣錄

【해설】 이 말은 어떤 죄인과 아는 사람이라고 해서, 그 파와 깊은 관계가 없는 사람까지 처벌해서는 안 된다는 뜻이다.

이탁은 사림의 화가 매우 처참한 중종 때 권신 윤원형(尹元衡)의 심복인 진복창(陳復昌)과 동료였는데, 종일 함께 지내도 세상일에 관해서는 한마디도 하지 않고 술을 마시고 농담을 주고받았다.

대사헌으로 있을 때 대사간 박순(朴淳) 등과 함께 윤원형의 죄를 논박하여 멀리 귀양보내고, 그 권세를 믿고 백성을 괴롭힌 무리를 제거하자, 그 문에 출입하던 사람들은 모두 불안에 떨었다. 이때 이탁이 이 말을 하니 사람들이 그 공평한 처사와 도량에 감복하였다.

타고난 성품이 너그럽고 인품이 뛰어났으며 어버이를 섬기는 데 효성을 다하였고, 조상을 받드는 데 성실하였으며, 형제간에 우애가 두터웠고, 공사를 처리하는 데 공명정대하고 성실하고 근엄하고, 일상생활이 검소하였다.

13. 권철(權轍)

1503~1578. 조선 명종·선조 때 재상. 자는 경유(景由), 호는 쌍취헌(雙翠軒), 시호는 강정(康定). 안동 사람으로 강화 부사를 지낸 권적(權勣)의 아들. 중종 때 문과에 급제하여 승정원 주서, 인종 때 호조참의·도승지·형조판서, 명종 때 우의정, 선조 때 영의정을 지냈다.

아버지는 사람의 도리를 가르치면서도 입으로는 죽인다는 말, 곧 죽일 살(殺)자는 말하지 않았다. 그러므로 나는 여러 번 형벌 관계 관청의 장관으로 있었으나, 감히 사람의 생명을 가볍게 처결하지 않고, 죽일 만한 죄인이라도 반드시 살릴 수 있는 방도를 찾았다.

先人은 教而口不道殺字라 故로 吾屢長集司나 未嘗敢輕用
선인   교이구부도살자   고   오루장집사   미상감경용

人命하고 必求生道니라.
인명   필구생도

- 국조인물고國朝人物考

【해 설】이 말은 사람의 생명은 존엄하므로 관리는 형벌을 다루
는 데 특별히 유념하라는 뜻으로, 형벌에 관하여 언급한 것이다.
권철은 벼슬하여 45년 동안 조정에서 일하면서 하나하나의 사소
한 일 처리에도 잘못됨이 없는지 검토하였다. 나라의 정사를 늘
생각하여 혹은 촛불을 밝히고 밤을 새우기도 하였는데, 그 근본
은 백성을 편히 살게 하는 일과, 나라를 튼튼히 하는 일에 두었
다. 백성을 살리고, 병을 고치고, 국방을 강화하고, 농토를 기름
지게 하는 데 힘썼고, 평생 검소한 생활을 하며 화려한 것을 좋
아하지 않았다.
정사를 처결할 때는 반드시 옛일을 거울삼아 법도를 어지럽히지
않았으며, 형법을 중요시하여 처벌을 신중히 하였다.

14. 심의겸(沈義謙)

1535~1587. 조선 선조 때 문신. 자는 방숙(方叔), 호는 손암(巽
菴). 청송 사람 청릉부원군 심강(沈鋼)의 아들. 명종 때 문과에 급
제하여 대사간·대사헌·예조참판·함경 감사 등을 지냈다.

나는 비록 온갖 곤욕을 겪더라도 다른 선비들만 배척되지 않
으면 죽어도 한 되는 것이 없다.

我則雖百端困辱이라도 而他餘諸賢이 不爲擯斥이면 則死無所
아 즉 수 백 단 곤 욕   이 타 여 제 현   불 위 빈 척   즉 사 무 소

恨矣니라.
한 의

- 국조인물고國朝人物考

【해설】 이 말은 나 한 사람이야 어떤 욕을 당하더라도 다른 선
비들까지 화를 입게 해서는 안 된다는 뜻이다.

심의겸은 명문에서 태어나서 학식과 덕망이 높았고, 효성이 지
극하고, 인품이 검약하고, 인륜을 존중하고, 의협심이 많았으므로
당시의 명사 중에서 따르는 사람이 많았다.

학문과 문예가 뛰어나서 21세에 진사시에 합격하고, 28세에 문
과에 급제하여 사헌부·사간원의 여러 벼슬을 거쳐 승지·육조
참의·대사간·대사헌·참판·한성 부윤·개경 유수·전라 감사·
함경 감사 등을 지냈다.

많은 사람의 신망을 받았는데 신진 사림인 김효원(金孝元)과 반
목하여 동인과 서인으로 나누어지고 서인의 영수로 지목되었다.
이때 율곡 이이(李珥)와 상국 노수신(盧守愼) 등은 사림의 분쟁
을 완화하려고 힘을 기울였으나 뜻을 이루지 못하였고, 마침내
그는 동인들의 공박으로 벼슬에서 물러나게 되었다.

15. 홍인걸(洪仁傑)

1541~?. 조선 선조 때 문신. 자는 응시(應時). 남양 사람 홍덕렴
(洪德濂)의 아들. 독학으로 진사시와 문과에 급제하고 회양 부사·
오위장·삼척 부사 등을 지냈으나 누명으로 옥사하였다.

어떤 집안이든 남녀가 문란하면 그 자손들은 다 없어지지 않는 사람이 없다.

人家에 男女가 悖亂이면 其子孫은 無不殄滅矣니라.
<small>인 가   남 녀   패 란   기 자 손   무 부 진 멸 의</small>

— 국조인물고國朝人物考

【해 설】 이 말은 남녀가 문란한 행동을 하면 반드시 그 자손까지 망한다는 뜻으로, 평소 자제들을 훈계한 말이다.

홍인걸은 일찍 어버이를 잃고 외롭게 자랐으나 스스로 학업에 힘써 33세에 문과에 급제하였다. 삼척 부사가 되었을 때 왜구가 침입하였다는 정보가 있어, 군사를 거느리고 나가서 잡았는데 그 무리에 우리나라 사람이 있었다. 그래서 그자를 감사에게 압송하려고 하였다. 그런데 아우 홍인간(洪仁侃)은 왜적을 돕는 자는 우리를 침해하는 악독한 놈이므로 그냥 둘 수 없다고 여겨 술 취한 김에 그자를 죽이고 말았다.

이때 어떤 사람이 부사 홍인걸이 무고한 사람을 마음대로 죽였다고 밀고하니, 선조는 감사에게 조사하게 하였다. 감사는 그에게 누명을 씌워 9년이나 갇혀 있다가 옥사하였다.

16. 이항복(李恒福)

1556~1618. 조선 선조 때 대신. 자는 자상(子常), 호는 백사(白沙), 시호는 문충(文忠). 경주 사람으로 참찬을 지낸 이몽량(李夢亮)의 아들. 선조 때 문과에 급제하여 병조판서·우의정·영의정을 지냈다. 저서로 백사집(白沙集)·북천일기(北遷日記)·사례훈몽(四禮訓蒙) 등이 있다.

인류의 근본인 세 가지 벼리가 없어지는구나. 내 한 나라의
대신으로 남다른 대우를 받았는데, 어찌 목숨을 아껴 차마 이
런 꼴을 보랴? 마땅히 죽기를 다짐하리라.

三綱이 滅矣로다 我以大臣으로 承不世之遇인데 寧惜餘命하여
삼 강   멸 의   아 이 대 신   승 불 세 지 우   영 석 여 명

忍見此耶아 當以舁尸爲期니라.
인 견 차 야   당 이 여 시 위 기

- 국조인물고國朝人物考

【해 설】이 말은 윤리의 근본인 삼강의 법도가 없어지는 것을 차
마 볼 수 없으니 죽기를 기하고 막아야겠다는 뜻이다.

이항복은 총명하고 지혜롭고, 부모에게 효도하고 우애가 깊었으
며, 정이 두텁고 화목하였다. 어려서 아버지를 잃고 홀어머니의
엄격한 훈도를 받고 자랐다. 과거에 급제하여 영의정에 이르기
까지 40년 동안 공훈이 컸다.

조야에 당파가 일어나 복잡한 세태가 야기되었으나 초연한 자세
로 시비를 가려 공정하게 대처하였으며, 어려운 일도 세심하게
해결하는 데 힘썼다. 임진왜란 때 국난을 극복하는 데 최선을 다
하였는데, 특히 선조의 의주 파천에 신명을 다하여 호종하였고,
명나라로 가서 구원병을 청하는 일에 뛰어난 지략을 발휘하였다.
광해군이 아우 영창대군을 모해하고 인목대비를 폐위시키려는 실
정을 신명을 바쳐 바로잡으려 힘썼다. 이 말은 그 일로 일어난
옥사 때 한 말이다.

인목대비를 폐하는 논란을 반대하다가 북청으로 유배되어 그곳
에서 63세로 세상을 떠났다.

17. 이성구(李聖求)

1584~1643. 조선 인조 때 재상. 자는 자이(子異), 호는 분사(分沙), 시호는 정숙(貞肅). 전주 사람으로 이조판서를 지낸 이수광(李睟光)의 아들. 광해군 때 문과에 급제하여 인조 때 대사헌과 이·형·병조판서를 거쳐 영의정이 되었다.

비록 하루 동안 재상을 할 수 없더라도 백성이 죄없이 죽게 되는 것을 보고서 어찌 구하는 데 힘쓰지 않으리오?

雖不能一日作相이라도 視人無罪入死地하고 何可不出力以救
_{수 불 능 일 일 작 상}　_{시 인 무 죄 입 사 지}　_{하 가 불 출 력 이 구}
리오?

– 국조인물고國朝人物考

【해 설】 이 말은 한 나라의 재상이 되어서 백성이 억울하게 죽는 것을 그냥 보고 있을 수 없다는 뜻이다.

이성구는 인조 18년(1640)에 청나라에 사신으로 가서 국교 정상화를 도모하고 돌아와서 그다음 해에 영의정이 되었다. 정사를 다스리는 데 있어서 체통을 온전하게 하는 데 힘쓰고 심하게 논박하지 않았다. 그러나 나라의 중대한 일을 처결하는 데는 조금도 뜻을 굽히지 않고 법에 따라 바르게 처결하였다.

용만 사람 최효일(崔孝一)이 명나라에 망명한 사건이 일어나자, 청나라 장수는 부윤 황일호(黃一皓)가 그 가족을 도왔다 하여 장차 죽이려고 하였다. 그는 무고한 부윤을 죽일 이유가 없다고 강경하게 주장하니, 청나라 장수는 노하여 말하기를, "국상이 이같이 하면 3일 동안도 재상을 할 수 없겠다."라고 하자, 그는 이 말을 하면서 뜻을 굽히지 않았다.

18. 김남중(金南重)

1596~1663. 조선 인조 때 문신. 자는 자진(自珍), 호는 야당(野塘), 시호는 정효(貞孝). 경주 사람 김수렴(金守廉)의 아들. 광해군 때 대과에 급제하여 인조 때 대사간·이조참판, 효종 때 공조판서·예조판서·개성 유수 등을 지냈다.

―

왕실의 집안에서 일을 마련하는 데는 마땅히 떳떳한 법도를 지켜야 하고, 사대부의 집안에서 지킬 의논에는 모름지기 신기한 것을 경계해야 한다.

朝家制事엔 宜守經常하고 士夫持論엔 須戒新奇니라.
조 가 제 사   의 수 경 상   사 부 지 론   수 계 신 기

― 국조인물고國朝人物考

【해설】 이 말은 한 나라의 왕실에서는 떳떳한 법도를 지켜야 하고, 벼슬하는 집안에서는 굳건한 가풍이 있어야 한다는 뜻으로, 왕실과 위정자와 벼슬아치들의 말과 행동과 처사를 경계하였다. 김남중은 좌의정을 지낸 김명원(金命元)의 손자로 명문에서 성장하였다. 어려서부터 인물과 도량이 뛰어나 선조 때 부마로 뽑혔다. 광해군 때 벼슬하고 인조 때 병자호란이 일어나자 대사간으로 국난을 극복하는 데 힘썼고, 특히 청나라와의 화친을 반대하는 소위 척화신을 처벌해서는 안 된다고 주창하였다. 사헌부와 사간원의 장관으로 있을 때는 떳떳한 법도와 굳건한 지조를 펴 나라의 법도와 기강을 바로잡는 데 힘썼다. 그 뒤 이조참판으로 경천군에 봉해졌다.
손수 경사자집 10권을 뽑아 써서 역대인감(歷代人鑑)이라는 이름을 붙여서 가보로 전하였다.

19. 조경(趙絅)

1586~1669. 조선 인조 때 명신. 자는 일장(日章), 호는 용주(龍洲), 시호는 문간(文簡). 한양 사람 조익남(趙翼男)의 아들. 광해군 때 사마시에 합격, 인조 때 친시에 장원급제하고 대제학·이조판서, 현종 때 판중추부사를 지냈다. 저서로 용주집(龍洲集)·동사록(東槎錄)이 있다.

김홍욱이 하옥되었다가 죽은 뒤로부터 임금의 법도는 날로 극심해지고, 나랏일은 날로 그릇되고, 재앙은 날로 나타나고, 인심은 날로 떠나가고, 충성된 말과 바른 논의는 전하의 뜨락에서 그림자가 끊어졌구나.

自金弘郁이 下獄死로 君道는 日亢하고 國事는 日非하고 災異는 日見하고 人心은 日離하고 忠言讜論은 絶影於殿下之庭이라.

– 국조인물고國朝人物考

【해 설】 이 말은 법도에 어긋난 억울한 형벌로 인해서 나라의 정사가 잘못되고 민심이 흩어진다는 뜻으로, 김홍욱 옥사 사건으로 인해 어지러워지는 국정을 바로잡기 위해 한 충언이다.

조경은 선조 때 나서 광해군·인조·효종·현종 때 벼슬하면서 많은 충언을 한 사람으로 유명하다.

김홍욱이 황해 감사로 있으면서 인조 때 소현세자 비 강빈이 억울하게 죽은 죄를 벗겨야 한다고 상소를 올렸다가 효종의 노여움을 사서 하옥되었다. 친국 당할 때 조정에 조귀인의 세력이 너무 컸던 것을 간하고, 강빈이 사사된 뒤에 유배되었다가 죽은 어린 아들을 처벌한 것은 하늘이 용서하지 않을 일이라고 주장하다가 매를 맞고 김형욱은 옥사하였는데, 숙종 때 죄가 용서되고 이조판서 벼슬을 추증받았다.

20. 송시열(宋時烈)

1607~1689. 조선 중기의 학자·명신. 자는 영보(英甫), 호는 우암(尤菴), 시호는 문정(文正). 은진 사람 송갑조(宋甲祚)의 아들. 인조 때 사마시에 장원급제하고 효종 때 이조판서, 현종 때 우의정·좌의정, 숙종 때 영중추부사를 지냈다.

자녀를 가르치는 일은 처음 태어나서부터 잘해야 하고, 아내를 가르치는 일도 처음 시집왔을 때부터 잘해야 한다. 이는 진실로 사리에 맞는 교훈이 될 만한 말이다. 그리고 또 남들 집안을 보면 자녀와 아내에게 처음에는 사랑을 베풀다가 나중에는 미워하는 것은 모두 이런 때문이니, 너희들은 모름지기 너의 아내와 더불어 서로 경계하여 이런 습속을 본받지 말라.

敎子初生하고 敎婦初來하라 此는 眞格言也니라 且人家於子
교 자 초 생   교 부 초 래   차   진 격 언 야   차 인 가 어 자

婦에 始愛而終惡者는 皆是니 汝須與汝妻로 相戒하여 勿效此
부   시 애 이 종 오 자   개 시   여 수 여 여 처   상 계   물 효 차

俗也니라.
속 야

- 우암문집尤菴文集

【해설】 이 말은 자녀는 나서부터 잘 가르쳐야 사람답게 되고, 며느리도 결혼한 처음부터 잘 가르쳐야 훌륭한 집안을 만들 수 있다는 뜻이다. 가훈 중에서 집안을 다스려 나가는 데 경계할 점

을 말한 내용이다.

송시열은 인조 때 병자호란과 효종 때 북진정책과 현종·숙종 때의 복잡다단한 세태에 정치적으로 당쟁의 온갖 풍파를 겪었고, 숙종 때 왕세자 책봉 문제로 제주에 유배되었다가 풀려나오다 정읍에서 사약을 받고 죽었다.

학문이 뛰어나 많은 제자를 길러내고 또 훌륭한 저서를 남겼는데, 특히 가훈과 아울러 여성으로서 명심할 계녀서(戒女書)는 훌륭한 문헌으로 우리나라의 전통적인 미풍양속을 전승하는 데 값진 역할을 하였다.

인명 찾아보기

한국의 명언

초판 인쇄 – 2022년 1월 20일
초판 발행 – 2022년 1월 25일

편저자 – 김 종 권
발행인 – 金 東 求
발행처 – 명 문 당(창립 1923년 10월 1일)
　　　　서울시 종로구 윤보선길 61(안국동)
　　　　우체국 010579-01-000682
　　　　전 화 (02) 733-3039, 734-4798
　　　　FAX (02) 734-9209
　　　　Homepage　www.myungmundang.net
　　　　E-mail　mmdbook1@hanmail.net
　　　　등록 1977.11.19. 제1-148호

* 낙장 및 파본은 교환해 드립니다.
* 불허 복제
* 정가 20,000원
ISBN　979-11-91757-33-0　03180